삶을 흔드는 창세기 읽기

**삶을 흔드는 창세기 읽기**

초판 1쇄 발행 2017년 4월 17일
초판 2쇄 발행 2017년 6월 08일

**지은이** 김세권

**펴낸곳** 문화선교연구원
**등록** 2002년 8월 21일 제300-2002-179호
**주소** 03721 서울시 서대문구 성산로 527(대신동), B1
**전화** 02-743-2535 **팩스** 02-743-2532
**이메일** cricumorg@naver.com
**임프린트** 크리쿰북스
**로고 디자인** 전은호

ISBN 978-89-967383-2-9 03230

이 도서의 국립중앙도서관 출판예정도서목록(CIP)은 서지정보유통지원시스템 홈페이지(http://seoji.nl.go.kr)와 국가자료공동목록시스템(http://www.nl.go.kr/kolisnet)에서 이용하실 수 있습니다. (CIP제어번호 : CIP2017008841)

www.cricum.org

그동안 우리가 몰랐던 이야기

# 삶을 흔드는 창세기 읽기

김세권 지음

크리큠븍스

## 추천사

나는 김세권 목사를 좋아한다. 신학교 시절부터 그에게서는 늘 밝고 다이내믹한 에너지가 뿜어져 나왔다. 그는 솔직 담백하다. 때로는 거침없이 직구를 날리기도 한다. 이 책은 그런 그가 창세기를 히브리어 원어와 함께 풀어낸 신학적 사색이다. 그는 이 책을 해학적이고 실제적인 삶의 이야기로 채웠다. 창세기에 나오는 신앙의 선배의 이야기를 우리 삶과 접목시키며, 그들의 이야기를 나의 이야기, 우리의 이야기로 흥미진진하게 풀어냈다. 그래서 이 책은, 글 읽는 즐거움뿐만 아니라 나 자신을 돌아보고 새롭게 결단할 수 있는 용기를 준다.

_김지철, 소망교회 담임목사

자기들만의 리그에서 자기들만의 언어를 외쳐댐으로 세상과 고립되어가는 기독교의 위기를 진단하고, 격식을 없앤 시장의 언어로 성경을 풀어냄으로 세상과 소통하려는 목회자의 수십 년간 땀 흘린 정성이 엿보이는 책이다. 책 곳곳에서 발견되는 히브리 성경의 깊이와 해박한 유대문학의 학문의 샘에서 흘러나오는 한줌의 신앙이 이 시

대의 탕자와 비신앙인들의 마음속에 서서히 스며들 것을 기대하게
한다.

_배정훈, 장로회신학대학교 구약학 교수

지금까지 읽은 창세기에 관한 책 중에서 가장 재미있다. 중요한 주
제들을 촘촘한 문체로 정연하고 생동감 있게 풀어냈다. 이 책은 성경
과 유대교와 이스라엘 문화에 대한 저자의 해박한 지식을 자산으로,
빼어난 현실 감각과 문필 능력을 조합하여 짜낸 독특한 책이다. 읽는
이마다 같은 느낌과 생각으로 기뻐할 것이라 확신한다.

_서정운, 장로회신학대학교 명예총장

『삶을 흔드는 창세기 읽기』는 하나님의 말씀이 우리의 삶을 흔든
다는 신앙의 기본 이치를 일깨움과 동시에 저자만의 독특한 관점으
로 성서해석학을 시도한다. 깊이 있는 주석과 유대교 전통, 히브리
문화에 대한 해박한 지식이 촘촘히 얽힌 씨줄과 날줄처럼 시공간을
초월하여 오늘 우리의 삶의 현장과 잇고, 혼돈하고 공허한 인생에 개
입하시는 하나님을 만나게 한다. 말씀의 우물에서 깊은 물을 길어 올
리기를 바라는 설교자와 성도 모두에게 추천한다.

_임성빈, 장로회신학대학교 총장

저자 김세권 목사와는 40년 지기로 서로의 생각을 공유하고 있다.
그가 쓴 글을 읽을 때마다 마치 그가 앞에서 얘기하는 것처럼 느껴
질 때가 많다. 그는 글이 말이고, 말이 글인 사람이기 때문이다. 이 책

추천사

6

의 원고를 받고 단숨에 읽을 수 있었다. 그만큼 재미있고 쉽게 썼다. 동시에 두고두고 묵상하거나 연구할만한 책이기도 하다. 깊이가 있다는 것이다. 양극을 다 아우를 수 있는 책을 쓰는 것도 김세권 목사만의 특징이요, 내공이라고 생각한다. 친구의 책을 읽으며 이렇게 기분이 좋을 수 없다. 너무 귀한 책이 지상에 나오게 된 것을 다시 한번 하나님께 감사드린다.

_장경덕, 가나안교회 담임목사

언젠가 페이스북에 김세권 목사의 말씀 묵상이 올라왔다. 평소 그의 구약성경에 대한 해박한 지식과 예리한 통찰력은 익히 알고 있었지만, 삶의 체험과 맞물려 더욱 깊이 숙성된 맛을 내고 있었다. 마치 미슐랭 별 세 개가 붙은 최고의 성찬을 음미하며 먹는 것 같았다. 그런 묵상이 이번에 책으로 출간되니 기쁘기 그지없다. 그의 생명력 넘치는 묵상이 이 시대 그리스도인들의 영혼을 밑바닥에서부터 흔들어 깨워(Shaking Foundation) 다시 세우는 데 큰 역할을 하게 되기를 소망한다.

_조인서, 강북제일교회 담임목사

사람이 사면초가의 상황에 몰려 하나님만 바라볼 수밖에 없는 막다른 곳에 서는 것은, 뒤에 찾아오는 축복까지 셈할 때 하나님의 은혜다. 저자는 사방이 막힌 고독 속에서 하나님(말씀)과 씨름하며 세상의 처음에 있었던 일들을 구태의 시각을 버리고 새로운 눈으로 조명하며 자신과 세상을 들여다본다.

책은 곧 사람이다. 책 속에는 저자가 살아온 삶의 궤적이 고스란히 담겨 있다. 저자는 목회자로서, 구약 전공자로서, 한 인간으로서 창세기의 말씀 속에서 자신의 삶을, 아니 우리의 삶을 새롭게 들여다본다. 그 노력은 곧 실한 열매가 되어 그동안 읽는 이들에게 숨겨졌던 하나님의 뜻을 발견케 하고 결국은 자신의 옷매무새를 다시 고치게 한다.

저자에게 비춰졌던 하늘의 빛이 독자들에게도 반드시 비춰지리라 믿는다.

_**한재엽**, 장유대성교회 담임목사

# 목차

# 프롤로그

이국에서의 삶은 치열하지만 외롭다. 고백하자면, 거기에 하나님이 늘 함께 계셨다. 숲속 길을 홀로 걸으며 묵상하노라면, 주시는 말씀이 마음에 와서 닿곤 했다. 인생을 통해서 주신 은혜가 컸는데 갚을 길이 없어서 늘 빚진 마음이었다. 결국은 마음에 켜켜이 쌓아 놓기만 했던 말씀을 펼쳐 놓는 것이 조금이라도 감사를 표현하는 길이 아닐까 싶었다.

페이스북에 한두 개씩 올리던 글을 몇 분이 읽고 책을 내자고 했다. 그저 혼자서만 느끼던 말씀의 편린들을 모아서 사람들 앞에 내어 놓는다는 것이 그리 쉬운 일은 아니었다. 함께 이 길을 걷는 친구들이 용기를 주어서 마음을 열 수 있었다고 감히 고백한다.

이 책에 얹은 글들은 한마디로 정의하기는 힘든 성격을 가지고 있다. 스무 살 적부터 해오던 묵상이 글의 기본적인 틀이다. 다른 글들과 조금 차이가 있다면, 그 묵상을 히브리어 성경 위에 올려 놓았다는 점일 게다. 혹시라도 번역 성경이 가질 수 있는 본문의 한계를 약간이라도 뛰어넘을 수 있다면, 속뜻을 보다 정확하게 알 수 있으리란 생각 때문에 히브리어 원문이 필요했다. 그 위에다 주석적인 정보를 가공해서 집어넣었다. 설교자들의 입장에서 보자면, 복잡한 주장을 한쪽 방향으로만 펼쳐놓은 주석은 별로 유용하지 않다. 만일 누군가 일차적으로 이런 지식을 추려서 전달할 수 있다면 목회자들의 강단이 보다 풍성해질 수도 있겠다 싶었다.

굳이 말하자면, 이 책은 히브리어 본문에 기초한 묵상과 주석적 지식들이 함께 뭉뚱그려진 창세기 해설집이다. 읽으시는 분들이 설교자라면, 마음껏 퍼다가 사용할 수 있기를 소망한다. 혹은 평신도 가운데서도 본문의 깊이 있는 의미를 찾기 원하시는 분들이 있다면, 함께 내용을 들여다볼 수 있을 것이다.

한 가지 더 말할 것이 있다. 묵상의 방향은 다분히 일반적인 통념을 벗어나 있다. 본문을 조금 비틀어서 다른 각도에서 바라보려고 애썼다. 지금까지 해오던 많은 이야기를 확대해서 그냥 글로 옮기는 작업은 무의미하다고 생각했다. 결국 설교는 본문으로 돌아가야 하며, 각 사람의 깊은 읽기를 통해서 그 속의 뜻을 파헤치는 데서 출발해야 한다는 열망이 이 책 안에 담겨있다.

어렵고 힘든 시절을 보낼 때, 하나님이 내 속에 글들을 담으셨다. 이것을 펼쳐 놓게 되었으니, 무엇보다 하나님의 은혜에 깊이 감사한다.

또한 감사한 분들이 있다.

이제는 아들이 쓴 글을 읽기도 어려우실 어머니, 내 육신과 이 땅에서의 생명의 공여자이신 그분.

사랑하는 아내와 가족들, 늘 나를 지켜보고 믿어 주었다.

조이풀 사람들, 나의 부족한 점을 알면서도 늘 괜찮다고 말해주고 믿어주고 함께 살아가는 사람들.

한재엽 목사님, 인생에서 만난 참으로 고마운 사람.

장신대 임성빈 총장님, 보다 큰 시각에서 책을 계획하고 이 글이 가능하도록 만들어 준 내 친구.

평생을 같이 갈 친구들, 글을 읽고 마음을 나눠주고 격려해 주었던 사람들.

글의 문을 열어 준 문화선교연구원 식구들, 특히 백광훈 목사님과 김지혜 전도사님, 복 받을 사람들.

책에 멋진 디자인을 입혀준 임현주 디자이너.

그리고 글의 교정을 맡아 준 이호은 씨, 섬세하고 깊이가 있었다.

댈러스에서,

우목(愚木) 김세권

# 01

# 우리가 모르는 다른 세상 이야기

## _처음 이야기

# 처음이 곧 머리다

창세기 1장을 읽을 때 많은 사람들이 '태초에'라는 말의 의미를 궁금해한다. 단어의 뜻을 몰라서가 아니라, 하나님이 천지를 창조하신 때가 구체적으로 언제인지 알고 싶어서가 아니겠는가. 창 1:1의 '태초에'라는 표현은 히브리어로는 '브레쉬트'(בְּרֵאשִׁית)라고 읽는다. 이 단어 속에 들어 있는 '브'(בְּ)라는 말은 '~안에'라는 뜻을 가진 전치사이며, '레쉬트'(רֵאשִׁית)라는 말은 '머리'(로쉬/ רֹאשׁ)의 연계형(construct state)이다.

조금도 융통성 없이 이 말을 직역하자면, '머리의 시점에'라는 뜻 정도가 될 것이다. 유대인들은 무엇인가 처음으로 시작하는 시점을 표현할 때 주로 '머리'라는 단어를 사용한다. 우리가 설날이라고 부르는 음력 새해의 첫날이 유대인들에게도 있는데, 앞서 설명한 이유로 그들은 이날을 '로쉬 하샤나'(한 해의 시작/머리)라고 부른다. 그날 하루는 유대인들 모두가 종일 "샤나 토바"(good+year)라는 인사말을 서로 나눈다. 이 인사말은 영어의 'Happy New Year'에 해당하는데, 설날에만 주고받는다. 그날이 한 해의 시작이기 때문이다.

'태초에'라는 표현은 말 그대로 '세상이 시작할 때에'라는 의미이다. 거기서 연대를 찾으려고 한다면, 애시당초 창세기 기자의 생각과는 사뭇 다른 방향으로 생각하는 것이다. 본문을 읽으면서 '이게 몇 년 된 일이지?'라는 의문을 갖게 된다 하더라도, 창세기는 거기에 대답하지 않는다. 왜냐하면 본문의 진술은 '하나님이 세상의 시작을 여셨다'는 사실(fact)에 관한 것이기 때문이다. 대부분의 사람은 사건이 일어난 연대기적 시점에 관심을 둔다. 반면에 성경은 '사건' 자체에 관심한다. 창세기 기자 역시 하나님의 '창조 사건'에 집중한 나머지 그것을 날짜로 못박아 표시하는 작업은 하지 않았다. 성경을 읽는 사람에게 필요한 것은 하나님이 언제 세상을 창조하셨는지를 궁금해하는 현학적인 자세가 아니다. 다만 창조의 역사 안에 들어있는 하나님의 뜻을 발견하려는 열심이 있으면 그걸로 족하다.

## 하늘과 땅을 만드셨다

단어 하나의 뜻을 떠나서, 이제 1절 전체를 들여다보자. 하나님이 그야말로 '천지(天地, 하늘과 땅)'를 창조하셨다. 이 표현 속의 '천지'가 한편으로는 온 세상을 담고 있는 단어일 수 있다. 하나님이 세상을 깡그리 창조하셨다는 것이다. 그러나 다른 시각으로 보자면, 말 그대로 '하늘과 땅'만을 뜻할 수도 있다. 이렇게 이해하면, 1절의 기사는 하나님이 단순히 땅(아레츠/יָאָרֶץ)을 조성해 놓으시고, 그 위에 하늘(샤마임/שָׁמַיִם)을 펼쳐 놓으신 것이 된다. 만일 '온 땅'을 집으로 생각한다면, 그저 바닥에 기둥을 세우고 지붕을 그 위에 걸쳐 놓은 정도로 생각할 수 있다. 하나님은 하늘을 먼저 만드셨을까? 아니면 땅을 먼저 지으셨을까?

이런 문제에 관심을 가진 사람들이 있었다. 탈무드(Talmud)를 보면, 힐렐(Hillel) 학파는 창 2:4 하반절을 근거로 하나님이 땅을 먼저 만들고 나서 하늘을 그 위에 얹었다고 주장한다. 반면에 삼마이(Shammai) 학파는 창 1:1을 이유로 순서가 그 반대였다고 말한다. 하나님이 땅보다 하늘을 먼저 지으셨다는 것이다. 그 토론은 대단히 길고 심각했다. 어찌 보면 이 논쟁은 창조의 순서를 다룬 것이라기보다는, 서로 상이한 내용을 가진 본문(text)의 해석에 관한 것이었다. 19세기 이후에 형성된 구약신학의 중심 주제가 벌써 그들에게 토론 거리였다는 것이 신기하고 감탄스럽다. 오늘날 창조의 순서를 담은 상이한 본문들을 놓고 모여서 함께 토론한다면 어떨까? 문서가설(documentary hypothesis)을 주장하는 사람들은 아마도 문서가 서로 다르고 저자가 달라서 그렇다고 손쉽게 대답하겠지만, 반론은 얼마든지 가능하다.

이 본문들이 말하려는 것은 창조의 순서가 아니라 창조 사건 자체이다. 글의 주제와 핵심을 이해한다면, 표현은 어떻든지 상관없다. 문학적인 수사는 그 안에 넓은 바다를 가지고 있다. 그 안에서 물결이 일다가 서로 표현이 부딪히는 것쯤이야 얼마든지 생길 수 있는 일이다. 창조 기사를 담은 책은 화학 교실의 교본이 아니다. 무슨 거창하게 문서가설까지 가겠는가. 탈무드의 결론도 그렇다. 그건 싸울 일이 아니라는 거다. 토론을 지켜보던 랍비들이 두 학파의 싸움을 말렸다. 탈무드의 선생들은 둘이 싸우지 말라면서 "하나님이 하늘과 땅을 동시에 만드셨다"고 논쟁의 아귀를 지었다. 참 재미있다.

솔직히 말해서 하늘과 땅이 만들어진 순서가 뭐 그리 중요한가. 그보다는 하나님이 하늘과 땅을 만드셨다는 사실에 물음표를 달지 않는 것이 훨씬 더 중요하다. 물론 그 후에 순서가 없진 않았다. 하나님이 하늘과 땅을 함께 창조하신 다음에는 차례를 따라서 뭔가 만드셨다고 생각해야 한다. 하늘과 땅 사이에 비어있는 공간이 있었으니 말이다. 하나님은 그 빈 곳을 무엇인가로 차근차근 채워 넣으셨다. 이렇게 보면 하나님의 창조는 막무가내로 이루어진 것이 아니다. 먼저 설계를 하신 것이 분명하고, 도면을 따라서 집을 짓듯이 만드신 것들을 공간 안에 질서 있게 집어넣으셨다. 그 끝에 인간이 살만한 집이 조성되었다.

## 먼저 내게 질서가 있어야

창조 사건을 하나님이 무질서에 질서를 부여하신 것으로 이해해도 괜찮을 것 같다. 하늘과 땅을 만드시고 그 안에 창조의 결과물을 하나씩 채워 넣으신 것이 바로 질서를 만든 작업이 아니겠는가. 머리를 만들어낸 창조의 철학은 꼬리를 만드는데 이르러서도 동일해야 한다. 우리가 사는 세상은 처음부터 끝까지 하나님의 질서에 의해서 움직일 때만 아름답다. 거기서 벗어나서 일탈하면 그 아름다움이 깨지고 만다. 하나님의 질서가 흐트러지기 때문이다.

하나님이 만드신 세상 속에 인간이 제일 마지막으로 세워졌다. 인간의 역할은 무엇이었던가? 창 1:28에 나와 있듯이 하나님이 자신의 형상(Imago Dei)대로 인간을 지으신 이유는 바로 세상을 다스리는

'지킴이'로 사용하시기 위함이었다. 쉽게 표현하면, 하나님의 질서를 따라가면서 세상 속의 질서가 망가지지 않도록 하는 것이 인간의 역할이다. 우리의 사명은 정말로 무겁다. 사명을 감당하기 위해서는 내 삶에 먼저 질서가 있어야 한다. 과연 우리의 삶에는 하나님의 질서가 살아 숨 쉬고 있는가? 그렇지 않다면, 창조의 질서에 대해 아무리 열심히 설명해봐야 별 소용이 없다. 내가 그렇지 못한데, 내 말이 무슨 설득력이 있겠는가.

---

**창세기 1장 2절 |**
"땅이 혼돈하고 공허하며 흑암이 깊음 위에 있고
하나님의 영은 수면 위에 운행하시니라"

---

## 하나님의 신

유대인들의 글쓰기는 보통 '두괄식'이다. 일반적으로 큰 제목을 하나 걸어놓고 그다음에 내용을 자근자근 씹어서 설명한다. 이 형식을 대입해서 창 1장을 해석하면, 1절은 창조 기사 전체의 제목일 수 있다. 그 뒤의 2절부터는 제목을 구체적으로 설명한 것이라고 할 수 있다. 그러나 이 부분을 꼭 그렇게 해석해야만 하는 것은 아니다. 창조에 순서가 있다고 생각하고, 그 과정을 시간적인 차례를 따라 자연스럽게 기록한 것이 창 1장이라고 보아도 훌륭한 해석이다. 이런 식으로 이해하면 1절은 창조 작업의 첫 단계이고, 2절 이하는 그 결과로 생긴 공간을 조형하는 단계별 작업이라고 보면 된다. 실제로 창 1장이 그려내는 것은 창조의 과정이 아니던가. 이 길을 따라가면, 창조의 첫 단계에는 하늘과 땅만 덜렁 놓여 있었다고 할 수 있다.

하나님이 '무로부터 창조하신'(*ex nihilo*) 세상의 첫 모습은 눈에 그리 익숙한 그림이 아니다. 세상이 시작되던 시점에는 낯설게도 '하늘과 땅이 무질서하게 엉켜있었기' 때문이다. 창 1:2를 그대로 인용하면, 당시의 세상은 '땅이 혼돈하고, 그 안에 아무것도 없었으며, 빛도 존재하지 않는' 상태였다. 놀라지는 말자. 단지 조성 과정의 첫 단계가 그랬다는 것뿐이다.

하나님은 원초적인 틀을 먼저 만드시고, 이어서 말씀을 통해서 아름다운 모습으로 세상을 조형하셨다. 뒤에 이어진 창조를 보면, 하나님이 아름답다고 스스로 감탄하실 만큼 결과가 기가 막혔다. 하나님은 본인이 창조하신 세상을 바라보면서 누가 만들었는지 참 잘해놓았다고 자신을 향해 칭찬을 아끼지 않으셨다. 그뿐만 아니라 그 광경에 흠뻑 빠지시기까지 했다. 하나님이 만드신 창조의 모습에서 가장 감탄스러운 것이 무엇이었을까? 이미 언급했듯이 '질서'가 그 대답이다. 모든 것이 질서를 따라서 움직이는 것이 하나님을 흐뭇하게 했다. 만들어서 채워 넣었더니 하나님이 정하신 법칙대로 세상이 질서정연하게 움직였다.

이런 질서가 처음부터 있었던 것은 아니다. 창 1:2를 다시 찬찬히 읽으면 그 안에 '창조의 반전'이 있었음을 발견한다. '반전'이라 함은 창조가 무질서에서 시작하여 질서를 향해 움직여 갔다는 것을 말한다. 열역학 제2법칙을 보면, 세상의 에너지는 질서가 있는 쪽에서 무질서한 쪽으로 흘러간다고 한다. 이른바 '엔트로피(entropie) 증가의 법칙'이다. 하지만 '창조의 반전'은 이 법칙과는 반대이니 어떻게 이해해야 할까?

하나님이 창조를 완벽하게 '완성하신 시점'이 곧 세상의 역사가 '시작된 시점'이다. 이때부터는 열역학 법칙이 적용되는 것이 맞다. 이와는 반대로 하나님이 완전한 세상을 만드시는 창조 과정에서는 에너지가 무질서에서 질서를 향해서 흘렀다고 봐야 한다. 하나님은 '무질서를 질서로' 바꾸시고, 그걸 물려받은 인간은 '질서를 무질서로' 바꾼다고 이해하면 의미가 확 와 닿는다. 창 1:2를 지배하는 초반의 분위기가 무질서한 것은 이런 까닭이다. 물론 2절이 무질서함 자체로 끝나면 그건 창조가 아니다. 그게 질서로 바뀌어야 창조가 이뤄졌다고 할 수 있다. 그래서 무질서가 질서로 바뀌는 상황을 보여주는 표현이 2절 속에 '쑤욱'하고 들어와 있다. "하나님의 영이 수면 위에 운행하셨다".

'하나님적인 것'과 '무질서'라는 두 개의 병립할 수 없는 존재가 같은 절 안에 들어있다. 최악의 상황인데, 거기 하나님의 신이 같이 계셨다는 사실은 난감하기 짝이 없다. 하나님과 관련된 무엇이라도 거기에 있으면 혼돈이 없어야 하는 건데, 처음 세상은 어지러웠단 거다. 차근히 이해를 해보자. '하나님의 신'은 히브리어로 '루아흐 엘로힘' (רוּחַ אֱלֹהִים)이다. '루아흐'라는 단어는 '영'(spirit)이라는 의미를 가지고 있지만, 동시에 '바람'이라는 뜻이 그 안에 들어있다. 비근한 예를 들면, 신약성경에서 '성령님'을 의미하는 단어로 사용된 '프뉴마'(πνεῦμα)도 '루아흐'처럼 바람이라는 뜻이 있다. 예수님께서 성령님과 바람을 같은 가르침 속에 묶어서 이야기하신 데는 이유가 있는 것이다.

단어의 다양한 뜻을 생각하면서 생각의 지평을 넓히면, 본문의 해석 가능성 또한 넓어진다. 우선 '루아흐'를 바람으로 읽는다면, 2절은 하나의 그림이다. 하나님이 부리시는 바람이 무질서한 태초의 바다 위에 불고 있는 광경을 그린 것이다. 그렇다면 이 구절은 바람이 휘몰아치는 태초의 땅과 물의 자연적 상태를 있는 그대로 묘사한 것에 다름 아니다.

반면에 '루아흐'를 영으로 해석한다면 '하나님의 영'이 태초의 무질서함 위에 떠서 운행하셨다(hover)라는 말을 있는 그대로 받아들여야 한다. 전자의 경우야 그림이 뻔하기 때문에 더 상세히 설명할 것이 없다. 그러나 후자는 다르다. 복잡하다. 워낙 쉬운 쪽은 체질이 아니니, 복잡한 후자의 해석을 전제로 묵상의 흐름을 이어 가보자. 이경우에는 다른 것보다도 하나님의 영과 무질서함이 어떻게 공존할 수 있는지를 머리가 아프도록 생각해야 한다. 묵상의 핵심은 바로 이곳을 두들기는 것이다.


## 먼저 흔들리고 나서 답이 찾아온다


이미 말한 것처럼 만일 '루아흐'를 후자의 의미로 선택해서 읽는다면, 얻을 수 있는 것이 삼위일체 교리 하나뿐인가? 그건 당연한 전제이다. 우리는 그 정보를 넘어서서 다른 각도의 신앙적 질문도 던져봐야 한다. '왜 하나님의 영이 운행했는데도 태초의 세상과 바다는 무질서했는가?' 이건 결코 쉽게 답할 수 있는 문제가 아니다. 이 구절을 우리의 삶에 대입해보자.

철없던 시절에, 인생은 하나님이 창조한 것이니 그것이 아름다워야만 한다고 생각했던 적이 있었다. 솔직하게 말하면, 인생은 많은 부분에서 아름답지 않다. 모든 사람의 삶에는 '혼돈스럽고, 공허하며, 흑암이 깊음 위에 있는' 상황이 있다. 하나님이 창조하신 삶이 왜 이리 무질서한지를 한탄해 본 경험도 누구에게나 있다. 그럴 때마다 우리는 하나님의 영이 역사하시면 무질서함이 해결되고 무엇인가 질서 있는 상태가 될 것이라고 생각하고 기도하곤 한다. 주의 영이 임하면 문제가 해결된다고 믿은 것이다. 하지만 나이도 먹고 신앙에 진짜로 철이 들면, 삶이 신앙 속에서 익어간다. 신앙적으로 성숙해지면, 오히려 그것이 믿음의 착각이었음을 알게 된다.

성경을 들여다보면, 하나님의 영이 사람을 만난 경우가 여럿 있다. 그럴 때 하나님의 영과 조우한 사람에게 처음부터 무조건 질서가 생긴 것은 아니었다. 놀랍게도 오히려 혼란과 좌절이 그들에게 먼저 찾아왔다. 베드로는 지극히 비합리적인 방법으로 물고기를 잡아주신 예수님 안에서 하나님을 발견했다. 상식적으로는 베드로가 예수님을 자기 집에 모시고 가서 식사를 대접하면서 물고기 잡는 방법에 관한 강의를 들었어야 한다. 하지만 베드로는 정반대로 행동했다. 자신의 죄성을 고백하고 예수님에게 떠나달라고 요구한 것이다(눅 5:8). 성령님께서 어떤 사람에게 임하시면, 우선은 지금까지 그가 믿어왔던 인생의 기준이 무너진다. 그리고 그동안 만끽했던 잘난 모습과 즐겨왔던 화려함이 삽시간에 사라진다. 소위 삶의 기반이 흔들리는 것이다.

성경의 진술만 그런 것이 아니다. 지금 이 시대에 하나님을 만난 사람들의 삶에서도 그런 모습은 아주 흔하게 발견된다. 하나님의 영을 만나면 초반에 고전한다. 그렇지만 그런 상태가 끝까지 가지는 않는다. 하나님의 영이 우리를 지배하기 시작하면, 곧 처음의 혼돈이 소멸하는 것을 경험하게 된다. 혼란은 그저 시작 단계에 잠시 다녀가는 것으로 그 역할을 다한다. 처음 상황이 좌절과 혼돈으로 가득 차 있다 해도, 하나님의 영이 그 위로 운행하시면 우리의 인생에 점진적이지만 확실하고 놀라운 변화가 일어난다. 우리가 그토록 바라던 새로운 질서가 창조되는 것이다.

하나님의 역사가 일어나면 궁극적으로 그 결과는 아름다움이다. 창조 기사 안에서도 무질서한 태초의 모습들은 하나님의 영이 부딪히자 혼란을 뒤로하고 아름다운 모습으로 바뀌었다. 우리의 삶도 그럴 것이라고 생각하면 정확하다. 하나님의 영이 다스리시는 인생은 초반의 혼란을 넘어서서 반드시 다음 순서로 갈 수 있다. 하나님을 만났는데도 혼란과 어려움이 오면, 이게 다 순서 속에 들어있는 거라고 생각하고 힘들어하지 말지어다. 이미 우리는 하나님의 선한 손길 안에 머무르고 있다.

# 우주 전쟁이라니?

창 1:2와 관련해서 한 가지 이야기를 더 하도록 하자. 하나님이 만드신 세상의 첫 모습을 들여다보면, 그 빛깔이 참으로 혼탁하고 어둡다. 땅이 불안정했을 뿐만 아니라, 그 안이 텅 비었으며, 어둠이 태초의 '깊음'(테홈/חִהוֹם/물리적 깊이와 관계없이 어둠이 끝을 알 수 없도록 깊다는 표현) 속에 있었다. 만일 '루아흐'(רוּח)를 이미 언급한대로 '바람'으로 읽는다면, 무질서함 위로 바람까지 세차게 불어댄 것이니, 그 모습은 쉽게 상상할 수 없을 정도로 무서웠을 것이다.

어떤 사람들은 하나님이 창조한 세상의 이런 모습을 이해할 수 없다면서, 1절과 2절 사이에 본문에 기록되지 않은 엄청난 사건이 있었을 것이라고 주장한다. 그들은 재창조론(Re-creation theory)를 주장하는 사람들이다. 이들의 말을 좀 들어보자. 창 1:1에 나오는 하나님이 만드신 천지는 처음 창조의 모습이며 참으로 아름다웠다고 한다. 좋은 것을 그저 가만히 두고 보지 못하는 나쁜 놈들이 태초에도 있었던가. 타락한 악한 천사가 좋은 세상이 복에 겨워서인지 하나님께 대항하고 큰 전쟁을 했다고 한다. 이 우주 전쟁 끝에 하나님이 승리하셨지만, 세상은 온통 핵폭탄을 맞은 것처럼 다 망가졌다는 것이 주장의 결론이다. 창 1:2는 이 우주 전쟁 끝에 드러난 참혹하게 파괴된 세상의 모습을 말하고 있기 때문에 그 속에서 질서를 찾을 수 없다는 것이다. 이렇게 해석한다면, 당연히 창 1:3 이하의 창조 기사는 두 번째 창조의 이야기가 된다.

세상의 모습은 그랬다 치고, 사람의 존재는 재창조론에서 어떻게 설명되는가? 그들은 아담과 하와가 재창조 시기에 만들어졌다고 주장한다. 이와 마찬가지로 첫 번째 창조에서도 역시 사람들이 만들어졌단다. 첫 창조의 인간들은 아주 끈질긴 존재들이어서 우주 전쟁에서 살아남았다. 그 후에도 계속해서 삶을 이어가던 이들은 나중에 성경 속에서 그 모습을 드러냈다. 창 6장에서 '하나님의 아들들'로 설명되는 존재가 바로 그들이란다. 이들이 아담과 하와의 후손인 '사람의 딸들'과 결혼했다는 것이 재창조론의 해석이다. 희한하긴 하지만 이렇게 앞뒤가 딱딱 들어맞아 보이는 해석은 오히려 위험천만이다. 이렇게 속 시원해 보이는 해석에 잠깐 넘어가기 때문에 멀쩡한 사람들이 잘못된 신앙을 갖게 된다.

이미 클라우스 베스터만(Claus Westermann)이 창 6장을 '운석과 같은 본문'(이스라엘 바깥에서 날아왔다는 의미임)으로 설명하면서 사용된 단어들의 낯섦에 대해서 말했듯이, 이 부분은 해석이 쉽지 않다. 그렇긴 해도 창세기 기자의 관점은 분명하다. 창 6장은 악이 세상에 퍼져 나가는 과정을 이스라엘의 문학 밖에서 들어온 용어를 빌려서 설명하고 있을 뿐이다. 하나님의 아들들과 사람의 딸들 가운데 한쪽은 선하고 다른 쪽은 악하다. 그래서 두 세력이 결합하는 와중에 '악화가 양화를 구축하는' 현상이 일어났다. 이런 과정을 거쳐서 악이 세상에 퍼져나가고, 홍수 심판을 받아야 하는 환경이 조성되었단 것이 창 6

장을 보는 올바른 시각이다. 조금 신기한 단어가 몇 개 있다고 해서, 성경 전체의 맥락을 보지 않고 무조건 기계적으로 앞뒤의 본문을 짜 맞추는 해석은 피해야 한다. 재창조론의 주장은 황당하다. 요즘 말로 고구마를 백 개는 먹은 듯한 답답함이 밀려온다. 그럴듯해 보이긴 하지만, 올바른 해석은 아니기 때문이다. 하기는 그럴듯한 말에 귀 기울였다가 하와 할머니도 결국 쓸쓸하게 에덴동산의 문을 나서지 않으셨던가.

우리는 창 1:1과 그 뒤로 이어지는 절들을 계속되는 하나의 창조 순서로 이해한다. 하나님은 절대적인 없음(無)으로부터 '있음'(有)을 창조하셨다. 그 첫 번째 창조물이 하늘과 땅이었다. 2절은 내용이 채워지지 않은 하늘과 땅 사이의 빈 공간의 모습이다. 하나님은 깊이를 알 수 없는 어둠을 밝히기 위해서 빛을 창조하셨고, 텅 빈 곳을 채우기 위해서 온갖 것들을 만들어 그 안에 자리하게 하셨다. 그 이상은 없다. 이런 확실한 이야기에 뭔가 보태고 싶어 하는 사람들도 있다. 보탠다는 건 뭔가 부족하기 때문이 아니던가.

## 아, 릴리쓰(Lilith)!

숨겨진 창조의 이면을 들여다보려는 시도는 유대교 안에도 있었다. 혹시 '릴리쓰'(Lilith)라는 이름을 들어 본 적이 있는가? 유대인들의 신화(Jewish mythology)에서 비롯된 이 이름은 놀랍게도 아담의 첫 번째 아내의 것이라고 한다. 아니, 아담의 첫 번째 아내라니? 그렇다면 하와는 두 번째 아내였단 말인가? 놀라서 딸꾹질이 나오려 한다. 물론 성경은 그런 말을 한 적이 없다. 성경 속에는 '릴리쓰'가 단 한 번만 등장한다. "올빼미(릴리쓰)가 거기에 살면서 쉬는 처소로 삼으며"(사 34:14). 진짜로 '허걱'이다. 그럼 릴리쓰가 올빼미란 얘긴가? '릴리쓰'(ליליח)의 어근은 L-Y-L이다. 이 어근은 무조건 '밤'(라일라/לילה)이란 뜻을 가지고 있다. 문제는 앞서 언급한 것처럼 어근은 그렇다 해도, 이 단어 자체는 성경 전체를 통틀어서 '단 한 번만 나오는 것'(hapax legomenon)이기 때문에 뜻을 명확하게 알기 어렵다는 점이다. 그런 이유로 분분한 의논이 있던 끝에, 어떤 사람들은 이 말을 밤에 움직이는 '올빼미'라고 번역하고, 또 다른 사람은 정체를 알 수 없는 '밤의 괴물'(night monster/NASB)이라고 옮기기도 했다.

이 단어의 정체를 논함에 있어서 흥미로운 것은 유대 신비주의자들의 생각이다. 그들은 릴리쓰가 가진 '밤'이라는 어원에서 부정적인 성격을 찾아냈다. 누구든지 뭔가 '컴컴한 것'은 나쁘다는 인식을 하고 있나 보다. 13세기 유대교 학자인 랍비 이츠하크(R. Isaac ben Jacob ha-Cohen)는 그녀가 아담의 첫 번째 부인이긴 하지만 아담에게 순종하지 않았으며, 에덴동산을 떠나서 다시는 돌아오지 않은 나쁜 여자였다고 주장했다. 이후에 서구의 문학에서 가끔 얼굴을 들이밀던 이 캐릭터는, 신기한 것에 쉽게 경도되는 사람들의 흥미를 산 탓인지 오늘날 평범한 여성들의 이름으로도 사용되는 형국에 이르렀다. 우리가 인식하지 못하는 사이에 비성경적인 전승이 세상의 문화 속에 자리를 잡은 것이다.

성경이 한정하는 테두리 안에 머물지 않고, 자신의 생각을 보태서 자못 '다른' 이야기를 해보려는 시도는 역사 속에 쭉 있었다. 성경을 올바로 이해하려고 애쓰는 사람들은 항상 깨어 있어서, '내가복음'을 쓰지 않도록 조심해야 할 일이다. 보암직도 하고 먹음직도 한 해석은 결코 좋은 것이 아니다. 해 아래에 새것이 없듯이, 지금까지 우리를 지켜 온 성경의 정신 안에서 말씀을 이해하는 것이 바람직하다.

세상이 많이 바뀌어서, 사람들이 자기주장을 강하게 펴는 것을 흔히 볼 수 있다. 교회에서도, 신앙 안에서도 그런 것이 문제다. 이단까지 가지는 않더라도, 저마다 하나님의 뜻이 이렇다면서 교회 안에 분쟁의 불을 지피는 사람들도 흔하다. 사도 바울은 성령님을 우리에게 주심은 '유익'을 위해서라고 말했다. 하나님의 뜻을 말하면서 문제를 일으키는 것은 결코 유익을 구하는 행동이 아니다. 지금이 성령님의 확실한 역사가 필요한 시점이다. 성령님께서 우리 모두에게 영을 분별하는 은사를 주시기를 간절히 소망한다. 이단이나 사이비 신앙에 우리의 곁을 줄 수는 없다.

# 하늘 한가운데 물이 있다고?

하나님이 둘째 날에 하늘을 만드셨다. 창세기에서 말하는 하늘은
무엇일까? 개역한글 성경에 '궁창'으로, 그리고 개역개정 성경에는
'창공'으로 번역된 히브리어 '라키아'(יָקִיעַ)의 뜻을 한 번 생각해보자.
이 말을 영어로 옮긴 이름인 '퍼머멘트'(firmament)는 라틴어 성경 불
가타(Vulgate) 속의 '피르마멘툼'(firmamentum)에서 왔다. 이 말은 '광활
한 공간'(space/expanse)라는 의미이니, 땅 위쪽으로 펼쳐진 넓은 하늘
공간을 뜻하는 것이라고 보면 된다. 하지만 무엇으로 번역이 되었든
지, 히브리어 '라키아'(יָקִיעַ)의 원래 의미는 그냥 공간이 아니다. 이 말
은 놀랍게도 뭔가 딱딱한 물질로 되어있는 아치(arch) 형태의 지붕을
뜻한다.

오늘날 사람들은 하늘은 그냥 공간일 뿐, 그 자체가 어떤 존재는
아니라고 생각하기 십상이다. 그러나 알다시피 하늘은 비어있지 않
으며, 공기로 채워져 있다. 어떤 물질이 공간을 채우고 있다면, 그 공
간을 의미 있는 '존재'라고 생각하는 것이 가능해진다. 과학자들은
지구의 대기에 무게가 있다고 말한다. 하늘이라는 공간이 그 자체만
으로 존재감을 갖고 있다는 말에 다름 아니다. 1640년에 토리첼리

(Torricelli)라는 학자가 공기의 무게를 최초로 재는 데 성공했다. 압력계를 만들어서 무게를 쟀더니 놀랍게도 바늘이 움직이더란다. 그래서 '토르'(torr)라는 대기압의 단위가 생겼다. 무게가 있으면 존재가 있는 것 아닌가. 우리 눈에서나 기체와 고체가 달라 보일 뿐이지, 따지고 보면 존재의 본질적인 면에서는 그게 그거다. 이런 차원에서 보면, '라키아'를 존재감 있는 고체로 표현한 창조 기사는 결코 신화가 아니라, '완전' 사실일 수밖에 없다.

고대 히브리 사람들의 생각이 재미있다. 그들은 하늘을 하나님이 천장(지붕)을 땅 위에 씌워 놓으신 것으로 생각했다. 마치 천장에 조명을 달듯이 하나님이 거기에 해도 다시고 별도 채워 넣으셨다고 믿었다. 왜 아니겠는가. 욥 26:7에 '북편 하늘을 허공에 펴시며 땅을 공간에 다시며'라는 표현이 있다. 비어있는 공간에 무엇을 매다는 기술은 오늘날의 첨단 기술로도 불가능하다.

예전에 모 중공업 회사에서 만든 집채만 한 화력 발전기를 본 적이 있다. 발전기에 시동을 걸면 그것이 덜덜 떨면서 흔들렸는데, 그 발전기에 고리를 묶어서 빈 공간 꼭대기에 매다는 것이 대단한 일류 기술이었다는 이야기를 설계한 분(이쪽 분야에서 박사를 딴 대단한 분이셨음)에게 들었다. 그러니 하나님이 아무런 고리 없이 빈 공간에 땅을 매다셨다면 이건 더 말할 것이 없는 최첨단 기술이다. 땅은 그렇다 치고, 북쪽 하늘은 어디에 펴셨는가? 태초의 허공(תֹּהוּ/토후/empty space)에다 펼치셨다. 이 허공(תֹּהוּ)이 말하자면 우주이고, 북쪽 하늘(צָפוֹן/차폰)은 궁창에 해당한다고 보면 딱이다.

더 흥미로운 것은 궁창의 자리이다. 놀랍게도 하나님은 물을 양쪽으로 나뉘도록 자르시고, 그 중간에 궁창을 박아 넣으셨다. 그리고는 아래쪽의 물은 강과 바다가 되어 땅 근처를 흐르게 하셨고, 그 위의 물은 하늘 위에 쟁여놓으셨다. 그러니 궁창 위에는 커다란 저수지가 하나 있는 셈이다. 그뿐이 아니다. 저수지와 함께 바람 창고와 우박 내지는 눈 창고도 거기에 지으셨다. 창 7장부터 읽어보면, 노아의 홍수가 일어났을 때의 모습이 그려져 있다. "…깊음의 샘들이 터지며 하늘의 창들이 열려"(창 7:11).

이 표현은 무엇을 뜻하는가? 궁창 아래의 물(깊음의 샘)이 터짐과 동시에 궁창 위의 물이 거기에 나 있는 창문(하늘의 창)을 통해 땅으로 떨어지는 현상을 나타낸 것이다. 우리는 머리 위로 떨어지는 빗물의 정체에 대해서 의문을 품지 않지만, 고대 히브리인들은 그것을 상당히 신기하게 생각했다. 그러나 이것도 조금만 생각의 폭을 넓혀보면 별 문제가 없다. 발전적으로 이해하자면, 대기 속에 섞여서 비를 만드는 수증기 구름이야말로 거대한 하늘 위의 저수지가 아니고 무엇이겠는가. 머리 위에서 물이 떨어진다면 그건 그냥 생기는 일은 아닐 테고, 하나님이 그 위 어딘가에 물이 떨어지는 장치를 하셨으니 그렇게 되는 것이다. 바람과 눈과 우박도 마찬가지다. 생각해보면 참으로 오묘하고 놀라운 일이 아닐 수 없다.

인간은 스스로 자신이 굉장히 잘났다고 생각하고, 우주를 보는 과학적인 인식만이 무조건 옳은 것이라고 착각하지만, 사실은 그렇지 않다. 우주를 지으신 하나님은 사람의 생각과 과학 지식 위에 존재하신다. 과학적인 방법으로 그분의 존재와 흔적 모두를 증명할 수 있다는 것은 너무나 낭만적인 이야기일 뿐이다. 그분이 하신 일을

따져 보기 전에 먼저 경배하고 감탄부터 하는 것이 우리가 해야 할
일이다.

## 셋째 하늘 이야기

이 말씀과 연결해서 신약의 한 부분을 생각해보자. 바로 사도 바울
이 말한 '셋째 하늘' 이야기다. "내가 그리스도 안에 있는 한 사람을
아노니 그는 십사 년 전에 셋째 하늘에 이끌려 간 자라"(고후 12:2). 바
울이 소위 '삼층천'이란 곳에 다녀왔다는 거다. 본문에서 시기는 별
문제가 아니다. 고린도후서를 쓰기 14년 전이니, 아마도 그가 주후
55년경에 길리기아 다소로 피신했을 때의 일이라고 볼 수 있다. 유
대인들과 기독교인들이 양쪽에서 그를 핍박하는 바람에 도저히 견
딜 수 없어서 도망쳤을 때의 일인 것 같다. 사도 바울이 너무 지쳐 있
어서 하나님이 그를 일으켜 세우시기 위해서 치료하신 사건으로 보
인다.

하나님이 사람을 쓰시기로 작정하시면 그를 위해서 무엇이든지
하실 수 있으니, 사건의 진위여부는 논외다. 다만 그 시기보다는 셋
째 하늘이 도대체 어딘데 다녀 왔는지를 더 자세히 설명할 필요가
있다. 그냥 있는대로 말해보자. 쉽게 말해서 지붕 아래의 물이 있는
공간은 일층천이다. 요한계시록에서 하나님의 천사들과 사탄이 한판
붙는 곳이다. 그리고 지붕 위의 물이 있는 공간은 이층천이다. 그렇
다면 삼층천은 어딘가? 삼층천은 물리적인 공간이 아니라, 하나님이

계시는 가장 높은 영적인 공간(the highest, spiritual heaven)이다. 바울이 그의 글에서 다녀 왔노라고 콕 집어 말한 곳이 이곳이다.

주제도 다른 신약 이야기를 창세기 본문과 굳이 연결하는 데는 이유가 있다. 유대인들이 전통적으로 하늘을 이렇게 셋으로 구분해서 불렀기 때문이다. 이 셋 중에서 우리 주님께서 부활하셔서 올라가신, 그리고 하나님의 보좌가 있는 공간이 바로 셋째 하늘이다. 물론 바울이 다녀 왔다니 그런 줄 알아야 하겠지만, 누구든지 바울을 흉내 내지는 않기를 바란다.

신약학자 폴 바넷(Paul Barnett)은 그의 고린도후서 주석에서 이 사건을 '입신'(유체이탈)이 아니라, 일종의 '휴거'(rapture)와 같은 사건이거나 또는 '환상'(vision)을 본 것으로 해석한다. 본문에서 '이끌려 갔다'(ἁρπάζω/하르파조)라는 표현은 '강력한 외부의 힘에 붙들린 상태'를 뜻한다. 말하자면 하나님이 바울을 직접 하늘로 데려가서 그곳을 보여주셨거나, 아니면 요한에게 하셨던 것처럼 환상을 보여주신 것으로 이해함이 옳다는 것이다. 이 학자의 이름도 '바울'(Paul)이어서 그런진 모르겠지만, 썩 맘에 드는 설명이다. 하기야 구약의 에녹처럼 사람이 그냥 하늘로 올라간 경우도 있고, 또 환상을 본 사람이야 성경 속에 부지기수이니, 이런 일도 신앙 안에서 얼마든지 생길 수 있다.

바울 자신도 1절에서 환상과 계시를 말한다고 한 것을 기억할 필요가 있다. 그러나 입신이라는 현상은 '완전' 다르다. 성경이 아예 말하지도 않을뿐더러, 정신이 육체를 벗어나서 안드로메다로 가버리는 상태이기 때문에 위에 언급한 것과는 본질 자체가 다르다. '유체이탈'은 그냥 정치인들의 화법 속에나 존재하는 것이지, 실제로 성경의 가르침 속에서는 찾을 수가 없다. 입신을 주장하는 사람들은 '영이 육신을 빠져나오는 것'이 입신의 충분조건이라고 말하면서, 환상과는 다른 것임을 분명히 한다. 이쯤 되면 탈(脫)성경도 유분수다. 듣자 하니 샤머니즘 안에는 '영혼'이 막 날아다니는 게 있다고 하더라. 안 그래도 신사도운동을 포함해서 샤머니즘의 영향을 받은 별 희한한 성령운동이 다 있어서 성령님이 속상해하실 것 같다. 그런 일에 한눈 팔지 말자. 신기한 것은 한 번 신기하고는 끝난다. 그런 건 진리가 아니다. '신기'가 아니라 '진리'를 따라야 한다. '신기'를 받으면 무당이 돼서 굿이나 하면서 먹고 살아야 한다. 이 혼란한 세대에 하나님을 바로 믿는 것이 진정한 복이다.

> **창세기 1장 27-28절**
> "하나님이 자기 형상 곧 하나님의 형상대로 사람을 창조하시되
> 남자와 여자를 창조하시고 하나님이 그들에게 복을 주시며
> 하나님이 그들에게 이르시되 생육하고 번성하여 땅에 충만하라, 땅을 정복하라,
> 바다의 물고기와 하늘의 새와 땅에 움직이는 모든 생물을 다스리라 하시니라"

## 형상과 모양

창조의 마지막 날에 이르자, 하나님은 사람을 창조하셨다. 사람은 어떻게 지어졌을까? 창 1:27은 하나님께서 '자기의 형상과 모양을 따라서 사람을 만들겠다'고 작정하신 사실을 밝히고 있다. 이 짧은 본문이 말하는 하나님의 '형상'과 '모양'은 도대체 무엇인가? 히브리

어로 형상은 '첼렘'(마ִַצֶ/image)이고, 모양은 '데무트'(דְּמוּת/likeness)이다. 주전 4세기경에 헬라어로 번역된 구약성경인 칠십인역(Septuagint/ LXX)은 히브리어 '첼렘'을 헬라어 '에이콘'(εἰκών)으로, 그리고 '데무 트'를 '호모이오시스'(ὁμοίωσις)로 번역했다.

히브리어보다 헬라어에 친숙했던 기독교 초기의 신학자들은 헬라 어의 뜻을 따라서 에이콘(εἰκών)은 타락 후에도 여전히 인간에게 남아 있는 하나님의 성품, 즉 사랑이나 이성, 자유 같은 것으로 해석했고, 호모이오시스(ὁμοίωσις)는 타락과 동시에 인간이 상실한 하나님의 성 품으로 생각했다. 그만 어려운 말을 많이 했는데, 딱딱한 신학 용어 를 사용하는 게 적성에 맞지는 않지만, 이 경우는 어쩔 수 없다. 어쭙 잖게라도 신학적인 결론을 내리자면, 이후 일반적으로 하나님의 '형 상'(첼렘)은 하나님의 성품 가운데 '공유적 속성'을 의미하고, '모양'(데 무트)은 '비공유적 속성'을 뜻하는 것으로 받아들여졌다.

하지만 히브리인들의 사고로 이 부분을 들여다보면, 원래의 뜻이 이러한 헬라적 이해와는 상당한 거리가 있음을 알 수 있다. 히브리 글의 표현 가운데, 어떤 개념을 설명하기 위해서 같은 뜻을 가진 두 개의 단어를 붙여서 중복하여 설명하는 경우가 있다. 특히 시편에 이 런 경우가 대단히 흔하다. 이렇게 본다면, '형상'이나 '모양'은 서로 다른 개념을 가진 두 개의 독립적인 표현이 아니다. 오히려 둘은 같 은 의미를 가진 단어들이며, 무언가를 강조하기 위해서 이들을 함께 붙여 썼다고 생각하는 것이 맞다.

단어를 두 개씩이나 쓰면서 창세기 기자가 강조하려고 했던 것은 '하나님이 자신의 것을 인간 속에 심어놓으셨다'는 사실이다. 하나님이 인간 속에 심어 놓으셨다는 '뭔가'는 도대체 '뭔가'? 28절이 그 해답이다. 모든 만물을 창조하신 하나님께서 만물을 다스릴 대리인을 찾으셨다. 찾음 끝에 인간을 창조하시고 인간에게 세상의 만물을 다스릴 수 있는 권한을 이양하셨다. 사람이 하나님의 모양과 형상대로 창조되었다는 것은 곧 인간의 위치가 바로 하나님 다음이며, 그 위상이 세상을 다스림과 관계있다는 것을 의미한다. 이 세상은 하나님이 만드셨으니 당연히 그분이 다스릴 권리와 능력을 가지고 계신다. 그런데도 하나님은 그 일을 직접 하지 않으시고 인간에게 그렇게 하도록 능력과 권한을 위임하셨다. 꼭 집어서 설명하자면, 하나님은 '세상의 통치권'을 사람 안에 심으신 것이다. 이것이 바로 창세기 기자가 강조해서 말하고 싶었던 부분이다. 참으로 놀랍다. 빽하면 심란해하고 좌절하고 낙심하는 우리 안에 하나님이 주신 이런 권능이 있다니 말이다.

작은 일에 쉽게 절망하는 것은 어쩌면 하나님을 욕되게 하는 것이다. 대한민국 산 속 어디에나 있는 절은 절대로 망하지 않는다는 우스갯소리를 들은 적이 있다. "이 땅의 모든 기독교인이 '절'망하지 않게 해달라"고 뜨겁게 기도하기 때문이란다. 하나님이 내 안에 살아 계신다고 믿으면, 이런 우스갯소리와 상관없이 절망하지 말 일이다.

## 시편 8편 속의 인간: "먼지이거나 또는 위대하거나"

이 말씀의 바탕 위에서 시편 8편을 보면, 이러한 인간에 대한 이해가 고스란히 들어있다. 인간은 티끌로 지어졌으니 기본 바탕은 좀 한심하다 해야 할 것이다. 하나님이 우리를 흙으로 지으셨다고 흔히들 말하지만 썩 정확한 표현은 아니다. 창 2:7은 하나님이 '땅의 먼지' (아파르 민-하아다마/מִן־הָאֲדָמָה עָפָר/dust from the ground)로 사람을 만드셨다고 말한다. 흙도 아니고 바람에 쓸려 다니는 그 위의 먼지나 티끌로 우리를 지으셨으니, 인간이라는 존재가 원래 뭐 그리 대단하겠는가. 그래서인지 시편 8편을 쓴 시인도 "인간이 무엇이기에 이렇게 관심을 주시는가"라면서 황송해하고 감격해 마지 않는다.

시 8:4에 나오는 질문들은 인간을 그리 높이는 표현이 아니다. "인간이 무엇입니까?"(마 에노쉬/מָה־אֱנוֹשׁ), "사람의 아들이 무엇입니까?"(마 벤 아담/מַה בֶּן־אָדָם). 이것들은 오히려 인간을 상당히 낮추고 아무것도 아닌 존재로 나타낼 때 사용하는 히브리어 표현이다. 인간이 이렇게 아무것도 아니긴 하지만, 놀랍게도 시 8편은 반전을 통해서 인간 존재의 격변을 말한다.

시의 후반부에 가면 사람이 갑자기 출세를 한다. 인간이 '하나님보다 조금 못하게' 지어진 존재로 뛰어오르고 있으며, '영화와 존귀로 관을 씌운' 존재로 변화되고 있다. 더 나아가서 6절을 보면 마침내 '하나님이 지으신 것을 다스리며 또한 만물을 발아래에 둔 존재'로까지 높아진다. 어떻게 그것이 가능했을까? 하나님이 만물을 다스리는 권한을 우리에게 위임하셨기 때문이다. 우리가 하나님과 올바르고 적절한 관계를 맺으면 우리는 세상에서 하나님 다음가는 존재로 이 땅에서 살 수 있다. 그러나 내 속에 있는 하나님의 형상을 무시하고, 그 관계를 깨면 먼지와 같은 존재로 살 수밖에 없다.

# 나는 먼지인가 혹은 위대한가

창세기와 시편 속의 인간에 대한 이해는 양극단을 달린다. 하나님이 자신의 형상을 인간 안에 넣어서 만드셨으니 하나님과의 관계는 사람에게 필연적인 일이다. 이 필연을 떠나면 인간은 아무것도 아닌 존재가 된다. 아무것도 아닌 존재는 세상을 다스리는 것이 아니라 파괴하는 자로 또는 세상에 눌리는 자로 살 수밖에 없다. 그러나 하나님 안에 있으면 이야기가 홀연히 달라진다. 사람은 영화로운 존재요 존귀한 자, 즉 '만인지상 일인지하'의 신분을 가진 자가 되는 것이다.

어떤 사람이 "넌 왜 교회에 나가느냐?" 또는 "네가 왜 마음대로 살지 못하고, 하나님이란 존재의 뜻대로 살아야 한다고 늘 말하느냐?"라고 묻는다면, 뭐라고 대답할 수 있을까? 하나님이 나와 세상을 만드신 것을 믿는 사람은 거기서 한 걸음 더 나가서 창 1:28에 있는 인간의 위대함도 믿어야 한다.

하나님의 뜻대로 내 삶을 운영하면, 나는 위대한 존재로 살 수 있다. 아니라면, 그냥 티끌이다. 그런 까닭으로 교회도 나가고, 하나님의 뜻도 구하는 것이다. 하나님이 사람을 창조한 비밀은 과연 놀랍기도 하고, 동시에 무섭기도 하다. 무서움 쪽을 선택한다면, 나는 그저 먼지와 같은 존재로 살아야 한다. 그러나 놀라움 쪽을 선택한다면, 나의 출생의 비밀에 대해서 감격할 수 있다. 이런 위대한 DNA를 가지고 이 땅에 태어났다는 것을 너무 늦게 알면 억울하다. 힘이 있고, 능력이 있을 때 이 비밀을 알아서 맘껏 활용할 수 있어야 좋은 일이다. 놀라움으로 본문을 들여다보고, 오늘이라도 어깨를 쫙 펴자. 하루를 더 살아도 당당하게 살 수 있으면 좋겠다.

**창세기 1장 31절**
"하나님이 지으신 그 모든 것을 보시니 보시기에 심히 좋았더라
저녁이 되고 아침이 되니 이는 여섯째 날이니라"

# 저녁에서 아침으로

이제 세상의 만물이 다 만들어졌다. 6일간의 창조 이야기를 들여다보면, 그 안에 반복되는 이야기의 형식이 있음을 발견한다. 이야기를 진행하는 내레이터가 창조의 시간이 하루씩 지날 때마다 똑같은 양식을 사용해서 시간을 표기하는 것이다. "저녁이 되고 아침이 되니"(바여히 에레브, 바여히 보케르/וַיְהִי־עֶרֶב וַיְהִי־בֹקֶר). 일반적으로 하루를 마무리하면서 그날의 일과를 정리하여 표현한다면 어떤 것이 상식적일까? 아마도 '저녁이 되고 아침이 되니' 보다는 '아침이 되고 저녁이 되니'라고 말하는 것이 훨씬 더 무리 없는 표현일 것이다.

하지만 흥미롭게도 창세기 기자는 시간의 흐름을 반대로 정리하고 있다. 거기에는 무슨 이유라도 있는 것일까? 유대인들이 생각하는 하루의 기준은 우리의 것과는 많이 다르다. 실제로 유대인들에게 있어서 하루를 마감함과 동시에 새날을 시작하는 시각은 해 질 녘인 저녁이다. 탈무드(Talmud)를 보면 저녁의 시작은 '육안으로 별이 세 개가 보이는 시점'이라고 되어있다. 별 세 개가 뜨면 그때부터 다음

날인 것이다. 그러니 유대인들에게 있어서 새날은 어두컴컴한 밤부터 시작한다. 그렇다면 저녁이 되고 아침이 되었다는 말은 도대체 어떤 뜻으로 받아들여야 할까?

우선 이 말은 하루의 시작과 시간의 진행을 나타내는 표현이라고 이해할 수 있다. 하루가 저녁으로부터 시작되니, 저녁이 당연히 아침보다 먼저 언급될 수밖에 없다. 문제는 누군가가 하루의 첫 시간부터 일한다고 하면, 어두운 밤에 일을 시작하는 셈이 된다는 점이다. 인간에게 있어서 밤은 어떤 시간인가? 그저 잠자는 시간이며, 일하는 것과는 거리가 먼 시간이다. 저녁이 하루가 시작되는 기점이니, '사람'인 유대인은 잠을 주무시는 것으로 하루를 열 수밖에 없다. 하루를 시작함과 동시에 활동을 멈추는 상태가 되는 것이다.

그러나 하나님에게로 관점을 옮기면, "밤은 활동을 멈추고 쉬는 시간"이라는 관념이 지극히 제한적인 것이 되고 만다. 하나님에게는 낮은 물론 밤 또한 당연히 일하시는 시간일 수 있다. 사실은 모두가 잠든 밤에도 일하시는 하나님의 모습이 유대인들에게는 그리 낯설지 않다. 이 부분과 관련해서 머리를 두드리는 말씀이 시 127:2이다. 그 하반절을 한번 읽어보자. "여호와께서 그의 사랑하시는 자에게는 잠을 주시는도다".

이 말씀을 문자적으로 받아들여서, 하나님을 믿는 사람들은 누구나 베개에 머리를 대자마자 잠이 들어야 한다는 희한한 해석을 하는 이들을 봤다. 솔직히 고백하건대, 많은 신자들 중에 지금도 밤에 쉬이 잠을 이루지 못하는 사람들이 꽤 있다. 그들의 신앙이 부족한 것도 아니고, 하나님이 그들을 사랑하시지 않는 것도 아니다. 가끔은 삶이 주는 무게 때문에 그렇기도 하고, 또 체질적으로 불면이 심하기 때문이기도 하다. 깊이 잠드는 것과 신앙이 서로 밀접한 관계가 있다고 말하는 것은 상당히 어색하다.

그러면 이 구절을 어찌 해석하는 것이 마땅한가? 많은 번역자들은 "그(하나님)가 사랑하는 자에게 잠을 주신다"(이텐 리디도 쉐나/שֵׁנָא יִתֵּן לִידִידֹו)라는 문장에서, '주신다'(이텐/יִתֵּן/나탄 동사의 3인칭 미완료)는 동사의 목적어가 '잠'(쉐나/שֵׁנָא)이 아니라고 본다. 오히려 직전 구절 속의 '수고의 떡'이 숨겨진 목적어라는 것이다. 거기에 더해서 '잠'이라는 단어를 목적어로 보지 말고, 부사적 느낌으로 해석하면 금상첨화라는 것이 이들의 생각이다. 이렇게 보면 이 문장은 상당히 달라질 수 있다. "그(하나님)가 그의 사랑하는 자들이 잠든 사이에 그들을 위해서(수고의 떡을) 주신다"(For the Lord provides for those he loves, while they are asleep).

와! 이렇게 번역하니 뜻이 한결 더 명확해졌다. 시편 구절의 깊은 의미는 이렇다. 하나님은 모두가 잠든 시간인 밤에 오히려 사람들을 위해서 일하신다. 사람이 먹는 떡은 그가 흘린 땀 때문이 아니라, 그들이 잠든 시간에 하나님이 일하신 것으로 인해 주어진다. 그러고 보니, 시 121편을 쓴 기자도 비슷한 말을 한 적이 있다. "이스라엘을 지키시는 이는 졸지도 아니하시고 주무시지도 아니하시리로다"(시 121:4). 심지어 졸지도 않으신단다. 헐!

이제 시편의 말씀과 창세기 본문을 연결해보자. 하나님은 해가 지고 사방의 둘레가 어두워지는 시간이 오면, 세상을 만드는 일을 시작하셨다. 밤은 우리가 생각하듯이 딱히 모든 것이 멈춘 시간이 아니다. 오히려 하루의 머리에 해당하는 '첫 때'이니 사물이 움직이기 시작하는 시간이기도 하다. 하나님은 그 첫 순간부터 일하셨다. 이렇게 생각한다면, '저녁이 되며 아침이 되니'라는 문장은 그저 하루가 지나서 새날이 밝았다는 문학적인 표현을 넘어선다. 오히려 하나님의 근무 시간의 일부를 나타내는 실제적인 표현으로 읽을 수 있다. 개인적으로는 미드라쉬(Midrash)를 공부한 까닭에, '석의'를 떠나서 이런 식으로 문장을 파고드는 게 습관으로 남았다. 그래도 좋다. 이렇게 본문을 읽으니 새로운 의미가 눈에 들어오지 않는가? 사람들은 일단 새날을 맞게 되면 잠자리를 찾지만, 하나님은 오히려 그 시간에 일하신다.

## 하나님은 주무시지도 않는다

하나님을 믿는 사람은 어떤 환경 속에서도 밤에 마음 놓고 잠을 잘 수 있다. 이 얼마나 신나는 일인가! 인간에게는 일을 위해서 가용한 시간이 '낮'밖에 없다. 그래서 인간의 시각으로만 하나님이 일하시는 시간을 산정하려니 '저녁에서 아침으로'라는 표현이 낯설 수밖에 없는 것이다. 우리가 자는 시간은 철저하게 노동을 포기한 시간이다. 이 시간에 하나님이 나를 위해서 일하신다고 믿을 수 있다면, 그는 정말로 하나님을 신뢰하는 사람이다.

유대인들은 우리와 달리 안식일을 지킨다. 안식일의 기본 정신은 '노동 포기'이다. 이건 단순히 사람을 옭아매기 위해서 만든 법만은 아니었다. 물론 후대에 바리새인들의 마음속에서는 이 규정의 실천

여부가 더 중요해졌지만, 원래의 철학은 그 의미가 자못 깊다. 안식일에도 사람이 일을 하면, 먹거리가 더 생기는 것은 당연하다. 그런데도 먹을 것을 하나님이 마련하실 것이라고 생각하면서 노동을 내려놓는 건 철저하게 하나님을 의지하는 태도이다. 그래서 근본적으로 이 정신은 철저한 하나님의 신뢰에서 비롯되었다고 할 수 있다. 그냥 편하게 마무리하자. 하나님은 잠도 안 주무신다. 이유는 간단하다. 내가 먹을 것을 그분이 마련하느라 애쓰시기 때문이다.

---

**창세기 2장 7절**

"여호와 하나님이 땅의 흙으로 사람을 지으시고
생기를 그 코에 불어넣으시니 사람이 생령이 되니라"

---

## 아담이 네페쉬가 되었다

하나님이 사람을 흙으로 빚어 만드신 증거가 있다는데, 그게 뭘까? 그 답은 인간에게 '열 받으면 굳어지는 현상'이 있기 때문이란다. '아담'(מָדָא)이라는 이름은 인류 최초의 인간이 가졌던 고유명사이기도 하지만, '사람'이라는 일반명사로도 사용되었다. 왜 사람은 '아담'이라고 불렸을까? 앞서 말한 것처럼, 그 이유는 '사람'(아담/מָדָא)이 바로 '흙'(아다마/מָדָאֲה)의 먼지에서 왔기 때문이다. 그래서 사람의 기원은 그야말로 흙이다. 사람은 흙으로 빚어졌고, 또 만들어진 후에는 흙을 먹고 산다. 흙에서 나는 것들을 섭취하면서 살아가는 것이니 그야말로 흙을 먹는 것이나 다름없다. 그렇게 살다가 섭취한 흙이 인생을 가득 채우면 결국 다시 흙으로 돌아간다. 정말 맞는 이야기다.

그렇긴 하지만, 만일 어떤 사람이 "우리 존재의 모든 것이 '흙'과 동일한 것인가?"라고 묻는다면 어떤가? 그건 그렇다고 대답할 수 없다. 본문을 자세히 읽어보면, 하나님이 우리를 흙인 채로 내버려 두시고 "마냥 그렇게만 있으라" 하신 것은 아니기 때문이다. 인간이 흙에서 왔긴 하지만, 흙을 넘어선 존재가 되기 어렵다고 말하는 것에는 어폐가 있다. 한때 유행했던 노래 가사를 빌려서 말하자면, "흙인 듯, 흙 아닌, 흙인 것"이 사람이지만, 결국 인간은 흙을 넘어서기 때문이다.

창 2:7은 하나님이 생기를 불어넣으시자 흙의 먼지로 빚은 인간이 '생령'(네페쉬/שׁ֫פֶנ)이 되었다고 말한다. '네페쉬'는 살아있고 호흡하는 생명체를 가리킨다. 이 단어의 원래 뜻은 사실은 '식욕'이다. 어쩌면 먹으려는 욕구가 있는 것이 살아있는 사람의 본래 모습이라고 할 수 있다. 기본적으로 먹을 것을 탐하지(?) 않는 존재는 살아있는 것이 아니라는 개념이 이 안에 들어있다. 그래서 금식한답시고 곡기를 끊는 일은 웬만하면 너무 자주하지 않기를 권한다. 따지고 보면, 예수님을 비판하는 사람들이 주님을 향해서 너무 잘 드신다고 뭐라고 한 적이 있다(마 11:19). 이 부분을 웃음으로 승화하자면, 주님은 역시 하나님의 생명이 충만한 '네페쉬'이셨다.

하나님이 주신 생명의 기운이 사람으로 하여금 흙을 넘어선 '네페쉬'가 되게 했다. 흙은 호흡하지 않는다. 먹지도 않는다. 그러나 네페쉬는 호흡하고, 음식을 먹는다. 하나님의 생기가 흙에게 임하자, 그

흙이 살아있는 존재가 되었다. 무엇이든지 하나님이 건드리시면, 근본적인 성격이 바뀐다. 죽음이 생명으로, 무생물이 생물로, 생각 없음이 생각 있음으로, 좌절이 소망으로, 슬픔이 환희로 바뀐다.

## 대체 언제 부딪혔더라?

하나님이 흙덩어리에 불어넣으신 생기는 히브리어로 '느샤맛 하임'(נשמת חיים)이다. '하임'은 생명이라는 뜻이고, '느샤마'(하임과 연결하기 위해서 연계형으로 바꾸면 '느샤맛'이 된다)는 여러 가지 설명에도 불구하고 '호흡'이라는 뜻으로 이해하는 것이 가장 분명하다. 말하자면 하나님은 흙덩어리가 숨을 쉴 수 있도록, 자신의 호흡을 거기에 집어 넣으셨다. 이런 호흡의 전이가 일어나자, 흙덩어리가 숨을 쉬면서 살아있는 존재, 즉 진정한 생령이 되었다.

이러한 창조가 내게도 일어났다. 이 창조는 과거에 멈춘 일이 아니다. 오늘 이 시간에도 진행형이다. 하나님이 나를 살리셨다면, 현재의 삶에서 내가 살아있음을 확인할 수 있는 사건을 경험해야 한다. 나는 언제 어떻게 하나님의 능력에 부딪힌 바 되었는가? 인생 가운데 그런 체험이 있는가? 하나님이 내 삶 안에 들어오시기 전에 나는 어떤 존재였는가? 그리고 하나님이 내 삶에 역사하신 후에 나는 어떻게 변해 있는가?

아담에게 하나님의 호흡이 들어가자 그만 하나님의 숨이 인간의 숨이 되었다. 대단한 일이 일어난 것이다. 나는 지금도 코로 호흡하면서 살고 있다. 나의 숨은 누구의 것인가? 나의 호흡 전체가 하나님의 숨과 다름이 없다. 하나님이 인공호흡을 하셔서 삶의 숨통을 열어 주셨기 때문에("생기를 코에 불어넣으셨다"/창 2:7), 내가 목숨을 유지하고 살아 있을 수 있다. 나의 날숨과 들숨이 하나님의 것이라니, 이것 참 영광이다.

---

**창세기 2장 19절**

"여호와 하나님이 흙으로 각종 들짐승과 공중의 각종 새를 지으시고 아담이 무엇이라고 부르나 보시려고 그것들을 그에게로 이끌어 가시니 아담이 각 생물을 부르는 것이 곧 그 이름이 되었더라"

---

## 들짐승이 먼저인가, 사람이 먼저인가

창세기 1장과 2장은 연속된 이야기요, 당연히 동일한 성격을 지닌 문서이다. 그러나 역사비평학을 따르던 이들은 이 두 장을 서로 다른 저자들이 썼다고 생각했다. 창 1장은 포로 후기에 제사장 계급이 모여서 우물딱 쭈물딱 만든 글이요, 창 2장은 그보다 훨씬 전에 하나님을 'YHWH'로 부르던 일단의 사람들이 쓴 문서라는 것이다. 이쯤 되면 창세기라는 책의 존재가 무색할 지경이다. 이들은 두 문서가 서로 다른 문학적 진술을 가지고 있다고 주장하는데, 그 증거로 내민 본문 가운데 하나가 창세기 2장 19절이다.

창 2:19를 앞선 창조 이야기들과 대조하면서 시간적인 순서를 잘 따지며 읽어보면 조금 헷갈릴 수는 있다. 창 2장의 이야기에서 하나님은 흙으로 각종 들짐승과 공중의 새를 지으시고, 아담이 그들을 어떻게 부르는가 보시려고 아담에게 데려가셨다. 문제는 창조의 순서다. 창 1장의 창조 순서를 보면, 사람은 맨 마지막에 창조되었다. 들의 꽃과 나무 그리고 공중에 나는 새와 온갖 들짐승을 다 만드신 후에 그것들을 다스릴 인간을 맨 마지막에 창조하셨다.

그런데 창 2:19의 이야기는 사뭇 다르게 들린다. 하나님이 흙으로 아담을 만드신 후에, 들짐승을 다시 흙으로 빚어 만드셔서 아담에게로 데려가셨다는 생각을 하게 한다. 이러한 순서의 차이는 어디서 비롯된 것인가? 역사비평학자들은 서로 다른 시기에 다른 동네에서 살던 사람들이 쓴 글이기 때문에 차이가 있을 수밖에 없다고 말한다. 이런 견해가 과학적인 근거가 있는 건지는 알 수 없지만, 결론이 너무 쉽다는 생각을 지울 수가 없다.

사실 조금만 관점을 돌려서 해결책을 찾아보면, 대답할 거리가 분명히 있다. 만일 이들의 주장이 맞다면, 두 이야기를 하나로 묶은 편집자들은 다 멍청한 사람들이요, 이러한 충돌을 전혀 고려하지 않은 바보들이란 말인가. 아무리 옛날 옛적 호랑이가 담배 피우던 시절에 살았어도 이들은 다 지각 있던 사람들이요, 이야기의 앞뒤를 연결할 때 시간의 아귀가 맞아야 한다는 것쯤은 알고 있던 사람들이다. 지금 이 시대가 아무리 첨단을 달린다고 잘난척해도, 어디 고대의 모세나 다윗 같은 훌륭한 지도자를 내놓을 수나 있는가? 옛날 사람들이라고 마구 무시하면 못쓴다.

창세기를 편집했거나 혹은 이 부분을 통째로 쓴 기자는 당연히 이야기의 문맥을 다 살피고, 사건의 전후도 잘 생각해서 이야기를 구성했을 것이다. 뻔한 비판적 눈길을 앞에 두고도 이런 표현을 그대로 두었다면, 그것은 두 부분이 서로 같은 내용을 말하고 있기 때문이다. 만일 서로 다른 두 문서를 조합했다면 일부러라도 자연스럽게 만들기 위해서 한쪽 문서의 표현을 손봤을 것이다. 형편이 이러하다면, 이미 언급한 순서의 '충돌'은 전혀 '충돌'이 아니다. 그저 혹자들이 이것을 충돌이라고 생각하는 것뿐이지, 창세기 기자에게는 이것이 전혀 충돌이 아니었다. 이것을 모순 내지는 충돌이라고 생각하지 말고 창세기 기자가 생각했던 그 방향으로 함께 걸어간다면 아무런 문제가 없는 것이다.

## 요건 몰랐지?

영어의 시제에는 이른바 '대과거'(pluperfect)라는 것이 있다. '과거완료'라고도 불리는 이 시제는 과거 가운데서도 가장 오래된 시점을 나타낸다. 소위 중·고등학교 시절에 영어를 배우면서, "had+p.p."라는 공식을 늘 입에 달고 다니면서 외우지 않았던가. 바로 그 시제를 이야기하는 것이다. 대과거는 영어에서만 발견되는 문법적 요소가 아니다. 고대의 언어인 히브리어에도 이와 같은 '대과거'가 있다. 용례가 많지는 않지만, 성경 속에서 과거 시점보다 훨씬 더 먼 시점을 이야기해야 하는 상황에서 잘 쓰인다.

히브리어는 워낙 오래된 언어이기 때문에, 오늘날의 언어적 관점으로 보면 시제가 그리 명확하지 않다고도 볼 수 있다. 대표적인 성경 언어 두 개를 비교하자면, 헬라어는 상대적으로 시제나 화법이 대단히 정확하고 명사의 사용에서도 독일어가 울고 갈 만큼 '격'(case)이라는 게 잘 나뉘어 있다. 그렇지만 히브리어는 문장을 읽을 때 때로는 직관이나 감각이 필요한 면이 있다. 왜냐하면 동사가 없는 문장도 흔하고, 또 고대의 말이기 때문에 칼날 같은 엄격함이 문법 속에 들어있지 않아서이다.

실제로 히브리어의 시제는 기본적으로는 두 가지뿐이다. 바로 미완료시제(imperfect)와 완료시제(perfect)가 그것이다. 그렇다고 해서 딱 두 종류의 시제만 문장에 나오는 것은 아니니, 이 언어를 절대로 만만하게 보면 안 된다. 히브리 문장론(syntax)을 연구하는 학자들이 미완료와 완료를 기초로 해서 그 안에 다양한 시제와 조동사의 활용이 가능한 형태까지 연구해놓았으니 말이다. 어찌 됐든 좀 알기 쉽게 이야기해보자. 일반적으로 히브리어에서 '완료'는 과거시제로 해석한다. 그런데 과거시제에다 접속사 '바브'를 붙인 형태가 때로는 '대과거'로 쓰이곤 했다는 사실을 언어학자들이 찾아냈다. 이렇게 본다면, 창 2:19는 대과거 시제가 사용된 문장의 자격 요건을 갖추었다고 할 수 있다. 이 시제를 활용해서 구절들을 해석하면 정말 아무런 문제가 없다. 하나님께서 들짐승을 아담에게 데려간 시점은 과거이지만, 하나님이 들짐승을 만드신 때는 그보다 훨씬 앞선, 즉 아담을 만들기 전인 대과거의 시점이라고 할 수 있기 때문이다.

이제 떨리는 심정으로 순서를 정리해보자. 창 1장의 언급처럼, 하나님은 아담을 창조하기 전에 먼저 들짐승들을 만들어 놓으셨다(대과거). 그리고 2장에 와서 그들을 아담에게 끌고 가신 것이다(과거). 이 해석에 불만 있는 사람은 손들어 보라! 우리말은 시제가 불분명하므로 이러한 미묘한 차이를 잘 반영하지 못했다. 그렇다면 여기서 영어 번역을 참고해 보도록 하자. NRSV는 "the Lord God formed"라고 번역해서, 비평학자들의 손을 들어주었다. 그러나 NIV는 다르다. "the Lord God had formed"라고 번역함으로써 이러한 대과거의 뉘앙스를 십분 살리고 있다. 번역이 다른 이유는 인간이 보는 눈과 정신이 다르기 때문이니, 그걸 시비할 필요는 없어 보인다. 다만 우리의 눈이 어떤 눈인가 하는 것이 중요할 뿐이다. 우리의 눈으로 창 1장과 2장을 읽을 때 하나의 연결된 이야기를 볼 수 있으면 그것으로 되었다.

## 하나님의 말씀은 항상 옳다

창세기는 세밀하게 잘 쓰인 책이다. 비록 고대에 기록되었지만 우리가 함부로 생각해도 될 만한 그런 책이 절대 아니다. 누구든지 본문의 초월성을 존중하고, 그 안에 담긴 하나님의 뜻을 겸손하게 찾으려는 노력을 기울이는 사람에게는 본문이 그 참된 의미를 드러낸다. 오늘날 포스트모던의 세상에서는, 사람들이 단 하나의 권위를 인정하지 않는 풍조가 있다. 그래서인지 더욱 성경의 초월성을 귀하게 여기지 않는다. 과거 우리에게 복음을 전해주었던 미국은 이미 성경을 잃어버리고, '신이교주의'(Neo-Paganism)를 향해서 걸어가고 있다. 사람들이 자기가 믿고 싶은 종교를 거리낌 없이 선택한다.

미국이나 세상이 어떠하든, 기억해야 할 것이 있다. 예수님이 오신 이후 2천 년 동안 시대를 지배하는 정신(Zeit Geist)은 여러 번 바뀌었다. 그 변덕의 세월 속에서도 하나님의 말씀은 한 번도 흔들리거나 바뀌지 않았다. 이제는 이런 성경의 위대함을 알아보고, 말씀을 '쫌' 귀하게 여기자고 말하고 싶다. 주변을 살펴보면, 상황이 힘들다고 말씀을 야금야금 바꾸려는 시도들이 보인다. 당황스럽다. 내가 처한 입장을 합리화하려니 이런 현상이 생긴다. 상황은 결코 말씀을 바꿀 수 없다. 오히려 말씀이 상황을 지배하는 것이 정상이다. 말씀이 세상을 바꾸는 것을 보고 싶다. 상황으로든, 과학적 해석 방법으로든, 무엇으로든 말씀에 상처를 내는 일은 그만둘 때가 됐다.

---

**창세기 3장 4-5절**

"뱀이 여자에게 이르되 너희가 결코 죽지 아니하리라 너희가 그것을 먹는 날에는 너희 눈이 밝아져 하나님과 같이 되어 선악을 알 줄 하나님이 아심이니라"

---

## 진짜 같은 가짜

선악을 알게 하는 나무의 열매를 놓고, 하나님과 뱀은 아담에게 전혀 상반된 이야기를 했다. 하나님은 "네가 열매를 먹고 죽지 않도록, 먹지 말라"(로 토클루…팬 티무툰/불ת... אכלה... פן אכלה )고 분명히 경고하셨다(창 3:3). 문장 속에서 접속사 '팬'(פן)은 '~하지 않도록'(lest)이라는 뜻을 가지고 있으니, 하나님의 경고 안에는 죽고 싶지 않으면 하지 말라는 당부가 담겨있다. 여기서 죽음(nm/무트)은 정말 죽는 것을 말한다. 숨은 뜻이 없다. 그러니 먹지 말라는 거다. 반면에 뱀은 열매를 먹으면 하나님처럼 된다고 거꾸로 말했다(창 3:5).

선악과에 관한 두 가지 진술 가운데 누구의 말이 맞는 건가? 대답부터 하고 나서 설명을 하기로 하자. 하나님의 말씀이 틀릴 수 있다는 건 꿈에서도 생각해 본 적이 없다. 무조건 그분의 말씀이 맞다. 그렇다면 자동으로 뱀의 말은 '땡'이다. 틀린 것이다. 정확히 말하면 다 틀린 것은 아니지만, 결코 다 맞는 것도 아니다. 뱀은 늘 이런 식이다. 우리에게 문제를 일으키는 것은 온전히 가짜로 만들어진 가짜가 아니라, 진짜가 적당히 섞인 가짜이다. 이런 경우는 여간해서 구별이 쉽지 않다. 객관적으로 보면 뱀의 말은 일부분 사실이다. 선악과를 먹으면 하나님처럼 되어서 선악을 구별하게 될 것이란 부분이 그렇다.

지금까지 살아오면서 다들 수많은 결정을 했을 것이다. 질문 하나만 던져보자. 지금에 이르기까지 수많은 결정을 하면서 살아왔는데, 모든 선악 간의 일을 완벽하게 판단하고 결정을 내려 왔던가? 이런 질문을 던졌을 때 긍정적인 대답을 한 사람을 지금까지 보지 못했다. 선과 악의 문제를 정확하게 가를 수 있다면, 적어도 그것은 인간의 수준이 아니다. 하나님만이 이 판단을 완전하게 하실 수 있다. 그래서 선악과의 효능이 먹은 사람으로 하여금 절대적으로 옳은 선악의 판단을 하게 만든다면, 이 열매를 먹은 아담과 하와가 하나님과 같은 기능을 일부라도 갖게 된다는 것은 맞는 지적이다. 그렇다면 뱀의 나머지 진술도 다 옳은 것일까? 그렇지 않기 때문에 문제가 심각하다.

만일 인간이 하나님처럼 완벽해질 수 있다면, 인간의 삶에 하나님의 자리는 없다고 단언할 수 있다. 하나님처럼 변했다고 생각하는 존재는 하나님을 필요로 하지 않는다. 궁극적으로 하나님의 능력을 갖췄다고 생각한다면, 누구든 아담과 하와처럼 독립선언서를 낭독하고 하나님을 필연적으로 떠날 수밖에 없다. 뱀이 이렇게 확실히 예견되는 결과를 부부에게 말해주었던가? 뱀은 이런 진실을 감추었다. 그는 사람이 하나님을 떠난다면, 그것으로 기뻐하고 만족하는 존재이기 때문이다. 그것이 뱀의 목적이다.

만일 뱀이 의도한 대로, 사람이 하나님을 떠나면 어떻게 될까? 롬 6:23은 "죄의 삯은 사망"이라고 말한다. 죄는 하나님을 떠나는 것이며, 그 결과는 죽음이다. 선악과를 따먹으면 선악을 따지는 능력은 각성이 되겠지만, 결국은 그것 때문에 하나님에게서 멀어지게 된다. 뱀은 하나님처럼 된다는 것이 사람에게 어떤 의미인지를 말했어야 했다. 그러나 이 징그러운 녀석은 이 부분을 교묘히 피하고 있다. 가짜를 진짜에 살짝 버무린 것이다. 결론적으로 보면, 이런 까닭으로 뱀의 말은 거짓이다. 거짓에 귀를 기울이면, 하나님과 멀어질 수밖에 없다. 진실을 따라가면 선악과 맛은 못 보겠지만 하나님과 함께 살 수 있다. 그러나 뱀을 따라가면 죽는다.

아담과 하와는 뱀의 말을 따라서 선악과를 잡수셨다(우리에겐 한참 할배랑 할매니 존칭어를 써드려야 한다). 그 결과 그들은 하나님과 분리되셨다. 이 '분리'의 의미는 무엇인가. 언급했듯이 부부가 선악과를 잡수신 후에 이들의 능력 가운데 일부분이 고양되는 효과는 있었던 듯 보인다. 최소한 자신들이 벗은 것은 알게 되었으니 말이다. 문제는 완전히 하나님처럼 되지는 못했다는 데 있었다. 아무리 기능이 용수철이 튀어 오르는 것처럼 각성됐다 할지라도, 피조물인 인간이 본질적으로 하나님처럼 될 수는 없다. 그런 탓으로 그들의 능력은 벗은 모습을 알아보고 두려워하는 것에 그쳤다. 어떤 사람들은 이런 현상을 '성적인 수치심'을 느낀 것으로 해석하지만, 그것은 옳지 않아 보인다. 에덴동산에는 하나님을 빼면 아담 부부 외에는 아무도 없었다. 둘은 부부 싸움을 해도 가서 하소연할 존재가 하나도 없는 곳에서 살았다. 그런데 벌거벗었다는 것이 왜 부끄러운가. 부부는 벌거벗었어도 수치심을 느끼지 않는 유일한 관계이다.

두려움의 이유는 다른 데 있었다. 이들이 선악과를 따먹고 나서 자신들의 실체는 보았는데, 자신을 스스로 보호할 수 있는 능력이 없었던 것이 두려움의 이유였다. 그래서 기껏해야 나뭇잎으로 몸을 가리는 것밖에는 할 수 있는 게 없었다. 비극이 아닐 수 없다. 하나님은 이들과 몇 가지 대화를 나누신 후에, 그래도 옛정이 있어서 가죽으로 옷을 해 입히시고는 이별하셨다. 분리가 된 것이다. 피조물인 인간이 하나님과 분리되면 존재가 죽을 수밖에 없다. 숨을 쉬어도, 움직여도 죽은 것이다. 결국 부부는 돌아가셨다.

## 내게는 하나님이 절실하다

창 3장을 읽으면서, 처음부터 뱀이 장난치는 것을 알고 있었다. 이걸 잘 안다면, 살면서 절대 그놈에게 넘어가면 안 된다. 그런데도 그

처음 이야기

런 일이 생길 때가 있다. 환장할 노릇이다. 나는 하나님이 절실한데도 왜 삶 속에서 때로는 그분으로부터 도망가는지 모르겠다. 왜 가끔씩 그분을 기억하지 않고 내 힘으로 무엇이든 하려고 하는 것인지 정말 알 수가 없다. 당연히 이미 죄와는 멀어졌고 구원받았으니, 뱀과는 더는 놀고 싶지 않다. 그런데 때로는 골목길에 숨어서 나를 부르는 그놈의 목소리를 따라갈 때가 있다. 내 삶은 언제나 확실한 진짜라고 오해하고 있으므로, 내 인생도 가짜와 비벼질 가능성이 있다는 생각을 평소에 하지 못하고 사는 것이 문제다. 참으로 교만하다. 바울은 이 세상에서 믿는 이들의 삶을 "이미, 그러나 아직"(already, yet come)이라는 말로 절묘하게 설명했다. 내 존재는 이미 하나님과 화해했지만, 삶은 아직 이 땅에 매여있다. 그래서 하나님과 확실하게 놀기 위해서는, 조금 더 그분의 말씀을 귀담아듣는 연습이 필요하다.

### 창세기 4장 3-9절

"세월이 지난 후에 가인은 땅의 소산으로 제물을 삼아 여호와께 드렸고 아벨은 자기도 양의 첫 새끼와 그 기름으로 드렸더니 여호와께서 아벨과 그의 제물은 받으셨으나 가인과 그의 제물은 받지 아니하신지라 가인이 몹시 분하여 안색이 변하니 여호와께서 가인에게 이르시되 네가 분하여 함은 어찌 됨이며 안색이 변함은 어찌 됨이냐 네가 선을 행하면 어찌 낯을 들지 못하겠느냐 선을 행하지 아니하면 죄가 문에 엎드려 있느니라 죄가 너를 원하나 너는 죄를 다스릴지니라 가인이 그의 아우 아벨에게 말하고 그들이 들에 있을 때에 가인이 그의 아우 아벨을 쳐죽이니라 여호와께서 가인에게 이르시되 네 아우 아벨이 어디 있느냐 그가 이르되 내가 알지 못하나이다 내가 내 아우를 지키는 자니이까"

# 가인 vs. 아벨

아담과 하와는 에덴동산 바깥에서 가인과 아벨을 낳았다. 가인은 '인류 최초의 살인 이야기'의 중심 인물이다. 하나님과 대화할 뿐 아니라 이야기를 이끌어가는 사람이며, 나중에는 '죄'가 어떻게 모습을 드러내는지도 잘 보여준다. 문학의 구성 요소로써 가인을 평가하면, 그는 이야기의 중심이라고 할 수 있다. 이 사내는 창 4장에서 이야기를 만들어가는 힘이 있기 때문이다.

가인(קין)이라는 이름의 어원은 분명치 않다. 대략 두 가지로 말할 수 있는데, 첫 번째로 이 말은 히브리어 '카나'(얻다/קנה)에서 비롯되었을 가능성이 있다. 이 해석은 창 4:1에서 하와가 가인을 낳은 후에 "하나님이 주셔서 내가 아들을 얻었다"(카나티 이쉬 엣 아도나이/קָנִיתִי אִישׁ אֶת־יְהוָה)라고 외쳤던 말과 관련이 있다. 또 다른 가능성은 아람어 '케나야'(qenaya)와의 관련성에서 찾을 수 있다. 이 말은 '대장장이'(metal worker)라는 뜻을 가지고 있다.

실제로 가인의 후손 가운데 '두발가인'(תּוּבַל־קַיִן)이 있었다. '두발'은 야발(יָבַל) 또는 발랄(בָּלַל)에서 온 말이며, 둘 다 '나르다, 가지다'라는 뜻을 가지고 있으니, 두발가인이 구리와 쇠로 기구를 만드는 사람으로 설명된 것과 자연스럽게 어울린다(창 4:22). 둘 중에 어떤 것이 확실한 어원인지 밝히려고는 하지 말라. 그러고 싶은 마음이 굴뚝 같지만, 사실을 모르니 대답을 할 수가 없다. 그냥 마음에 드는 것 하나를 선택하면 된다. 솔직히 이름의 뜻이 무엇이든 그게 무슨 상관이랴. 목숨을 걸 일도 아니고, 해석에 지대한 영향을 줄 것도 아니다. 최근의 성경

해석학 경향에서는, 저자의 의도보다 독자의 영감이 더 중요하다.

반면에 아벨(הבל/'헤벨'이 정확한 히브리어 발음)이라는 이름의 뜻은 흥미로울 뿐 아니라, 나름대로 해석과도 관련이 있어 보인다. 아벨이라는 이름의 어원을 밝히는 일에도 두 가지 가능성이 있다. 첫째는 이 말이 아카드어(Akkadian)인 '아플루'(아들/aplu)에서 왔다는 주장이다. 어머니가 아벨을 낳고서, "응! 아들이네" 했다는 건데, 썩 자연스럽지는 않다.

둘째는 '아벨'이 전도서를 대표하는 표현인 "헛되고 헛되다"(하벨 하블림/הבל הבלים/히브리어 최상급 표현)이라는 말에서 왔다는 설명이다. 물론 어머니가 둘째 아들을 낳고서, '헛된 아이'라는 이름을 붙이는 것은 첫 번째 경우보다 훨씬 더 어색하다. 그래도 설명이 아주 불가능한 건 아니다. 라헬도 산고 끝에 베냐민을 낳고서 세상을 떠나면서 그의 이름을 처음에 '베뇨니'(벤-오니/בן־אוני/불행의 아들)이라고 짓지 않았던가. 하와도 뭔가 사정이 있어서 아들을 이렇게 불렀던 건가 싶기도 하다. 혹시 그때쯤 하와가 아담이랑 부부싸움을 크게 하고 나서 인생이 허무해진 나머지 아들이고 뭐고 다 쓸데없다면서 그랬던 건 아닌지 모르겠다. 당연히 웃자고 하는 이야기이다. 어쨌거나 이러한 설명을 취하면, 창 4장의 사건에 등장하는 그의 모습과 '헛되다'는 이름이 딱 들어맞긴 한다.

이야기 속 아벨은 형에 비해 대단히 유약한 존재다. 그는 본문 속에서 한 마디도 내뱉은 적이 없다. 하나님이 제사를 받으셨는데도, 별 말이 없었다. 나 같으면 기쁨에 찬 함성을 내지르지 않았을까? 또 형에게 두들겨 맞으면서도 항변하지 않았다. 도망이라도 갔다면 어땠을까? 하여간 그것을 마지막으로 그는 죽고, 이야기에서 자취를 감춘다. 태어나서 양을 치다가 제사 한 번 드리고, 얻어맞고서는 세상을 떠났다. 전도서의 '헛되다'는 표현은 무가치하다는 의미가 아니라 유한하다는 뜻인데, 정말 그는 사람의 한계를 명확히 보여주고는 사라졌다.

## 가인의 제사 vs. 아벨의 제사

두 아들이 제사와 관련해서 어떻게 서로 얽히는가를 살펴보자. 장성한 가인은 농사하는 자가 되었고, 아벨은 양치는 자가 되었다. 두 아들은 날을 잡아 각자 하나님께 제사를 드렸다. 하나님은 아벨의 제사는 받으셨으나, 가인의 제사는 받지 않으셨다. 하나님은 왜 그렇게 하셨을까? 어떤 사람은 가인이 드린 농산물은 죄를 속하는 능력이 없으나, 아벨이 드린 피의 제사는 그런 능력이 있어서 하나님이 이렇게 하셨다고 말한다. 온전치 않은 해석이다.

가인과 아벨의 제사는 둘 다 히브리 말로 '소제'(민하/מִנְחָה/곡식을 드리는 제사)로 표현되어 있다. 물론 '민하'가 곡식 제사를 뜻한 것은 훨씬 후에 제사의 세분화가 이뤄진 레위기 시절의 일이었으니, 이 제사가 본문에서 곡식 제사를 뜻한 것이라고 단정할 수는 없다. 그런 뜻에서 그저 가인의 제사나 아벨의 제사나 다 같은 이름으로 불렸으니, 하나님에게 고기는 좋은 제물이지만 채소는 별로였다는 식의 해석은 멀리하면 된다. 제물의 종류는 관심거리가 아니다. 더욱이 레위기를 살펴보면, 속죄제를 드리는 경우에, 돈이 없는 사람은 짐승이 아닌 곡식으로 제물을 드리는 것이 허용되었다(레 5:11). 죄는 하나님이 사하시는 것이며, 드리는 제물 때문에 속죄 여부가 결정되는 것은 아니다.

창세기는 이야기를 전달하면서, 하나님이 가인의 제사를 수용하지 않으신 까닭을 독자들에게 분명하게 밝히지 않는다. 단지 6, 7절을 통해서 생각할 때, 무엇인가 가인의 자세에 문제가 있었음을 추론할 수 있을 뿐이다. "네가 분하여 함은 어찌 됨이며…선을 행하지 아니하면 죄가 문에 엎드려 있느니라 죄가 너를 원하나 너는 죄를 다스릴지니라".

우선 가인은 '분'을 내었다(라마 하라 레하/?? חרה היה?)라고 했다. 동사 '하라'(חרה/분노하다)는 얼굴에 '불이 붙는다'는 표현이다. 이 동사가 전치사 '라메드'와 달라붙으면, 분노보다는 낙담이나 실망을 나타낸다. 그렇다면 본문에서 가인이 드러낸 감정은 정확하게는 '분노'라기 보다 '실망'이다. 가인은 왜 하나님께 실망했을까? 실망은 보통 기대가 무너지면 찾아온다. 그는 하나님이 자신의 제사를 받으실 것으로 기대했겠지만, 하나님은 그것을 여봐란듯이 뭉개셨다. 당연히 이유가 있다.

사람들은 흔히 자신의 평소 행동의 옳고 그름을 인식하지 못한 채로 종교적인 행위만 열심히 하면, 하나님이 그것을 받으실 것으로 오해한다. 하나님은 구약의 선지자들을 통해서 사람들이 바치는 제물이 타는 냄새가 싫다고 천명하셨다. 매일 엉망으로 살면서 죄를 짓지만, 그냥 예배만 빠지지 않고 잘 드리면 하나님이 우리를 받으실 것인가? 많은 잘못을 한 나머지, 약간 찔리는 심정으로 평소보다 조금 더 얹어서 헌금하면 하나님이 그것을 기뻐하실 것인가? 결코 그렇지 않다는 것이 본문의 가르침이다. 사실 7절은 창세기에서 가장 번역이 어려운 부분이다. 모든 이론을 다 옮길 수는 없으니, 이런 저런 해석들을 종합해서 보면 대충 이런 뜻이다. "네가 제대로 살면, (제사와 관련된) 일이 쉽게 진행될 것이다. 그러나 엉망으로 살면 죄가 너를 지켜보게 될 것이다. 죄를 지을지 말지는 네가 결정하는 것이니, 선택은 네가 해라."

분명한 것은 가인이 제사를 드리기 전에 하나님이 싫어하시는 죄를 지었으며, 이것이 해결되지 않은 상태에서 제물을 드렸기 때문에 하나님이 받지 않으셨다는 사실이다. 말하자면 제물의 종류가 문제가 아니라, 제물을 바치는 사람의 평소 행동이 문제였다. 이것을 히브리서 기자는 아벨은 믿음이 있었으나, 가인은 그렇지 못했다고 설명한다. 이쯤에서 분명히 알아야 하는 것이 있다. 종교적 제사 행위는 믿음과 관계가 없다. 하나님이 바라시는 것은 종교적인 행위의 완성이 아니다. 더욱이 그 행위가 겉치레에 집중되면 하나님은 그것을 외면하신다. 평소에 진짜를 보여야 한다. 죄짓지 말고 살아야 한다. 거룩해야 하는 것이다. 그럴 때만 하나님은 제사든 뭐든 받으신다.

## 가인의 잘못, 무한 경쟁과 강자의 독식

이제는 묵상 속에서 가인이 해결하지 못했던 죄가 무엇인지 한번 살펴보자. 그는 하나님의 경고 앞에서 멈췄어야 했다. 회개하고 돌이

켜서, 평소에 하나님을 거스르는 행위를 하지 않도록 애썼어야 했다. 그랬더라면 하나님이 비록 부족하더라도 다음부터는 그의 제사를 받아주셨을 것이다. 그런데 그는 자신의 부족함을 돌아보지 않고 아우를 탓했다. 아벨이 주제에 어울리지 않게 제물을 좋은 것으로 바쳤기 때문에 자신의 곡식이 인정받지 못했다고 생각했다. 결국 그는 동생을 불러내어 때려죽이고 만다.

여기서 한 가지 생각해야 할 것은 그의 구타가 상습적일 수도 있었다는 점이다. 제사 문제 때문에 처음으로 한 번 때렸는데 그런 일이 일어났다고 생각하는 것은 순진해 보인다. 가인이 평소에 문제가 많았다면, 그가 동생을 대하는 자세도 늘 불량했을 것이다. 수차례에 걸친 상습적 구타 끝에 아벨이 맞아 죽었다고 하면 어떤가. 이런 부분이 있으니 하나님도 제사와 상관없이 그의 평소 행동을 지적하신 것 아니겠는가.

이렇게 본문을 들여다보면, 가인이 삶에서 올라탄 채로 멈추지 못했던 죄의 모습을 갖고 있었음을 어렴풋이 볼 수 있다. 집 안에서 새는 바가지는 바깥에서도 샌다. 안에서 각성하지 못하고 좋지 않은 행동을 계속하면, 언젠가는 그것이 밖에서 터진다. 가인도 그랬다. 기회가 왔을 때 돌이켰어야 했지만, 그 기회를 무시했다.

기회를 놓치면 죄에는 무게가 더 붙는다. 무거워질수록 관성이 쉽게 생긴다. 가인의 살인에서 더 관심 있게 봐야 하는 것이 '죄의 관성'이다. 죄라는 것은 관성이 있어서, 한 번 시작되면 좀처럼 멈추지 않는다. 적절한 시점에 멈추지 않은 죄는 나중에 더 큰 죄를 짓는 원인이 된다. 가인의 경우도 예외가 아니다. 그는 작은 죄를 해결하지 못했기 때문에 살인이라는 더 큰 죄를 지었다. 또한 그의 당대에서 이것이 해결되지 않자, 여기서 흘러내린 세속적인 문화가 그 후에는 하나님을 향해서 계속 반역하는 모습으로 나타났다.

가인은 놋 땅으로 이주한 후에 가정을 이루고 살면서 자녀를 낳았다. 가인에게서 태어난 자녀들은 세속적인 문화를 만들어 냈다. 세속 문화의 핵심은 배려 없이 상대를 무조건 밟는 경쟁이다. 경쟁 속에서 살아남는 사람의 가치만을 인정한다. 세속 문화의 힘은 압도적이지만 비정하다. 거기서 뒤처지는 사람에게 주어지는 결과는 혹독하기까지 하다. 결국 하나님을 반역한 가인이 유약한 아벨을 제거한 것이 이러한 생존 경쟁의 시작이었다면 너무 비약이 심한 것일까?

언급했듯이 아벨은 가인에 비해서 약한 부분이 있었다. 가인은 고대 농업 문화의 기술을 지니고 있었다. 고대의 농업 문화는 아벨이 속해 있던 목축 문화보다 진보한 기술을 가지고 있었다. 삶을 운영하는 능력이나 완력에서도 아벨은 가인보다 부족했을 수 있다. 가인은 이런 아우를 죽음으로 내몰았다. 묵상의 눈으로 들여다보면, 가인의 죄 가운데 가장 큰 것은 무한 경쟁에서 비롯된 강자의 독식욕이었다.

가인이 아벨보다 강했으므로 옳다는 믿음을 가진 '가인주의자' (Cainites)들이 역사 속에 있었다. 누구나 젊은 시절에 한 번은 읽고 심취한다는 『데미안』(Demian)이라는 소설이 있다. 헤르만 헤세(Hermann Hesse)가 쓴 이 책 안에 놀랍게도 '가인주의자'에 대한 언급이 있다. 관련 서적을 뒤져보니, 이들은 강한 자만을 인정하고 숭배하는 철학을 가진 일단의 '영지주의자'들이었다. 이들은 가인뿐만 아니라 야곱보다 힘이 셌던 에서나 모세를 이기려고 대들었던 고라와도 친했으니, 이들의 생각을 알 만하다. 삶에서 하나님을 무시하면, 힘을 숭상하는 이들이 선호하는 생존 경쟁이 인생에서 우선순위를 갖게 된다.

하지만 성경의 가르침은 이와 비교해 볼 때 우둔하기 짝이 없다. 경쟁에서 남을 때리기보다는 나를 때린 사람에게 다른 쪽 뺨을 내밀라고 했으니 말이다. 놀라운 것은 이러한 예수님의 가르침이 세상을 정복했다는 사실이다. 생존 경쟁이 판을 치는 세상에서 주님의 가르침을 따르려 하는 자들은 얼핏 우둔해 보인다. 그러나 그 우둔함이 세상을 이긴다.

세상에 속한 사람들도 물론 하나님을 대면할 때가 있다. 양심의 소리를 통해서든, 아니면 또 다른 매개물을 거쳐서든 신의 목소리를 경험할 수 있다. 그럴 때 하나님의 목소리가 관심하는 것은 무엇일까? 하나님이 가인에게 말을 건네셨다. 그런 하나님께 가인은 자신의 이야기를 하고 싶었을 것이다. 그런데 뜻밖에도 하나님은 가인에게 다른 사람에 관해서 물으신다. "네 동생이 어디에 있느냐?" 자기에게 관심을 가져 주기를 바랐던 가인은 충격을 받았다. 그는 자기는 타인을 지키는 존재가 아니라고 퉁명스럽게 대꾸했다. 하나님이 사람과 대화하실 때, 당사자가 아닌 제삼자에게 관심하신다는 사실은 참으로 인상적이다.

오늘날 우리가 사는 세상은 신자유주의로 무장하고, 경쟁에서 승리하라고 사람들을 부추긴다. 아무리 부인하려 해도, 이건 다분히 폭력적이다. 교회는 좀 다를까? 물론 다 그런 것은 아니지만, 번영의 신학에 오랫동안 물들어온 몇몇 교회들이 보이는 모습은 염려스럽다. 큰 교회는 세를 더 불리느라 정신이 없고 화려한 건물들을 짓는 데

여념이 없다. 그 틈바구니에서 작은 교회들은 숨쉬기 어려울 정도로 고통을 겪는다. 이래서는 그 안에서 믿음의 본질이 무엇인지 찾기 어렵다. 하나님의 이런 질문은 세속적인 사람들만을 향한 것이 아니다. 교회건 세상이건, 무한 경쟁으로 상대를 밟아야 일어설 수 있다고 믿는 오늘날의 모든 인생을 향해서 던지시는 질문이다. 이 물음 앞에서 비록 그리스도인이라고 해도 "나는 그렇게 살지 않았다"고 누가 자신 있게 말할 수 있을까? 그래서 이제는 슬슬 죄의 무게와 관성으로부터 졸업하고 싶어진다. 이쯤에서 멈춰 서서 삶을 돌아보고, 하나님과 다른 이들을 향한 반역을 멈추고 싶다.

---

**창세기 7장 10-16절**

"칠 일 후에 홍수가 땅에 덮이니 노아가 육백 세 되던 해 둘째 달 곧 그달 열이렛날이라 그 날에 큰 깊음의 샘들이 터지며 하늘의 창문들이 열려 사십 주야를 비가 땅에 쏟아졌더라 곧 그날에 노아와 그의 아들 셈, 함, 야벳과 노아의 아내와 세 며느리가 다 방주로 들어갔고…"

---

## 테바

가인의 후손을 위시해서 사람들이 죄를 쌓자, 하나님은 이것을 해결하셔야 했다. 그 해결책이 바로 홍수를 통한 심판이었다. 노아와 커다란 홍수가 함께 엮인 이야기는 창 6장부터 시작한다. 의인으로 잘살고 있던 노아에게 하나님이 큰물을 지면에 낼 계획을 말씀하시면서 방주를 지을 것을 명하셨다. 그리고는 정말로 큰 홍수로 땅을 심판하셨다.

많은 사람들이 홍수 이야기를 들으면서 사실 여부에 대해서 신경을 곤두세운다. 예전에 터키 동부에 갔을 때, 그곳 사람들이 아라랏 산이라고 주장하는 산 근처까지 간 적이 있었다. 터키 쪽에서 보자면 이란과 아르메니아의 접경지대에 있는 산인데, 해발 5,137m나 되어서 올라갈 엄두가 나지 않았다. 그 산자락에 그곳 동네 사람들이 방주의 닻이라고 주장하는 커다란 돌덩어리가 땅에 박혀있었다. 주민들이 그 돌을 훔쳐가려는 사람들이 있었다면서 우리를 경계하는 통에 구경하면서 아주 골머리를 앓았다. 그 곁에 있는 얕은 구릉에는 방주가 주저앉아서 생긴 자국이라고 그들이 떼를 쓰는 엄청나게 커다란 '흔적'이 있었다. 그리고 소위 그 방주의 발자국 옆에는 그간 연구한 자료를 모아놓은 박물관도 있었다. 박물관의 시설은 허름했지만, 내용물은 상당히 인상적이었다.

홍수 이야기를 하기에 앞서서 이런 한담을 늘어놓는 이유는 간단하다. 노아와 홍수 그리고 방주 이야기를 그냥 신화로만 생각하는 사람이 있을까 봐 걱정이 되기 때문이다. 오늘날까지 남아있는 유물들이 진짜인지는 나도 모르겠다. 과학적으로 홍수를 연구해 온 이들의 주장에 설득력이 있는지도 확실히 모르겠다. 성경이 과학책이 아닌데, 그걸 과학으로 풀려는 시도가 타당성을 갖는지 궁금하기 때문이다. 그러나 무엇이 어떻게 되었든지, 홍수 이야기를 보고 듣고 그것을 보존하고, 전달해 온 사람들의 역사만큼은 진실이다.

성경의 사건들은 기록된 이후로 사람들에 의해서 전승됐다. 문서로 기록되기 이전에는 구전이 있었다. 그러니 내가 나의 '오늘'에 들

은 이야기를 천 년 전 사람들도 그들의 '오늘'에 들었다. 현대인에게
는 그것이 오래전에 생긴 일이어서 비록 진위가 미심쩍다 하더라도,
몇천 년 전의 그 순간에는 이 사건들이 바로 눈앞에서 벌어지는 현
실이었다. 그것이 계속해서 현재형으로 사람들에게 전해져 온 것이
다. 지금 남아있는 유물의 진위 따위는 문제가 아니다. 그것을 새삼
스레 논쟁거리로 삼을 생각도 없다. 단지 역사 속에서 홍수와 방주의
실체를 말해 온 사람들의 존재와 언급 자체는 믿을 만하다는 이야기
를 하고 싶은 거다. 그것마저 못 믿겠다고? 그럼 할 수 없다. 그런 사
람들은 눈앞에서 생기는 일도 못 믿는다. 더 말해서 무엇하랴.

　방주의 실제 모습이 어땠는지는 확실하게 모르는 게 정상이다. 혹
자는 성경에 나온 규격대로 실물을 만들었다고도 하는데 아직 구경
은 못 했다. 돈이 많이 들 텐데도 굳이 그걸 만드는 까닭은, 사람들에
게 보여주면 돈을 벌 수 있기 때문인가? 왜 그런 걸 만드는지는 잘
모르겠지만, 실물보다 중요한 것은 방주의 성격이다. 방주는 히브리
말로 '테바'(תֵּבָה)라고 하는데, 고페르 나무로 만들었다(테밧트 아쩨 고페르/
תֵּבַת עֲצֵי־גֹפֶר). '고페르'는 불행하게도 어떤 나무를 가리키는지 지금은 알
수가 없다. 이 나무의 정체에 대해서 자신 있게 말하는 사람이 있다
면, 그와는 친하게 지내지 않는 게 좋다. 모르는 건 모르는 것이다.

　칠십인역(LXX)에서는 '크쑬론 테트라고노스'(ξύλον τετράγωνος)라는
말로 '고페르'를 번역했는데, '크쑬론'은 '나무'라는 뜻이고, '테트라
고노스'는 '사각졌다'는 뜻이다. 사각진 나무는 방주를 만들 수 있도
록 다듬은 목재를 의미하는 것으로 보인다. 한편 라틴어 번역(Vulgate)
은 여기서 한 걸음 더 나가서 이 단어를 '이그니스 레비가티스'(ignis

levigatis) 즉 '잘 다듬어진 매끈한 나무'로 옮겼다. 역시 의미는 비슷하다. 원래 뜻을 모르니, 당시의 해석이 들어간 번역 또는 반역으로 보인다. 솔직히 말해서 고페르가 무슨 나무이든 뭔 상관인가. 물에만 잘 뜨고 쉽사리 썩지 않는 나무였으면 그걸로 족한 일이다.

그렇다면 재료와는 상관없이, 방주가 갖는 특징은 무엇인가? 히브리 사람들이 물에 뜨는 '틀'임에도 불구하고, '방주'(테바, 상자/תֵּבָה)를 '배'(오니야/אֳנִיָּה)와 구별해서 부른 데는 이유가 있다. 방주는 크게 두 가지 면에서 배와 구별된다. 첫째, 방주에는 동력이 없다. 돛이나 노가 있으면 배처럼 스스로 항해할 수 있는 힘을 갖췄다고 볼 수 있지만, 방주에는 이게 없다. 둘째, 방주에는 방향을 결정하는 방향타 (rudder)가 없다. 배는 내부에 자체적으로 방향을 조정하는 장치가 있다. 그러나 방주는 이것이 없다. 요즘 말로 하면, 한국의 서해안에서 새우를 잡을 때 쓰곤 하는 무동력에 키가 없는 '멍텅구리 배'와 흡사하다. 어떤 사람은 크기로 배와 방주를 구별한다고 말하지만, 그건 천만의 말씀이다. 아무리 커도 무동력에 방향타가 없으면 방주요, 아무리 작아도 둘 다 갖고 있으면 배다.

예컨대 출 2장의 모세 이야기를 생각해 보자. 바로의 명을 어겨가며 모세를 낳은 부모는, 그의 울음소리가 천장을 뚫자 모세를 나일강의 갈대숲에 버린다. 이때 갓난아기였던 모세를 담은 상자가 아주 조그마한 '방주'(테밧트 고메/גֹּמֶא תֵּבַת)였다 (출 2:3). '고메'는 갈대, 즉 파피루스(papyrus)를 의미하는 말이니, 이 상자는 '파피루스로 만든 방주' 였던 모양이다. 모세를 품은 갈대 상자 역시, 무동력에 방향조절 장치가 없었다. 그러니 크기나 생김새에 상관없이 그건 무조건 방주일 수밖에 없는 것이다.

이렇게 생각하면 노아의 가족이 탄 방주나 모세를 뉘였던 방주는 공통점을 가지고 있었다고 할 수 있다. 우선 그 배는 하나님이 이끄시는 힘으로 움직였다. 당연히 방향도 하나님이 정하시는 대로 흘러갔다. 그리고 그 종착지 또한 하나님이 정하셨다. 성경을 보면 그런 까닭으로 노아의 방주는 150일 후에 정확하게 아라랏 산에 도착했다. 그리고 모세의 방주는 항해를 시작한 당일에 바로의 딸의 두 눈가에 가서 멈춰 섰다. 하나님이 정하신 속도로, 그분이 선택한 방향대로 항해한 결과였다. 여기에 만일 사람의 동력이나 방향 조절의 힘이 더해졌으면, 정교한 항해 계획이 손상을 입어서 정한 시간에 종착지에 도달하지 못했을 것이다. 말을 좀 더 보태자면 심지어 노아는 자신이 탄 방주의 문도 스스로 닫지 못했다. 하나님이 그들을 방주에 넣으신 후에 몸소 문을 닫으셨던 까닭이다(창 7:16). 이 정도였으니, 적어도 방주의 운행에 관한 한 노아는 완전히 무력했다. 오직 하나님이 그 일의 대장이셨다.


## '3무'(三無)의 방주에서 내리면서

노아는 방주와 관련해서 '3무'(三無)를 경험했다. 그에게 무려 세 가지가 없었다는 말이다. 힘도, 방향도, 그리고 시간도 그의 영역 밖에 있었다. 살려고 방주 안에 들어간 것인데, 살기 위해서 그가 할 수 있는 일이 아무것도 없었다. 믿는 자에게 있어서 '아무것도 할 수 없음'

은 때로는 무력함이 아니다. 오히려 하나님을 향한 치열한 신뢰의 표현일 수도 있다.

복음서에서 친구들의 도움을 받아 지붕으로부터 아래로 내려진 중풍 병자가 갑자기 생각난다. 그는 방 안에 있던 사람들의 시선을 한 몸에 받는 민망한 상황에 놓였지만, 아무것도 할 수 없었다. 그것은 과연 무력함이었을까? 그렇지 않다. 밑으로 내려보내겠다는 친구들의 제안에 동의한 순간부터 그는 예수님의 치유 능력에 절대적인 신뢰를 보낸 사람이 되었다. 오히려 그가 잠잠히 주님의 손길을 기다리는 것이 공중에 매달린 병상에서 떨어지지 않고 치유에 가까워지는 유일한 방법이었다. 홍해를 앞에 두고, 뒤에는 이집트 군대가 압박하는 상황에서, 모세는 백성들에게 "잠잠하라"고 외쳤다. 가만히 서서 하나님이 일하시는 것을 보라는 말이다. 우리가 '3무'(三無)를 빨리 받아들일 수 있다면, 하나님의 작업 개시 시간은 더욱 빨라진다. 내가 무언가 하려고 일어서면, 오히려 그 시각이 늦추어진다.

많은 사람들이 인생이라는 방주에 올라타 있음에도 그 사실을 깨닫지 못한다. 원래 있지도 않은 동력을 찾았다며 힘을 써보기도 하고, 되지도 않는 방향 조절에 헛심을 쓰기도 한다. 인생은 기본적으로 하나님이 움직이셔야 앞으로 나가는 방주다. 물론 방향 또한 그러하다. 이것을 깨달을 때 비로소 홍수는 끝이 나고, 인생은 아라랏 산에 도착할 수 있다. 내가 지금 방주 속에 들어있음을 알고, 바깥에서 나를 움직이시는 분을 인식할 때 비로소 인생이 달라진다.

지인 한 사람이 병원에 입원해서 허리 수술을 받았다. 디스크가 왼쪽 다리의 신경을 눌러서 다리를 전혀 움직이지 못하는 지경에서 받은 수술이었다. 그런데 첫 번째 수술이 완벽하지 않아서 그만 재수술을 받게 되었다. 새벽잠을 설치고 병원에 가서 수술 준비실에 함께 들어갔는데, 원목이 와서 기도하자고 했다. 그의 기도내용은 단순했다. 하나님의 시간표와 우리의 시간표가 다를 때도 하나님의 능력을 믿고 그분을 의지하게 해달라는 것이었다. 재수술은 결코 즐거운 일이 아니다. 더구나 미국의 병원비는 상상할 수 없을 정도로 악명높다. 거기서 의미를 찾기는 쉽지 않다. 앞으로 얼마나 시간이 흘러야 재수술의 의미를 깨닫게 될지도 알 수 없다. 그러나 이런 일을 당할 때마저도 우리는 방주 안에 있다고 생각하고, 그분의 계획을 의지하라는 것이 창 7장 말씀의 핵심이다.

때로는 인생이 방주라는 것을 잊고 살 때가 많다. 뛰어봤자 벼룩이라는 말을 실감한다. 열심히 뛰고 또 뛰지만, 그것이 방주 안에서 이루어지는 일임을 깨닫지 못하는 나는 어리석다. 능력이 많아야 무언가 이룰 수 있다는 거대한 착각을 어찌해야 빨리 떨쳐버릴 수 있단 말인가.

**창세기 9장 8-17절**

"…내가 내 무지개를 구름 속에 두었나니
이것이 나와 세상 사이의 언약의 증거니라…"

# 무기를 들고 맹세하다

큰물이 물러가고, 땅이 다시 제 모습을 드러냈다. 노아의 가족만이 심판에서 살아남았다. 심판 후에 그들은 멀쩡했을까? 무려 150일 동안 물 위에서 살며 홍수를 겪었으니, 트라우마가 이만저만이 아니었을 것이다. 성경이 언급하지 않아서 우리가 모를 뿐이지, 노아네 가족의 멘탈이 철벽이 아닌 이상 회복에 어려움이 있었다고 봐야 정상이다. 홍수 후 그들이 농사를 재개했을 때, 힘들여 일해봐야 다시 모든 것을 잃을 수 있다고 생각했다면 고민이 많았을 것이다. 그런 그들 앞에 하나님이 나타나셨다. 하나님이 아담과 맺었던 계약을 이제는 노아와 갱신하시려는 것이다. 그 계약에는 아담과 맺었던 내용보다 한 가지가 더 추가되었다. 하나님께서 다시는 물로 사람을 심판하지 않겠다는 약속이 그것이다.

새로운 계약에 이 조항이 삽입된 까닭은 무엇일까? 하나님은 홍수 이후에 노아의 가족들이 가질 수 있는 두려움에 주목하셨다. 그리고 최선을 다해서 그 부분을 치료하려고 하셨다. 그들의 치료를 위해서 동원된 것이 심판을 하지 않겠다는 상징인 '무지개'였다. 어릴 때는 무지개를 보는 것이 어렵지 않았다. 한때 흔했던 무지개가 요즘은 대기가 나빠진 탓인지 좀처럼 뜨지 않는다. 얼마 전에 너무나 오랜만에 그것도 쌍무지개가 떴다면서 사진을 보내준 분들이 여럿 있었다. 그만큼 무지개는 신비한 현상이고 만나면 반갑다.

우리가 이렇게 긍정적인 모습으로 기억하는 무지개의 본래 의미는 무엇인가? 구약성경에서 '무지개'는 히브리어인 '케쉐트'(קשׁת)를 번역한 것이다. 이 단어는 본래 '활'(bow)을 의미한다. 따라서 창 9:13을 직역하면, "하나님이 '활'을 구름 속에 두셨다"는 것이 된다. 하나님이 홍수가 끝난 후에 공중의 구름 속에 매다신 것은, 말이 좋아 무지개지 원래는 활이었다고 생각하면 딱이다. 중세 영어에서는 무지개가 'reinbowe' 였다. 그보다 더 옛날의 영어는 이것을 'renboga'로 썼다. 고전 영어는 잘 모르니, 도대체 어떻게 읽어야 하는지는 모르겠다. 하지만 중요한 건 이 말의 어원이다. 이 말은 '비'(rain)와 '활'(bow)의 합성어이다. 고대 히브리인들뿐만 아니라, 기원후에 유럽에 살았던 사람들도 무지개를 볼 때, '비'를 살처럼 줄에 먹여서 쏘는 '활'을 떠올린 것이다. 동서고금을 막론하고 한 가지 사안에 관해서 사람들의 생각이 비슷한 성향을 보이는 모습이 종종 있다. 사람들이 무지개를 볼 때 느꼈던 것이 다들 비슷했던 것 같다.

고대인들이 생각했던 '활'의 성격은 무엇인가? '활'은 그들에게 당연히 공격용 무기였다. 그들은 하나님이 '비'를 화살로 사용해서 '활줄'을 당겨 홍수로 인간을 심판했다고 생각했다. 그런데 활을 무기로 사용했던 하나님이 이제 그것을 쓰지 않겠다고 맹세하신다. "다시는 이것으로 사람들을 심판하지 않겠다"(창 9:15). 공격에 사용했던 무기를 내보이면서 다시는 이것을 사용하지 않겠노라 하신 것이다. 하나님은 노아와 언약을 갱신하시면서, 이 부분에 신경을 많이 쓰셨다.

하나님이 이 조항을 특별히 관심하셨다는 사실은 문장의 형태에서 분명히 드러난다. "내가 내 '활'을 구름 속에 두었나니"(엣트 카슈티 나타티/אֶת־קַשְׁתִּ֖י נָתַ֣תִּי/창 9:13). 이 문장의 앞머리에 목적어인 '케쉐트'가 먼저 나온다. 히브리어 문장에서 이처럼 목적어가 앞에 튀어 나오는 경우가 있다. 대부분의 경우는 동사가 먼저 등장하는데, 이 문장은 순서가 거꾸로 되었다. '흔한' 모양을 '흔치 않은' 모양으로 바꾸어서 표현하는 이유는, 목적어를 강조해서 드러내기 위함이다.

슈퍼 강자는 최약자에게 말투를 바꿔가면서까지 진정성을 드러낼 이유가 없다. 그냥 알아듣든지 말든지 네 책임이라는 식으로 말을 던지면 그만이다. 그러나 하나님은 다르셨다. 자기가 지으신 피조물에게 활(또는 무기)를 강조까지 해가며 정성스레 표현하셨다. 사람들이 땅에서 번성하는 것이 하나님의 목적인데, 그들이 계속 두려워한다면 빨리 회복할 수가 없기 때문이다. 사람들의 사정을 살펴보신 하나님이 이제 이런 일은 다시 없을 것이라고 약속하셨다. 인간이 다시는 멸망하지 않고 계속 퍼져 나가서 땅에 편만하게 된 것은 하나님이 약속을 지키신 탓이다. 그 약속의 신실함이 '활'의 강조에 여실히 드러나 있다.

## 하나님의 기억

하늘에 뜬 무지개는 나만 보는 것이 아니다. 이것을 공중에 걸어 놓으신 하나님도 바라보신다. "무지개가 구름 사이에 있으리니 내가 보고…"(16절). 지금까지 성경을 읽으면서 무지개는 사람만을 배려하기 위한 것인 줄 알았다. 그런데 하나님도 이것을 보시면서 홍수와 사람을 기억하신단다. 물론 무지개가 없다고 해서 하나님이 스스로 하신 언약을 잊어버리시는 것은 결코 아니다. 그럼에도 불구하고 하나님이 무지개를 자신의 눈길 안에 두겠다고 말씀하신 이유는 무엇일까? 이것은 인간을 향한 배려일 수도 있고, 동시에 하나님의 강력한 의지의 선포일 수도 있다. 아주 절친한 친구가 엄청난 화력을 가진 무기를 보여주면서 이걸로 절대 널 해치지 않겠다고 약속하면, 우리는 안도감을 느낄까 아니면 무서워서 벌벌 떨까. 이것을 겁박으로 읽으면 곤란하다. 하나님의 의도는 사람에게 '안도감'을 주려는데 있었다.

인생을 살면서 하나님이 우리를 크게 벌하신다고 느낄 때가 있다. 우리가 잘못을 저지르면 하나님은 매를 드신다. 그러나 그다음에는 그분의 격려와 일으키심이 반드시 찾아온다. 하나님은 "죄에 대해서는 삼사대에 걸쳐서 책임을 물으시지만, 인자와 은혜는 천대까지 베푸신다"(출 34:6, 7)고 했다. 삼사대에 걸친 죄의 추적이 없으면, 우리 인생은 죄로 인해서 아주 엉망이 될 것이다. 누구나 함부로 살려 하지 않겠는가. 책임의 촉구가 있기 때문에 사람은 죄를 짓지 않고 건실하게 살려고 애쓴다. 이런 것도 감사하기 그지없는데, 그 후에 은혜가 천대 동안 내려질 것이라는 사실은 더 큰 감동이다. 하나님을 무서워하기만 하면, 그분을 절반 밖에 이해하지 못하는 것이다. 하나님의 나머지 절반이 사랑과 은혜로 가득 차 있음을 아는 것이 꼭 필요하다.

그런 까닭에 무지개가 뜨지 않는다 하더라도, 무지개를 가슴에 품고 살 일이다. 모든 인생에는 후반전이 있다. 하나님과의 관계에 있어서도 심판의 전반보다, 은혜의 후반이 훨씬 중요하다. 무지개는 원래 비 온 뒤에 뜬다는 것을 잊지 말라. 노아는 홍수 후에 무지개를 바라보면서 무탈하게 잘 살았을까? 이 사람은 계약 갱신이 끝난 뒤에 난데없이 포도 농사를 시작했다. 포도주를 얻으려는 생각이 있었던 모양이다. 원래 고주망태여서 그랬던걸까. 방주에서는 잘 참았지만, 심판이 끝나고 언약이 갱신되자 나태해졌던 건지도 모르겠다. 농사해서 얻은 포도주를 마시고 대취한 노아는 아들들에게 씻을 수 없는 큰 잘못을 저질렀다.

하나님이 심판만 하시는 분이었다면 노아는 온전하지 못했을 것이다. 무지개를 하늘에 띄운 하나님은 약속대로 못된 노아에게 은혜를 베푸셨다. 하나님은 노아가 대취한 날도 하늘의 무지개를 보시면서 약속을 기억하셨을 것이다. 그런데 하나님이 잊지 않으시는 것을 사람은 잊었나 보다. 어쩌면 노아는 홍수 후에 하늘을 자주 쳐다보지 않았을지도 모르겠다. 하나님의 은혜에 대취한 나머지, 그만 포도주에도 대취했던 걸까. 이런 노아는 우리 주변에도 아주 흔하다. 무지개가 오늘날에도 사라지지 않고 하늘에 떠 있는 이유를 알만하다. 하나님은 기억하시는데, 사람이 기억을 못 한다.

# 바벨탑은 왜 무너졌을까?

하나님은 홍수로 씻으신 세상을 땅끝까지 새롭게 만들려 하셨다. 그러나 사람들이 이런 하나님의 뜻을 잘 받들지 못했다. 그들은 하나님의 바람과는 달리 하나님을 대항하는 일에 몰두했다. 타락한 인간의 본성은 어쩔 수 없는 것이던가. 그 대표적인 예가 바벨탑을 쌓은 사건이다. 창 10장과 11장은 서로 맞닿은 부분이 아주 흥미롭게 연결되어 있다. 10장의 끝부분은 세상에 퍼져나간 사람들의 정체를 밝히고 있고, 11장의 앞부분은 그들이 한 행동을 설명한다. 이 두 부분은 마치 하나의 문장 안에서, 주어와 동사인 것 같은 관계를 보여준다. 그 문장의 주어는 '노아의 후손'이고, 동사는 '탑을 쌓았다'이다.

홍수에서 살아남은 노아의 자손들이 동쪽으로 옮겨 가다가 시날 평지를 만났다. 이주의 과정에서 어떤 경험을 했는지는 모르지만, 그들은 그곳에 이르자 탑을 쌓고 지면에 흩어지지 말자는 결정을 내렸다. 그들에게 어떤 일이 있었는지 구체적으로 알 수는 없다. 그러나 행간으로 미루어 보건대, 거주지를 옮기는 과정에서 아주 혼이 많이 났던 모양이다. 아마도 그들을 흩어놓는 무시무시한 일들을 체험했던 것 같다. 그래서인지 그들은 흩어지는 것에 대해서 부정적인 반응을 보인다. 이 같은 추론에 개연성이 있다면, 그들은 아마 다시는 비참한 상태에 놓이고 싶지 않았을 것이다. 그들은 여러 가지 방법을 생각한 끝에, 자기들의 강함을 탑으로 드러내면 그런 고통을 또다시 겪지 않을 것으로 생각했음 직하다.

사람이 어려움을 겪을 때, 나름대로 그것을 극복하기 위해서 가장 쉽게 생각하는 해결책이 무엇일까? 자신이 가지고 있는 능력이 무엇인지 살펴보고, 그것을 최대치로 발휘해서 고통을 극복하는 것이다. 이런 행동 자체에는 잘못이 없어 보인다. 문제가 있다면, 거기에 하나님이 계시는지 여부이다. 바벨탑을 쌓은 이들은 당면한 문제를 해결할 때, 그들의 능력을 믿고 그것을 앞세우는 길을 선택했다. 하나님이 흩어짐을 어떻게 생각하시는지, 그들은 어찌해야 하는지를 묻지 않았다.

어떤 이들은 바벨탑을 세운 것이 교만이기 때문에 하나님이 이것을 훼방하셨다고 해석한다. 지금도 고대 바빌론의 유적지를 살펴보면, 지구라트(Ziggurat)라고 불리는 바벨탑의 친척들이 널려 있다. 이 탑들은 높게 그리고 웅장하게 쌓을수록 인정을 받았는데, 그 이유는 그 꼭대기가 바로 신의 세상인 천상으로 이해되었기 때문이다. 그 위에서 고대 바빌론 사람들은 신과 교제하고 제사를 드렸다. 신과 친밀한 관계를 형성하면 어려움을 겪을 가능성이 작아진다고 생각했다. 그러나 제물과 교제로 신을 움직일 수 있다고 생각했다면, 신을 너무 얕보았다 싶다.

실제로 고대 바빌론 사람들이 우상을 만든 이유는, 날아다니는 신들을 붙잡아서 움직이지 못하는 우상 속에 가둬 두어 인간과 대화할 수 있는 존재로 위상을 격하시키려 한 데 있었다. 눈에 보이지 않는 '영'을 가시적으로 만들고, 움직이는 그것을 붙잡아 앞에 놔야 대화든 뭐든 할 수 있었기 때문이다. 그렇게 만들어진 우상과 교제하는 곳이 지구라트였다. 따라서 그 탑 위에서 신에게 정중한 태도로 제물을 바친다 해도, 의중에는 신을 인간의 입맛대로 요리하려는 의도가 있었다. 바벨탑이 지구라트와 같은 의도로 만들어진 것이라면, 하나님이 이런 것을 기뻐하셨을 리가 만무하다. 특히 하나님은 그런 면에서 엄격하셨다.

하나님은 자신의 모습을 본뜬 우상을 만들지 말라고 하셨는데, 그 이유는 신상을 만들어놓고 '예의를 갖추어' 그 팔을 비틀면서 하나님을 설득하고 싶어 하는 인간의 교만을 미워하셨기 때문이다. 그런 이유로 사람들이 하나님의 모습을 가진 신상을 만들면, 그건 확실한 신성모독이었다. 이렇게 본다면 시날 평지에서 사람들이 탑을 쌓았던 이유 중의 하나가 드러난다. 그들은 신을 위한 공간으로 탑을 만든 후에, 하나님은 거기서 제물이나 잘 드시고, 자신들이 원하는 것을 주시면 된다고 그들은 생각했던 것 같다. 하나님을 마음대로 하려는 교만이 그 탑에 깃들어 있었다.

한번 생각해보자. 바벨탑은 딱 하나만 쌓고 끝이 난 것일까? 고대 바빌론 왕국에 흩어져있던 많은 지구라트의 숫자는 대체 뭘까? 성경이 말하지는 않지만, 어쩌면 본문의 바벨탑은 그들이 쌓았던 마지막 지구라트는 아니었을까? 이어지는 5절 말씀은 사람들이 탑과 함께 성읍(이르/עיר)도 건설했다고 말한다. 건축물이 여러 개였으니 탑이 딱 하나였다고 말하기도 그렇다. 아니 어쩌면 탑보다 거주지인 성읍이 더 문제였을 수도 있다. 인간이 그저 구조물 몇 개를 만들 때까지는 인내하셨겠지만, 늘어나는 건축물을 보고 참을 만큼 참으신 하나님이 마침내 바람을 타고 하강하신 것이 아닐까 싶다. 옛날에 인간들이 탑을 그리도 많이 쌓았다면, 오늘날에는 어떨까? 말할 필요 없이, 참 많이도 쌓는 중이다. 하나님이 좀 더 참아주시기를 바랄 뿐이다.

하여간 이런 까닭으로 바벨탑이 무너졌다고 하면 수긍할 만 하다. 그러나 이것이 전부는 아니다. 크루즈 미사일 쏘듯이 정확도를 좀 더 높여서 대답해보기로 하자. 하나님이 바벨탑을 허무신 이유는 단순히 인간들이 교만했기 때문만은 아니었다. 하나님의 행동은 그분이 인류를 창조하실 때 가졌던 생각과 깊은 관련이 있다. 창 1:28은 하나님이 지구 상에 사람을 지으신 목적을 설명한다. 이른바 사람이 "생육하고 번성하여 땅에 충만한" 것이 하나님이 원하신 일이었다.

사람이 번성해서 땅에 충만하려면 흩어져야 한다. 하나님은 사람들이 한곳에 모여서 "여기가 좋사오니" 하며 붙어있기를 원하시지 않았다. 오히려 그들이 땅에 흩어져서 편만하게 거하기를 바라셨다. 그런데 시날 평지에 있던 사람들은 거꾸로 "흩어짐을 면하자"라고 외쳤다. 창조의 목적과 정반대로 가기 위해서 탑을 쌓았고, 거기에 붙어있기 위해 성읍을 건설했다. 그들은 하나님이 사람에게 주신 복을 외면했으며, 노골적으로 하나님을 훼방했다. 이것이 바벨이 무너진 가장 큰 이유이다.

오늘도 하나님은 우리가 세상 끝까지 흩어져서 퍼져 나가기를 원하신다. 이사야가 말했던 것처럼, 마지막 날에는 하나님의 말씀이 온 지구를 덮는 광경을 보기 원하신다. 그런데 아직도 교회는 행사나 건물로 자신을 아름답게 치장하고, 그곳에 모여서 흩어짐을 면하자고 외친다. 닐 콜(Neil Cole)은 그의 책 『교회 3.0』(*Church 3.0*)에서 사람을 끌기 위해 '치장하는 교회'(attractional church)를 계속 추구하면, 거기에는 하나님의 뜻이 없다고 경고한다. 오히려 바깥으로 나가서 '흩어지는 교회'(missional church)가 하나님의 뜻을 이룬다고 말한다. 물론 갑자기 모든 것을 바꿀 수는 없다. 당장 그러자고 말하는 것도 아니다. 그러나 최소한 우리가 쌓아온 것이 바벨이라면, 여기서 깊이 생각하고 방향을 바꿀 수는 있다. 서서히라도 바꾸면 된다.

## 거룩한 것도 오염된다

흩어지지 않기 위해서 바벨탑을 쌓은 의도는 악한 것이었지만, 탑을 쌓기 위해서 흘린 땀과 노동 또한 악한 것이었을까? 기본적으로 노동은 거룩하고 신성하다. 지금은 타계하신 대천덕 신부님이 계시던 시절에 강원도 황지에 있는 예수원에 자주 갔었다. 당시에는 그곳에 건물이 두세 개밖에 없었고, 수도원 중심에 있던 집에서 주로 강의가 이뤄졌다. 그 집의 거실 앞쪽 벽에 두 개의 커다란 배너가 걸려 있었는데, 거기에 '기도는 노동이다'와 '노동은 기도다'라는 글귀가 양쪽에 적혀 있었다.

땀과 노동은 기도에 비견될 만큼 중요하다. 성경은 "누구든지 일하기 싫어하거든 먹지도 말게 하라"(살후 3:10)고 가르친다. 그런데 이렇게 거룩한 노동도 인간이 나쁘게 사용하면 오염되고 타락한다. 이생각을 조금 넓게 펴면, 거룩해 보이는 종교의 행위들도 오염의 대상일 수 있다. 거룩해 보이는 것들은 세상에 많다. 노동뿐만 아니라 교회도 거룩한 것이고, 기도 역시 신성해 보인다. 그러면 이들은 절대 오염되지 않을까? 삶의 거룩함과 상관없이 주일마다 드리는 예배와 주기적인 기도는 과연 거룩한가? 자못 충격적이지만, 거룩해 보이는 교회 공동체도 타락할 수 있고, 기도도 오염되기 쉽다.

교회나 개인이 본질을 잃고 변화와 상관없이 '얻을 것'에만 관심하면 망가지는 것은 당연하다. 비근한 예로 하나님은 법궤가 있는 자신의 집도 과감하게 태우셨다. 무엇이든 오염되고 망가지는 것에는 제한이 없다. 기도를 열심히 하는 것은 한국 교회의 좋은 전통이지만, 일부는 기도가 자신의 의를 드러낸다고 착각한다. 그런 나머지 자신은 기도하는 사람이므로 잘못할 리가 없다는 엄청난 교만에 빠지는 것을 종종 본다. 이것이 소위 기도를 길게 하는 사람들이 교회에서 문제를 일으키는 이유이다.

새벽기도회에 수첩을 가지고 다닌 교인 한 사람을 안다. 그는 목사가 새벽기도회에 결석한 날을 수첩에 매번 기록했다. 그리고 때가 차면, 이것을 목사 앞에 들이대곤 했다. 새벽기도에 빠지는 목사를 옹호할 생각은 전혀 없다. 그러나 개인의 새벽기도가 목사의 출석을 점검하기 위한 것이라면, 그 역기능은 상상을 초월한다. 내가 신앙이 좋다는 증거가 유대교 랍비들처럼 하루에 세 번 기도하러 성전에 올라가는 행위일 수 없다. 내가 매일 묵상을 열심히 하는 것이 현재 내 신앙의 수준을 말해주는 지표가 아니다.

복음주의 4인방 중 하나로 불리던 홍정길 목사가 이런 말을 했다. "제자 훈련을 받은 신자들의 악함은 미처 예견하지 못했다." 제자 훈련의 수료증이 신앙의 전부가 아니다. 이런 것은 하나님의 뜻을 찾기 위한 신앙적 방편에 불과하다. 하나님의 뜻을 따라서 내적으로 변화하고 인격적으로 성숙해지는 것이 '경건의 시간'을 갖는 가장 중요한 목적인데, 어떤 이들은 원하는 것을 얻고 자신의 의를 쌓기 위해서 훈련받고 기도한다. 모든 행사에 빠지지 않고, 오래도록 방석 위에 앉아 기도하면 교인들이 거룩하게 봐 줄 것이라고 은연중에 생각하는 사람도 간혹 있다. 물론 진실하게 기도하는 사람들이 한국 교회에 여전히 많다.

그러나 무조건 새벽기도회 시간에 제일 마지막으로 기도실의 불을 끄고 나가는 사람이 교회에서 가장 인격적으로 성숙한 것인지는 이제 진정으로 고민해야 한다. 진실한 기도는 기도한 후에 보여지는 삶 자체이다. 삶이 거룩하지 않으면 기도는 무용지물이다. 한국 교회에 제자 훈련을 정착시킨 옥한흠 목사에게 들었던 말이 생각난다. 당신의 어머니는 새벽기도를 육십 년 동안 하신 분인데, 새벽기도회에서 은혜를 받은 날이면 오히려 아버지와 싸우고 자녀들을 심하게 나무랐다고 한다. 쉽게 하기 어려운, 그러나 감동적으로 솔직한 이 말씀이 날 선 검처럼 가슴에 와 박혔었다.

형식을 넘어서서 하나님과의 진실한 교제가 있을 때 비로소 우리의 행동은 오염을 면한다. "그대들은 고통 중에 바라는 것이 있을 때만 기도한다. 그러나 기쁨이 가득하고 풍성한 날에도 기도하는 것은 어떨까. 기도란 생명의 기운 속으로 그대들을 확장시키는 것이 아니고 무엇인가." 칼릴 지브란(Kahlil Gibran)의 말이다. 기도는 인간의 변화를 위해서 필요한 것이지, 단순히 무엇을 얻기 위한 도구가 아니다. 가슴 아프게 기억하자. 우리의 종교적 열심은 무엇을 향한 것이었던가.

## 하지 말라는 것이 왜 하라는 말로 들리는건지

나는 잘 믿는 사람이라고 착각하면서 살아왔다. 그리고 내가 하는 행동은 상당 부분 신앙적이라고 생각했다. 그런데 가만히 뒤를 돌아보니, 바벨탑을 쌓고 있을 때가 많았다. 놀라지 않을 수 없다. 큰일을 한답시고 설쳐댔지만, 거기에 정작 하나님이 빠져있었다. 그 결과는 혼란이다. 열심히 하고서도 이룬 것이 없다. 종교적인 행동은 열심히 했지만, 하나님의 생각에는 관심이 없었기 때문이다.

바벨(בָּבֶל)이라는 말은 '혼란' 이라는 의미를 가진다. 탑 아래에서 말이 나뉘어서 사람들이 하는 일에 혼란이 생긴 나머지 붙은 이름이다. 하나님의 뜻을 따르지 않고, 내 이성을 앞세워 하는 일의 결과는 바벨이다. 이상하게도 하나님이 "하지 말라"고 하시면, 그것이 꼭 "하라"는 말로 들릴 때가 있다. 반대로 "하라"고 하시면 "안 해도 된다"는 말로 들리기도 한다. 내 생각을 내려놓고, 하나님의 음성을 듣는 일은 정말 쉽지 않다. 어쩌면 그 비슷한 지경에 이르는데도 일생이 다 걸리지 않을까 싶다.

# 02

# 우리가 아는 같은 세상이야기

**창 12-50장**

_아브라함이야기

# 하나님이 말을 걸어 오셨다

아브라함의 일생을 생각할 때, 전환점이 될만한 두 가지 사건이 있다. 하나는 하란을 떠난 일이요(창 12장), 또 다른 하나는 이삭을 데리고 모리아로 간 사건이다(창 22장). 이 두 가지는 서로 밀접하게 연결되어 있으며, 공통점도 있다. 창 12장이 하나님과 아브라함의 첫 계약이라면, 22장은 맺었던 계약의 갱신이라고 할 수 있다.

두 존재가 상호 간에 계약을 맺으려면 어떤 일이 선행되어야 할까? 만나야 하고, 대화를 나누어야 한다. 하나님과 아브라함의 경우에는 누가 누구를 찾아갔으며, 또 어느 쪽에서 먼저 말을 걸었는가? 창 12:1은 "하나님이 아브라함에게 말을 거셨다"(바요매르 아도나이 엘 아브람/וַיֹּאמֶר יְהוָה אֶל־אַבְרָם)라는 표현으로 시작한다. 이 위대한 사건을 여는 첫 히브리어 동사가 '말하다'(아마르/אמר)인 것은 대단히 인상적이다. 신과 인간의 위대한 계약이 하나님이 그에게 말을 걸어오심으로써 시작된 것이다.

창 22장에서도 저간의 상황에 대한 간단한 설명 후에, 둘의 관계를 연 첫 표현은 역시 '말하다'(אמר)였다. 성경에서, 아니 구원 사건 전체를 통틀어서 가장 큰 은혜는 하나님이 인간에게 말을 거셨다는 사실이다. 하나님은 만물을 지으신 분이고, 인간은 피조물 가운데 하나일 뿐이다. 그런데도 창조주가 먼저 말을 거신다. 아브라함은 셈의 후손이었지만, 하나님을 잃어버린 집안에서 태어났다. 그들의 고향은 원래 '갈대아 우르'이다. 거기서 살면서 데라의 집안은 하나님이 아니라 이방신을 섬겼다. 그런데 하나님을 몰랐던 그에게 그분이 먼저 말을 걸어오셨다. 이것이 은혜의 본질이다. 자격이나 조건과 관계없이 아주 형편없는 사람을 찾아오신 하나님이 구원에 관한 이야기를 먼저 꺼내신다. 구약 속에도 당연히 복음은 살아서 빛을 발한다. 따지고 보면, 잘난 것 하나 없는 나에게도 하나님이 먼저 찾아오셨더랬다.

## 떠나야 간다

재미있는 것이 있다. 하나님이 먼저 말을 걸었다고 해서 내용까지 녹록한 건 아니었다는 사실이다. 하나님은 말을 걸자마자, 첫 마디를 명령으로 시작하셨다. 한글 성경은 "너는"이라는 말로 '시작'하지만, 히브리어 본문은 "가라"(레흐 레하/לֶךְ-לְךָ/go for you)는 명령으로 '시작'한다. 이쯤 되면 하나님과 사람이 나누는 대화의 특징이 무엇인지 알만하다. 말은 하나님이 먼저 걸어오신다. 그러나 말의 내용은 일방적인 명령이다. 하나님이 제시하시는 은혜의 값이 엄청난 것이니, 여기에 철저히 굴복하라는 것이고 시키는 대로 하라는 것이다.

보통 상대방을 향해서 "가라"고 명령한다면, 가야 할 목적지 정도는 가르쳐 주는 것이 일반적이다. 그런데 하나님은 아브라함에게 가라고는 했지만, 어디로 가야 하는지는 말씀하지 않으셨다. 상당히 난처한 상황이다. 이러한 모습은 창 22장에서 아들 이삭을 "취해서 데리고 가라"고만 명령하시고 목적지를 알려 주지 않은 데서도 동일하게 나타난다. 하나님의 언어습관은 늘 이리 모호한가. 우리가 듣기에는 헷갈리지만, 뭔가 이유가 있을 터이다. 사실 가기 위해서는 선행되어야 할 일이 있다. 그것은 떠나는 것이다. 떠나지 않으면 갈 수가 없다. 본문에서도 하나님이 아브라함에게 콕 집어 말씀하시지는 않았지만, 그분의 의중은 가기 전에 우선 떠나라는 것이었다.

혹자는 성경 본문에 하나님이 떠나라고 하신 말씀이 기록되어 있는데, 의중이 그렇단 건 무슨 뜻이냐고 물을 수 있다. 한글 성경에는 분명히 1절에 '떠나'라고 나와 있다. 다만 히브리어 본문에 '떠나'라는 말이 없다는 게 함정이다. 우리말에 맞게 하려고 번역자가 넣은 것일 뿐 원래 문장에는 들어있지 않다. 하나님께서 아브라함에게 "가라"고 하신 명령은 잔의 보이는 반쪽만 채웠을 뿐이다. 보이지 않는 나머지 반쪽에는 무엇을 채워야 할 것인가? 하나님의 명령을 잔 속에 가득히 채워야 그분의 뜻이 비로소 명확해진다. 아브라함이 찾아서 잔의 반쪽에 채워야 하는 숨겨진 명령은 "떠나라"는 것이었다.

하나님은 아브라함이 떠나야 할 것으로 세 가지를 지목하셨다. '고향, 친척 그리고 아버지 집'(창 12:1)이 그것이다. '고향'이라고 번역된 히브리어 '에레츠'(땅/יֶּרֶא)는 어디를 가리킬까? 하란(יָּרָח)일까? 아니면 우르(רֹא)일까? 대답은 쉽다. 창 11:28이 그들의 고향을 '갈대아 우르'

(우르 카슈딤/אוּר כַּשְׂדִּים)라고 분명히 밝히고 있기 때문이다. 그러니 하나님은 하란이 아니라 우르를 떠나라고 하신 것이 맞다. 이건 좀 이상하다. 현재 아브라함이 사는 곳은 하란인데, 하나님은 왜 훨씬 전에 '떠나' 온 우르를 다시 '떠나'라고 말씀하셨을까?

의미를 짚어보면, 이 명령에서 하나님은 하란이나 우르라는 지리적인 장소보다 두 도시가 가지고 있던 종교적 배경을 언급하신 것으로 보인다. 두 도시의 종교적 배경을 말하기 위해서는 왜 데라가 자녀들과 함께 하란으로 이주했는지를 먼저 설명해야 한다. 데라의 집안이 우르에 거주했던 시기는 우르 제3왕조 시절(대략 주전 2100-2000년경)이었던 듯싶다. 이 시절 초반의 우르는 경제적으로 윤택했다. 왕조를 바꿔가며 계속된 수메르 제국의 번영사 가운데서 마지막 시기였다고 할 수 있다. 제3왕조는 번영하긴 했지만, 그 기간이 너무 짧았다. 왜냐하면 메소포타미아 남부의 경제 사정이 왕조 말기에 이르러 많이 안 좋아졌기 때문이다.

메소포타미아 사람들은 농사를 지으면서 물을 더 쉽게 공급하기 위해서 유프라테스 강과 티그리스 강 사이에 관개수로를 팠다. 그 시절에 이런 일을 할 수 있었다는 것이 정말 대단하다. 물이 풍부해지자 밀 수확량이 풍성해졌고, 지역의 경제가 윤택해졌다. 그러나 세상일은 변하는 법이다. 결국은 관개수로가 문제였다. 그만 바닷물이 촘촘한 수로망을 통해서 경작지로 파고든 것이다. 풍작의 원인이 흉작의 이유로 변했다. 땅은 소금화되고, 밀 생산이 줄었다. 이런 이유로 우르 제3왕조는 쇠락의 길을 걷게 되었다. 밀이 자라던 곳에서 보리만 조금 거둘 수 있는 형편이 되었으니, 사람들이 우르를 떠나는 것은 당연했다. 이러한 상황이 아마도 데라 집안을 이주하게 만든 원인이었을 것이다. 경제적인 이유로 이주를 결정한 그들에게 중요한 것은 오히려 종교였다. 그들이 우르에서 섬기던 신은 달신인 '씬'(Sin)이었다.

그런데 북 메소포타미아에서 같은 신을 섬기던 곳이 있었으니, 그곳은 바로 하란이었다. 어떤 이들은 아브라함의 형제 가운데 일찍 세상을 떠난 하란(יִיִ)과 지명인 하란(יִיִ)을 헷갈리기도 하지만, 둘은 철자가 엄연히 다르다. 아브라함의 형제 하란은 '산악인'(mountaineer)을 뜻하는 말이며, 도시의 명칭인 하란은 호르 족속(Hurrian)의 이름에서 온 것으로 보인다. 하란이 호르 족속이 살던 도시였으니, 이런 해석은 타당해 보인다. 어쨌거나 데라의 집안이 하란으로 거주지를 옮긴 이유는 '달신'을 잃어버리지 않기 위해서였다. 당시에 많은 사람들이 밀 생산이 가능한 곳을 찾아서 남부를 떠나 북부로 이주했는데, 종교적으로 일치하는 하란을 찾아낸 데라의 가족이 여기 섞여 있었을 개연성이 높다.

전에 터키에 갔을 때 하란에 들러서 달신의 신전을 본 적이 있다. 지금은 폐허로 남았지만, 규모는 상당했다. 신전이 내려다보이는 언덕에 앉아 있노라니, 그 옛날의 역사가 눈앞으로 확 다가섰다. 내 눈길이 닿는 저곳을 아브라함이 4천 년 전에 뛰어다녔을 것이라고 생각하니 가슴이 뛰었다. 조금 장황하게 설명했지만, 결론은 간단하다. 하나님이 하란에 사는 아브라함에게 우르를 떠나라고 하신 것은 지역의 문제를 넘어서서 이방신을 섬기는 종교적 배경에서 떠나라고 하신 것이다. 달신이 말을 할 수 있었다면, 아브라함에게 "가지 말라"고 했을 것이 당연하지만, 하란과 우르를 모두 버리지 않고서야 어찌 가나안으로 갈 수 있었겠는가.

두 번째로 친척을 떠나라고 말씀하셨다. 창 11:28에서 말한 "그의 고향 땅"(브에레츠 몰라드토/בְּאֶרֶץ מוֹלַדְתּוֹ)이라는 표현에 나오는 '몰레덴트'(출생, 친척, 후손/מוֹלֶדֶת)라는 단어가 창 12:1에서는 '친척'이라는 말로 사용되었다. '몰레덴트'(מוֹלֶדֶת)는 원래 얄라드(יָלַד/아이를 낳다)라는 동사에서 비롯된 명사이니, 결국 친척은 우르에서 하란으로 이주해서 지금껏 함께 사는 아브라함 일족을 가리키는 표현이다.

성경에서 찾을 수 있는 그들의 이름은 데라, 나홀 그리고 하란이다. 자세하게 어원까지 따질 것은 없지만, 이들의 이름은 달신을 섬기는 사람들 가운데서도 족장급이나 가질 만한 수준의 것이다. 심지어는 아브람(אַבְרָם)이나 사래(שָׂרַי) 역시 달신 숭배에서 온 이름으로 보인다. 아브람은 '높은 지위를 가진, 존경받는 아버지'(he is exalted father)라는 뜻으로 보이고, 사래는 달신의 아내 또는 딸, 즉 '왕비나 공주'로 이해된다. 아브라함의 아버지 데라(תֶּרַח/정확한 발음으로는 '테라흐')의 이름은 달(야레아흐/יָרֵחַ)에서 왔기 때문에 더욱 직접적인 관련이 있다. 그렇다면 하나님께서 친척을 떠나라고 하신 까닭도 첫 번째 이유와 별반 다르지 않다. 하나님의 눈길은 아브라함의 형제가 아니라 그들이 믿는 신을 정조준하고 있었다. 말씀의 의미는 간단명료하다. 가나안으로 가기 전에 먼저 친척들 뒤에 숨어있는 달신을 떠나라고 하신 것이다.

마지막으로 아비 집을 떠나라고 하셨다. 아마 더 설명하지 않아도 이것이 무슨 의미인지 금방 눈치챌 수 있을 것이다. 이 말은 지리적인 장소를 가리킨다. 아비 집은 우르일 수도 있고, 또 하란일 수도 있다. 전자라면 이미 설명이 끝났고, 후자라도 이해 못 할 것이 없다. 하란은 데라가 살다가 죽은 그의 거주지였기 때문이다. 탈무드(Talmud)를 보면, 데라는 우상을 만들어 파는 사람이었다. 하루는 그가 외출하면서 아브라함에게 우상을 지키도록 했다. 아버지가 사라지자 아브라함은 작대기를 휘둘러 우상들의 모가지를 다 날려 버렸다. 외출에서 돌아온 데라가 노발대발하자, 아브라함은 우상들이 서로 싸워서 저렇게 됐노라고 태연하게 변명한다. 움직이지 못하는 우상이 어떻게 싸울 수 있냐며 화를 내는 데라에게 아들이 차분한 어조로 이렇게 말했다고 한다. "아버지는 움직이지도 못하는 우상을 왜 만들어 파십니까?" 하나님은 아브라함에게 이런 우상 숭배의 환경을 떠나라고 하셨다.

결론은 이렇다. 가기 위해서는 먼저 떠날 수 있어야 한다. 무엇을 떠나야 하는지 구체적으로 알지 못하면 갈 곳에 대한 정보는 아무런 소용이 없다. 하나님은 갈 곳을 모르는 아브라함에게 "갈 곳에 대한 정보는 우선 네가 떠난 다음의 문제"라고 말씀하셨다. 하나님은 정말 질투가 많은 분이시다. 우리 안에 하나님보다 더 사랑하는 것이 있으면, 현재 상황을 탈탈 털어서라도 다 정리할 것을 요구하신다. 이런 요구에 응할 수 있어야 하나님이 말씀하시는 미래가 열린다.


## 무엇이 될 것인가

하나님은 아브라함이 갈 곳은 미리 말씀하지 않으셨지만, 장래에 그가 무엇이 될 것인지는 아주 분명하게 언급하셨다. 하나님은 그가 장래에 민족을 이룰 것이라고 하셨다. 민족이니 숫자가 많아야 하는 것은 당연하다. 그런데 본문은 숫자를 넘어서서 민족의 성격도 상당히 중요하다고 말한다. 관심이 가는 것은 여기서 말하는 민족이 '암'(py)이 아니라, '고이'(ɲi)이라는 점이다.

구약에서 하나님이 자신의 백성을 언급하실 때는 주로 '암'이라는 표현을 사용하셨다. '고이'는 이스라엘이 아니라 이방 민족 또는 열방(nations)을 가리키는 표현이다. 하나님이 아브라함의 후손을 '암'이 아닌 '고이'로 말씀하신 의미는 무엇인가. '암'은 원래 이스라엘을 전담하는 용어라기보다는, 특별한 신앙적인 구심성과 응집성을 가지고 있는 어떤 그룹을 표현하는 말이다. 이런 뜻이라면, 아브라함의 후손은 언약 안에 있으므로 따로 언급하지 않아도 이미 '암'의 성격을 가지고 있다고 볼 수 있다.

반면에 '고이'는 통치와 영토(government and territory)를 강조하는 개념이다. 말하자면 생존을 위한 시스템을 뜻한다. 그렇다면 하나님의 의도는 이미 '암'의 자격을 갖춘 아브라함의 후손에게 '커다란 고이'(ʔiʔ ʔiʔ/르고이 가돌)를 이루게 하겠다고 하신 것으로 해석된다. 말씀의 의미는 자명하다. 아브라함은 벌써 '암'이라는 내용을 가지고 있으니, 그것을 가지고 외형적으로는 '고이'라는 틀을 만들라고 하신 것이다. 즉 하나님 신앙이라는 내부의 응집력을 가진 아브라함의 후손이, 이방인들 속에서 땅을 차지하고 숫자를 불려서 생존의 시스템을 갖춘 하나님 나라를 만들라는 의미이다.

이방 신앙을 가진 원주민이 득시글대는 가나안에서 신앙적 정체성을 지키면서 뿌리를 내리고 견딜 힘을 가진 '고이'가 되는 것이 하나님이 바라시는 바였다. 이렇게 이해하면, 하나님은 아브라함에게 가야 할 '목적지'는 부차적이며, 오히려 그의 후손들이 되어야 할 그 '무엇'이 훨씬 더 중요하다고 말씀하신 것이다. '암'으로서 '고이'가 되는 것이 이미 이방 족속들로 가득한 가나안 땅에서 하나님이 다스리는 신정국가를 세울 수 있는 유일한 방법이었다. 하나님은 그것을 바라보시고 아브라함을 축복하셨다.

## 큰 나라를 만들고 싶다

헬무트 리처드 니버(R. Niebuhr)가 그의 명저 『그리스도와 문화』 (*Christ and Culture*) 속에서 제시한 신앙의 유형 가운데, '세상을 바꾸고 개혁하는 그리스도'를 닮는 모델이 있다. 믿는 자들에게 분명한 것은 그들이 사는 세상이 신앙의 불모지라는 사실이다. 하나님이 아브라함에게 하신 말씀을 니버의 개혁 모델에 대입하면, 불신자의 세상 속에서 믿는 이들의 영토를 만들어야 한다는 것쯤이 된다. 어떻게든 세상을 변화시켜서 사람들을 그리스도를 아는 이들로 바꾸고, 이런 사람들을 위한 교두보를 세우고, 하나님 나라를 세우는 것이 사명이라는 말이다.

미국에 이민 와서 사는 사람들은 언어와 문화가 다른 곳에서 가게를 차리고, 일면식도 없는 사람들의 돈을 자기 것으로 하며 영향력을 넓혀간다. 세상에서 가장 어려운 일 두 가지는 자기의 생각을 남의 머리에 넣는 것과 남의 돈을 자기 주머니에 넣는 것이라고 한다. 첫 번째 일을 해내는 사람을 선생님이라 부르고 두 번째 일을 하는 사람을 사장님이라고 부른단다. 그리고 두 가지 일을 다 하는 사람을 마누라라고 부른다는 것이다. 선생님과 싸우는 자는 배우기 싫은 것이요, 사장님과 다투는 자는 돈 벌기 싫은 것인데, 마누라와 싸우는 사람은 살기 싫은 것이라는 우스갯소리가 있다. 신앙적으로 살기 위해서는, 이런 일을 영적 불모지인 세상에서 해내야 한다. 물론 쉽지는 않겠지만 아주 불가능한 일은 아니다. 우리의 노력과 책임으로 삶의 테두리 안에서 얼마든지 커다란 영적인 '고이'를 만들 수 있다. 더구나 우리가 이런 나라를 만들면, 하나님이 이름을 크게 만드시겠다고 하셨으니 뒷일은 걱정하지 않아도 된다. 만들기만 하면 된다. 무슨 이름이 높아지는 문제까지 걱정하겠는가.

바벨을 만든 사람들은 이름을 높이는 일에 주도적이고 호전적이었다. 그게 꼴 보기 싫으셨던 하나님이 간판을 내려 버리셨다. 아브라함은 상대적으로 수동적이었다. 군대에서 흔히 하는 말로, "땅에 머리를 박으라니, 박은 것"이다. 자신을 낮추고 순종하자 하나님이 간판을 가장 높은 곳에 달아주셨다. 어느 시대, 어떤 인생이든지 하나님이 속을 채워주셔야 비로소 속이 꽉 차는 법이다. 아브라함의 경우는 하나님이 인생의 모양을 만들고 그 속을 직접 채워 넣으셨다. 그 결과 그의 후손이 '암'을 바탕으로 한 '고이'가 되었다. 이와 비슷한 걸 오늘날 만들고 싶다면, 모름지기 아브라함처럼 하나님의 말씀대로 떠나고, 가면 될 일이다.

**창세기 12장 4-9절**

"이에 아브람이 여호와의 말씀을 따라갔고 롯도 그와 함께 갔으며 아브람이 하란을 떠날 때에 칠십오 세였더라 아브람이 그의 아내 사래와 조카 롯과 하란에서 모은 모든 소유와 얻은 사람들을 이끌고 가나안 땅으로 가려고 떠나서 마침내 가나안 땅에 들어갔더라 아브람이 그 땅을 지나 세겜 땅 모레 상수리나무에 이르니 그 때에 가나안 사람이 그 땅에 거주하였더라 여호와께서 아브람에게 나타나 이르시되 내가 이 땅을 네 자손에게 주리라 하신지라 자기에게 나타나신 여호와께 그가 그 곳에서 제단을 쌓고 거기서 벧엘 동쪽 산으로 옮겨 장막을 치니 서쪽은 벧엘이요 동쪽은 아이라 그가 그 곳에서 여호와께 제단을 쌓고 여호와의 이름을 부르더니 점점 남방으로 옮겨갔더라"

# 로또는 눈에 보이지 않는다

혹시 창 12:4과 관련된 전설과 같은 이야기를 들어본 적이 있는지 모르겠다. 어떤 목사님이 설교 중에 '로또'(복권)를 얼마든지 사도 좋다고 말해서 문제가 생겼단다. 당장 교인들이 질문하자, 목사님이 성경에 '로또'라는 말이 있으니 사도 된다고 대답했다. 놀란 교인들이 성경 어디에 그런 말이 있냐며 다시 묻자, 목사님이 내민 말씀이 창 12:4이었다고 한다. "이에 아브람이 여호와의 말씀을 따라갔고, '로또' 그와 함께 갔으며…". 원래는 '롯도'가 맞지만, 습관적으로 발음하자면 세종대왕의 가르침과는 달리 된소리가 등장한다. 발음상 로또가 더 쉬운 걸 어떻게 하랴. 이쯤에서 그냥 웃고 넘어가자.

당연히 말도 안 되는 소리지만, 정작 하나님의 말씀을 따라 가나안으로 간 아브라함에게 로또 당첨 비슷한 일이 벌어졌다. 세상의 로또는 돈에 불과하지만 아브라함이 당첨된 로또는 그것을 넘어서는 것이었다. 삶 자체가 엄청나게 위대해졌다. 결코 간단한 이야기가 아니기에 묵상이 필요하다. 아브라함은 어떻게 인생 속에서 이런 경험을 할 수 있었을까?

아브라함이 하나님과 언약을 맺고 가나안으로 가는 이야기가 창 12:1-9에 기록되어 있다. 이 부분은 '하나님이 말씀하시니, 아브라함이 실천했다'는 단순한 하나의 문장으로 정리할 수 있다. 내용을 조금만 분석해보자. 이 구절들 가운데 전반부(3절까지)는 하나님이 말씀하신 부분이다. 그렇다면 이어서 4절부터는 응당 그것을 들은 아브라함의 대답이 뒤따라야 한다. 하지만 놀랍게도 아브라함은 침묵한다. 그렇다면 그 부분은 누구의 말로 채워졌는가? 아브라함 대신 내레이터가 해당 구절의 말을 책임지고 있다. 하나님은 말씀하시고 아브라함은 침묵했으며, 내레이터가 대신 대답했다.

아브라함은 대답 대신 묵묵히 사라와 롯 그리고 종들과 함께 하란을 떠나서 가나안으로 들어간다. 창세기 기자가 말하고 있는 아브라함의 침묵을 우리는 어떻게 해석해야 할까? 하나님이 말씀하시자, 그는 싫다 좋다 대꾸하지 않고 소위 '순종'이란걸 하고 있다. 그렇다고 해서 이 부분의 '말하지 않음'과 '행동으로 옮김'이 곧 아브라함의 완전한 동의를 의미한다고 보기는 힘들다. 순종은 하나님의 뜻에 불만이 없을 때 필요한 행동이 아니다. 오히려 말씀에 대해서 불평이 있거나 자기주장이 있을 때만 사용할 수 있는 단어이다. 하나님의 생각에 사람이 완전히 동의하면, 순종이고 뭐고 없다. 말씀하신 대로 하는데 아무런 품이 들지 않기 때문이다.

반면에 순종은 노력이 필요하다. 내가 하나님께 동의하지 않을 때, 내 뜻을 꺾기 위해서 뭔가 해야 하기 때문이다. 아브라함은 어땠을까? 본문의 기록으로는 그의 심중을 살펴보기가 어렵다. 다만 그의 침묵은 자못 의미심장하다. '말 없음'이 오히려 '말하는 바'가 있다고 보기 때문이다. 하나님의 명령이 워낙 돌발적인 데다, 구체적인 내용이 없었기 때문에 아브라함이 인간적으로 무조건 동의하기는 쉽지 않았을 것이다. 여기서 아브라함이 하나님의 말씀에 무조건 동의했다면, 그는 아마 말이 많아졌을 수도 있다. 사람이 신이 나면 시키지 않아도 떠들게 되어 있다.

하지만 그는 반대로 입을 다문다. 가나안행이 별로 신나지 않았던 게 틀림없다. 침묵은 자신의 의중을 따로 드러내지 않겠다는 소극적인 의사표현이다. 창 22장에서 이삭을 바치라는 황당한 명령을 받았을 때도 아브라함은 침묵한다. 실천을 안 할 수는 없지만, 그렇다고 있는 대로 받아들이긴 힘들다는 표현 아니었을까? 그의 침묵은 말하자면 마음으로부터 동의하지 않을 때, 순종으로 가는 자신만의 방법론 같은 것이었다.

창 12장에서도 하나님은 그저 떠나라고 하시고는 갈 곳을 일러주시지 않았다. 하나님이 조건을 내거시긴 했다. 가기만 하면 아브라함이 복 자체가 될 것이며, 그의 후손이 큰 민족이 될 것이고 창대한 이름도 주실 것이라고 했다. 오늘날로 치면 그야말로 로또가 아닐 수 없다. 그러나 로또라는 게 기본적으로 믿을만한 것이 아니다. 왜냐하면 워낙 이것이 보암직도 하고 먹음직하기만 할 뿐 그다지 신빙성은 없는 것이기 때문이다.

본문 속의 로또도 눈에 보이지 않는 결과에 관한 선언이었을 뿐이다. 아브라함이 하란을 떠날 때 이미 나이가 75세였다. 후손에 관한 약속은 그냥 말 잔치에 불과할 수 있었다. 땅을 주신다는 것도 벌써 원주민들이 가득한 가나안을 어떻게 주신다는 것인지 설명이 없으니 그저 받아들이기가 쉽지 않았다. 한마디로 가나안행이 로또라고 할 수 있다면, 그것이 별로 가능성이 없다는 차원에서나 가히 로또라 할 만 했다. 그런데도 아브라함은 말하지 않는다. 하나님이 말씀하신 대로 움직일 뿐이었다.

정리하자면 아브라함은 여기서 순종의 정의가 무엇인지를 보여준다. 하나님의 비합리적인 명령이 주어졌는데, 거기에 인간이 완전히 동의하지 않을 때 보여줄 수 있는 진솔한 신앙적 모습이 바로 순종이다. 하나님이 하시는 일을 완전히 찬성하고 군소리 없이 받아들이면 좋지만, 인간에게는 그것이 항상 가능하지는 않다. 인간의 참된 순종은 불만이 있되 그것을 드러내지 않고, 자신의 생각을 꺾고서 하나님이 시키는 대로 하는 것이다. 그것이 바로 순종이다.

그렇다면 사안에 동의하지 않아도 결국에는 순종할 수 있는 이유가 뭘까? 하나님에 대한 신뢰 때문이다. 사안은 이해할 수 없어도 하나님은 믿을 수 있다면 순종이 가능하다. 어찌 보면 로또는 결과가 눈에 보이지 않아야 진짜가 아닐까도 싶다. 특히 하나님의 로또는 현재 시점에서 아예 씨알도 보이질 않는다. 무슨 힌트도 없다. 그러나 결과를 예단하지 않고 무조건 하나님만을 바라보며 걸어가면 놀라운 결과가 인생에 달려든다. 하란을 떠날 때 아브라함의 기분이 어땠는지는 잘 모른다. 분명한 것은 그가 말없이 떠났으니 분위기가 썩 좋은 편은 아니었을 것이다. 이렇게 씩씩대면서도(?) 순종하자, 하나님은 엄청난 복을 주셨다.

많은 사람들이 온전한 순종을 부르짖는다. 온전한 순종이란 게 대체 무엇인가? 마음으로부터 온전히 동의하고 무조건 불평하지 않는 것인가? 세상에 그런 순종은 없다. 불만이 가득해서 얼굴이 굳어짐에도 불구하고 말씀대로 움직인다면, 그것이 솔직하고 위대한 순종이다. 행 9장을 보면, 다메섹의 선지자 아나니야는 막 개종한 바울을 위해서 기도하라는 말을 들었을 때 불만이 가득했다. 기독교인을 해치려던 개종자(두 가지 의미가 있다)를 위해서 왜 그래야 하냐는 것이었다. 결국 그는 순종했지만, 씩씩대면서 바울에게 안수하는 모습이 눈에 잡힌다. 그 결과 위대한 이방인의 사도가 탄생했다. 인간은 툴툴대면서 순종하고, 하나님은 그것을 통해서 일하신다. 사안에 불만이 있다 하더라도, 하나님을 신뢰할 수는 있다고 자신을 설득할 수 있다면, 그것이 실제적인 '레알' 순종이다. 이런 순종이 눈에 보이지 않는 하나님의 로또를 얻을 수 있는 방법이다.

## 황당한 일이 생겼다

아브라함이 남방으로 내려가다가 세겜 땅 모레 상수리나무 아래에 이르렀다. 세겜은 오늘날 아랍어로 나블루스(Nablus)라고 부르는 곳인데, 그리심 산과 에발 산 사이의 계곡에 위치한 성읍이었다. 산 위에서야 촌락을 이루고 살기 어렵지만, 골짜기에는 숨 쉴 여유가 있어서인지 사람들이 들어앉아 살았다. 그리심 산은 세겜의 남쪽에 있으며, 에발 산은 북쪽에 있다. 오늘날의 실제 모습을 보면 그리심 산에는 조금 숲이 있지만, 에발 산은 민둥산이어서 두 산의 모습은 외형적으로도 차이가 난다(에발의 뜻이 '대머리'이다). 두 산 사이의 거리는 대략 3km에 불과하니 세겜이 그리 넓은 지역은 아니라고 할 수 있다. 성읍의 이름이 무려 주전 2천 년 전쯤에 기록된 이집트나 가나안의 문서들에 등장하는 것을 보면, 아주 오래전부터 사람들이 이곳에 살았던 모양이다.

이 동네에 '모레'라는 이름을 가진 상수리나무(엘론 모레/אֵלוֹן מוֹרֶה)가 있었다. '엘론 모레'는 '선생의 상수리나무'라는 뜻이다. 유대 전승에서 선생은 '의로운 것'을 가르치는 사람이니, 나무의 이름이 '의로움 전승'과 관계있어 보인다. 창 35:4를 보면 야곱이 이 나무 밑에 이방 신상들과 귀금속을 땅에 묻고 벧엘로 가서 제사를 드렸으며, 수 24:26에서는 여호수아가 세겜에서 여호와를 택하고 그분을 섬기라고 설교한 후에 이 나무 밑에 돌을 세웠다.

말하자면 아브라함에서 출발해서 야곱을 거쳐 여호수아까지 이르는 이스라엘의 '의로움 전승'이 모레 상수리나무를 통해서 나타난다. 더구나 나무에 관한 언급은 없지만, 모세가 가나안에 백성들과 함께 들어온 후에 율법을 새긴 돌을 세우고, 그리심 산과 에발 산에서 축복과 저주를 선포한 것도 바로 이 지역에서의 일이다(신 11, 27장). 그만큼 이곳은 유대 역사에서 중요하다.

아브라함이 이 역사적인 장소에 이르자 참으로 황당한 일이 생겼다. 하나님이 또 갑자기 나타나셔서 "그거 내가 네게 준 땅이야"라고 하신 것이다. 물론 본문에서 하나님이 주신다는 땅이 세겜일 수도 있고, 또 가나안 땅 전체일 수도 있다. 어느 쪽이든 당혹스럽긴 마찬가지다. 어디가 되었든지 그 땅은 가나안 원주민들로 빼곡히 들어차 있었으니 말이다. 본문 6절에서, 내레이터가 "그 때에 가나안 사람들이 그 땅에 거주했다"고 시키지도 않은 말을 한 데는 다 까닭이 있어 보인다. 이런 일이 한 번으로 그쳤던 것이 아니다. 후대에 이스라엘이 출애굽 해서 가나안에 들어왔을 때도 같은 일이 벌어졌다. 그 많은 사람과 성읍을 눈앞에 두고, 하나님이 "저거 다 너희들 꺼야, 내가 줬어"라고 하신 것이다.

이 말씀의 참뜻은 무엇일까? 하나님은 가나안을 향해 가는 아브라함에게 '고이'를 만들라고 말씀하셨다. 중요한 것은 아무리 하나님이 주셨다고 해도, 아무런 노력이나 땀 흘림 없이 그냥 '고이'를 만들 수는 없다는 사실이다. 하나님이 가나안 원주민이 가득한 곳을 "내가 줬다"고 하신 것은, 그곳에서 나라를 세우기 위해서는 많은 일을 감당하고 애써야 한다는 의미가 있다. 하나님이 후손들을 통하여 세우시려는 나라의 터를 닦기 위해서 선조가 할 수 있는 일을 해야 하는 것이 아브라함의 삶이고 복이었다.

흔히 하는 말로, 축구 경기를 할 때 수비진이 있고 골키퍼가 있는데도 점수가 난다지 않는가. 여건이야 무슨 상관이랴. 일복도 복인데, 아브라함은 그걸 받았고 또 그렇게 하겠다는 의사도 보인다. 가나안 원주민의 존재를 이미 알면서도 그곳에 왔고, 그들을 단시간에 처리할 뾰족한 수단도 없었지만, 여기서도 그는 별말 없이 순종의 의사를 피력한다. 이런 아브라함의 생각은 세겜에서 제단을 쌓은 일에서 극명하게 드러난다. 뭐라고 해야 할까? 그는 하나님이 황당하긴 해도, 중간에 말씀을 바꾸지 않으신 것이 무지 감사하다는 티를 내고 있다. 그곳에 와보니 원주민이 생각보다 많았다. 하나님이 그걸 빌미로 해서 땅 준 걸 취소하자 하셨다면 그게 더 황당하단 것이다.

우리는 아브라함이 제단을 쌓은 데서 신앙의 진일보를 목도한다. 그는 처음에 말씀을 따라 떠나는 '순례자'의 모습으로 4절 이하에 등장한다. 그런 그가 영적으로 진급했다. 세겜에 이르자, 이제는 '제단을 쌓는 자'가 된 것이다. 이곳이 내 땅이다 싶으면 사람은 무엇을 가장 먼저 하고 싶을까? 바벨탑 쌓기를 시도했던 사람들은 자신의 존재를 드러내는 탑과 성읍을 건설했다.

반면에 아브라함은 가장 먼저 하나님을 위한 제단을 쌓았다. 물론 제사를 드렸다는 기록은 없지만, 거기서 그가 하나님의 이름을 불렀다고 성경은 말한다. 이것은 오늘날의 예배와 다를 것이 없다. 제사 제도 이전에 이런 형식의 예배가 있었다는 것이 놀라울 따름이다. 예배는 기본적으로 하나님의 '주 되심'(Lordship)을 인정하는 것이니, 그가 제단을 쌓고 하나님의 이름을 부른 것은 예배라 할 만하다.

아브라함은 제단을 쌓고 나서야 벧엘과 아이 사이로 가서 비로소 자신의 장막을 세웠다. 장막은 임시 거주용 천막이지만, 제단은 돌로 쌓았기에 영구적이다. 자신은 하나님이 가라 하시면 천막을 걷고 또 움직이겠지만, 그곳에 세운 제단은 하나님을 향한 신앙이 영속적임을 보여준 것이다.

실제로 그가 임시로 장막을 친 것이 암시하듯이 그는 계속해서 움직여야 했다. 주변 사람들의 견제가 심했고, 그 땅에 기근까지 찾아왔기 때문에 그는 안주할 수가 없었다. 오죽하면 아브라함은 8절에서 벧엘과 아이 사이에 있는 산에 장막을 치고 임시로 거주했다. 그가 두 도시의 사이에 장막을 친 이유는, 가나안 주민들의 텃세가 심했기 때문이다. 두 도시의 경계에 있는 산(평지가 아님)에는 사람이 살지 않아서 방해를 받지 않았던 것 같다. 창 26장에서 그의 아들 이삭이 그랄에서 쫓겨났을 때 골짜기를 찾아간 것도 같은 이유에서였다. 아브라함은 참으로 힘들었을 것이다. 그런데 좋은 것이 별로 없는 상황에서도 제단을 쌓았다. 우리가 만일 같은 상황 속에서 남방으로 계속 내려가야 하는 처지라면 어떤 반응을 보일까?

진짜 예배는 힘든 상황에서도 드리는 것이다. 안타깝게도 오늘날에는 이것이 흔치 않은 모습이 되어버리고 말았다. 조금만 힘들면 "왜 세상이 이 모양이냐", "하나님은 어디 계시냐", "그분이 이런 일을 만든 게 맞냐"는 등의 불만이 터져 나온다. 하상욱 시인의 글 가운데 '내가 다른 걸까, 내가 속은 걸까'라는 시가 있다. 제목은 '맛집'이다. 인생에 늘 기대를 하지만 돌아오는 느낌은 '속았다'는 것일 때가 많다. 그럴 때도 제단을 쌓을 수 있으면 그게 진짜인 거다. 언제였던가 저녁 예배에서 돌아오는 길에 아내가 차창을 응시하면서 문득 했던 말을 지금도 잊을 수가 없다. "진짜 예배는 절벽에 서 있을 때 드리는 거야. 당신 그거 알아?"

# 우리가 더 대단해

쇼팽 콩쿠르에서 우승한 후에 활발한 연주 활동을 하는 조성진의
연주회를 TV에서 중계했다. 그걸 보던 여자가 그랬단다. "정말 대단
하지 않냐?" 그러자 그녀의 남편이 심드렁하게 대꾸했다고 한다. "이
해도 못 하는 우리가 그걸 보고 있다는 게 더 대단해."

성경에 나오는 위인들의 삶은 대단해 보인다. 우리가 감히 흉내도
내지 못할 것 같은 위대한 그들 가운데 아브라함이 있다. 그런데 말
이다. 만일 우리가 그와 동시대를 살면서 아브라함을 저잣거리에서
만났어도 같은 평가를 할 수 있을까? 아브라함은 믿음의 조상이라고
불릴 정도로 뛰어난 사람이었지만, 동시에 믿음이 아니면 의인으로
인정받을 수 없을 정도로 연약한 성정을 지니기도 했다. 한 마디로
우리와 크게 다를 것이 없었단 거다.

아브라함이 남쪽으로 내려가면서, 제단을 쌓은 탁월함에 대해서는
이미 언급했다. 그렇다고 문제가 없었던 것은 아니다. 성경을 보면
심각한 문제는 그의 가족이 애굽으로 들어서면서 발생했다. 애굽 여
행은 단순한 남방행과는 조금 달라 보인다. 먹을 것이 없고 가난해서
계속 남쪽으로 내려간 것까진 좋은데, 가나안과 애굽의 경계선을 넘

어서는 것은 아브라함 자신에게 설명이 필요한 일이었다. 여기에는 먹거리를 찾는 것을 넘어서서 순종의 문제가 걸려있었기 때문이다. 하나님이 그의 후손에게 주시겠다고 약속한 땅은 기본적으로 가나안이었기 때문에, 먹을 것을 찾아서 애굽까지 가는 것은 하나님과 나눴던 이야기를 넘어서는 것이었다. 애굽행은 확실히 언약의 땅을 벗어나는 것이었기 때문이다.

그에게는 현실적으로 배고픔의 문제가 있었다. 현실과 언약이 충돌하는 상황에서 아브라함은 나름대로 합리화를 시도할 수밖에 없었던 것 같다. 가나안 땅에 머물러 있으면 기근 때문에 아사할 수밖에 없었다. 그의 일행이 버티지 못하고 굶어 죽거나 도로 하란으로 가버리면 하나님은 언약을 지키실 수 없다. 그가 책임감을 느끼고 할 수 있는 일은 무엇이었을까? 어떻게 하든지 자신이 살아남아서 하나님이 언약을 지키실 수 있도록 도와드려야겠다는 생각을 했을 수 있다. 그런 까닭으로 언약이 망가질 가능성을 미리 방지하려고 먹을 것이 있는 애굽행을 결심했다면 설득력이 있는가?

모범생도 살면서 실수할 때가 있다. 그런데 이상하게도 '바르게' 살기 위해 강한 책임감을 느끼는 사람들은 작은 잘못을 더 큰 문제로 만들어가는 경향이 있다. 모범생들은 뭔가 잘못하면 그것을 만회하기 위해서 자신이 더 앞으로 나서서 결자해지(結者解之)하려는 모습을 보인다. 이런 모습이 좋은 결과를 가져오면 괜찮지만, 흔히 문제를 더 복잡하게 만드는 경우가 더 많다. 애굽으로 들어가는 경계선을 넘는 아브라함이 딱 그랬다. 그는 언약의 땅을 벗어나면서부터 뭔가 자구책을 만들어서 생기는 문제를 해결하겠다고 마음먹은 것 같다.

결국 그는 사안의 전면에 나서서 해결사가 되었다.

아브라함의 자칭 해결사로서의 면모는 사라의 문제를 해결하는 데 있어서도 그대로 나타난다. 가나안에서는 거류민의 아내가 아름답다고 해서 빼앗기는 일이 없었지만, 애굽의 상황은 좀 다르다는 정보를 들은 것이 문제였을까. 그는 아내에게 부부가 아닌 친척이 되자고 제안한다. 당시 사라의 나이는 65세였다. 본문을 읽을 때마다 도대체 사라가 그 나이에 얼마나 아름다웠으면 뺏길 걱정을 다 했을까 하는 것이 늘 궁금했다. 유대교의 전승 안에서는 성경 속의 여자들 가운데 사라가 가장 아름답다는 칭찬을 듣는다. 하긴 애굽의 바로가 탐을 냈을 정도였다면 가히 경국지색이고, '미스 이스라엘'급이었다고 할 수 있겠다.

성경의 기록을 자세히 살펴보면 사라의 아름다움에 고개를 주억거릴 수도 있을 것 같다. 그녀가 127세에 세상을 떠난 것을 생각하면(창 23:1), 당시는 인생의 절반 정도를 살았을 나이였다. 인생 중반까지 여성이 아름다움을 유지하는 것은 유전인자만 훌륭하다면 충분히 가능한 일이다. 그녀는 그때까지 충분히 아름다웠을 수 있다. 어쨌거나 아브라함은 그녀의 출중한 미모가 걱정된 나머지 결국 사라를 '누이'라고 부르는 작전을 세웠다.

그런데 이게 잘 먹히질 않았다. 예전에 나온 책 중에 루 살로메라는 여성에 대해 쓴 『나의 누이여 나의 신부여』가 있었다. 루 살로메는 라이너 마리아 릴케, 니체 또는 프로이트 등과 가깝게 지냈다. 그녀와 가까웠던 사람들은 처음에는 지적인 교감을 통해서 영감을 얻었다. 하지만 사랑하는 마음이 생기자 욕심이 생긴 나머지 그녀를 온전히 아내로 소유하고 싶어 했다. 그러나 누이와 아내 사이에서 그녀는 누구에게도 구속받기를 원하지 않았고 결국 그들의 곁을 떠났다. 남겨진 그들 모두는 마음을 다친 나머지 정신적으로 황폐해졌다.

아브라함의 경우는 자신이 작전을 짜고서 남편과 오빠 사이를 왔다 갔다 했지만, 오히려 그가 먼저 정신적으로 황폐해졌다. 아브라함이 왕년에 살았던 하란은 근친혼이 가능했으며, 여성이 한 남자의 아내이면서 누이인 것이 법적으로 문제가 없었다. 실제로 사라와 그런 관계이기도 했던 아브라함은 이전의 관습에 착안해서 이런 생각을 했던 것 같다. 문제는 이런 결정이 더 큰 어려움을 야기했다는 사실이다. 바로가 그의 누이를 달라고 한 것이다.

문제가 복잡해지는 와중에 진짜 골치 아픈 일이 터졌다. 그가 삶의 전면으로 뛰쳐나오자 하나님이 사라지신 것이다. 하나님은 아브라함의 애굽 체류 내내 아무런 말씀도 하지 않으셨다. 독특한 책임감 또는 범생이 기질 때문인지, 아브라함은 애굽으로 내려가면서부터는 하나님을 머릿속에 있는 방에 모셔놓고 문을 잠갔다. 제단을 쌓지도 않았고, 하나님의 이름을 부르지도 않았다. 원래 그의 힘은 하나님에게서 나온 것이었는데, 이제 그 힘이 사라진 것이다.

그뿐만이 아니었다. 사달이 나자, 정작 사라의 존경도 잃었다. 당장은 그들이 목숨을 보전했지만 가정의 평화는 어찌 되었을까? 자신을 다른 남자에게 넘기려는 남편의 태도를 이해할 수 있는 아내는 세상에 없다. 아브라함이 애굽에 체류하는 동안에 침묵한 것은 하나님만이 아니었다. 사라 또한 말하지 않고 입을 다물었다. 그녀가 침묵한 것은 동조였을까, 아니면 소극적인 거부였을까.

침묵은 대부분의 경우 반대의 감정에서 비롯된 것으로 해석하는 것이 옳다. 그렇다면 사라는 말도 하기 싫었던 것이 된다. 그녀는 바로가 준 재물을 볼 때마다 어떤 생각이 들었을까? 그것을 기뻐할 수 없는 게 당연했다. 어찌 됐든 재물이 생겼으면 된 것 아니냐고 누군가 말했다면, 아마 그녀는 그 인간의 멱살을 쥐고 흔들었을 것이다. 우리의 삶에 돈이 전부는 아니다. 그걸로 해결할 수 없는 것이 너무나 많다. 실제로 그들은 재물 때문에 나중에 아주 안 좋은 경험을 해야만 했다. 돈이 많아져서 아브라함과 롯이 갈라서게 되었고, 그 이별은 후에 그가 롯을 구원하기 위해서 벌인 전쟁의 숨겨진 이유가 되었다. 재물이 없을 때는 함께 살던 사람들이, 재물이 생기자 흩어진 것이다. 하나님이 주신 것이 아니면 재물은 결코 복이 아니다.

아브라함의 전략이 실패로 귀결되고 그가 아무것도 해결할 수 없는 상황이 되자, 하나님이 비로소 나타나신다. 어쨌거나 족장 아브라함 이야기의 주인공은 하나님이시다. 침묵하시던 하나님이 문제 해결을 위해서 이 사건을 하나님 관할로 바꾸셨다. 아브라함은 꿈에도 해결책을 생각하지 못했다. 사고만 쳤을 뿐, 수습을 못하고 고민만 했다. 이 모양이 되자, 하나님이 바로의 꿈에 나타나셔서 문제를 해결하신 것이다. 언약의 성취에 있어서 사라는 완전히 소중한 존재였으니, 하나님이 나서실 수밖에 없었을 것이다.

하나님의 도움으로 문제가 해결되자, 아브라함은 애굽을 떠나 다시 약속의 땅으로 회항한다. 그의 귀로는 어떠했을까? 만일 가나안으로 돌아오는 길에서 회한 어린 생각의 변화가 없었다면, 아브라함은 믿음 운운할 것조차 없는 사람이다. 그는 가나안으로 다시 올라가는 여행길에서 극적인 변화를 보여준다. 애굽으로 내려왔던 길을 고스란히 되짚어서 가나안으로 올라갔는데, 그의 목적지가 눈에 크게 들어온다. 창 13:3을 보면 그가 돌아갔던 곳은 아주 불편하기 그지 없었던 벧엘과 아이 사이의 산이었다. 아브라함은 이전에 쌓았던 제단 앞에서 다시 하나님의 이름을 부르며 예배한다. 잠깐 나갔던 정신이 돌아온 것이다. 결국 그도 평범한 성정을 지닌 사람이었다. 하나님이 도와주시고, 하나님이 해결해주셔야 인생이 달라지는 사람에 불과했다. 뭐니 뭐니 해도, 은혜가 없으면 사람은 살 수 없다. 은혜만이 우리를 살린다.

## 이 사람처럼 살고 싶다

아브라함을 보면서, '이 사람처럼 살면 좋겠다'고 생각했다. 실수 투성이에다 문제가 생기면 해결책도 변변치 않은 아브라함처럼 살고 싶다는 이야기가 아니다. 아브라함 이야기 중 반짝반짝 빛나는 보석이 있다면, 그것은 하나님이 철저하게 그의 편을 드신 이야기이다. 그가 잘하든, 또는 잘못하든 상관없이 하나님은 항상 그의 편에 서 계셨다. 이게 얼마나 대단한 일인가. 아브라함이 잘나서가 아니라, 계약을 맺으신 후에 그것을 끝까지 지키시려는 하나님의 성실하심이 잘나서 그렇다.

원래 성경에서 '의'(쯔다카/חָפּ֫קָה)는 관계적 개념이다. 하나님과 인간이 구원의 언약을 맺고 나서, 그것을 이루기 위해서 성실하게 일하시는 것이 하나님의 의로움이다. 사람 또한 성실하게 하나님과 맺은 언약을 지킬 때에 의로울 수 있다. 그런데 사람은 대부분 하나님에게 성실하지 못하다. 아브라함 또한 이 범주에서 벗어나지 못했다. 그럴지라도 하나님은 인간의 의롭지 못함을 덮으실 정도로 성실하시다. 그런 덕분에 한심하기 그지없는 인간이라는 존재에게 구원의 기회가 있다.

사람은 행동으로는 완벽할 수 없지만, 하나님의 구원 행동을 믿는 일에는 성실할 수 있다. 우리야 말할 것도 없이 아브라함보다 훨씬 못한 사람들이다. 그렇기 때문에 하나님이 덮으시는 은혜가 더 절실할 수밖에 없다. 아브라함처럼 살고 싶은 이유는, 많은 일을 하기 위해서가 아니다. 영웅 소리를 듣고 싶어서는 더더욱 아니다. 인간이 아무리 출세해서 높이 올라가도, 삶에는 상처와 허무가 남는다. 중요한 것은 백조가 아닌 미운 오리 새끼로 살아도 하나님이 책임지시고 도우실 수 있으면 된다는 사실이다. 어떻든지 그분이 나를 통해서 일하시는 것을 경험한다면 얼마나 좋을까. 인생에서 돋보이고 잘난 사람이 되려고 애쓰기보다는 하나님이 도와주시는 사람이 되고 싶다. 그래서 아브라함처럼 살고 싶다.

# 또 다른 여행에 관한 이야기

아브라함이 애굽으로 내려갔던 이유는 배가 고프고 가진 것이 없
었기 때문이었다. 말하자면 너무 '없어서' 위기가 찾아왔다. 반면에
가나안으로 올라가는 여행은 많이 달랐다. 가진 것이 너무 많았고,
그것 때문에 위기가 찾아왔다. 재화가 많아지면 인생의 모든 문제가
다 해결되는가? 그렇지 않다는 게 아브라함과 롯의 두 번째 여행에
서 드러난다.

일단 그들에게 굉장히 좋지 않은 조짐이 하나 생겼다. '그와 그의
아내와 모든 소유와 롯과 함께 네게브로 올라가니'(후 베이슈토 베콜 아쉐
르 로, 벨로트/הוא ואשתו וכל-אשר-לו/창 13:1). 이 구절에 좀 이상한 부분이 있
다. 아브라함과 함께 네게브로 올라간 존재들의 명단이 나오는데, 언
급된 순서에서 아브라함의 소유가 롯보다 앞선다. 내용적으로 아브
라함과, 사라와 그리고 모든 소유까지가 한 그룹으로 묶인다. '베콜
아쉐르 로'(וכל-אשר-לו)라는 표현은 말 그대로 '아브라함에게 속한 모든
것'을 뜻하기 때문에, 여기에 속하지 않으면 사람이든 물건이든 아브
라함의 것은 아니게 된다. 롯이 그다음 순서에 언급된 것은 그가 아
브라함의 테두리 바깥에 서 있다는 것을 의미한다. 편하게 눈에 보이

는대로 말하자면, 사람이 재물보다 못하다는 것에 다름 아니다. 이렇게 되면 인간관계는 필연적으로 망가질 수밖에 없다. 둘이 헤어진 것은 예견된 일이었다. 재물이 많아져서 좁은 땅에 함께 살 수 없어서 헤어졌다고는 하지만, 인간사에는 숨겨진 이유가 마땅히 있게 마련이다.

두 사람이 헤어지는 마당에 재물이 롯에게 욕심이라는 불을 지폈다. 땅을 나누는 과정에서 아브라함은 조카에게 선택권을 양보한다. 조카와 땅을 놓고 다툴 수는 없다고 생각했을 것이다. 아브라함은 애굽에서 많이 망가졌다고는 하지만, 회복되었기 때문인지 인격적인 모습을 보여준다. 여기서 유명한 바둑의 법칙이 나온다. "네가 좌하면 내가 우하고 네가 우하면 내가 좌하리라"(9절).

롯은 많이 달랐다. 욕심이 생겼기 때문인지, 땅을 선택하라 하니 그의 생각이 복잡해졌다. 애굽이 풍요로우니 그곳으로 다시 가고 싶지만, 애굽으로 가서 당한 일을 생각하면 그건 좀 끔찍했다. 돈이 아무리 좋아도 목숨과 바꿀 수는 없는 것 아닌가. 목숨은 아깝고, 그렇다고 해서 풍요를 포기하기는 싫었던 롯은 대안으로 사해 지역의 소알을 선택한다. 이곳은 소돔과 고모라의 근접 지역으로서, 애굽의 영토는 아니었지만 분명히 당시의 가나안 경계를 벗어나 있었다. "가나안의 경계는 시돈에서부터 그랄을 지나 가사까지와 소돔과 고모라와 아드마와 스보임을 지나 라사까지였더라"(창 10:19).

쉽게 설명하면 롯이 애굽으로는 가지 않았다 해도, 언약의 땅을 벗어나는 선택을 한 건 맞다는 말이다. 롯이 애굽으로 가는 것만 아니라면 이쯤이야 언약을 과히 어기는 건 아니라고 생각한 것인지는 모르겠다. 여기서 그의 꼼수가 드러난다. 애굽은 아니되 그 땅과 같은 곳을 찾은 것이다. "그 땅이 여호와의 동산(에덴) 같았고, 애굽 같았다"(10절). 롯이 그곳으로 이주한 이유는 딱 하나였다. 거기가 마치 애굽 같았기 때문이다. 롯은 실제로는 애굽에 단 한 번 내려갔을 뿐이지만, 심리적으로는 두 번 내려간 것이나 다름없다. 이 모든 일의 이유는 딱 하나, 재물의 풍성함을 사랑했기 때문이다.

소알은 외형적으로는 좋아 보였다. 그러나 본질은 달랐다. 소알을 표현한 말인 '여호와의 동산'(간 아도나이/גּן־יהוה)은 에덴을 의미한다. 에덴은 처음에는 아름다웠지만, 나중에는 사람이 하나님을 배반한 장소가 되어버리지 않았던가. 그는 에덴 같은 소알을 선택했는데, 종래에는 이 선택이 하나님을 떠나는 원인이 되었다. 애굽은 더 말할 것이 없다. 재물에 관심이 많았던 롯도 견디지 못해 뛰쳐나왔던 동네였다. 그런데도 이 사람은 부요함에 눈이 뒤집힌 나머지 애굽과 비슷한 소알을 선택했다.

롯은 소돔 지역에서 그의 인생을 마무리했지만, 사실 처음부터 소돔으로 간 것은 아니었다. 요단 온 지역을 두루 다니자며 옮겨 다니다가 점점 동쪽으로 이주했고, 마지막에 종착지로 소돔을 선택했다. 가는 길은 삐뚤빼뚤했지만, 목적지는 분명했다. 이런 일들의 시작은 무엇이었는가? 롯의 물욕이 출발점이었고, 거기에 숨겨진 보다 원초적인 이유는 애굽에서 얻었던 재화였다. 이것 때문에 삼촌과 조카는 갈라졌고, 롯은 소돔까지 흘러가서 망했으며, 롯의 후손들은 이스라엘에 위협이 된 모압과 암몬으로 남았다.

하지만 아브라함은 롯과는 다른 길을 걸었다. 그는 같은 문제에서 똑같은 실수를 반복하지 않았다. 장소나 물질적인 풍요가 아니라, 하나님의 임재가 있으면 된다는 사실을 깨달았다. 그래서 그는 척박한 땅에, 아니 하나님 곁에 머물기를 즐거이 선택했다.


# 내가 찾는 것


소알이 좋은가 아니면 벧엘과 아이 사이의 말도 안 되는 땅이 좋은가. 사람들을 대할 때는, "돈이 대수가 아니다. 신앙이 우선이다. 하나님이 계시면 그걸로 다 된다"고 말하면서도, 눈은 소알 언저리를 헤매고 있을 때가 많다. 아무리 사람의 실존이 그렇다지만, 롯을 비난할 만큼의 자신이 내게는 한푼 어치도 없어 보인다. 지금까지 살아오면서, 하나님이 왜 힘든 곳만 가게 하시고, 어려운 일만을 맡기시는지 고민해본 적이 있는가?

아주 오랫동안 '내가 잘할 수 있는 좋은 여건을 주시면 오죽 잘하겠는가'라는 생각을 하면서 살았다. 그리고 요즘에 이르러서도 문득 마음을 흔들 정도로 이런 불평이 갖는 힘은 막강하다. 늘 속으로는 다른 생각이 많다. 솔직히 말해서 소알이 썩 맘에 드는 것은 아니다. 내 생각은 소알을 넘어 멀리 있는 소돔을 향하고 있다. 거기가 진짜 목적지다. 그러나 돌아가는 상황을 보면, 그곳으로 단번에 갈 수는 없다. 그렇게 하면 체면에 금이 쫙 가기 때문이다. 모든 것을 포착하고 분석하고 난 후에 마음이 내게 분명히 말한다. "지금은 소돔으로 가면 안 된다." 결국 그곳을 짐짓 포기하는 척하기로 한다. 하나님이 눈치채지 못하시기를 바라면서, 주춤주춤 발걸음을 소알로 슬그머니 옮겨본다. 참으로 찌질하기 짝이 없다. 언젠가는 들통이 날 텐데도 이러고 있으니 말이다.

이런 나와 비교하자면, 아브라함은 부족하지만 또 위대하다. 한 번 고생한 후에는 아무리 그 동네가 좋아 보여도 그저 "소알 쪽이 잘생기긴 했네"하며 웃기만 할 뿐 절대 그리로 가지는 않기 때문이다. 살면서 그만큼 헛된 것에 집착했으면, 이제는 아브라함만큼은 아니더라도 그만 헤맬 때가 되었다. 실수는 할 수 있다. 그러나 하나님과 함께 사는 것이 가장 중요하단 걸 깨달았다면, 거기서 비켜서지는 말아야 한다. 멀리 돌아서 엉뚱한 곳으로 가려는 생각도 이제는 내려놓아야 한다.

> **창세기 13장 14-18절**
> "롯이 아브람을 떠난 후에 여호와께서 아브람에게 이르시되 너는 눈을 들어 너 있는 곳에서 북쪽과 남쪽 그리고 동쪽과 서쪽을 바라보라 보이는 땅을 내가 너와 네 자손에게 주리니 영원히 이르리라…"

## 지금 너 있는 곳에서

아브라함이 제대로 된 선택을 하자 하나님은 감추었던 속내를 그에게 털어놓으신다. "이제부터 너의 선택이 빛을 발하게 해주겠노라"는 것이 말씀의 핵심이다. 창 13:14는 애굽 여행 시작 무렵부터 침묵하신 하나님이 다시 그에게 말을 거신 사건을 기록하고 있다. 침묵하셨던 하나님이 말을 다시 걸어오시니 아브라함은 얼마나 좋았을까. 말씀의 첫 부분이 아주 '히트다 히트!'. 하나님이 입을 열어서 아브라함에게, "네 눈을 들어 바라보라"(싸 나 에네하 우르에/שָׂא נָא עֵינֶיךָ וּרְאֵה/창 13:1)고 하셨다. 이 말 중에서 가장 흥미로운 부분은 네 눈을 '들라'(שָׂא)는 명령 뒤에 붙어있는 '나'(נָא)라는 표현이다. 이 한 음절짜리 작은 단어는 한글 성경이나, 영어 성경에는 번역되지 않았다. 옮기기가 참으로 모호한 말이기 때문이다. 이 단어는 우리말로 하자면, '제발'이란 뜻이 될 테고, 영어로 굳이 뜻을 쓰자면 '플리즈'(please) 정도에 해당하는 말이다. 뜻이 그러하니, 이 표현은 하나님이 사람에게 말씀하시면서 쓸 수 있는 것이 아니다. 무슨 하나님께서 사람에게 '제발' 이렇게 해달라고 말씀하시겠는가. 더구나 명령형으로 쓰인 동사('들라', '보라') 표현들과도 어울리지 않는다.

그런 연유에서인지 이 단어 자체는 구약에 엄청나게 많이 나옴에도 불구하고, 하나님이 하신 말씀에 붙은 경우는 단 네 번밖에 없다. 으잉, 대체 어떤 경우가 그렇단 말인가? 놀랍게도 네 번 다 인간이 이성적으로, 합리적으로 받아들일 수 없는 내용을 하나님이 말씀하실 때 붙었다. 말하자면 진짜로 듣는 이의 '믿음'이 필요할 때 사용되었단 거다. 예를 들면, "이삭을 주겠다" 하실 때(창 15:5)라든지, "이삭을 바치라"고 하실 때(창 22:2) 하나님은 '나'(נָא)를 사용하셨다. 하나님께서 인간이 헷갈릴 수 있는 이야기를 하실 때만 이 단어가 붙었다. 이렇게 본다면, 지금 하나님이 창 13장에서 아브라함에게 주시겠다는 복도 이성적으로는 받아들일 수 없을 만큼 어마어마하게 크다는 말이다. 왜 아니겠는가. "네가 지금 바라보는 사방의 땅을 구원사를 위해서 네 후손에게 줄 것"이라는 말씀은 당시 아브라함에게 상식을 뛰어넘는 이야기였다.

본문 13절과 15절 전체를 읽을 때 어떤 부분이 제일 초이성적인가? "보이는 모든 땅을 다 주겠다"고 말씀하신 부분이 제일 놀라울 수 있겠다. 그러나 거기에 '너 있는 곳에서'(민 함마콤 아쉐르 아타/מִן־הַמָּקוֹם אֲשֶׁר־אַתָּה)라는 표현이 더해지지 않았다면, 보이는 땅을 다 주겠단 말씀은 알맹이가 쏙 빠진 것이나 다름없다. '너 있는 곳에서'라는 표현은 한낱 부사구에 불과하지만, 어쩌면 문장 속에서 가장 충격적인 부분이 아닌가 싶다. 이 문장은 2인칭 대명사(אַתָּה/아타)와 관련된 동사가 없는 명사 문장인데, 우리말로는 적절하게 번역되었다.

이 표현이 중요한 이유를 설명해보자. 사람이 장소를 마음대로 옮기고 난 후에, 스스로 보기에 만족스럽고 풍족한 땅에서 눈을 들었는데, 하나님이 그 땅을 주신다고 하면 그건 별로 의미가 없다. 오히려 지금 현재 서 있는 장소가 아무리 험악하다 해도, 그곳에서 아브라함이 눈을 들어 보는 모든 땅을 주시겠다고 하시는 것이 훨씬 더 하나님의 말씀답다. 하나님은 아브라함에게 "다시 애굽으로 가면, 거기서"라든지, 혹은 "그 외에 기름진 다른 장소로 가면, 거기서" 복을 주겠다고 하시지 않았다. 그저 바로 지금 네가 있는 곳에서부터 복이 시작된다고 말씀하셨다. 그 이유는 간단하다. 땅이 아니라 하나님의 임재가 가장 중요하기 때문이다. 아브라함은 그것을 짚어냈고, 하나님은 확인해주셨다. 그가 어디로 가든 뭐가 중요한가. 하나님이 그와 함께 계시면, 모든 것을 다 소유한 것이나 다름없다.

창 28장을 보면, 하나님이 벧엘에서 잠든 야곱의 꿈에 나타나셨을 때도 같은 말씀을 하셨다. 그분은 야곱이 하란이나 특정한 장소에 가면 부자가 될 것이라고 하지 않으셨다. 단지 "네가 어디로 가든지 내가 너와 함께 하겠다"고만 언급하셨다. 후손이 땅을 차지하는 것은 아브라함 자신의 부와는 상관이 없다. 땅은 후손들의 것이지 아브라함이 누릴 것은 아니었다. 아브라함에게는 오로지 후손을 위해서 구원사의 핵심이 되는 것이 삶의 목적이라고 하셨다. 그렇다고 해서 아브라함이 거지로 산 것은 절대 아니었다. 오히려 넉넉하게 살았다. 그 과정에서 하나님은 아브라함에게 필요한 모든 것은 다 채우셨다.

## 눈에 보이지 않는 것

물론 하나님이 아무에게나 별 의미 없이 "눈에 들어오는 땅을 주신다"고 하신 것은 아니다. 롯 역시 '그의 눈을 들어 바라봤지만'(바이싸 롯트 엣트 에나브 바야르/אֶת־עֵינָיו וַיַּרְא לוֹט וַיִּשָּׂא/창 13:10), 그는 땅을 한 뼘도 건지지 못했다. 물론 하나님이 하신 말씀이 아니라 그가 그렇게 했다는 말일 뿐이니, '나'(אֲנִי)라는 표현도 문장에서 찾을 길이 없고, 하나님이 그에게 땅을 주시지 않은 것도 당연하다. 아브라함은 상대적으로 롯과 달라서, 그럴만했으니 복을 받았다. 그는 눈을 들어 사방을 바라보고 가나안을 하나님의 뜻대로 경영하려는 시각을 가졌던 사람 아니었던가. 험한 땅만 덩그러니 눈앞에 놓여있고, 나머지는 아무것도 보이지 않는 상황에서도, 아브라함은 믿음을 가동해서 복을 받았다.

댈러스에 사는 몇 분이 공동 투자를 해서 리조트를 세우는 계획을 하고 있다. 이미 땅을 사놓았다길래 가보니, 정말 꽤 넓은 부지를 매입해 놓았다. 책임자가 벌판을 다니면서 여기가 도서관, 저기가 예배당 하는 식으로 자세히 설명한다. 어떻게 그럴 수 있을까. 나 같은 사람은 의문을 가지겠지만, 리조트의 미래를 확실히 믿는 사람에게는 별로 어려울 것이 없는 일이다. 현재는 땅 밖에 없지만, 아직 실재하지 않는 건물이 믿음으로 보이니 말할 수 있는 것이다.

본문에서 하나님은 아브라함의 눈에 들어오는 땅을 주시겠다고 약속하셨다. 땅이야 아브라함이 직접 눈으로 보는 것이니, 주신다면 이건 믿을만 했다. 그런데 그 땅을 차지할 후손은 당시에 존재하지 않았다. 아브라함은 믿음이 있는 사람이니, 눈길에 잡히는 땅을 주시겠다는 말은 믿을만 했을 것이다. 그러나 눈앞에 없는 것을 주시겠다는 것은 받아들이기가 난감했을 것이다.

아주 쉽게 설명해보자. 리조트를 지으려고 산 땅은 지금 눈에 보이는 것이라고 할 수 있고, 그 위에 지을 건물은 눈에 보이지 않는 후손과 같다. 땅은 보이니 믿을 수 있지만, 없는 건물은 믿기가 쉽지 않다. 더구나 16절을 보면, 아브라함의 후손이 한둘도 아니고 땅의 티끌처럼 많을 것이라고 하니 점입가경이다. 현재 시점에서는 눈을 씻고 보려 해도 아들이 없다. 그런 아브라함에게 후손을 티끌처럼 많이 주신다는 것이다. 이에 대해 복잡하게 생각할 건 없다. 달리 설명이 필요한 이야기도 아니다. 하나님은 우리 삶에서 눈에 보이고, 생각에 잡히는 것도 주시지만, 현재 눈에 보이지 않을뿐더러 생각조차 할 수 없는 것도 주신다는 말씀 아니겠는가.

묵상 속에서 하나님은 우리가 미처 계산하지 못하고, 챙기지 못하는 것까지도 섬세하게 살피시고 책임지겠다고 말씀하신다. 우리가 아브라함처럼 보이지 않는 것도 믿으면서 산다면, 상상도 하지 못하고 기대조차 하지 못하는 엄청난 것도 채워주신단다. 신앙을 가지고 있는 사람은 늘 기대하며 살 만하다. 우리의 삶에 상상을 뛰어넘는 무언가가 있다고 생각하면 얼마나 든든하고 좋은가. 하나님은 좋은 분이시다.

## 믿음에 대하여

믿음이 무엇인지는 엄청나게 많이 들었다. 믿음이 있으면 하지 못할 것이 없다는 말도 너무 흔하다. 그런데 왜 내 삶에는 엄청난 일들이 일어나지 않는 걸까? 곰곰이 생각해보니 나는 먼지까지 탈탈 털어가면서 삶의 배경을 떠난 적이 없을뿐더러, 가나안을 향해서 가 본 경험도 없다. 내 눈에 좋은 것과 하나님이 함께 계시는 것, 둘 중에서 선택하라면 눈치 보면서 내 눈에 좋은 것들을 선택하곤 했다. 이러면서도 '내 눈을 들어 보는 모든 것'을 다 하나님이 주셨으면 하고 바랐다. 언감생심이다.

인간이란 게 원래 완벽하진 못하니, 항상 '백 퍼' 하나님의 맘에 들수는 없는 노릇이다. 그러나 하나님이 주시는 복의 물바가지를 조금이라도 뒤집어쓰려면, 어느 정도는 그분의 뜻에서 벗어나지 않고 살았어야 한다. 그런데 나는 그렇게 살지 못했었다. 더구나 시치미를 뚝 떼고 그 못났던 모습을 아예 없었던 것처럼 치부하며 기억조차 하지 않으려 했다. 일종의 영적 치매인 건가. 그뿐이랴? 원망 또한 많았다. 아브라함도 믿음으로 따지면 나와 무슨 차이가 있느냐고 부르짖으면서, 하나님이 내게 눈길을 주지 않으시는 걸 속상해하며 살았다. "지금 네가 있는 곳에서, 눈을 들어 보는 땅을 다 주겠다"는 말씀을 듣고 싶으면 나도 하나님 한 분 만을 바라보고 삶을 거기 던져야 한다. 그렇게 해본 적도 없으면서 애꿎게 하나님을 원망하는 것일랑은 관둬야 하지 않을까.

> **창세기 15장 1-21절**
> "이 후에 여호와의 말씀이 환상 중에 아브람에게 임하여 이르시되 아브람아 두려워하지 말라 나는 네 방패요 너의 지극히 큰 상급이니라 아브람이 이르되 주 여호와여 무엇을 내게 주시려 하나이까 나는 자식이 없사오니 나의 상속자는 이 다메섹 사람 엘리에셀이니이다 아브람이 또 이르되 주께서 내게 씨를 주지 아니하셨으니 내 집에서 길린 자가 내 상속자가 될 것이니이다…"

## 기다리면서 서서히 미쳐간다

아브라함은 슬슬 짜증이 나기 시작했다. 조금 더 있으면 나이가 들어서 생산 능력이 없어질 텐데, 하나님은 여전히 아무런 행동을 하시지 않기 때문이다. 가끔 심심하면 나타나셔서 아들에 관한 이야기를 하셨지만, 그저 말뿐이었고 여전히 그들 부부에게는 기쁜 소식이 없었다. 일흔다섯의 나이에 하란을 떠났고, 숱한 고생 끝에 가나안에 정착했다. 한동안 방황했지만, 시간이 지나면서 헤브론에 있는 오랜 친구 마므레의 수풀에 자신의 거처를 정하고 나자 생활도 안정이 되었다. 자신을 따라 목숨을 던질 만한 가신의 숫자도 이제는 상당히 많아져서, 이들과 함께 포로로 잡혀간 조카 롯도 구해올 정도가 되었다. 그뿐인가? 재산도 착실히 불려서 가나안의 어느 원주민도 자신을 무시하지 못하는 상황이 되었다. 이렇게 되니 그는 후사가 더욱 간절해질 수밖에 없었다. 그런데도 하나님은 여전히 아무런 말씀이 없으시니, 아브라함의 속이 시커멓게 타들어 갔다.

그러던 어느 날 하나님이 환상 속에서 그를 찾아오셨다. 그런데 속이 엉망인 아브라함에게 던지신 하나님의 첫 마디가 흥미롭다. "두려워하지 말라"(알 티라/אַל־תִּירָא/1절). 이 말씀을 하필이면 그때 아브라함에게 하셨던 이유는 무엇일까? 나중에 이삭(창 26:24)이나 야곱(창 46:3)에게도 종종 이 말씀을 하셨던 것을 보면, 하나님의 입장에서는 얼마든지 아브라함에게도 이 말씀을 자연스럽게 하실 수 있었다. 이삭과 야곱의 경우에는 이 말씀이 의미가 있었다.

이삭이 그랄에서 우물 때문에 한바탕 난리를 겪고 나서 브엘세바로 옮긴 날 밤에 하나님이 그에게 "두려워하지 말라"고 하셨으니, 이건 이해가 팍팍 된다. 또 야곱의 경우는 온 가족이 애굽으로 이민 가는 상황이었다. 요셉과 곡식 문제로 한바탕 실랑이를 벌인 끝에, 야곱의 가족 모두가 요셉이 총리대신으로 있는 나라로 옮겨갔다. 바로 이때 하나님이 두려워말라고 하셨으니, 이 또한 얼마든지 납득할 수 있다.

반면에 아브라함은 많이 다르다. 이미 언급한 것처럼 그는 직전의 전쟁에서도 이겼고, 거주지도 안전했다. 집안이 튼튼해서 아무도 넘보지 못하는 상황이기 때문에 두려워할 것이 없었다. 그런 아브라함에게 하나님은 다짜고짜 두려워 말라고 하신다. 무슨 특별한 이유가 있는 것인가? 범례를 통해서 이 말씀의 의미를 설명해 보도록 하자.

성경을 두루 읽어보면 하나님은 비록 위협이 없는 상황이라 할지라도, 사람을 격려하실 때 이 말을 잘 사용하셨다. 또는 하나님이 갑작스럽게 사람에게 나타나실 때, 예고 없는 '신현'에 놀라지 않도록 사람을 배려하는 차원에서 이런 말씀을 하시기도 했다. 아브라함에게 별반 문제가 없는 상황이었는데 하나님이 그에게 나타나셔서 "두려워 말라"고 하셨다면, 앞서 설명한 이유에 기대서 대답할 수 있다. 우선 하나님이 상당히 오래간만에 나타나신 것이 사실이다. 그동안 소식이 없다가 갑자기 나타나신 하나님을 보고 아브라함이 '깜놀'했을 가능성은 충분하다. 또한 아브라함은 부족한 것이 없었지만 아들이 없는 것 때문에 늘 마음이 저리던 상황이었으니 하나님이 그를 격려하는 차원에서 그리 말씀하셨다고 해서 문제가 될 것은 없다.

하나님의 속내가 무엇이든, 인사 겸해서 시작된 대화가 어떻게 이어졌는지 살펴보도록 하자. 뜬금없어 보이는 하나님의 일성에 아브라함은 다소 까칠하게 대꾸한다. 하나님이 자신을 '큰 상급'으로 소개하자, "도대체 뭘 주시려고 그러느냐"고 하나님을 향해 포문을 연 것이다. 이어서 돌직구로 자신은 기다리다 못해 양자를 들이겠다고 말한다. 당시에는 믿음직한 종을 양자로 들여서 집안을 맡기는 경우가 흔했으니 누구나 충분히 할 수 있는 이야기이긴 했다. 단지 상대가 하나님이라는 것이 문제였다. 하나님은 아브라함과 언약을 맺으시면서 분명히 아들을 주시겠다고 하신 분이다. 그런 분에게 대놓고 양자 운운했으니 이건 확실하게 하나님께 대든 것이라고 이해할 수밖에 없다.

창 16장에서 아브라함이 이스마엘을 낳은 것을 보면, 그즈음까지는 그에게 소위 물리적인 생산의 능력이 있었다고 생각할 수 있다. 문제는 이 능력이 사그라져 가는데 하나님이 아직 선물을 주실 생각을 안 하신다는 사실이었다. 하나님께서 뭔가 일말의 가능성이 남아있는 시간을 낭비해 버리고, 언약을 '나 몰라라' 하시는 모습이 그에게는 고통이었을 것이다.

솔직히 말해서 아브라함뿐 아니라 모든 믿는 사람들에게 힘든 것은 삶에 일어나는 고통스러운 사건 자체가 아니다. 그보다는 하나님이 분명히 살아계시는데, 그분이 아무런 일도 하시지 않는 것이 힘들다. 이것이 신앙을 가진 우리가 회의하고 낙심하고 절망하는 이유이다. 이럴 때 우리는 무엇을 할 수 있을까? 하나님께 무조건 고개를 숙일 것인가. 아니면 대들거나, 낙심하거나, 또는 떠날 것인가. 아브라함은 대드는 것을 선택했다. "나는 자식이 없사오니 나의 상속자는 다메섹 사람 엘리에셀입니다. 그냥 집에서 기른 자 중의 하나를 상속자로 삼겠습니다"(2-3절).

말투는 점잖을지 몰라도, 그 속에는 가시가 충분히 들어있다. 이런 종류의 가시를 우리는 정직하게는 '짜증'이라고 부른다. 아브라함은 기다리다 지친 나머지 슬며시 미치고 싶은 상황에까지 이르렀던 것이다. 하나님은 이런 아브라함에게 그가 이제부터 무엇을 해야 하는지를 침착하게 말씀하신다. 4절은 히브리말 접속사 '바브'가 붙은 '힌네'(הִנֵּה)로 시작한다. 아주 편하게 번역하자면 '보라'(behold) 정도가 될 텐데, 딱히 번역하기가 쉽지 않아서인지 우리말 성경에는 이 단어가 생략되었다. 비록 때로는 번역하지 않아도 큰 문제가 없는 작은 단어이긴 해도, 이 말은 원래의 히브리어 문장 속에서는 제 역할을 아주 톡톡히 한다. '힌네'(הִנֵּה)는 보통 그 뒤로 이끌려 나오는 문장에서 새로운 사실을 알려주거나, 혹은 만족과 놀람을 주는 내용을 말하려 할 때 잘 쓰인다. 하지만 하나님의 반응을 담은 4절 안에는 아브라함이 이미 모르는 것도 없고, 놀랄 만큼 새로운 것도 없다. 그렇다면 이 구절의 '힌네'(הִנֵּה)가 새로운 내용을 말하기 위해서 주의를 환기하는 역할을 하는 것은 아니라고 봐야 한다. 오히려 다른 용도, 즉 앞 구절을 반박하는 내용을 뒷 구절에서 끌어내는 기능으로 '힌네'(הִנֵּה)를 사용한 것으로 이해해야 한다.

쉽게 말하면 아브라함이 양자에 대해서 했던 이야기를 하나님이 강하게 반박하고 반대하실 것임을 미리 암시하는 용도로 이 단어가 쓰인 것이다. 그렇게 본다면, '힌네'(הִנֵּה)가 이끄는 문장(4절)에서 하나님은 양자를 들이는 것이 말도 안 된다고 펄펄 뛰셔야 한다. 딱 그리 되었다. 어디 그뿐이랴? "네 몸에서 난 자가 후손이 될 것이며, 별처럼 네 후손이 많아질 것"이라고 하시며, 다시 한번 이전에 맺었던 계약을 상기시키기까지 하신다. 인간적으로 생각하면 지금까지 약속해놓고 아무것도 하지 않으신 하나님이 할만한 반대라고는 여겨지지 않는다. 그런데도 하나님의 반대 속에는 황당함을 넘어서 사람의 대응을 무력하게 만드는 '확신'까지 엿보인다. 그런 태도를 가능하게 하는 것은 '사실'(fact)이 갖는 힘이다. 어떤 일이든지 확실한 사실

(fact) 그대로를 말하는 사람은 당당하기 마련이다. 거짓이 아닌 사실에 입각한 정보를 주장하는 사람은 어느 누구도 꺾을 수 없는 강한 힘을 가지고 있다. 하나님이 이렇게까지 강하게 확신을 가지고 말씀하시는 것은, 그분의 말씀이 사실이고 이루어질 것이기 때문이다.

하나님은 언약을 맺으면 그 내용을 끝까지 확실하게 지키시는 분이다. 이것이 그분의 의로움이다. 아브라함에게 아들이 태어난다는 것이 똑 부러지는 사실이기 때문에 하나님은 양자에 대해서 강력하게 반대하셨다. 하나님의 빡센 반대를 이해하는데 있어서, 이 일이 실제로 일어날 것이기 때문이라는 이유 외에 또 다른 설명이 필요하지 않다. 우리가 신앙하는 하나님은 어떤 분인가? 사실에 입각해서 역사를 확실하게 움직이시는 분이다. 하나님이 말씀하시면, 아무리 이해하기 어렵더라도 대들 필요가 없다. 시간 낭비이기 때문이다.

하나님의 고집스러운 황당함은 아브라함이 가나안으로 이주한 이래 한두 번 겪은 것이 아니었다. 창 15장에서도 하나님의 고집은 아브라함이 받아들일 때까지 계속되었다. 하나님께서 그를 밖으로 끌어내 밤하늘의 별을 보여주시는 퍼포먼스까지 연출하시자, 아브라함은 선택의 여지 없이 설득당했다. 하나님과의 긴 대화 끝에 다시 언약을 받아들인 것이다.

언약으로 돌아서는 아브라함을 보고 있으면, 혹시 그가 하나님의 속내를 확인하고 싶어서 그리 대들었던 것은 아닐까 하는 생각 마저 든다. 어쨌거나 아브라함은 지금까지 그래왔던 것처럼 다시 한번 언약에 매달려 있기로 했다. 생각은 복잡했겠지만, 한 번 더 '분명히 그의 몸에서 자식이 생산될 것'이라는, 말도 안 되는 언약을 재확인했다. 그만큼 하나님의 반대와 설득은 강력했다. 이제는 나이가 들었으니 상황은 하란을 떠날 때보다 더 악해졌고 처절해졌다. 더는 내려갈 곳이 없는 한심한 형편에서도 그가 언약을 다시 받아들이자, 하나님은 그를 향해서 의로운 사람이라고 말씀하셨다. 믿음의 원래 성격이 그런 것인가 보다. 받아들일 수 있는 것을 믿는 것은 믿음이 아니다. 도저히 인정할 수 없는 것을 받아들이는 것이 믿음 아니던가.

히브리어로 믿음은 '에무나'(אֱמוּנָה)이다. 이 명사는 '믿는다'는 의미를 가진 동사 '아만'(אָמַן)에서 왔다. 그런데 이 명사는 생각이 아니라 행동의 개념을 그 안에 가지고 있다. 하나님에 대한 신뢰의 영역으로 자신을 들이고, 믿는 내용을 행동으로 옮기는 것이 믿음이다. 그런 입장에서 NASB는 이 단어를 '동의'(agreement)로 번역했다.

아브라함은 긴 밤을 보낸 끝에 하나님의 생각에 동의했다. 믿음을 보인 것이다. 하나님을 믿은 것 때문에 아브라함은 의롭다고 여김을 받았다. 그는 기다리다가 지쳐서 거의 미칠 지경이 되었지만, 하나님이 설득하시자 다시 믿음을 회복했다. 하나님이 작심하시면, 인간이 짜증을 내며 버티는 것이 별 의미가 없다. 아브라함은 대들며 버티는 척했지만, 종래는 하나님의 뜻에서 한 발짝도 도망가지 못했다.

## 성소에 머물라

이쯤에서 시 73편을 창 15장 말씀에 연결해보자. 이 시를 쓴 시인은 바벨론 포로 후기의 사람이다. 그는 이스라엘로 돌아왔지만, 사회의 안정이 무너진 상황에서 하나님을 말로만 믿고 악행을 저지르는 자들이 평안히 살다 무탈하게 세상을 떠나는 것을 보고 뒤집어진다. 자신은 의롭게 살려고 애쓰고 노력해도 하는 일마다 어려움을 당하는데, 악인은 오히려 벌이는 모든 일이 잘되고 번성한다. 세상에 어떻게 이런 일이 있을 수 있느냐며 그는 힘들어한다. 정의의 하나님이 이것을 왜 그냥 두고만 보시는지 이해할 수 없어 한다. 그 끝에 반전이 일어난다. 시인은 몸부림치면서 괴로워하다가, 어느 날 성소에서 기도하던 중에 하나님이 역사를 다스리시며, 결국 악인들은 파멸할 것임을 궁극적으로 깨닫는다. 이것이 어떻게 가능했을까? 생각에 변화를 준 모티브에 대해서는 시인이 말하지 않는다. 아무리 정황을 읽어봐도, 깨달음은 그냥 번개가 치는 것처럼 그의 마음속으로 찾아왔다고밖에 설명할 방법이 없다.

말씀을 묵상하다가 궁여지책 끝에 시인이 생각을 바꾼 이유보다, 그가 어떤 상황일 때 이런 반전을 경험했는가 하는 쪽에 촉을 곤두세웠다. 그의 고백을 듣자면, 시인은 성소에 있을 때 이것을 깨달았다고 한다. 그래서 뜻밖에도 해석의 핵심은, 이런 말이 안 되는 상황 속에서도 그가 여전히 성소에 머물러 있었다는 불합리한 사실에 모인다. 그는 하나님의 무심함에 지쳐 있었다. 하나님을 원망했다. 희한한 것은 그러면서도 성소를 떠나지는 않았다. 거기 머물러 있다 보니 마침내 하나님이 역사를 움직이시는 분임을 성소에서 불현듯 깨닫기에 이른 것이다. 더 나아가서 그는 하나님을 원망하며 불평했던 자신이 '짐승 수준'이었다고 고백하기까지 한다(22-23절). 하나님이 그동안 계속해서 엄청나게 큰 목소리로 말씀하셨는데 알아듣지 못했으니, 그의 모습이 가히 짐승과 다를 바가 없었다는 거다.

이렇게 본다면, 창세기에서 아들과 관련해서 아브라함이 보여준 모습 또한 거의 짐승 수준이었다. 언약이 살아있음을 보여주시는 하나님에게 다메섹 사람 엘리에셀을 양자로 삼아서 법통을 잇게 하겠다고 대들었기 때문이다. 말 그대로 짐승 수준이다. 이 짐승 아브라함을 다시 제정신으로 돌아오게 한 것은 하나님의 언약이었다. "네몸에서 날 자가 네 상속자가 될 것이다. 아브라함이 이를 믿으니 하나님이 의로 여기셨다"(4-6절).

이제 하나님은 언약의 '확인'을 다시 '확인'하기 위해서 아브라함에게 제사를 드리게 하신다. 제물이 무엇이었든지 그것은 중요하지 않다. 아브라함이 그것을 쪼갰다는 것이 중요하다. '언약을 맺는다'는 히브리어로 '카라트 브리트'(כָּרַת בְּרִית)인데, 직역하면 '언약을 쪼갠다'는 뜻이다. 제물을 쪼개는 행위가 곧 언약을 맺는 것과 같다는 말이다. 이 행위는 고대 중동의 왕들이 땅을 두고 계약할 때의 의식과 흡사하다. 계약을 맺는 당사자가 이를 어길 때는 자신의 몸이 둘로 갈라져도 좋다는 의미가 있으니 살벌하기 그지없다. 그만큼 언약이 확실하며 절대 파기될 수 없음을 뜻한다고 하겠다.

창 15:12에 이르자 엄청났던 제사가 끝났다. 자신이 쪼개질지언정 약속을 지키겠다며 제사를 드린 아브라함이 피곤했는지 해 질 녘에 잠이 들었다. 곧 흑암이 그에게 임했다. 본문의 '흑암'은 히브리어 '하쉐카'(חֲשֵׁכָה)로 표현되었다. 이 단어는 창 1:2의 "흑암이 깊음 위에 있고"라는 구절에서 사용된 '흑암'(호쉑/חֹשֶׁךְ)과 같은 말이다. 창조 기사 속의 흑암은 일반적으로 하나님이 세상에 창조하실 구체적인 내용의 원형으로 이해된다. 아직 분명히 보이지는 않지만, 무궁무진한 창조의 구체적인 모습을 그 안에 담고 있는 모태가 흑암이다. 흑암은 그냥 컴컴한 것이 아니다. 그 속에는 하나님이 창조하실 미래의 삶이 담겨있다. 잠든 아브라함에게 흑암이 임한 것은, 하나님이 그의 삶에 창조하실 미래를 보여주신 것으로 해석할 수 있다. 하나님과 우리가 언약을 맺을 때, 처음에는 그 언약이 보통 흑암처럼 보인다. 뭔가 구체적으로 눈에 보이는 것이 없다. 그러나 그 모호함 속에는 엄청난 창조의 내용이 들어있다. 하나님은 아브라함에게 아무것도 보이지 않는 것을 통해서 미래를 보여주셨다.

## 부르짖다 보면

우리가 고난 가운데 있을 때는, 성소에서 아무리 하나님을 붙들고 부르짖어도 사위가 캄캄하다. 흑암이 눈을 가린다. 게다가 색이 아주 짙다. 흑암의 짙은 어둠 때문에 우리는 많이 낙심한다. 그러나 성소를 떠나지 않고 부르짖기를 포기하지 않으면, 하나님은 그분의 시간 (카이로스/καιρός)에 맞춰서 흑암의 의미를 알게 하신다. 말하자면 흑암 속에 엄청난 미래가 담겨 있음을 벼락 치듯 깨닫게 하시는 것이다. 성소에 머물면서 하나님을 붙들어야 하는 이유가 여기에 있다.

어떤 아들이 어머니에게 주일에 교회 가고 싶지 않다고 불평했다. 이유가 여러 개였다. '찬양대가 음이 틀려서 듣다 보면 속이 상한다. 장로님이 기도를 너무 길게 해서 짜증 난다. 그리고 늦잠도 자고 싶다'는 것이 이유였다. 어머니가 아들을 보고 한마디 했다. "교회에 그런 문제들이 있는 것이 당연하지 않겠냐. 문제가 있어도 교회는 가야 한다. 왜냐하면 너는 그 교회의 담임목사이기 때문이야." 목사가 이럴진대 평신도는 오죽할까. 많은 사람들이 오늘날 성소에 가는 것을 괴로워한다. 그 이유가 책으로 나올 정도로 다양하다. 신앙이 좋은 사람들도 가끔 그러는데, 이유가 기다리다가 미치고 싶지 않아서란다.

　하나님과 관련해서 우리는 기다리다가 지친다. 가능성이 있는 일들은 사라져 가고, 내 힘으로 할 수 있는 일은 하나도 없다. 이럴 때 그냥 미치고 싶다. 미치고 싶어지면 성소에 가는 것이 괴롭다. 하나님이 계시는 건 분명한데, 그분은 아무런 일도 하지 않으시는 것 같다. 하나님이 나를 사랑하지 않는 것인가? 아니면 관심이 없는 것인가? 그것도 아니면 무력하신 건가? 이런 고민 앞에서 웃기는 소리를 한 번 해보자. 성소에 가서 거기 머물 이유가 하나도 없을 때가 바로 성소를 향해서 가야만 하는 절실한 시점이다. 모든 상황과 이유와 하나님의 홀대를 다 가슴에 담고 성소를 향해 가는 우직함이 신앙에는 필요하다. 하나님은 그걸 지켜보신다. 그래서 답이 없다고 생각할 때 성소로 가서 머무는 것이 정답이다. 불평해도 좋고, 짐승 수준이어도 좋다. 하나님을 떠나지 말라. 깨달음은 반드시 온다.

창세기 16장 6-10절

"…여호와의 사자가 광야의 샘물 곁 곧 술 길 샘 곁에서 그를 만나 이르되
사래의 여종 하갈아 네가 어디서 왔으며 어디로 가느냐 그가 이르되
나는 내 여주인 사래를 피하여 도망하나이다 여호와의 사자가 그에게 이르되
네 여주인에게로 돌아가서 그 수하에 복종하라…"

# 아브라함 집안의 막장 이야기

주변을 돌아보면, 어디나 완벽한 집안은 없다. 어느 집이나 잘 나가는 구석이 있는가 하면, 막장도 꼭 한 귀퉁이씩은 가지고 있다. 믿음의 거장 아브라함의 집안은 어땠을까? 당연히 이 집안에도 막장 스토리가 있었다. 앞서 언급했듯이 사람 사는 모습은 모두 매한가지이기 때문이다.

아브라함 집안의 막장 이야기를 좀 해보자. 아브라함은 15장에서 하나님과 언약을 재확인했지만, 여전히 아들에 관한 소식이 없자, 슬며시 예전의 습관이 발동한다. 사라의 요청을 받아들여서, 그녀의 애굽 출신 여종 하갈을 통해서 아들을 낳을 계획을 세운 것이다. 창 16장은 이스마엘을 낳기 전의 이야기이니, 아직은 계획이라고 해두자. 그들의 계획은 가상했지만, 막상 하갈이 아이를 잉태하자 그 다음부터 막장 드라마, 일명 '대놓고 암투'가 전개된다. 하갈은 원래 사라의 몸종이었는데, 그녀가 아브라함의 아이를 가지자 그만 주인인 사라를 멸시하는데 이른다. 인간의 본성이란게 어쩌면 그리 동서고금을 막론하고 똑같은가. 뭘 믿고 그랬는지는 모르지만, 사실은 하갈이 그래 봤자였다. 사라는 예기치 못했던 수모를 겪게 되었지만, 금세 전

열을 정비하고 안주인의 막강한 위세를 내세워서 정면 돌파를 시도한다. 그녀는 남편의 묵인하에 하갈을 학대하고, 이를 견디다 못한 여종은 드디어 집을 뛰쳐나간다. 막장이 막을 올렸다.

## Hello, 하갈!

창 16:6에서 사라와 하갈의 관계 설명에 사용된 '학대하다'는 동사는 '아나'(עָנָה)이다. 이 단어는 이곳뿐만 아니라 출애굽기에서도 발견된다. 애굽 사람들이 이스라엘 백성을 '억압'(afflict)했다는 표현에 이 동사가 사용된 것이다(출 1:11, 12). 그들은 이스라엘 백성을 노예 취급했을 뿐 아니라, 고된 중노동을 부과해서 괴롭혔다. 상세한 내용은 모른다 해도, 같은 단어의 사용을 통해서 창 16장 속의 하갈이 당한 고통과 학대의 강도가 어떠했는지 충분히 추측할 수 있다. 이스라엘 백성이 견디다 못해 하나님께 부르짖어야만 했던 정도의 학대를 하갈도 당한 것이다. 그러니 이스라엘도, 하갈도 마침내 탈출했다. '아나'(עָנָה)의 수준이란 것이 그것을 당한 사람은 누구든지 도망하지 않고는 견딜 수가 없는 정도임을 알 수 있다.

이제 하갈은 학대를 벗어나 아브라함 일가를 뒤로한다. 집을 나선 그녀는 과연 어디로 가려고 했을까? 하갈은 원래 애굽 사람이니 아마도 목적지는 고향이었을 개연성이 높다. 그렇다 해도 그곳은 결코 한걸음에 내달을 수 있는 곳이 아니었다. 왕상 19장을 보면 비록 같은 길은 아니지만, 남자인 엘리야가 브엘세바에서 시내 광야 남부에 있는 호렙까지 가는 데 사십 주야가 걸렸다. 하갈은 여인이고 아이까지 가졌으니 걸음이 많이 느렸을 것이다. 그녀는 천천히 걸을 수 밖에 없었겠지만, 그런 탓에 아마도 여행길은 최단거리로 잡았을 것으로 보인다.

당시 아브라함은 마므레(헤브론)에 거주했는데(창 14:13), 거기서 애굽으로 가는 가장 빠른 길은 브엘세바를 거쳐 술 광야를 통과한 후에 애굽의 숙곳에 이르는 행로였다. 이전에 아브람이 애굽에 내려갔을 때 걸었던 길이기도 하다. 아브라함은 기근 때문에 먹을 것이 필요해서 애굽으로 갔는데, 하갈은 사람의 학대 때문에 이 길을 가야만 했다. 천재(天災)와 인재(人災)라는 원인의 차이는 있지만, 가해자와 피해자가 같은 길을 걸었다는 것이 역설적이다.

이 길로 나선 하갈이 작정하고 "꼭꼭 숨어라 머리카락 보일라" 하면서 넓은 시내 광야에서 스스로를 감췄다면, 그녀의 흔적을 찾는 것은 대단히 어려웠을 것이다. 하지만 그녀는 여행을 위해서 물이 필요했고 반드시 오아시스에 들려야만 했기에 그럴 수 없었다. 마침 술 광야에는 이 길을 오가는 사람들이 들리던 고대의 오아시스가 있었다. 본문을 보면 하나님의 사자는 저간의 형편을 미리 다 꿰뚫어 보고 있었다는 느낌이 든다. 왜냐하면 아주 자연스럽게 그녀를 오아시스에서 만나고 있기 때문이다. 하나님의 사자쯤 되면 이런 정도의 정보력은 기본이라고 해야 하지 않겠는가? 그 정보력 덕택에 둘은 술 광야의 샘에서 조우한다.

누구나 인생을 살면서 하갈처럼 자신이 처한 현실로부터의 피신을 꿈꿀 때가 있다. 그리고 도망하면 하나님이 나를 찾지 못하실 것이라고 착각한다. 시 139편은 이런 인간의 미몽을 일시에 깨부순다. "내가 하늘에 올라갈지라도 거기 계시며 스올에 내 자리를 펼지라도 거기 계시니이다 내가 새벽 날개를 치며 바다 끝에 가서 거주할지라도 거기서도 주의 손이 나를 인도하시며 주의 오른손이 나를 붙드시리이다"(8-10절).

내가 현실로부터 도망하면 그 끝은 어디인가? 나는 애굽을 바라고 도망하지만, 그 끝은 하나님이다. 내가 돌고 돌아서 도착한 그 마지막 지점에 하나님이 서 계신다. 하나님의 사자는 그녀를 '술 길 샘 곁에서' 만났다(16:7). 샘이라는 히브리 단어는 '아인'(עין)인데, 이 말은 '지켜보는 눈'이라는 뜻도 가지고 있다. 하갈이 도망가서 찾았던 샘이 바로 하나님이 그녀를 지켜보는 눈이었다는 중의적 의미가 이 말에 숨어있으니 참으로 절묘하다. 결국 그녀가 도망가서 숨었다고 생각한 곳이 곧 하나님이 지켜보는 곳이었다. 사람이 하나님을 피할 수 있는 방법은 전혀 없나 보다.

거기서 하갈을 만난 하나님의 사자가 말을 걸었다. 분위기가 지극히 자연스럽고 일상적이었다. 사자가 보인 태도는 도망간 노예를 찾아 나선 추노꾼의 그것이 아니었다. 마치 어제 본 사람을 오늘 지나치다가 우연히 만난 것처럼 말을 건넨다. "하갈아, 너는 어디서 출발해서 여기까지 왔느냐? 그리고 어디로 가느냐?" 이 질문과 여기에 따른 대답을 어떻게 해석해야 할까?

우선 그녀는 어디서 왔느냐는 질문에 '동문서답'한다. 장소를 물었으나 장소로 대답하지 않았다. 그녀는 자신의 여주인인 사라를 피해서 그녀로부터 도망왔다고 대답한다. 고통을 겪는 사람은 어디로부터 도망하는가. 장소는 피상적인 정보일 뿐이다. 상황으로부터의 도망이 훨씬 더 정확한 표현이다. 그리 보면, 이 대꾸는 대단히 인상적이고 옳은 것 같다. 하갈은 첫 질문에는 이처럼 잘 대답했다. 그렇지만 이어진 질문에는 제대로 대답하지 못했다. 어디로 가는지를 묻는 두 번째 질문에, 다만 도망할 뿐이라고 얼버무린 것이다. 그녀는 자신의 과거는 대답할 수 있었지만 미래는 말하지 못했다. 이유는 분명해 보인다. 현재 그녀에게는 미래가 없기 때문이다. 그러니 어찌 어디로 가고 있다고 대답할 수 있을 것인가. 장담컨대 우물쭈물 대답하는 하갈의 눈에 눈물이 핑 돌았을 것이다.

그녀의 두 가지 대답은 절망적인 상황을 여실히 보여준다. 학대로부터 피신했으나, 미래가 없는 절망에 처한 것이 그녀의 현실이었다. 그런 그녀에게 하나님의 사자가 말을 걸었다면, 그것은 어떤 의미가 있는가? 클라우스 베스터만(Claus Westermann)은 하나님의 사자가 말을 건 것을 '생명과 평화로의 초대'로 이해한다. 이렇게 거창한 표현을 쓰지 않더라도, 절망 속의 그녀에게는 누군가 말을 걸어준 것 자체가 엄청난 사건이었다.

고대 가나안에서 종의 신분을 지닌 채로 도망가는 사람은 속해 있던 가족 공동체에서 벗어난 사람이다. 그 옛날, 그 땅에서는 공동체로부터 떠나서 개인이 목숨을 부지하는 것이 거의 불가능했다. 말이 좋아서 애굽으로 가는 것이지, 실제로 하갈은 홀로 절망 속에서 죽음을 향해 가던 중이었다고 해야 옳다. 이렇게 가녀린 여자에게 하나님의 사자가 말을 건 것은 뭐란 말인가. 바로 죽음 속에 있던 그녀에게 생명을 다시 주는 것과 다름이 없었다.

여기서 생각을 잠시 멈추고 현실로 돌아와 보니, 하갈만 힘든 상황에 놓여있는 것이 아니다. 나 역시 도망을 꿈꿔야 할 만큼 삶에서 지쳐있는 사람들 가운데 하나이다. 그런데 하나님은 그런 나를 지나치지 않고 웃으면서 "Hello"하고 인사를 건네신다. 이 시점이 아주 결정적이다. 만일 거기에 대답하고 반응을 보이면 생명이 내 속으로 다시 물결치며 흘러들어온다. 아니면 나는 여전히 죽음과 같은 절망 속에 머무르게 된다. 거창한 응답이 필요한 것도 아니다. 하나님이 말을 건네시면 수줍게라도 웃으면 된다. 하나님의 인사에 반응을 보이면 되는 것이다. 바로 그 순간이 나의 새로운 미래가 고개를 드는 순간이다. 하갈은 수줍게 그러나 솔직하게 사자에게 반응했다. 둘이 말을 주고받음과 동시에 한참을 내달리던 막장이 드디어 막 반환점을 돌았다.

## 그 담장을 넘어가지 말라

하나님의 사자는 하갈에게 아주 정확하게 메시지를 전달했다. 핵심은 사라에게로 '돌아가라'는 것이었다. 우리 성경에 '술 광야'로 번역된 '슈르'(שור)는 '담장'(wall)이라는 의미이다. 이 지역에 이런 이름이 붙은 데는 이유가 있다. 주전 2,650년경의 이집트 문서(The prophecy of Neferti)를 보면, 바로 이 동네에 시나이 반도와 이집트를 가르는 국경 수비대의 담장이 있었음을 알 수 있다. 술 광야는 그 지역 자체가 하나의 거대한 담장이었다. 술을 경계로 북쪽은 가나안이었고, 남쪽은 이집트였다. 그녀가 돌아서면 가나안에 속하게 되지만, 이 담장을 넘어가면 그녀는 그냥 이집트에 귀속하게 된다. 따라서 이 담장을 넘는 것과 넘지 않는 것에는 엄청난 차이가 있었다. 돌아서면 언약의 땅에 머물게 되지만, 넘어가면 언약을 버리는 것이기 때문이었다. 그런 까닭으로 이 담장은 물리적인 것을 넘어서서 굉장히 중요했다.

　우리도 삶에서 이런 담장을 마주할 때가 있다. 넘으면 그야말로 내가 하고픈 대로 사는 '보암직한' 세상이 있다. 돌아서면 하나님이 가리키는 좁고 답답한 세상에서 다시 살아야 한다. 하나님은 담장 앞에서 고민하는 우리에게 딱 한마디만 하신다. "돌아서라." 솔직히 말하자면, 담 너머에 무엇이 있는지, 그 무엇의 정체가 어떤 것인지 우리는 잘 모른다. 단지 마음속에 품고 있는 막연한 '기대'가 우리를 혼란스럽게 만든다. 우리의 기대와 세상이 돌아가는 방식은 서로 대척점에 있는 경우가 흔하다. 그걸 머리로는 알면서도 체감하지 못하기 때문에, 담장이 자기를 과감하게 뛰어 넘어보라고 속삭일 때 우리는 흔들린다. 그러나 정말 내가 소망하는 것이 그 담장 뒤에 있을까? 담은 넘으면 안 되기 때문에 만들어 놓은 것이다. 담장 뒤에 있을 법한 나의 소망은 사실은 헛된 신기루 같은 것이다. 그 담장은 넘지 않는 것이 맞다. 참으로 복장이 터질 것 같은 심정이어도, 담장에서 뒤로 돌아서야 하나님이 다스리시는 세상으로 복귀할 수 있다. 그것이 옳은 결정이다.

　다른 각도에서도 이야기를 한번 풀어보자. 어쩌면 이 담장은 물리적 담장인 동시에 심리적인 담장이기도 했다. 여자가 한을 품으면 오뉴월에도 서리가 내린다 했다. 비록 같은 여자에게 당한 것이긴 하지만 억울한 심정으로 애굽을 향해 도망가는 하갈의 마음에는 증오가 가득했을 것이다. 이런 하갈에게 사자가 "돌아가라"고 했다면, 그 말의 의미는 "미움으로부터 돌아서라"일 수 있다. 곧 "네가 여기서 담장을 넘으면 네 삶에는 증오를 해결할 수 있는 기회가 없어지지만, 돌이키면 다시 관계의 회복을 꿈꿀 수 있다"는 것이 사자의 속내가 아니었을까.

그녀가 이 담을 넘으면 사라를 다시 볼 일은 없다 해도, 이제부터는 평생 증오와 실패에 붙잡힌 채 살게 될 것이었다. 돌아서면 어떻게 될까. 증오와 한 번 부딪혀 보는 것은 긍정적이다. 하지만 솔직하게 말해서 돌아가서 만나게 되는 상황은 끔찍했다. 하나님의 사자는 여주인 사라에게 돌아가서 그녀에게 복종하라고 말한다. 도망쳐 나온 그 고난으로 다시 돌아가라는 것이다. 여성 구약학자인 필리스 트리블(Phillis Trible)은 성경 안에 '공포의 본문'(text of horror)이 있다고 말해서 주목을 받았다. 그녀는 사람의 생명을 기준으로 본문을 세심하게 읽고, 그중에서 인간의 목숨이 위협받는 폭력적인 상황을 담은 것들을 찾아내어 그렇게 이름을 붙였다. 하갈 이야기를 공포의 본문 후보로 등재할 수 있을까?

하갈이 만일 돌아서서 사라에게로 가면, 고통을 당하는 정도가 아니라 학대 끝에 죽을 수도 있었다. 물론 아직 그녀는 돌아가지 않았고 또 죽지도 않았으니 공포가 현재의 것은 아니었다. 그렇지만 돌아갈 경우에, 그녀의 미래는 충분히 두려웠다. 그런 까닭으로 사자의 말대로 돌아가야 한다면 반드시 설득력 있는 이유가 있어야 했다. 사라와 하갈은 원래 사이가 나쁘지 않았다. 단지 하갈이 먼저 사라를 멸시했기 때문에 관계의 평화가 깨졌다.

함무라비 법전을 보면, 메소포타미아에서는 노예의 신분으로 있다가 아내가 된 사람도 당연히 아내가 가지는 법적 권리를 요구할 수 있었다. 그러나 하갈이 요구한 것은 이런 법적인 대우를 넘어서는 것이었다는데 문제가 있었다. 그녀는 사라의 자존감을 무너뜨리고 마음을 아프게 하는 감정적인 행동을 했다. 그녀에게 이것을 뉘우치고 바꾸려는 실천적 용기가 있으면, 상황이 많이 달라질 수도 있다. 이것은 그녀만이 스스로 결단하고 돌이킬 수 있는 부분이었다. 자신의 미래에 대해서 하나님에게 묻기 전에 너 스스로 먼저 변화하라는 메시지를 하나님의 천사가 하갈에게 던졌던 것은 아닐까? 만일 그녀가 담을 넘지 않는다면, 그녀는 학대를 향해서 돌아가는 것이 아니라, 관계의 회복으로 복귀하는 것이 된다.

'베히트아니 타하트 야데하'(בְּיָדֶהָ תַּחַת וְהִתְעַנִּי)라는 말을 직역하면, '그녀의 손 아래에서 스스로 고통을 감내하라'는 의미가 된다. 여기서 '히트아니'(וְהִתְעַנִּי)는 '아나'(עָנָה)의 재귀동사(hiphil stem)로서 '스스로 고통을 감내하려 노력한다'는 뜻을 가지고 있다. 하나님의 사자는 하갈이 돌아간 후에, 자진해서 사라의 말을 따를 뿐 아니라 설사 고통이 있더라도 자의적으로 받아들이라고 권한 것이다. 하갈에게는 심리적인 문제가 있었다. 주인의 아이를 가진 여자로서 머리를 숙이고 아이를 갖지 못한 사라의 통솔을 받는 것이 견디기 힘들었다. 사라가 하지 못하는 일을 자신이 해내고 있다는 자부심 때문에 그녀는 사라의 머리가 되려고 했다. 이것이 잘못임을 인정하고, 교만을 포기해야 그녀는 사라와의 관계를 회복할 수 있다.

사달이 났을 때 타인의 잘못을 부각시키지 않고, 자신의 잘못을 인정하면서 하나님의 계획에 삶을 맡기는 사람의 미래는 하나님이 책임지신다. 하갈이 담장을 넘지 않는다면, 그것은 고난으로 돌아가는 게 아니라, 오히려 더 큰 회복으로 돌아서는 것이었다. 하나님은 돌아선 하갈에게 약속한 대로 이스마엘도 큰 민족을 이루도록 역사하셨다. 그녀가 돌아가서 이룬 것은 많지 않았다. 당초에 잉태했던 이스마엘을 낳았을 뿐이고, 종래에는 모자가 함께 쫓겨나는 비극도 경험해야 했다. 하지만 중요한 것은 그녀가 하나님의 중재를 받아들여서 고난을 향해 자진해서 돌아섰다는 것이다. 하나님은 담장 앞에서 돌아선 그녀에게 약속을 어기지 않으셨다. 그녀의 씨를 크게 만들어 주셨다.

## 몇 가지 생각하는 것들

하나, 내가 헝클어 놓았던 것을 하나님이 정리하셨다. 그것을 깨닫고 나서, 하나님께 미안해할 줄 알면 좋겠다.

둘, 너무 힘들어서 도망갔는데, 결국 나의 도망은 하나님을 향한 것이었다. 탈출하거나 피신해야 할 때 그런 내 모습이 나쁘다고 자신을 너무 기죽이지는 말자. 한 번쯤은 그 길을 나서서 도망갔다가, 그 끝에서 하나님을 만나는 것도 인생에서 너무나 귀한 경험일 것이기 때문이다.

셋, 아무리 급해도 담장은 넘어가지 말아야 한다. 하나님이 언짢은 내색을 하시며 "넘어가지 말라"고 하시는 걸 보면, 그 담장 너머에 있는 것들은 좋지 않음이 분명하다. 하나님이 나에게 정색하시는 것은 정보 전달의 의미가 있음을 알자. 그분이 정색하시는 것이 싫다면 나는 아직 하나님을 잘 모르는 것이다. 그럴 수도 있다. 알든 모르든, 담은 넘어가지 말자.

넷, 고난으로 돌아가야 할 때는 가라. 그것도 나쁘지 않다. 고난을 통해서 얻는 것이 별로 없을지라도 낙심할 필요는 없다. 그 안에 담겨있는 미래가 커다랗기 때문이다.

다섯, 이렇게 하니 막장이 막을 내린다.

---

### 창세기 17장 9-14절

"…너희 중 남자는 다 할례를 받으라 이것이 나와 너희와 너희 후손 사이에 지킬 내 언약이니라 너희는 포피를 베어라 이것이 나와 너희 사이의 언약의 표징이니…"

## 계약서가 필요하다

내 왼쪽 손바닥에는 큰 상처가 있다. 대학 다닐 때 캄캄한 밤에 친구가 빌려준 스쿠터를 타다가 그만 앞에 있는 돌을 피하지 못하고 부딪혀서 넘어졌다. 안양 시내에서 관양동으로 넘어가는 큰길에서 있었던 일이다. 나는 개구리가 쭉 뻗듯이 두 팔을 앞으로 하고 고꾸라졌는데, 손바닥이 온통 긁히고 패이는 끔찍한 상처가 났다. 지금도 손바닥을 들여다보면 그때의 아픔과 기억이 되살아난다. 혹시라도 몸에 나와 비슷한 상흔을 가지고 있는 사람이 있다면 그 역시 상처와 관련된 기억을 생생하게 지니고 있을 것이다. 이런 이야기를 하는 데는 까닭이 있다. 본문은 할례에 관한 것인데, 할례가 바로 잊어버릴 수 없는 상처와 관련이 있기 때문이다.

하나님은 언약을 재확인하신 후에 아브라함에게 몸에 상처를 낼 것을 요구하셨다. 할례는 남성 생식기의 피부를 잘라내서 인위적으로 상처를 만드는 것이다. 아이들이 '고래 잡는다'고 표현하는 포경수술과 그 형식이 흡사하다고 보면 될 것이다. 정말 그런지 알기 위해서 요즘 유대인들의 할례 의식을 한번 살펴보자. 히브리 유니온 대학(Hebrew Union College)에서 공부할 때, 파이어스톤(Firestone) 교수가 아들의 할례의식을 거행한다면서 학생들을 초대했던 기억이 있다. 나는 '고이'(이방인)라서 집 안까지 들어가기가 미안했던 나머지 정원에서 어슬렁대는 것으로 그날의 방문을 끝냈었다. 그렇긴 해도 할례에 관해서 귀로 듣고 공부한 내용은 아직 기억 속에 살아 있다.

할례는 히브리어로 '브리트 밀라'(בְּרִית מִילָה)라고 하니, 정확하게는 '할례의 언약'(covenant of circumcision)이라는 명칭으로 불러야 한다. 전통적으로 보면, 할례는 '산덱'(סַנְדָּק/sandeck/헬라어로 '아이의 친구'라는 뜻)으로 불리는 사람이 주관한다. 산덱은 할례 예식의 좌장이라고 할 수 있으며, 보통 피할례자의 할아버지인 경우가 많다. 그는 아이를 품에 안고 있다가 모헬(מוֹהֵל/집례자, 주로 랍비들)에게 건네주는 역할을 한다. 모헬은 아이를 '엘리야 의자'(전통적으로 엘리야가 아이들을 보호한다고 믿음)에 누이고 축복 기도를 한다. 그러고 나서 아이가 혀를 물지 않도록 입에 수건을 물린 후에 짧은 시간에 전광석화처럼 생식기 피부의 일부분을 잘라낸다. 그 후에 아이의 고통을 줄여주기 위해서 신 포도주를 입에 넣어준다.

이것은 유대인들이 고통을 줄이려 할 때 사용하는 전통적인 방법인데, 예수님이 십자가에 달리셨을 때의 정황도 이와 흡사했다. '흡사했다'고 표현한 이유는 예수님께서 십자가 위에서 뭘 드셨는지 분명하지 않기 때문이다(마태복음과 마가복음에는 예수님께 쓸개를 탄 포도주를 드렸다고 했는데, 주님은 맛 때문인지 이걸 드시지 않았다. 누가복음에는 신 포도주를 주님께 드렸으나 드셨는지 아닌지는 설명이 없고, 요한복음으로 가면 신 포도주로 목을 축이신 내용이 있다. 어떤 이들은 쓸개 탄 포도주는 마취 성분이 있는 것으로 보고, 요한복음의 포도주인 '옥쏘스'(ὄξος)는 로마 군인들이 전통적으로 마시던 음료(포도주에 식초나 향초를 넣어 만듦)였다고 본다. 이 음료수는 '포스카'(posca)라는 이름으로도 불렸는데, 성경에는 없는 말이다. 참고로 라틴어 성경을 찾아 봤더니, 이 음료가 '포스카'(posca)가 아니라 '아케툼' (acetum)으로 되어있다).

각설하고, 고통을 줄이려는 시도가 끝나면, 잘라낸 포피를 사람들에게 보여준다. 이로써 예식은 모두 끝나고, 비로소 아이의 이름을 짓는다. 미리 이름을 지으면 사탄이 이름을 뺏어간다고 생각하기 때문이란다. 모든 것이 종료되면 산덱이 참석한 모든 사람들을 위해서 기도한다. 할례 예식에 관해서 길게 말할 생각은 없었는데, 그리되었다. 자료를 얻었다고 생각하면 좋겠다.

구약의 아브라함(창 17:9-14)에게서 시작된 할례는 마카비 시대에 이르자, 유대인들의 신분(선민)을 증명하는 독특한 표지가 되었다. 할례가 그들이 유대인으로 살아간다는 외적인 표지라는 인식이 신구약 중간기 때에 강해진 것이다. 이러한 인식의 변화는 유대인들이 마카비 시대를 전후로 해서 이민족의 침략을 심각하게 경험했기 때문에 생겼다. 말하자면 민족적인 위기를 당했을 때 정체성을 잃지 않으려는 노력의 일환으로 할례가 강조되었다는 말이다. 만일 어떤 사람이 유대교로 개종하면 반드시 할례를 받아야 했다. 그만큼 할례가 언약과 관련해서 유대인들에게 가장 중요한 것 중 하나였기 때문이다.

여기서 질문을 던져보자. 왜 하필이면 피를 흘리고 몸에 상흔을 남기는 행위가 언약과 관계가 있는 것인가? 우선 랍비 유대주의(Rabbinic Judaism)의 극성맞은 할례 집착을 뒤로 밀어 놓자. 그리고 나서 성경에서 본질적으로 말하는 할례의 의미를 생각해보자. 할례의 뜻은 분명히 언약에 있으니 그건 더 설명할 필요가 없을 것 같고, 왜 몸을 찢는 것인지를 묻는 말에는 대답할 필요가 있다.

어찌 보면 할례의 상흔은 그것 자체에 의미가 있는 것이 아니다. 오히려 상흔이 남기는 '기억'이 훨씬 더 중요하다. 하나님과 계약을 맺었다면, 인간은 그것을 잊지 않고 기억해야 하기 때문이다. 언약을 잊지 않으려면 계약서가 필요하다. 사람들은 계약을 맺으면 그 내용을 증거로 남기기 위해서 계약서를 작성한다. 하나님과 인간 사이에 맺은 언약에도 계약서가 있다. 계약서는 바로 사람의 몸이다. 하나님께서 아브라함에게 언약을 지키라고 말씀하시면서 굳이 몸에 상처를 내고 피를 흘리게 한 것에는 이유가 있다. 사람의 몸을 계약서로 삼아서 거기에 언약의 내용을 기록하고, 그 상처가 남아있는 한 절대로 기억을 버리지 말라고 하신 것이다.

따라서 사람이 하나님과 맺은 계약을 기억하도록 하는 것이 할례의 핵심이다. "내 언약이 너희 살에 있어 영원한 언약이 되려니와"(13절). 이 말씀을 깊이 읽으면, 사람의 몸이 계약서라는 뜻에 다름 아니다. 이 언약은 하나님이 이스라엘이라는 민족과 맺은 것이지만, 동시에 개개인과 맺은 것이기도 하다. 그래서 각 사람이 계약을 몸에 휴대하고 다니면서 잊지 않는 것이 필요하다. 하나님이 사람의 몸을 계약서로 삼으신 이유가 여기 있다.

# 스티그마(στίγμα)

성경 시대 이후에 생겨난 랍비 유대주의(Rabbinic Judaism)에서는 할례의 관점이 조금 바뀐듯하다. 언약의 내용을 여전히 중시하는 것은 사실이지만, 실제로는 할례를 행하는 일 자체에 관심이 더 커졌다. 로마서에 나타난 사도 바울의 견해를 빌리면, 신구약 중간기 이후로는 할례가 유대인이라는 정체성을 증명하는 표지로 주로 사용되었다. 할례를 받았다는 사실 하나만으로 모든 유대인 안에 언약이 자동으로 작동하는 것은 아니다. 언약 안에 살면서 그것을 성실하게 이행할 때 비로소 할례는 유대인들에게 의미를 가진다. "네가 율법을 행하면 할례가 유익하나 만일 율법을 범하면 네 할례는 무할례가 되느니라"(롬 2:25).

이런 비판이 있음에도 불구하고, 유대인들에게는 할례 자체가 구원 문제를 해결하는 만병통치약 같은 것으로 이해되었던 것으로 보인다. 할례를 위해서 몸을 베면 구원 문제는 그것으로 무조건 해결됐다고 생각한 것이다. 그나마 이제는 할례가 신앙을 넘어서서 문화나 관습 같은 것으로 변해가는 조짐마저 보인다. 오늘날 이스라엘 본토에 거주하는 국민 가운데 종교적으로 유대교인은 그저 30%에 불과하다고 한다. 나머지 사람들은 유대인이기는 하지만 종교적이라기보다는 문화적으로 그리고 관습적으로 유대교를 받아들인다. 예전에 미국인들이 기독교를 대하는 자세와 흡사하다고 보면 될지 모르겠다. 굳이 예전에 그랬었다고 말하는 이유는 오늘날에는 기독교가 미국에서 그런 대접조차 받지 못하기 때문이다.

어떤 이유에서든지 유대인들이 할례를 행한다 해도 문화적 관습을 따른 것이라면, 거기에 신앙적 의미가 있기는 한 것인가? 우리가 잘 알듯이 예레미야는 "유다인과 예루살렘 주민들아 너희는 스스로 할례를 행하여 너희 마음 가죽을 베고 나 여호와께 속하라"(렘 4:4)고 일갈했다. 구약의 다른 선지자들도 육체의 할례를 행하는 것보다 마음에 할례를 받는 것이 훨씬 더 중요하다는 인식을 공유했다. 중요한 것은 겉이 아니라 속이다. 노아를 보라. 그는 그 시대에 행함이 완전해서 하나님과 동행했지만 할례는 받지 않은 사람이었다. 그런데도 그를 향한 하나님의 평가는 너무나 후했다. 의식보다는 마음이다. 혹여라도 의식을 치렀다면, 그 후의 삶이 더욱 중요하다.

이런 관점에서 말하자면, 오늘날 우리는 당연히 할례를 받을 필요가 없다. 기독교인은 자신의 마음 가죽을 베어서, 영혼에 예수 그리스도의 흔적을 새긴 사람들이다. 할례라는 행위 대신에 믿음이 하나님과 우리 사이에 작동한다. 진정한 구원은 행위가 아니라 은혜로만 가능한 까닭이다. 사람과 사람 사이의 계약은 '내가 얼마만큼 일했는가'를 중요시하고, 그것을 조건으로 계약이 이뤄진다. 그러나 하나님이 우리와 맺으신 계약은 그렇지 않다. 일의 양이나 질이 조건이 아니다. 하나님이 아무런 조건 없이 우리를 선택하셨다. 이러한 은혜에는 어떤 의식 또한 전제되어 있지 않다. 하나님의 은혜가 우리 영혼에 새겨지면 그것으로 족하다.

사도 바울은 "이 후로는 누구든지 나를 괴롭게 하지 말라 내가 내 몸에 예수의 흔적을 지니고 있노라"(갈 6:17)고 말했다. 원래 '흔적'이라는 말은 헬라어로 '스티그마'(στίγμα)이다. 사도 바울은 여기서 단수가 아닌 복수 '스티그마타'(στίγματα)를 사용했다. 복수로 사용되는 단어의 뜻은 '소속을 말해주는 표지로서의 흔적'이다. 로마 천주교회는 독특하게 '스티그마타'(στίγματα)를 성 프란시스코의 몸에 나타났던 다섯 가지 흔적(손, 발, 옆구리)을 나타내는 전문용어로 사용했으며, 이후에는 신심이 깊은 사람들의 몸에서 발현되는 예수의 상흔을 의미하는 단어로 고정해 놓았다. 만일 이런 것이 몸에 생긴다면, 주변이 얼마나 시끄러워질까. 난리가 난 나머지 성흔을 가진 사람이 일약 복자나 성자의 반열에 올라서지 않겠는가. 그들의 사고를 뭐라 할 생각은 없다. 그러나 냉철하게 생각해보면, 이것이 랍비 유대주의 신앙에서 할례를 행하는 것과 본질적으로 어떤 차이가 있을까.

바울이 사용한 스티그마타는 기적의 발현을 의미하는 단어가 아니었다. 여기엔 두 가지 의미가 있는데, 첫째는 이 말은 바울에게 있어서 할례를 대신하는 하나님과의 언약을 뜻했다. 사람의 마음, 즉 영혼을 베어서 새기는 영적인 흔적을 의미했다. 둘째는 실제로 예수님을 믿는 것 때문에 몸에 새겨진 상흔들을 뜻했다. 그러니 단수가 아니라 복수일 수밖에 없는 것이다. 실제로 바울 당시의 사람들은 자신이 믿는 신에 대한 소속감을 나타내기 위해서 몸에 문신을 하고 다녔다고 한다. 고대의 노예들이 소속된 집안을 표현하는 낙인을 몸에 찍고 다녔던 것과 같은 의미로 이해하면 되겠다.

따라서 바울이 '스티그마타'(στίγματα)를 자신의 몸에 가지고 있다고 했다면, 우선은 스스로가 예수 그리스도에게 속했음을 나타내기 위해서 몸에 그런 문신을 했단 뜻이거나, 또는 자신이 선교 중에 고난을 받아서 몸에 새겨진 상흔들을 가지고 있다고 말한 것일 수 있다. 두 가지 다 가능한 해석이지만, 오늘날 많은 성경해석자들은 그의 몸에 남은 박해의 흔적을 그가 언급한 '스티그마타'(στίγματα)로 받아들인다. 성흔을 과학적으로 이해할 수 없는 기적적인 현상으로만 설명하는 것은 미안하지만 받아들이기가 어렵다. 오히려 예수 그리스도 때문에 실제로 몸에 난 생채기가 훨씬 더 거룩하고 진짜 스티그마타이다.

그렇게 말할 수 있는 이유가 있다. 바울의 상흔은 기억을 동반하고 있기 때문이다. 상흔은 몸에만 남는 것이 아니다. 그가 매를 맞아서 상처를 입었을 때, 동시에 그의 영혼에도 딱지가 졌다. 그는 유대인들에게서 사십에서 하나 감한 매를 채찍으로 다섯 번이나 맞았다(고후 11:23-30). 마음에 확 와닿는 것은 채찍으로 맞은 매의 횟수이다.

39라는 숫자는 어떤 의미를 가지고 있는가? 신 25:2-3을 보면, 성경은 40대를 넘어서 때리는 지나친 형벌을 금지하고 있다. 미쉬나(Mishnah, 유대인의 구전율법)는 이 부분을 39대 이상은 때리지 말라는 것으로 해석했다. 맞는 사람이 육체적으로 감당할 수 없어서 40에서 1

대를 감해준다 해도, 40대를 맞은 것이나 다름없다는 거다. 하기는 그 정도로 얻어 맞으면 그 한 대 때문에 삶과 죽음이 갈릴 수도 있겠다. 이 마지막 한 대의 매에는 생사의 문제가 걸릴 수 있기 때문에, 미쉬나의 조항에는 법과 관련한 실제적인 철저함도 스며있다. 신명기에서 40대까지는 괜찮다고 했으니, 39는 아주 확실하게 법을 어기지 않는 숫자가 된다. 만일 39대를 때렸는데 혹시 죄인이 죽는다면, 40대를 때린 것이 아니니 때린 자에게 법적 책임이 없다는 식이다. 그런 까닭에 바울은 39번의 채찍질을 여러 번 당했다. 거기다 그것도 모자라서 그는 3번이나 태장을 당했다고 말한다.

조금 오래되긴 했지만 1994년도에 싱가포르에서 마이클 페이(M. Fay)라는 청년이 맞은 태장은 국제적으로 화젯거리가 되었다. 미국이 그를 때리지 말라고 나서기까지 했지만, 그는 결국 얻어맞았다. 별 생각 없이 낙서하고 계란을 던졌다가 벌금 3,500불을 내고, 태형을 네 대나 맞은 것이다. 전문가들은 건장한 형리가 있는 힘을 다해서 휘두르는(이른바 full swing) 태장은, 한 대만 맞아도 피가 튀고 살이 찢어진다고 한다. 그뿐 아니라 매를 맞고 나면, 정신적 후유증도 평생 남는다고 한다. 바울은 그걸 세 번 맞았다. 그것 말고도 또 있다. 한 번은 돌로 맞기도 했다. 바울이 루스드라에서 유대인들이 던진 짱돌을 맞았을 때는 거의 죽음에 이르렀다. 오죽하면 사람들이 그가 죽은 줄 알고 도시 밖에 가져다 버리기까지 했겠는가(행 14장). 그 외에 세 번 파선하고, 일 주야를 깊은 바다에서 지냈으며, 강의 위험, 강도의 위험, 동족의 위험, 이방의 위험, 시내 광야 바다의 위험, 거짓 형제의 위험을 당했다고 바울은 말한다.

모르긴 해도, 그의 맨살을 보면 흉터가 가득했을 것이다. 그는 이런 사실들을 소상히 기억하고 숫자까지 헤아려 가면서 서신 속에 담았다. 몸에 생긴 상처와 정비례해서 그의 영혼에도 상흔이 남았기에 가능한 일이었다. 이런 몸의 상처와 영혼의 기억이 그에게는 할례보다 더 값진 것이었다. 하나님과의 언약이 그의 상처와 기억 속에 남아있었다.

## 아픔이 없어서일까?

우리가 극복해야 할 것이 하나 있다. 기독교인들은 살을 자르지 않고, 영혼을 자르다 보니 살이 찢겨나가는 아픔이 없다. 이런 아픔의 기억이 없다 보니, 잘 믿는다 하면서도 하나님의 은혜를 종종 잊어버리는 경우가 있다. 보통 할례는 태어나서 8일이 지나면 행한다. 우리 생각에는 그 '얼라'가 아픔을 어떻게 알겠는가 싶겠지만, 의사들의 소견을 들어보면 그게 아니다. 할례의 아픔이 실제로는 대단히 커서 평생 그 통증이 잊히지 않고 의식 속에 남아있다고 한다. 그런 의학적인 이유로 현대의 의사들 중에는 포경수술을 권하지 않는 사람들도 있다. 말인즉슨 살을 잘라내면 육체에 흔적이 남는 동시에 영혼에도 아픔이 새겨진다는 거다.

아픔 때문에 할례가 가지는 기억의 기능은 더 활성화될 수 있다. 반면에 우리는 아픔 없이 믿음으로만 우리의 영혼에 흔적을 남긴다. 혹시 그래서 하나님의 은혜를 더 쉽게 잊어버리게 되는 것은 아닐까 하는 두려움이 있다. 본 회퍼는 구원이 결코 값싼 은혜가 아니라고 했다. 목사님들이 하도 이 말을 강단에서 많이 인용해서 이제는 모르는 사람이 없을 정도가 되었다. 그러나 이 말을 안다는 사실이 우리의 망각 증세를 치료해주지는 않는다. 비록 내 살이 잘려나간 것은 아니지만, 하나님이신 예수님이 십자가에서 얻은 상처와 피는 평생 잊지 말아야 할 내 영혼의 흔적이다. 그분이 내 영혼의 근본적인 배고픔을 해결하시기 위해서 몸에 창을 맞고, 손에 못을 맞았다. 그것이 바로 내 삶의 '스티그마타'(στίγματα)이다.

우리는 인생에서 무엇을 찾는가. 세상의 가치를 기준 삼아서 헛되고 헛된 것을 구하는 인생에 무슨 의미가 있는가. 하나님의 언약이 내 삶에 있을 때만 의미가 있다. 우리에게도 예수님의 '스티그마타'(στίγματα)가 있기를 간절히 바란다. 몸의 상처까지는 아니더라도, 내 영혼에 분명하게 예수님의 흔적들이 있어야 한다. 나는 어떤 흔적과 기억을 가졌는가. 하나님과 나 사이에는 어떤 기억이 있는가.

---

### 창세기 17장 22절

"하나님이 아브라함과 말씀을 마치시고 그를 떠나 올라가셨더라"

---

## 현실이 물어 뜯는다(Reality bites)

한동안 격조했던 하나님께서 아브라함이 99세가 되자 또 모습을 드러내셨다. 창 17장은 이삭이 태어나기 일 년 전의 방문을 기록하고 있다. 하나님은 이 방문의 목적이 이삭의 출생과 관련되어 있음을 분명히 하셨다. 이 방문에서 하나님은 이삭에 관한 말씀을 하시기 전에 두 가지 일을 먼저 하셨다. 첫째는 두 사람의 이름을 아브라함과 사라로 바꿔주신 것이고, 두 번째는 계약을 분명히 하기 위해서 할례를 행하라고 하신 것이다. 둘 다 언약과 관계가 있는 일이었다. 언약의 핵심은 아브라함의 후손이니, 두 가지 일은 이삭의 탄생을 위한 사전 정지 작업과 진배없었다.

갑자기 분주해진 하나님의 모습을 지켜보면서, 아브라함은 무슨 생각을 했을까? 순종이야 그의 신앙의 핵심이니 이 시점에서 그 여부를 논하는 것은 의미가 없다. 문제는 순종이 항상 기쁨을 동반하는 것은 아니라는 사실이다. 순종하겠다고 작심은 했지만, 하나님이 이삭을 주시겠다고 새삼 말씀하셨을 때 아브라함의 기분은 어땠을까? 기뻤다기보다는 많이 혼란스러웠을 수 있다. 창 17:17, 18을 읽어보면, 그의 혼란을 상당 부분 짐작할 수 있다. "아브라함이 엎드려 웃으며 마음속으로 이르되 백 세 된 사람이 어찌 자식을 낳을까 사라는 구십 세니 어찌 출산하리요 하고 아브라함이 이에 하나님께 아뢰되 이스마엘이나 하나님 앞에 살기를 원하나이다".

아브라함은 하나님을 경외했고, 그가 주신 축복을 감사했으며, 새 이름도 기쁘게 받아들였다. 그렇긴 하지만 하나님이 말씀하신 내용과 상관없이, 현실은 아흔아홉이라는 나이에 잡혀 있었다. 이것은 무슨 수를 쓴다 해도 그가 거스를 수 있는 일이 아니었다. 거기다 다른 아들을 새롭게 얻지 못한다 해도, 이미 이스마엘이 있으니 후손 때문에 노심초사하는 상황도 아니었다. 하갈 때문에 속은 많이 썩었지만 하나님이 그녀를 통해서 아들까지 낳게 하셨으니, 그것도 하나님 뜻으로 생각할 만했다. 그렇게 마음 정리를 하고 있던 터에, 하나님이 다시 아들 이야기를 하신 것이다. 그의 머릿속이 복잡해질 수밖에 없었다.

사실 신앙을 가지고 사는 사람이 어려움을 겪는 이유는 주로 믿음의 내용과 현실의 괴리 때문이다. 이걸 좀 편하게 정리하면 '이론과 실제가 다르다'고 할 수 있다. 영어를 사용하는 사람들은 이런 느낌을 "현실이 물어 뜯는다"(Reality bites)고 직설적으로 표현한다. 본문에 설명된 아브라함의 고민도 이런 종류였을 것이다. 하나님이 자기에게 힘이 되는 말씀을 하신 것은 좋지만, 아무리 생각해도 이미 때가 늦었다. 후사가 이스마엘로 대충 방향이 정리된 터였다면, 다시 아들의 생산이 화제로 떠오르는 것이 그에게 달가울 수만은 없었다. 이 지점에서 하나님이 주셨던 과거의 약속과 현실이 충돌한다. 이런 모습을 신앙이 부족해서 그런 거라고 한마디로 단정 지을 수는 없다. 오히려 이런 부딪힘은 대단히 사실적이다.

오늘 우리의 신앙생활도 이런 면이 있다. 혼자 성경 읽고 찬송할 때 또는 예배 시간에 설교를 듣고 이론으로 은혜를 받을 때는 문제가 없다. 그런데 그 시간이 끝나고 실제 삶의 상황에 맞닥뜨리면 그런 은혜들이 사라지는 경우가 다반사다. 이런 문제가 왜 생길까? 그 이유를 설명하는 일이 쉬운 건 아니지만, 별로 복잡하지는 않다. 말씀이 내 머리에 머물 때는 문제가 없다. 하지만 심장 그리고 손과 발에 가서 닿으면, 말씀이 참견하는 것으로 느껴지고 거북해질 수 있다.

　이런 예를 들면 이해가 쉬울 것이다. 이웃을 사랑하라는 말씀은, 읽을 때는 은혜가 되는데 정작 눈앞에 '웬수⑦'가 나타나면 은혜가 아니라 간섭이 되고 참견이 된다. 이런 경우는 예외라며 자신을 설득하고 합리화하면 마음이 찝찝해지고, 그렇다고 해서 웬수를 사랑하자고 결단하는 것도 미칠 노릇이다.

　많은 경우에, 나 혼자 은혜받는 말씀과 하나님이 실제 삶에서 주시는 말씀에는 차이가 있다. 머리의 이론과 실제 삶의 괴리를 해결할 수 있어야 신앙은 신앙답다. 이 일이 어려운 이유는 거기에 실천이 필요하기 때문이다. 내 머릿속에서 생각하는 신앙과 하나님이 요구하시는 실천은 다르다. 이 '다름'은 평소에는 머릿속에 숨어서 존재감을 드러내지 않는다. 그러나 실제로 실천이 요구되는 상황이 되면, 슬며시 모습을 드러내는 경우가 허다하다.

　아브라함의 경우도 그러했다. 창 15장의 아브라함은 대들기라도 했지만, 17장의 그를 보면 뒤로만 조용히 웃을 뿐이다. 나이를 백 살씩이나 먹어서인지 그런 결기가 사라졌던 모양이다. 실천하려니 능력이 없고, 그냥 믿고 따르자니 헛웃음만 나오는 것이다. 당연히 이 웃음은 기쁨에 근거한 것이 아니었다. 이런 웃음을 시쳇(時體)말로는 '썩소'라고 부르기도 하니, 일종의 현실적 체념이 그 안에 언뜻 보이기도 한다. 그렇다고 해서 아브라함이 갖고 있던 하나님 신앙이 사라지거나 한 것은 결코 아니었다. 이제는 아들을 못 얻는다 해도 하나님을 떠나거나 대들거나 하진 않는다는 '후손 초월'의 상태가 더 정확한 마음의 모습일 수 있었다.

이런 모습은 오늘날 신앙이 좋은 사람들에게도 비슷하게 나타난다. 현실의 날카로운 이빨이 주로 인간 사고의 합리적인 부분을 공격하기 때문에, 개인의 '이성'이 아파하는 현상이 생긴다. 내 이성으로 받아들여지지 않아도 순종하는 것이 믿음이라고 생각하니 그렇게 하려고 애를 쓴다. 그래도 여전히 나의 합리적인 사고는 '그게 아닌 걸 어떻게 하란 말인가'라며 뒤에서 나를 잡아당긴다.

지난 2011년에 미국 플로리다의 야생동물 보호센터에서 한 몸에 머리가 두 개 달린 희귀한 뱀이 태어났다. '메두사'로 이름이 붙여진 이 뱀은 희귀 영상을 찍는 사람에게 오만 달러에 팔렸다. 그 사람이 찍은 뱀의 식사하는 모습이 최근 유튜브에 올라왔는데 엄청난 조회 수를 기록했다. 이 뱀은 밥을 먹을 때 먹이를 따로 줘야 싸우지 않는다. 머리가 하나가 먼저 밥을 먹으면, 방어벽을 설치해서 다른 머리의 먹이를 뺏지 않도록 해줘야 한다. 한 몸인데도 식사 후에는 먹이 냄새 때문에 서로 공격한다. 그래서 뱀들이 밥을 잡수신 후에는 반드시 두 개의 머리를 비누로 씻어준단다.

사람도 비슷할 수 있다. 한 인격에 두 가지 생각이 있을 수 있다(헉! 정신분열이란 소리는 아니다). 하나는 하나님이 던져주셔서 내 안에 들어온 생각이고, 또 다른 하나는 이것을 이해하지 못하는 나의 합리적인 생각이다. 결국 문제는 내가 하나님의 생각을 이성적인 면에서 받아들이지 못할 때 생긴다. 이럴 때 하나님의 말씀이 내 삶을 간섭하는 것처럼 느껴지고 부담이 된다. 순종한 후에도 찾아올 수 있는 이런 부담을 무엇으로 이길 수 있을까?

# 마지막 말을 누가 하는가?

이 부담의 간극을 뛰어넘는 열쇠가 무엇인가에 초점을 맞춰야 한다. 본문이 그 열쇠들 가운데 하나를 가지고 있다. 여기서 찾을 수 있는 해결의 실마리는 '말씀의 수용성'이다. 텔레비전을 보다가 화면이 지직거리면 보통 전파 수신 상태가 불량하다고들 말한다. 이런 상태를 달리 말하면 '수용성이 나쁘다'(bad reception)고 표현할 수 있다. 전파의 수용성이 낮으면 텔레비전 화면이 일그러지듯이, 말씀에 대한 수용성이 낮으면 순종의 그림이 찌그러질 수밖에 없다. 이런 상황을 해결하는 길은 하나밖에 없다. 하나님이 하시는 말씀을 이해할 수 없을 때도 수용성을 높이는 것이다.

많은 신앙인들이 순종의 귀중함을 알지만, 순종하겠다고 결심한 후에 소화불량을 일으키는 경우가 있다. 순종한 후에도 소화불량 없이 깔끔하고 멋지게 신앙을 지켜내는 방법이 있기는 한 건가. 짧디짧은 22절 말씀이 가능성을 보여준다. 두 사람이 대화를 나눌 때 의견이 맞지 않아서 합의가 이뤄지지 않는 경우가 있다. 이럴 때 해결책은 '마지막 말'을 누가 하는가에 달려있다. 부부싸움을 해본 사람은 알겠지만, 이 전쟁은 한번 일어나면 쉽게 끝나지 않는다. 그 이유는 양쪽이 서로 마지막 말을 하려고 하기 때문이다. 한쪽이 결론을 내렸을 때, 다른 쪽이 이의를 제기하지 않으면 싸움이든 뭐든 그저 그걸로 마무리된다. 그러나 끝까지 서로 마지막 말을 하려고 하면 논쟁이 쉬이 끝나지 않는다.

우리가 하나님과 대화할 때도 마찬가지다. 그분의 말씀이 불편하거나 이해가 가지 않으면 대화가 길어진다. 긴 대화를 끝내려면 어떤 이야기를 중간에 나눴든지 상관없이, 마지막 결론을 하나님께 양보해야 한다. 어떤 경우에도 내가 마지막 한 마디를 참는 것은, 내 이해를 넘어서서 상대방의 의사를 수용한다는 것을 뜻한다. 여기서 확인할 것이 있다. 이것은 말하다가 입을 다물고 "더러워서 내가 참고 말지"하는 식은 결코 아니어야 한다는 점이다.

하나님과 말씀을 나누면서 여러 가지 이야기를 하나님께 할 수 있다. 하나님과의 대화 자체는 솔직해야 한다. 하나님께 우리의 심중을 감추는 것은 애당초 불가능하다. 아브라함은 하나님의 말씀을 들으면서 '웃기까지' 하지 않았던가. 거기다 한술 더 떠서 "이스마엘로 충분하다"고도 했던가. 이렇게까지 했어도 괜찮다. 마지막 한 마디를 꺼내지 않을 수 있다면 그걸로 되는 것이다. 이런 인내는 상대를 신뢰할 때에 가능하다. 상대방을 믿으면 내 합리성에 금이 가는 한이 있더라도 그가 말을 마치는 것에 성질을 부리지 않을 수 있다. 그가 내미는 카드가 도저히 이해가 가지 않을 때는, 상대방의 얼굴을 쳐다보라. 사안을 이해하지 못하더라도, '그'라는 존재 자체를 신뢰하면 '그'가 마지막 말을 할 때 참을 수 있다.

우리가 곧잘 순종하다가도 종종 대들거나 소화불량에 걸리는 이유는, 하나님이 아니라 사안을 바라보기 때문이다. 정확하게 표현하면, 우리의 이성이 이해하지 못하는 것이 하나님 그분이 아니라 사안이라는 뜻이다. 사실 하나님은 우리에게 생기는 '일'을 쳐다보라고 하지 않으신다. 그것을 넘어서서 하나님 그분만을 쳐다보기를 원하신다. 하나님 자체에 신뢰를 가지고 있으면, 사안에 대해서는 더 이상 고민할 필요가 없다.

다윗이 골리앗과 싸우러 나갈 수 있었던 이유는 무엇일까? 다윗이 어리긴 했어도 용감무쌍했기 때문인가? 사람은 누구나 비슷하다. 무서운 상대와 싸우려면 주눅이 들 수밖에 없다. 다윗 역시 그때 골리앗만 쳐다보았다면 싸우기가 쉽지 않았을지도 모른다. 더구나 그의 무기는 그저 짱돌맹이 하나였다. 하긴 오늘날 발굴되는 팔레스틴 베두인 목동들의 짱돌은 야구공만 하다. 그걸로 머리를 정통으로 맞으면 죽지 않는 게 이상하다. 거기다 블레셋 장수들이 머리에 썼던 것은 투구가 아니라 깃털 장식이 요란한 허세스런 관이었을 뿐이니 얼마든지 머리가 깨질 수 있었겠다. 그렇다고는 하나 다윗이 그런 것들을 다 계산하고 싸우러 나갔을 리는 만무하다. 그가 신뢰한 것은 계산이 아니라 하나님이었다. 그는 머릿속에서 골리앗을 생각하지 않았다. 하나님을 바라보니 골리앗의 크기는 별 위협이 되지 않았다. '덩치가 크면 과녁이 큰 것이니 아무렇게 던져도 맞는다'는 자신감이 그래서 생겼을 수도 있다.

어떤 일에서든지 상대나 사안이 아니라 하나님을 바라보는 것이 중요하다. 다윗은 하나님을 향한 신뢰의 능력이 뛰어난 사람이었다. 누구든지 하나님을 신뢰하면 놀랍게도 일 전체가 해결되는 시점이 찾아온다. 흔히들 리더십이 중요하다고 말한다. 리더십은 어떻게 생기는가? '신뢰'가 리더십의 근원이다. 상대를 신뢰하면 무슨 말이든, 행동이든 이해할 수 있다. 완전히 합리적으로 이해하고 나서 믿는 것은 이해의 결과일 뿐이다. 그러나 이성을 넘어서서 믿었더니 비로소 이해가 가더라고 말하면 그건 신앙이다. 초대 교회의 교부들은 이해해서 믿음에 이르는 것이 아니라, 믿어서 이해에 이르게 된다고 말했다. 결국 '일' 또는 '말씀의 내용'의 수용성은, '하나님 자체'를 신뢰할 때에 생긴다. 이쯤에서 순종과 관련한 소화불량에서 벗어날 수 있기를 바란다.

여기에 사족을 하나 덧붙이자. 하나님은 우리가 믿으면, 그 후에라도 '이해의 시간'을 만드신다. 현재 발생하는 사안을 '지금' 이해할 수 없어도 염려할 필요가 없다. 우리의 합리적인 이해를 위한 하나님의 타임 스케줄이 분명히 있기 때문이다. 아브라함의 경우도 그랬다. 아브라함은 사라가 진짜로 잉태하자 무슨 생각이 들었을까? 혹시 그 때 입 다물기를 잘했다고 생각하지는 않았을까? 그는 그 순간에 모든 것이 갑자기 확 이해가 되었다. 장담하건대 25년 묵은 체증이 쑥 내려갔을 것이다.

잊지 말자. 마지막 말은 언제나 하나님이 하셔야 한다. 22절을 살펴보면, 대화가 뚝 끊어진 것 같은 인상마저 받는다. 하나님이 말을 마치시고 그냥 올라가셨는데, 아브라함은 거기에 대고 아무 말도 하지 않는다. 심지어는 인사조차 없다. 설혹 인사를 못 하는 한이 있더라도, 하나님이 마지막 말을 맺으신 것으로 대화를 마치기를 권한다. 그걸로 충분하기 때문이다.


## 나는 웃을 것이다

이제 아브라함은 혼자 남겨졌다. 14년 만에 찾아오신 하나님은 당신이 할 말만 쏟아놓고 다시 휙 하고 올라가셨다. 아브라함은 상당히 허전하지 않았을까? 우리도 하나님과 교제할 때 허전함과 상실감을 느낄 때가 있다. 그런데 이런 시점이 사실은 신앙의 분기점이다. 여기서 어떻게 행동하느냐에 따라서 신앙이 탄탄해질 수도 있고, 다시 헤매는 길로 들어설 수도 있다.

인생을 좀 살아보면 하나님의 임재가 확연히 느껴질 때가 있다. 그분이 내 삶에 살아서 역사하시는 것이 마구 눈에 들어올 때가 있다. 그랬던 하나님이 어느 날은 갑자기 온데간데없이 사라지신다. 정말로 환장할 노릇이다. 이럴 때 창 17장이 우리가 해야 하는 행동의 기준을 제시한다. 그 기준은 하나님이 내 곁에 계셨을 때 하셨던 말씀을 기억하고, 묵묵히 그것을 실천으로 옮기는 것이다.

창 17:23으로 말씀을 옮겨가면, 아브라함은 자신이 실천할 수 있는 일을 행동으로 옮기고 있다. 이제는 하나님이 갑자기 올라가 버리셨을 뿐 아니라, 눈에 보이지도 않으니 시키신 일을 하지 않아도 그만이다. 그러나 이 늙은 할아버지는 집안 식구들을 죄다 모아놓고 할례를 행한다. 이건 결코 쉬운 일이 아니다. 온 집안이 할례를 받으면 상처가 아물 때까지 집안의 노동력이 일정 기간 사라지는 것은 불문가지(不問可知)다. 나이가 든 사람들은 당연히 회복에 더 많은 시간이 걸리게 마련이다.

창세기 뒷부분을 보면, 야곱의 아들들이 세겜 족속 남자들에게 할례를 받게 해서 그들이 전투력을 잃어버렸을 때 쳐들어가서 디나의 복수를 했던 이야기가 있다. 그만큼 할례를 받는 것은 사람들에게 고통스럽고 쉽지 않은 일이었다. 하지만 아브라함은 식솔들과 함께 그 일을 실천했다. 이 실천은 참으로 위대해 보인다. 왜냐하면 하나님이 보시는 앞에서 의도를 갖고 행한 것이 아니라, 그분이 떠나가신 시점에서 행동으로 옮긴 것이기 때문이다.

그는 하나님이 계시지 않는 공백을 자신의 실천으로 메웠다. 우리 삶에서 하나님이 떠나신 것처럼 느껴질 때 해야 하는 일은 자명하다. 이럴 때는 그분이 말씀하신 것을 실천하면 된다. 그분이 내게 하셨던 말씀과 선한 일을 기억하고, 그 가운데 실천할 부분을 찾아 행하는 것이 사라지신 하나님과 연결되는 유일한 방법이다.

하나님이 보이지 않을 때, 말씀대로 실천하는 것은 쉬운 일이 아니다. 낙심도 하고 염려도 할 수 있지만, 소망만큼은 버리지 않아야 실천할 수 있다. 말씀을 조금 잡아당겨서 창 18:22와 본문을 연결해 보면 재미있을듯하다. 부부는 닮았다. 잘 웃었다. 창 17장에서 하나님이 이름을 바꾸라 하시고, 아브라함의 아내 사라에게 자손이 있을 것이라고 하시자 아브라함이 웃었다. "내가 곧 백 세여, 아내는 아흔이여!"

그런데 창 18장에 가서도 비슷한 일이 반복된다. 이번에는 아브라함이 아닌 사라가 웃었다. 장막 뒤에 숨어서 하나님의 천사와 아브라함이 주고받는 말을 듣다가 "뭘 이리 늙었는데" 하면서 웃은 것이다. 창 17장과 18장에 기록된 이들 부부의 웃음은 이미 언급한 것처럼 그리 긍정적인 것이 아니었다. "예"라고 하기도 그렇고 "아니"라고 하기도 그런 멋쩍은 상황에서 나오는 웃음이었다. 임마누엘 칸트(Immanuel Kant)는 이렇게 말했다. "큰 기대가 소소한 것으로 축소될 때 웃음이 터진다." 허버트 스펜서(Herbert Spencer)라는 학자도 이와 비슷한 말을 했다. "의식이 굉장한 일에서 사소한 일로 불시에 전이할 때 감정과 감각은 신체 운동(웃음)을 발생한다."

하나님이 뭔가 어마어마한 것을 주실 것으로 기대했는데, 정작 백세 된 부부가 아이를 낳을 것이라는 소설 같은 이야기를 듣는 것으로 그쳤으니 긴장이 풀렸던 것일까. 이런 설명들이 웃음이 터진 이유로 합당할는지 모르겠다. 웃었든지 말았든지 이야기가 여기서 끝난 것은 아니었다. 기대는 작아졌을지 몰라도, 소망이 완전히 없어진 것은 아니었기 때문이다.

그가 소망을 버리고 하나님을 떠났다면, 말씀을 실천할 까닭이 없었다. 하지만 그는 주신 말씀을 묵묵히 실천했으니, 웃긴 했어도 소망은 있었다는 말이다. 여기서 한 번 더 훨씬 뒤에 있는 말씀을 끌어당겨보자. 창 21:6을 보면, 사라가 하나님이 자기를 웃게 하셨다고 고백한다. "사라가 이르되 하나님이 나를 웃게 하시니 듣는 자가 다 나와 함께 웃으리로다". 이 웃음은 그야말로 기쁨에 가득 찬 것이었다. 이전의 웃음과는 완전히 다른 종류의 것이었다. 처음에는 어이가 없어서 웃어도 좋다. 작은 소망이라도 지니고만 있으면, 마지막에 진짜로 웃을 일이 터진다.

아브라함에게 마침내 아들을 낳는 날이 왔다. 그들 부부가 백 살에 품에 안은 아들의 이름은 '이츠하크'(יִצְחָק)였다. 이 말의 뜻은 '그가 웃는다'이다. 도대체 이 말에서 주어인 '그'(남성 3인칭 단수)가 누구인가. 물론 구체적으로는 알 수가 없다. 사라가 주어를 밝히지 않은 까닭이다. 따라서 주어는 하나님도 될 수 있고, 이삭 자신도 될 수 있으며, 또 아브라함이 될 수도 있다. 심지어 그 일을 지켜본 모든 이들도

다 주어가 될 수 있다. 사라는 "듣는 자가 다 나와 함께 웃으리로다" (콜 하쇼메아 이츠하크 리/כׇּל־הַשֹּׁמֵעַ יִצְחַק־לִי)라고 말함으로써 주어 안에 모든 사람을 다 포함시키고 있다. 이 문장 속에서 사용된 '콜'(כׇּל)은 그야말로 모든 사람을 가리킨다. 사라가 그녀의 말 속에서 '모든 사람'과 '웃는다'(이츠하크/יִצְחַק)를 일직선으로 연결한 것이다. 주어가 누가 됐든 무슨 상관이랴. 소망이 이뤄지고 믿음이 사실로 증명되면, 그것으로 충분하다.

결론은 이렇다. 다른 사람이 아닌 내가 웃을 수 있어야 한다. 나는 혹시 순종에 지쳐서 소화불량에 걸려있는 상태는 아닌가? 현실을 거스를 수 없는데 하나님이 고집을 부리시기 때문에 어쩔 줄 몰라하고 있는 것은 아닌가? 혹은 하나님이 옆에 계시다가 그냥 휙 하고 사라지신 상태는 아닌가? 하나님이 하신 말씀에 헛웃음이 나오는 것은 아닌가? 걱정하지 말라. 작은 소망이라도 가지고 있으면 절대로 상황 종료는 아니다. 지금은 허전해도 말씀을 실천하면서 기다리면, 달라질 때가 온다. 처음부터 활짝 웃을 수 있으면 좋으련만, 사람에게는 그것이 어렵다. 희미하게 웃는다 해도 소망만 있다면 문제는 없다. 진짜로 웃을 날이 오지 않겠는가.

**창세기 18장 1-8절**

"여호와께서 마므레의 상수리나무들이 있는 곳에서 아브라함에게 나타나시니라 날이 뜨거울 때에 그가 장막 문에 앉아 있다가 눈을 들어 본즉 사람 셋이 맞은편에 서 있는지라 그가 그들을 보자 곧 장막 문에서 달려나가 영접하며 몸을 땅에 굽혀 이르되 내 주여 내가 주께 은혜를 입었사오면 원하건대 종을 떠나 지나가지 마시옵고 물을 조금 가져오게 하사 당신들의 발을 씻으시고 나무 아래에서 쉬소서…아브라함이 엉긴 젖과 우유와 하인이 요리한 송아지를 가져다가 그들 앞에 차려 놓고 나무 아래에 모셔 서매 그들이 먹으니라"

# 예배, 하나님과의 만남

창 17장에 이어서 18장에서도 하나님이 아브라함을 찾아오셨다. 이 방문은 뒷부분에 가서 소돔의 심판이라는 또 다른 주제와 연결되기도 하지만, 여전히 이삭의 출생을 우선적으로 겨냥하고 있다. 본문의 상황처럼, 하나님이 인간을 찾아오셔서 만남이 이뤄지는 사건을 뭐라고 정의할 수 있을까? 독일의 구약학자인 클라우스 베스터만(Claus Westermann)은 하나님과 사람이 만나는 사건을 곧 예배라고 해석했다. 그가 한 말을 잠깐 소개해보자. "예배란 완전하신 하나님이 불완전한 인간을 만나기 위해서 허리를 굽히고 찾아오시는 사건이다."

이 말을 처음 듣는 순간, 뭔가 섬광 같은 것이 눈앞으로 지나갔다. 하나님과 인간의 만남은 논리적으로 설명할 수 없을 만큼 엄청난 사건이다. 출애굽기를 읽어보면 이스라엘이 광야에서 하나님을 예배하기 위해서 만든 성소를 '오헬 모에드'(אֹהֶל מוֹעֵד)라고 불렀다. '오헬'(אֹהֶל)은 천막(tent)이란 뜻이고, '모에드'(מוֹעֵד)는 절기(appointed feast)나

만남(meeting)을 의미하는데, 이 단어에서는 만남이라는 의미로 쓰였다. 따라서 둘을 합친 단어를 편하게 직역하면 '만남의 장막'(the tent of meeting)이 된다. 이 장막에서 누가 만나길래 이름을 이리 지은 것인가? 하나님과 사람이 여기서 만난다는 것이 정답이다. 이 만남이 엄청난 사건이다.

우스갯소리를 한번 해보자. 어떤 아내가 남편에게 그러더란다. "당신은 내게 로또 같은 사람이에요!" 감격한 남편이 놀라서 "내가? 정말?"하고 콧소리를 했다. 아내가 말을 이었다. "응. 어쩜 이렇게 한 번을 안 맞을 수가 있는 거니." 이런 부부가 만나서 함께 오랜 세월을 살면서 삶을 만든다. 서로 생각이 다른 사람들이 만나서 부부가 되고 인생을 만들어내는 것이니 신통하긴 하지만, 그렇다고 해서 정신이 날아갈 정도로 놀라운 일은 아니다. 왜냐하면 다르긴 해도 부부는 둘 다 사람이어서 그 수준 차이가 크지 않기 때문이다. 본질적으로 같은 레벨인 인간끼리의 만남이 뭐가 그리 놀라운 일이겠는가.

그러나 하나님과 사람의 만남은 이것과는 본질적으로 다르다. 하나님은 창조주이시고 인간은 피조물이다. 아예 급이 다른 두 존재가 한 장소에서 만난다는 것은 근본적으로 허용될 수 없을 뿐 아니라, 가능하지도 않은 일이다. 이런 괴상한 사건이 일어난다면, 우리는 그것을 그냥 만남이라고 할 수 없고, 뭔가 특별한 말로 달리 불러야만 한다. 이 만남을 특정하는 전문용어가 '예배'이다. 예배는 사람이 아무렇게나 경험할 수 있는 평범한 사건이 아니다. 하나님을 만나는 것이기에, 이것은 사람의 역사를 뒤집어 놓는 '우주적인 사건'이다. 신앙인들이 하나님을 만나서 제대로 예배하면 삶이 달라진다.

1991년도에 미국에 처음 와서 영어를 막 배우기 시작했다. 하루 정도 미국 학생들을 만나서 그들과 어울려 놀면 영어가 확 달라지곤 했다. 단순히 사람들을 만나서 이야기하고 시시덕대는 것에 불과한 만남이었지만, 그것을 통해서 뭔가 변화가 일어났다. 그러니 우주를 만드신 분을 만나서 대화든 뭐든 한다면 어떻게 될까? 내 삶의 내용이 달라지지 않는 게 이상한 거다.

본문을 보면, 하나님과 아브라함이 만났다. 지금까지 설명한 대로라면, 예배 사건이 일어났다고 할 수 있다. 2-5절을 보면, 우리 눈에 확 띄는 단어들이 있다. '영접'이라든가, '몸을 땅에 굽혀' 또는 '떡을 가져오리니' 등의 표현들이 그것이다. 시간을 바꿔서 들여다보면, 오늘 우리가 사용하는 예배의 용어들과 다를 것이 없다. 유대 전승을 기반으로 구약에 관한 책을 썼던 나훔 싸르나(Nahum Sarna)는 본문을 "아브라함이 하나님을 만나서 그분에게 드린 환대가 곧 예배"라고 해석했다. 창 18장에서 아브라함은 하나님을 만나서 잔치를 베풀었고, 힘을 다해 그분을 환대했다. 이것이 그의 예배였다.


# 마음을 굽히라


하나님 일행이 아브라함을 찾아왔고, 아브라함은 몸을 굽혀 그분을 맞았다(2절). 아브라함이 최선을 다해서 경의를 표시했던 것이 만남의 한쪽을 그린 것이라면, 하나님께서 보여주신 대단한 성의는 또 다른 쪽에 있는 별개의 그림이다.

본문의 표현대로라면, 그 날은 기온이 높고 뜨거웠다. 건기의 팔레스틴 광야는 물 한 방울이 소중할 만큼 건조하고 뜨겁다. 온 천지에 뜨거움이 가득했지만, 하나님은 한낮의 열기를 헤치고 마므레 수풀로 아브라함을 찾아오셨다. 이 말은 곧 만남의 동기를 하나님이 만드셨다는 말이다. 하나님이 먼저 몸을 굽혀 아브라함을 찾지 않으셨다면 그날의 만남은 불가능했다. 우리가 믿는 하나님은 인간이 빌고 빌어야만 얼굴을 빼꼼히 내미는 분이 아니다. 하나님이 사람을 만나겠다고 결정하시고 먼저 찾아오신다.

하나님이 오셨기에, 아브라함은 그날 몸을 굽힐 수 있었다. 하나님은 아브라함뿐 아니라, 누구나의 삶에도 먼저 찾아오신다. 주님이 먼저 찾아오시니, 맞는 우리가 열심히 영접하는 것이 당연하다. 아브라함은 눈에 보이는 하나님을 향해 몸을 굽힘으로써 환대를 표현했다. 우리는 눈으로 하나님을 볼 수 없으니, 그분을 향해서 몸을 굽히고 싶어도 그리할 수가 없다. 그런 까닭으로 우리에게는 아브라함이 몸을 굽힌 것에 해당하는 뭔가 다른 영접의 행위를 만들어 내야 하는 숙제가 있다. 생각해보면 영접할 때 굽혀야 하는 행동이 반드시 몸에만 해당하는 것은 아니다. 마음을 숙이는 것도 굽힘의 범주에 들어간다. 마음을 굽히는 것은 그분에게로 내 마음이 접혀 넘어가는 것이다. 다른 말로 하면, 하나님을 나의 주인으로 인정하고 삶의 주권을 그분에게 드리는 것을 의미한다.

히브리인들은 성경을 읽다가 하나님의 이름이 나오면, 그것을 차마 소리내어 읽지 못했다. 흔히 우리가 '신명사문자'(Tetragrammaton/ $Τετραγράμματον$/하나님의 이름을 구성하는 네 개의 히브리어 철자)라고 부르는

'YHWH'(יהוה)가 너무나 거룩한 나머지 유대인들은 그 이름을 입 밖으로 내지도 못했다는 말이다. 심지어 성경을 베껴 쓰는 필사자들은 신명사문자가 나오면 글자 하나를 쓰기 전에 먼저 몸을 씻어야만 했다. 그러다 보니 하나님의 이름을 한 번 쓸 때마다 목욕을 네 번씩이나 해야 했다. 이럴 정도로 하나님의 이름을 높였으니, 본문을 읽다가 신명사문자가 나오면, 그 대신에 '주'(아도나이/אֲדֹנָי)라고 이름을 돌려서 부른 것은 아주 당연했다.

이런 습관이 이어지다 보니, 일반 백성들은 하나님의 이름을 어떻게 읽는지 결국 잊어버리고 말았다. 하나님의 이름을 읽는 전승은 대제사장 가문에만 전해져 내려오는 비밀스러운 것이 되었는데, 세월이 한참 흐른 뒤에는 이 지식 자체가 아예 사라져 버렸다. 오늘날 유대인들은 '하나님의 이름 상실'을 있는 그대로 받아들인다. 성경을 읽다가 하나님의 이름이 나오면, 그냥 "아도나이"로 읽든지, 아니면 자음을 그대로 발음해서 "요드, 헤이, 바브, 헤이"라고 표현한다. 신명사문자를 '여호와'로 발음하도록 붙여진 모음은 진짜가 아니다. 단지 '아도나이'의 모음을 빌려서 그 밑에 붙인 것에 불과하다. 하나님의 이름을 제대로 읽을 수가 없으니, 신명사문자가 성경에 나오면 '아도나이'로 읽으라고 권하는 모음이라고 생각하면 될 것이다.

많은 기독교인들이 성경을 읽을 때 하나님의 이름을 감히 '여호와'로 틀리게 발음한다. 우리가 하나님을 잘못된 이름인 '여호와'로 읽을 때마다 그분은 어찌 생각하실까? 전 세계에 하나님의 이름을 여호와로 발음하면서도 태연한 사람들은 한국의 기독교인 아니면 여호와의 증인들밖에 없다. 어떤 학자들은 하나님의 이름이 '하야'(היה)

의 사역형(hiphil stem)에서 왔다고 주장하면서, 그 이름을 '야훼'로 불러야 한다고 주장했다. 그러나 이 또한 가설에 불과하다. 대학 다닐 때 선배 한 명이 데모할 때 필요하다면서 공동번역을 찾았던 적이 있었다. 이해가 안 가서 이유를 물어보자, '야훼'가 '여호와'보다 훨씬 데모에 어울리는 강한 톤을 갖고 있어서 그런단 것이었다. 30년도 훨씬 넘은 세월 저편의 이야기다. 그 선배는 나중에 이름만 대면 알 수 있는 큰 교회로 청빙 받아 가서 목회를 했다. 그에게 물어보면 그 일을 기억할까?

소위 '쎈' 발음이 하나님의 이름이 될 수 있는 필요하고도 충분한 조건인가? 분명히 말할 수 있는 것은 개신교가 읽는 성경의 '여호와'든, 가톨릭이 사용하는 공동번역의 '야훼'든 둘 다 정확한 발음이 아니라는 사실이다. 마치 영철이를 영찰이로 부르는 것과 다름이 없다. 어찌 보면 이것도 일종의 신성모독 비스름한 것 아닌가 싶어서, 성경을 읽을 때마다 죄스럽기도 하고 개탄스럽기도 하다.

앞으로 새롭게 한글 성경을 번역하게 된다면, 이제는 이런 문제를 심도 있게 생각하고 반영해야 할 것이다. 하기는 하나님의 이름을 제대로 알아서 함부로 그것을 부르는 세태가 되면, 그건 또 어쩔까 싶어서 당혹스럽기도 하다. 어쩌면 그게 더 곤란한 상황을 초래할 수도 있겠다. 그런 이유로 해서 하나님은 작금의 몰(沒)신앙적인 문화를 미리 내다보신 끝에, 스스로 이름을 감추셨을지도 모르는 일이다. 허걱! 말해놓고 보니 진짜 그런 것도 같다.

다소 흥분해서 말하다 보니 잔소리가 너무 길어졌다. 하나님을 '나의 주'(아도나이)로 부르는 결단이 바로 우리의 마음을 굽히는 것이란 말을 하려던 것인데, 이렇게 말이 많아졌다. 하나님이 그냥 신으로 존재하시는 것과 나의 주가 되시는 것은 너무나 다르다. 전자는 하나님이 나와 아무런 상관이 없다는 의미이고, 후자는 하나님이 내 속으로 들어오셔서 내 삶을 다스린다는 것을 뜻하기 때문이다. 어떤 경우든지 내 생각을 뒤로 밀어놓고, 내 삶의 모든 결정사항을 그분에게 양도하는 것이 곧 '마음을 굽힘'이다. 예배자의 필요충분조건은 하나님이 그의 '주'가 되시는 데 있다. 이런 결단이 있을 때, 내 삶에서 비로소 예배가 시작된다.

## 하나님과 잔치하는 사람

이제 본격적인 예배가 시작되었다. 아브라함은 떡을 조금 가져오겠다고 하고서 고운 가루 '세 스아'를 꺼내어 떡을 만들었다. 곡식 '한 스아'는 어느 정도나 되는 양일까? 오늘날 발굴된 '스아급 용기'들에 통일성이 없어서 정확히 알 수는 없지만, 최소 5리터에서 최대 12리터까지의 융통성 있는 양이 '한 스아'라고 한다. 학자들은 주로 7리터 정도의 크기가 '한 스아'라는데 별 이의 없이 동의하는 편이다. 이쯤 되는 양이면, 밀가루를 '한 스아'만 가져도 세 사람이 배터지게 먹을 수 있다.

왕상 18:32을 보면, 엘리야가 갈멜 산에서 하나님께 제단을 쌓고 주변에 도랑을 팠는데, 그 도랑의 총 부피가 곡식 '두 스아'를 둘 만한 정도였다고 한다. 이 정도라면 아브라함이 준비한 가루의 양을 짐작할 만 하다. 그는 몇 사람이 먹을 것치고는 아주 많은 양을 준비했다. 그런데도 그는 손님들에게 떡을 '조금'(팟트 레헴/מַּת־לֶחֶם/a piece of bread) 가져오겠다고 말한다(5절). 번역을 그리해서 '조금'이지, 히브리어 원문으로는 그저 '한 조각'(a piece) 정도 가져오겠다고 한 것에 불과하다. 내숭인가, 아니면 지나치게 사람이 좋은 건가? '세 스아'를 어떻게 '조금'이라고 표현할 수 있는가 말이다. 그는 음식 만들 때 손이 '큰' 사람이었나 보다.

여기에 보태자면, 양만 그런 것이 아니다. 질에 있어서도 그는 확실했다. 빵(떡)을 만든 재료가 거친 가루가 아니라 고운 가루(케마흐 솔레트/קֶמַח סֹלֶת)였기 때문이다. 고대 중동에서는 평상시에 먹는 음식을 만들 때는 가루를 곱게 갈아서 사용하지 않았다. 그냥 껍질째로 대충 갈아 준비한 밀가루로 음식을 만들곤 했다. 이런 가루를 흔히 '솔레트'(סֹלֶת)라고 부른다. 그러나 밀의 껍질을 벗기고 곱게 빻아 체에 거른 고운 가루는 '케마흐 솔레트'(קֶמַח סֹלֶת)로 달리 불렀다. 이 고운 가루는 신에게 제물을 드릴 때나 사용하는 것이었다. 따라서 아브라함이 빵(떡)을 만들 때 사용한 가루는 원래 제사에 적합한 것이었다. 당연한 일이긴 하지만, 그는 그렇게 귀한 가루를 망설이지 않고 하나님께 내어놓았다. 이쯤 되면 그가 어떤 자세로 하나님을 영접했는지 눈에 잡힌다.

이 부분을 읽으면서 가나안으로 오려는 아브라함의 결단이 어떻게 가능했는지, 또 어떻게 아들까지 바치려 할 수 있었는지 의문이 많이 풀렸다. 또한 하나님이 아브라함을 왜 그토록 사랑하셨는지도 이해할 수 있었다. 그가 하나님을 향해 갖고 있던 기본 자세는 평범하지 않았다. 그는 우리가 보기에 엄청나게 큰 것을 하나님께 드리면서도, "조금"이라고 마음을 표현하는 사람이었다. 자신의 큰 헌신을 결코 큰 것으로 드러내지 않았다. 아브라함은 은혜를 아는 사람이었고, 대단히 겸손한 사람이었다. 하나님은 자기에게 조금만 주셔도 엄청나게 주시는 것이고, 자신은 아무리 큰 것을 드려도 조금에 불과하다는 것이다. 이런 사람이니 '가나안 이주'나 '아케다'(Akedah/'묶음'이라는 뜻을 가지고 있으며, 유대인들은 창 22장에서 이삭을 묶어서 제단에 올린 사건을 이같이 부름) 같이 큰 헌신을 그다지 어렵지 않게 해냈던 것 아닐까 싶다.

늘 큰일을 하는 것마냥 스스로 자신을 평가하는 사람은 결코 큰 헌신을 하지 못한다. 조금 내어놓고는 행세를 하기 일쑤라면 거기에 결코 '커다란 드림'은 있을 수 없다. 그런데 아브라함은 삶 전체를 다 바치고도, "그까짓게 뭘"이라고 할 수 있는 사람이었다. 이런 모습을 보니 이 사람이 가졌던 신앙에 질투가 쪼금 생긴다. 하나님은 그날 고운 가루로 만든 엄청난 양의 빵을 받으신 것이 아니라, 그의 마음을 받으셨다.

막 12:42-45을 보면, 가난한 과부가 두 렙돈(λεπτόν)을 드렸다. 렙돈은 아주 옛날 돈이니 오늘날로 가치를 환산하기는 어렵지만, 얼마 안 되는 돈인 것만은 분명하다. 이 돈은 하스모니안 왕조(Hasmonean dynasty)의 알렉산더 얀네우스(Alexander Jannaeus) 치세 때(B.C 103-76)에 만들어졌으니, 예수님 시대보다 훨씬 이전에 통용되기 시작했다. 적어도 주후 1세기까지 유통되었던 것으로 보이며, 당시에는 액면 가치가 가장 적은 돈이었다. 또한 계속 만들지도 않아서 동전들이 형편 없이 낡았고, 그런 연고로 사람들에게 천시받았다. 동전의 지름이 반인치 정도에 불과했으니, 그저 오늘날의 연필 지우개만 한 크기라고 생각하면 될 것이다. 로마 정부 입장에서는 하스모니안 왕조가 만든 돈이니 기분은 나빴겠지만, 워낙 형편없는 액면가의 돈이었기 때문에 별로 신경을 쓰지 않았다. 실제로 돈의 가치가 너무 적고 모양도 좀 아니어서, 유대인들을 심리적으로 낡고 자존심을 상하게 하기 위해서 일부러 유통을 허락했다는 전설이 있을 정도다.

이런 돈 두 닢을 드렸으니 과부들은 정말 보잘것없는 헌금을 했다. 그런데도 예수님은 그것이 엄청난 헌신이었다고 칭찬하셨다. 과부는 당시 사회에서 보호 대상인 동시에 수탈의 대상이었다. 함께 막 12장에 모습을 드러낸 서기관은 과부의 것을 빼앗는 천적으로 등장한다. "과부의 가산을 삼키며"(막 12:40). 과부가 뺏기다 못해 남은 것이 없는 상태에서 그녀의 모든 것을 드렸다고 추론하기에 부족함이 없는 무대 설정이다. 그러니 그 값을 어찌 객관적으로 산정할 수 있을 것인가? 이런 자신의 행동을 과부는 어떻게 평가할까? 과연 하나님께 '많이' 드렸다고 생각할지 궁금하다. 아무래도 그런 모습은 상상하기 어렵다. 진실로 다 바치고도 엄청 부족하다고 말하지 않을까?

그녀와 아브라함은 시대를 뛰어넘어서 서로 연결되는 부분이 있다. 하나님께 모든 것을 드려도, 그것이 부족하다고 생각하는 마음이 우리에게도 필요하다. 하나님이 보시는 것은 그 마음이다. 아브라함이 그날 하나님을 위해서 준비했던 잔치는 화려한 음식을 먹는 '파뤼'(party)가 아니었다. 음식 뒤에 숨겨진 아브라함의 마음을 음미하는 잔치였다. 하나님은 그것을 제일 맛나게 드셨다.

# 다소 흥분했다

하나님을 맞는 아브라함의 다른 특징이 하나 더 있다. 그것은 바로 '흥분'이다. 그는 엄청나게 수선을 떨었다. 이 표현을 쉽게 이해하려면, 그가 했던 준비와 차린 음식을 살펴봐야 한다. 우선 그는 달려가서 손수 음식을 요리한다. 그런 나머지 자기 손이 모자라자 하인들까지 동원했다. 여러 명의 요리사가 달라붙어야 했던 음식 재료도 대단하다. 먼저 송아지 고기가 있다. 이것은 당시에 일반 식탁에 오르는 음식이 아니었다. 목축업자가 대접할 수 있는 가장 최고의 음식이 송아지였다. 오늘날에도 부드러운 송아지 고기는 일품에 해당하는 먹거리다. 거기에 엉긴 젖도 등장한다. 현대의 음식으로 치자면 요거트인데, 사람이 먹는 음식이 아니라 신에게 바쳐지던 음식이었다. 우유도 귀하긴 마찬가지였다. 이런 귀한 음식들과 함께 엄청난 양의 빵이 식탁에 쌓여 있었다.

더욱 흥미로운 것은 음식을 차려놓고, 아브라함이 같이 앉아서 먹지 않았다는 사실이다. 8절을 보면, '모셔 서매'라는 구절이 있다. 행간을 보자면 아브라함은 옆에 서서 시중을 들었던 것 같다. 잔치를 하는 아브라함의 전체적인 모습을 보면 약간 붕 떠 있다. 부산스럽기조차 하다. 이 정도의 음식이면 객관적으로, 그리고 이성적으로 계산해서 양을 맞춘 것이 아니다. 그는 분명히 흥분해서 도를 넘고 있다. 이 많은 음식을 어찌 셋이서 다 먹을 수 있겠는가.

밥상 위를 점검해보면, 거기에 적어도 냉철한 파티 플래너의 모습은 전혀 없다. 그런데 뜻밖으로 도에 넘쳤던 모든 것과 더불어 이 잔치는 따뜻해 보인다. 다소 과했던 잔치의 모습은 전혀 흠이 아니었다. 음식을 만드는 사람과 드시는 하나님이 다 즐거워했다. 잔치를 지배하던 정서는 '비록 부산스럽고 음식의 양을 맞추지 못했어도 어떠랴'는 것이었다. 격식에 딱 맞는 예절과 자로 잰듯한 음식의 양이 무엇이 중요한가. 하나님이 보시는 것은 경황없음 가운데 자리한 빛나는 마음과 본질이다. 격식을 칼같이 맞추었음에도 입이 잔뜩 튀어나온 채로 잔치를 차리는 것 보다는, 다소 형식이 부족하고 경황이 없어도 기쁜 마음이 더 소중한 것 아닐까.

예배는 하나님 때문에 흥분하는 것이다. 냉철함을 유지하기보다는 우왕좌왕하는 것이 예배의 진짜 살아있는 모습이다. 화음을 기술적으로 정확하게 맞추는 대형 찬양대의 음악이 없어도, 예배 형식이 예전적으로 딱 들어맞지 않아도, 그리고 좀 실수를 해도 좋다. 예배가 하나님을 만나는 것이라면, 오히려 마음이 격동되어서 부산을 떨어야 정상이기 때문이다. 우리가 만남을 기뻐한 나머지 들떠서 실수라도 할라치면, 하나님은 그걸 더 기뻐하시기 때문이다.

> **창세기 18장 9-15절**
> "…그가 이르시되 내년 이맘때 내가 반드시 네게로 돌아오리니 네 아내 사라에게 아들이 있으리라 하시니 사라가 그 뒤 장막 문에서 들었더라 아브라함과 사라는 나이가 많아 늙었고 사라에게는 여성의 생리가 끊어졌는지라 사라가 속으로 웃고 이르되 내가 노쇠하였고 내 주인도 늙었으니 내게 무슨 즐거움이 있으리요…"

# 하나님이 찾아오신 진짜 이유

아브라함이 베푼 잔치가 파할 무렵에, 기분이 좋아지신 하나님이 아브라함을 찾아오신 속내를 털어놓으신다. 무려 24년 전에 하셨던 후손의 약속을 확실히 하고프단 것이었다. 아브라함은 그의 나이 75세에 약속을 얻었고, 이제는 100세에 가까운 나이가 되었다. 인간의 시간 단위로 치자면, 정말 오래 기다린 것이다.

본문은 약속이 언제 이뤄질지 궁금해하며 기다리던 99세의 할아버지가 이제는 모든 것을 내려놓고, 하나님이 들러주신 것만 해도 기뻐서 잔치를 벌이고 그분과 대화하는 이야기다. 항상 생각하는 것이지만, 아무리 믿음이 좋았다 해도 아브라함 또한 평범한 사람의 한계를 벗어날 수는 없었다. 그는 창 15장에서 양자를 들이겠다는 계획이 있음을 드러내면서 하나님께 항의하기도 했고, 창 16장으로 가면서는 기다리다 지쳐서 그만 이스마엘을 낳는 실수도 저질렀다. 그동안 한계가 있는 평범한 인간으로 살아왔던 것이다. 반면에 하나님은 그 세월 동안 어떠하셨던가? 하나님은 그분대로 상당히 고집스러운 면을 보여주셨다. 아브라함이 사그라드는 모습을 보시면서도 오랫동안 별말씀이 없으셨다. 이러면서 시간이 흘러가다 보니 어느덧 아브라함이 99세가 되었다.

사람이 나이가 든다는 것은 어떤 의미가 있을까? 뭐랄까, 일반적으로 사람의 심리적 나이와 실제 나이는 차이가 크게 나기 마련이다. 당연히 심리적 나이는 육신의 나이보다 훨씬 젊다. 나이가 팔십인데 마음만은 아직도 이팔청춘이라고 말하는 분들을 여럿 봤다. 그러다가 어느 시점에 이르게 되면, 더는 젊다는 이야기를 할 수 없게 되고, 다시는 뒤로 되돌아갈 수 없다고 심리적으로 인정하는 때가 찾아온다. 창 18장에서 하나님이 아브라함을 찾아오신 때는, 그에게 딱 그런 시점이었다. 하나님은 왜 그때까지 기다리신 것일까? 그에게 능력이 있을 때 뭔가 하셔서 아들을 주셨다면 훨씬 더 좋지 않았을까? 왜 하나님은 아브라함이 철저하게 무력해졌을 때 비로소 그를 찾아오신 것인가?

식사를 끝내신 하나님이 갑자기 사라를 찾으셨다. 그녀가 장막에 있다는 대답을 들으신 하나님이 뜬금없이 내년 이맘때에는 사라가 아들을 낳을 것이라고 말씀하셨다. 그 시대의 장막은 당연히 방음설비가 부족했다. 층간소음이랄지, 그 비슷한 것이 발생하면서 하나님의 말씀이 사라가 있던 장막에까지 들렸다. 아들을 낳을 것이라는 말을 들은 사라는 과연 어찌 반응했는가? 말씀을 긍정적으로 받아들이고, 좋아했다면 그것이 더 이상한 일이다. "사라가 속으로 웃고 이르되 내가 노쇠하였고 내 주인도 늙었으니 내게 무슨 즐거움이 있으리요(창 18:12)".

여기서 '즐거움'은 히브리어 '애드나'(עֶדְנָה)를 옮긴 것이다. 복잡하지 않게 설명하자면, 이 단어는 인간의 생산기능이 온전히 쇠퇴한 이후에라도, 뇌의 기억 속에 끈질기게 남아있을 수 있는 '성적인 욕망'을 의미한다. 물론 다른 견해도 있다. 나훔 싸르나(N. Sarna)같은 학자는 이것을 자녀 생산에 필요한 '몸의 습기'(abundant moisture)로 해석하면서, 이것이 다 없어지면 육신의 능력으로는 자녀 생산이 불가능해지는 것이라고 주장했다. 둘 중의 어느 설명이 더 그럴듯할까? 문맥으로 살펴보면, 앞엣것이 더 낫다. 나이가 백 세 가까이 되어서 몸의 생산 능력이 없어진 것은 말할 것도 없지만, 이제는 사람의 머릿속에서나 가능할 욕망마저 사라진 것으로 읽는 편이 사실에 가깝게 들린다.

이렇게 이해하면, 하나님이 기다리신 것이 무엇인지 아주 분명하게 알 수 있다. 아브라함의 몸에서 진이 다 빠지고, 그것을 넘어서서 머리에서 본능적인 생각마저 빠져나갈 때까지 하나님께서 기다리신 것이라고 하면 이해가 가는가? 간단히 말하면 인간의 가능성이 단 한 톨도 남아있지 않고 사라질 때까지 움직이지 않으신 것이다. 그리고 시간이 마구 흘러서 인간의 힘이 아니라 오로지 하나님이 일으키시는 기적으로만 아들을 낳을 수 있는 시점이 오자, '짠'하고 아브라함에게 나타나셨다. 그것이 그의 나이 99세 때의 일이었다.

구약의 중요한 주제들 가운데, '불임'(barrenness)은 상당한 의미를 가진다. 인간의 능력으로 무엇을 이룰 가능성이 조금이라도 있을 때 결과물이 주어지면, 사람은 하나님을 인정하지 않는다. 그것이 속을 다 들추어낸 후에 보이는 인간의 솔직한 모습이다. 인간의 힘이 완전히 빠져서 가능성이 철저히 없어지면, 그때야 하나님이 오롯이 일을 이루셨다고 고백하는 것이다.

따라서 하나님의 늦은 등장은 아주 분명한 메시지를 던져준다. 세상의 역사를 움직이는 힘의 차원은 인간이 간섭할 수 없는 하나님의 영역이라는 거다. 특히 구원사는 더 말할 것이 없다. 구원 역사의 흐름 속에 들어있는 이삭의 탄생이나, 애굽 이주와 출애굽, 또는 가나안 진입 후에 일어난 사건들을 보면, 사람의 힘이 철저하게 배제되어

있다. 그런 상황에서 구원의 역사가 일어나야 사람들이 하나님의 구원 행동을 인정하게 되는 것이다.

예컨대 사사기에 나오는 기드온의 전쟁을 한 번 살펴보자. 이스라엘이 미디안과 전쟁을 하게 되었다. 군대가 모여들자, 하나님이 오히려 고개를 저으신다. 삿 7:2을 보면 "백성이 너무 많은즉…이스라엘이 나를 거슬러 스스로 자랑하기를 내 손이 나를 구원하였다"할까봐 하나님이 걱정하고 계신다. 결국 하나님은 놀랍게도 전쟁하러 온 백성들을 거의 다 돌려보내고 있다.

하롯(חֲרֹד)샘은 오늘날의 간헐천(geyser)과 비슷한 성격의 샘이다. '하롯'의 어원인 '하라드'(חָרַד)의 뜻이 '떨림'이니, 갑자기 물이 부르르 떨어대는 모습이 거기 모인 사람들에게 두려움을 줄 수가 있었다. 그런 까닭으로 하롯 샘에서 튀어 오르는 물의 위협이 사람들을 가르는 기준이 되었다. 두려움이 뭔지 아는 사람들은 떠나고, 세상에 겁이라는 게 뭔지 도통 모르는 만 명이 남았다. 이제 마지막으로 사람을 구분하기 위해서 기드온은 이들로 하여금 샘에서 물을 마시게 한다. 샘이 떨어대긴 해도 수질은 괜찮았나 보다. 결과적으로 개가 물을 먹는 것처럼 핥아먹은 사람 300명이 최종적으로 남았다. 쉽게 말하면 몸을 굽혀서 자세를 낮추어 은폐와 엄폐를 시전한 후에 물을 먹은 사람들은 돌아갔고, 그저 개 비슷하게 물을 마신 사람만 300명이 남은 것이다.

많은 이들이 "기드온과 삼백 용사"라는 말을 즐겨 쓴다. 이것이 정녕 사실에 입각한 표현이던가? 아니라고 보는 게 정확하다. 그들은 싸움에 동원되었다는 것만 빼면 '용사'라는 거창한 표현에 어울리는 사람들이 전혀 아니었다. 왜냐하면 군사로서의 자질이 한참 부족한 부류였기 때문이다. 그날 거기 남은 300명은 세상에 겁나는 일도 없고, 성격도 개와 비슷한 사람들이었다. 이쯤 되면 이들을 잘 훈련해서 군사로 써먹는다는 건 병법의 천재인 '손자'가 와도 안 되는 일이었다. 이런 한심한 사람들을 통솔해서 미디안과 싸워 이기는 것은 인간의 계산으로는 완전히 불가능했다.

그런데도 이스라엘은 이겼다. 그것도 빈 항아리와 횃불로 싸운 전쟁에서 말이다. 전쟁은 사람이 하는 일이 아니다. 오로지 그 결과가 하나님에게 달려있다는 것이 모든 전쟁 이야기의 핵심 아니겠는가. 무엇이든지 하나님의 능력에 온전히 의지하는 상황이 될 때 하나님은 일하신다. 아브라함 역시 마찬가지였다. 이삭의 탄생이 하나님께만 온전히 달려있는 때가 이르자, 아브라함은 포기했고 하나님은 움직이셨다. 이것이 신앙적인 관점에서 바라본 이삭의 탄생 비화이다.


## 나의 '아흔 아홉'에 찾아오시는 하나님

아직도 내가 뭔가 하고 싶어서 안달일 때가 있다. 내 능력을 하나님이 좀 알아주시면 좋겠고, 또 그것을 발휘할 수 있는 곳에 나를 써먹으시면 좋겠다고 바란다. 그러나 다 하릴없는 생각이다. 하나님은 내가 나의 힘만으로 무엇을 하기를 원치 않으신다. 그 이유는 나를 너무나 사랑하시기 때문이고, 또 온전히 하나님의 사람으로 만들고 싶기 때문이다.

하나님 앞에서 힘자랑할라치면 그분은 모습을 감추신다. 내 진이 다 빠져서 헐떡거리는 모습으로 항복하면 그때 모습을 드러내신다. 그래서 신앙적으로 살고 싶다면, 내 힘을 과시하려는 생각일랑은 빨리 포기하는 게 좋을 듯싶다. 아브라함은 육신을 넘어서 의식 속에서까지 완벽하게 항복하자 아들을 얻었다. 뭔가 이뤄지는 것을 내 눈으로 확인하고 싶다면, 철저하게 하나님에게 기댈 일이다. 그분이 무언가 하시면 좋고, 아니어도 하나님의 뜻이라고 믿어야 한다. 그리고 결과를 온전히 하나님에게 맡기면 그분이 다 알아서 하실 것이다. 내가 염려하거나 신경 쓸 일이 없으니 얼마나 좋은가.

---

**창세기 19장 1-3절**
"저녁 때에 그 두 천사가 소돔에 이르니 마침 롯이 소돔 성문에 앉아 있다가 그들을 보고 일어나 영접하고 땅에 엎드려 절하며 이르되 내 주여 돌이켜 종의 집으로 들어와 발을 씻고 주무시고 일찍이 일어나 갈 길을 가소서…"

---

## 패자는 말이 없다

창세기 속의 아브라함 이야기에서 뺄 수 없는 인물이 한 사람 있다. 그의 이름은 '롯'이다. 그는 창세기 속에서 아브라함의 라이벌인 동시에 동지이기도 했으며, 가나안 이주 초기부터 역사를 함께 만들어낸 사람이다. 창 11장을 보면, 롯의 아버지 하란은 아브라함의 형제였는데 그만 우르에서 죽었다. 이후 롯은 할아버지 데라와 함께 살았다. 그 후에 아브라함이 가나안으로 떠날 때 그를 데려간 것을 보면, 데라가 죽은 다음에는 아브라함이 조카 롯을 거두어서 같이 살았던 것으로 보인다. 그때로부터 언약을 중심으로 한 족장들의 역사(patriarchal history)가 시작되었다.

특히 아브라함과 관련된 이야기들을 세심하게 읽어보면, 규모가 만만치 않다. 한 사람이 혼자서 사건들을 쥐락펴락하며 많은 일을 성취해 나갔을 것이라고는 생각하기 힘들다. 사실 가나안 이주의 역사는 아브라함이 혼자 이룬 것이 아니다. 롯이라든가 그 외에 아브라함을 돕는 많은 사람이 그와 함께 이야기를 써나갔다고 보아야 한다. 그런 까닭으로 드러나지 않은 이야기 속에는 이들이 함께 얽힌 뒷모습이 많았다고 말해야 정직하다.

그렇다면 창세기 안에서 왜 상대적으로 다른 사람들, 특히 롯의 이야기 분량이 아브라함 것에 비해서 적은지가 궁금해진다. 창세기는 구전(oral tradition)이나 쪽문서(fragment)를 통해서 이야기가 전해져 내려오다가 모세 이후가 되어서야 문서로 만들어졌다. 따라서 이 책은 이미 역사가 진행되어서 결과가 드러난 다음에 전체가 기록된 것으로 이해해야 한다. 이렇게 보면, 당연히 언약 전승에서 벗어나거나 실패한 사람들의 이야기는 상대적으로 그 양이 줄어들 수밖에 없다. 롯의 이야기 분량이 적고, 그나마 긍정적인 내용이 많지 않은 것에는 다 이유가 있어 보인다.

한마디로 하면, 패자는 말이 없는 법이다. 시작은 같았지만, 끝이 달랐다고나 할까. 둘의 확연한 출연 분량 차이가 이것을 말해준다. 롯에 관한 본격적인 이야기는 '흑역사'로 가득했던 애굽 여행에서 돌아온 다음부터 시작된다. 아브라함과 롯은 이후에 갈라서는데, 그 시점에서 그동안 나타나지 않았던 롯의 가치관이 비로소 드러난다. 그것이 아브라함과 그의 승부에 있어서 승패를 갈랐다. 그의 가치관은 무엇이었던가.

## 나는 성공한 사람이야

창 19장에서 하나님의 천사가 소돔에 모습을 드러내었다. 구약에서는 하나님의 천사가 나타나면 그것이 곧 '신현'이었으니, 천사들의 등장을 하나님의 나타나심으로 해석해도 무리가 없다. 저녁 어스름을 헤치고 하나님의 천사가 등장하자, 성문에 앉아있던 롯이 마치 아브라함이 그랬던 것처럼 그들을 영접한다.

사실 일반적으로 낯선 과객에게 친절을 베푸는 것은 당시 중동 사람들에게 있어서 이례적인 것이 아니었다. 지금은 국지 전쟁 때문에 좀 살벌해졌지만, 비교적 최근까지도 중동 사람들은 낯선 이들에게 기본적으로 친절했다. 롯 역시 그런 모습에 어긋나지 않게 천사들을 영접했다고 보인다. 그의 영접은 과연 아브라함이 했던 것에 버금갈만한 환대였을까? 아니면 당시의 문화적 관습에 따른 일반적인 대접이었을까? 두 사람 다 대접이라는 의례를 보였다. 그러나 내용은 조금 달랐다.

아브라함은 가볍게 흥분한 탓이었는지, 자연스러운 환대의 모습을 멀찍이 넘어선 '고퀄'(높은 수준)의 영접을 보여주었다. 하지만 롯은 그렇지 않았다. 한 마디로 평범하게 나그네를 대접하는 수준을 결코 넘지 않고 있다. 다른 과객을 대할 때와 똑같이 무교병을 구워서 하나님의 천사를 대접한 것으로 끝이었다. 쉽게 말하면 아브라함에게는 절실함과 뜨거움이 있었지만, 롯에게는 그것이 보이지 않는다. 왜 롯은 소돔의 참담한 현실 앞에서 하나님의 천사를 만났는데도, 절실한 모습을 보이지 않았는지 궁금하다. 상식적으로 생각하면, 그는 아브라함보다 더 뜨겁게 자신을 구원해달라고, 뭔가 좀 보여달라고 부르짖었어야 마땅하다. 오히려 아브라함보다 더 엄청난 식사를 준비하고 훨씬 진지한 태도로 잔치를 벌였어야 했다는 말이다. 그렇지만 그는 그렇게 하지 않았다.

롯의 태도를 이해하기 위해서는 그의 삶을 잘 살펴볼 필요가 있다. 눈을 크게 뜨면, 그가 절실하지 않았던 이유가 보일 듯도 하다. 창세기는 소돔과 고모라 사람의 일부가 하나님께 탄식하고 부르짖었다고 기록하고 있다. 롯 역시 소돔과 고모라에서 탄식하고 부르짖은 사람 중의 하나였을까? 답은 NCND(Neither confirm nor deny)이다. 심증이 있어도 사실을 확인해주기 곤란할 때 사용하는 외교적 수사를 여기서 끄집어낼 수 밖에 없다. 구체적인 정보가 없는 우리로서는 롯이 그런 사람인지 아닌지에 관해서 긍정도 부정도 할 수 없다. 그러나 그의 생각을 휘저어 보면 어느 정도 눈치를 채는 것은 가능하다. 소돔의 상황에 대한 롯의 생각과 그가 보여줬던 덤덤한 대접 사이에 모종의 관련이 있기 때문이다.

그는 낯선 곳에 밀고 들어가서 살만큼 나름대로 배짱이 있고 머리도 잘 돌아갔던 사람이었다. 단지 무엇보다도 재물에 욕심이 많았던 것이 문제였다. 그는 잘살고 싶어 했고, 그런 바람을 가졌던 결과로 당시에 가나안에서 제일 잘 나가던 소돔으로 가서 자리를 잡았다. 그러나 원통하게도(?) 그는 그곳의 원주민이 아니었다. 그러니 거기서 잘살긴 했어도, 평상시에 늘 조마조마한 심정으로 마음을 졸이고 살았을 것이 자명하다. 또 실제로 거주하는 동안 불이익을 당하는 일도 때로는 있었을 것이다. 소돔에서 살아온 세월 속에서 그의 마음에 쌓인 불만이 왜 없었겠는가. 그곳에서 일어나는 억울한 일들, 탄압, 그리고 경제적인 불평등에 대해서 마음속으로는 탄식했을 가능성이 높아 보인다.

후기 유대주의의 문학적 산물인 『토셉타』(Tosefta/주후 2세기경에 완성된 구전 율법 해석서이며, 미쉬나의 부록. 미쉬나를 만든 '타나임 랍비'들이 썼다)를 보면, '소돔의 부유한 원주민들은 낯선 방문객이 그곳에 찾아오면, 그들이 소유한 재물에 조금이라도 손해가 날 것을 우려해서 손님들을 겁박하고 폭력을 행사하곤 했다'는 내용이 있다. 토셉타 역시 고대의 기록이기 때문에, 거기 언급된 역사적 사실들은 충분히 신빙성이 있는 자료로 취급받는다. 롯 또한 이주민으로서 그곳에 들어가 살았으니, 소돔에서 살면서 이러한 겁박을 당했을 개연성이 얼마든지 있다. 우리의 눈으로 보면, 그의 속이 부글부글 끓었을 가능성이야 차고 넘친다.

그러면 겉모습도 속과 같았을까? 아니라고 본다. 겉모습은 속과는 상당히 달랐을 가능성이 높다. 롯(ּוֹל)은 속을 좀체 드러내지 않는 성격을 가진 사람이었을 것이다. 왜냐하면 그의 이름이 '속을 감춘다'는 뜻과 관련이 있기 때문이다. 실제로 '롯'이라는 이름은 '감추다'

(veil), 또는 '봉하다'(wrap)라는 뜻을 가진 단어에서 왔다. 구약의 인물들의 이름은 삶과 상당히 깊은 관련을 보여준다. 아브라함이나 이삭, 그리고 야곱의 경우를 보면, 그들의 이름은 각자의 삶을 반영한다. 롯이라는 이름 또한 예외일 수 없다. 어쨌거나 롯의 겉과 속이 다를 수밖에 없는 것은, 이름뿐만 아니라 그가 이주민임에도 불구하고 그곳에서 상당히 성공을 거두었으리라는 추측에도 기인한다.

무슨 이유로 롯의 성공을 언급하는지를 묻는다면, 그가 천사들을 발견하고 맞이한 곳이 바로 '성문'이었다는 사실을 대답의 근거로 제시할 수 있다. 고대 가나안에서 '성문'은 오늘날의 '타운 홀'(town hall/도청, 시청 또는 구청)과 비슷한 역할을 하는 장소였다. 말하자면 도시의 지도자들이 모여서 회의하는 곳이거나 또는 중요한 계약을 하는 자리였다. 때에 따라서는 성문에서 재판이 열리기도 했다. 가나안의 성문을 발굴해보면, 거기에 주탑과 경비병력이 머무는 방, 그리고 사람들이 모여 앉을 수 있는 널찍한 공간이 있었음을 알 수 있다. 실제로 '단'의 성문을 발굴해보니, 약 15피트(약 457㎝)정도 되는 긴 의자가 성문 벽에 붙어 있었다. 사람들이 모여 앉아서 뭔가를 하던 자리였던 것으로 보인다. 룻 4장을 읽어보면, 보아스가 '고엘'(גאל/기업을 무르거나 복수할 수 있는 가까운 친척)의 자격을 사기 위해서 성문에서 계약을 하는 장면이 나온다. 누구든지 성문에 앉아있을 정도의 신분이라면, 그가 보아스처럼 그 성에서 꽤 인정을 받는 위치에 있거나 재력을 가진 사람이었다는 것을 의미한다.

롯이 성문에 앉아 있었다는 사실은 그 또한 소돔의 지도자 그룹에 속해 있었으며, 적어도 외부인을 영접하는 지위를 가지고 있었음을 말해준다. 그는 원주민이 아니었지만, 인정을 받은 사람 군에 속했다. 롯은 어떻게 그곳에서 이 정도까지 성공할 수 있었을까? 이것 또한 대답하기가 쉽지 않다. 분명해 보이는 것은 대부분의 성공한 사람이 그러한 것처럼, 그 역시 처세술이 뛰어난 사람이었다고 보면 무리가 없을 것이다.

아브라함과 동거하면서 재산 때문에 그들의 권속들이 서로 다투는 형편이 되었지만, 둘 사이에는 직접적인 충돌이 없었다. 오히려 마지막에 둘은 웃으면서 헤어졌다. 이것이 가능했던 것은 우선 힘에 있어서 '갑'이랄 수 있던 아브라함이 좋은 사람이었기 때문이다. 그러나 손뼉도 마주쳐야 소리가 난다는데, 그에게 얹혀살던 '을'인 롯의 성품 역시 썩 괜찮았기 때문에 싸움이 생기지 않았던 것도 사실이다. 아브라함이 애굽에서 잘못 생각했을 때도 롯이 별말을 하지 않았음을 생각하면 그의 성격이 나대는 편은 아니었을 것이다.

그렇지 않다손 치더라도, 이민자로서 타지에서 거주할 때는 누구라도 '낄끼빠빠'(낄 곳은 끼고, 빠질 곳은 빠짐)하면서 살 수밖에 없다. 어차피 물질적인 성공이 그의 가치관이었다면, 원주민들과 좋은 관계를 유지하는 것은 그에게 필수적인 일이었다. 롯이 추구하던 것이 풍요로움이었다면, 그는 그곳의 주민들과 충돌할 일은 만들지 말아야 했다. 그러자면 속과 상관없이 외부적으로는 결코 탄식하는 모습을 드러낼 수 없었을 것이다. 롯은 소돔이 멸망하는 것을 결코 원치 않았다. 그는 물질이 좋아서 하나님의 동산처럼 보이는 곳을 찾아 헤매던 끝에 소돔까지 왔다. 거기서 피땀을 흘려가며 '낄끼빠빠' 한 끝에 어느 정도 원하던 것을 얻었다. 그가 왜 이제 와서 소돔이 망하는 것을 원해야 하는가. 그의 속마음은 탄식에 가까웠을지라도, 그는 겉으로 드러내어 탄식하는 무리 중에는 결코 있지 않았다고 해야 옳다. 어쩌면 나중에 소돔에서 도망하다가 뒤를 돌아본 그의 아내는 롯의 또 다른 자아가 아니었을까.

이제 처음 이야기로 되돌아가자. 지금까지 설명한 것이 그가 덤덤하게 천사들을 맞았던 이유이다. 변화를 원하지 않는 사람은 절실하게 살려달라고 말할 필요가 없다. 하나님의 사자들은 더운 날씨에도 바삐 걸어서 그곳에 왔다. 그들은 반나절 동안 헤브론에서 사해 남부까지 전부 40마일(약 65km)이나 걸어야 했다. 그들의 서두름은 소돔의 문제가 절박했음을 보여준다. 반면에 소돔 거주민인 롯은 절박하지 않았다. 소돔을 보는 시각이 하나님과는 달랐던 것이다. 그는 하나님보다 소돔에 더 가까운 사람이었다.

## 돈이 나쁜 건 아니잖아

그의 문제를 좀 더 섬세하게 살펴보자. 그는 물질적으로 풍요로운 삶을 살고 싶어 했다. 그러나 악인은 아니었다. 거기다 하나님을 잘 알고 있던 사람이었으니, 동시에 그분에게도 인정받고 싶었을 것이다. 솔직하게 말하면, 우리도 오늘날 비슷한 문제로 고민하는 경우가 있다. 물질적으로 잘 살고 싶을 뿐 아니라, 하나님에게 인정도 받고 싶어 한다. 둘 다 잘못된 생각은 아니니, 이것들을 함께 누리고 싶어 하는 것은 자연스러운 생각이다. 그렇다면 질문해 볼 수 있다. 롯이 둘 다 누리고 싶어 했던 것이 잘못인가? 아니면 그것은 괜찮은데 방법이 잘못되었던 것인가? 하나님을 사랑하면 반드시 가난하게 살아야 하는 것만은 아닐 텐데, 이 부분을 어찌 풀어야 하는가?

롯은 소돔으로 이주함으로써, 우선 둘 중의 하나는 그래도 이루는 듯싶었다. 그러나 신앙은 일단 접어둔다 하더라도, 물질적인 성취조차 끝에 가서는 이루지 못했단 것이 안타깝다. 근본적으로는 롯이 소돔에서 이룬 것이 너무나 허무했다. 성안의 지도자급인 그의 집에 찾아온 사람들이 손님을 내놓으라면서 무뢰배와 같은 행동을 했던 것을 보면 그가 처했던 현실이 무엇이었는지 분명히 알 수 있다. 심지어 그들은 롯을 찾아온 천사들을 동성애로 성폭행하려는 작태까지 보였다. 소돔 사람들이 겉으로는 롯을 좋아하는 체했어도, 그를 정말로 인정한 것이 아니었다. 그냥 필요하니 이용했을 뿐이었다. 겉으로는 지도자가 되고 물질로도 풍요했으나, 그런 것들은 허상에 불과했다. 결국에는 그 땅이 멸망함으로써 그가 한때 가졌던 것처럼 보이던 재물이 다 사라지고 말았다.

누가 뭐라 해도 재물 자체는 중립적이다. 재물을 많이 가지는 것이 결코 잘못일 수는 없다. 오히려 바른 성품을 가진 사람이 재물을 많이 소유하면, 공동체에 얼마든지 선한 영향을 미칠 수 있다. 프랜시스 베이컨(F. Bacon)이 "돈은 가장 나쁜 주인이지만, 가장 좋은 하인이다"라고 말한 것은, 이 부분을 제대로 콕 집어낸 설명이다. 롯에게 있어서 문제는 재물 자체가 아니라, 그것에 관한 집착이 하나님보다 앞섰던 것이었다. 아브라함도 부자 아니었던가. 그가 가나안에서 힘을 과시하면서 살 수 있었던 것은 그의 재물에 십분 기인한 일이었다.

하나님을 선택하고, 그분의 언약 안에서 산 결과로 재물이 주어지는 것은 그야말로 환상적인 일이다. 그러나 재물만 눈에 보이면, 또 다른 의미에서 환상 속을 헤매다 끝날 수 있다. 롯이 그랬다.

## 신앙적으로는 어땠는가?

롯의 신앙적인 성취는 어땠을까? 그가 신앙적으로도 무언가 이루고 싶어 했을 것은 당연하다. 이야기의 끝부분에서 롯이 하나님의 천사들을 집 안에 모시려 했을 뿐 아니라, 그들을 책임지려 했던 것을 보면 그 역시 신앙이 있었다. 어쩌면 그에게도 신앙적으로 아브라함을 능가할 기회가 있었다고 본다. 아브라함 일가가 애굽에 내려갔을 때가 첫 번째 기회였고, 이스마엘의 탄생 과정에서 아브라함이 흔들렸을 때가 다음 기회였다. 그리고 서로 땅을 나누어 선택했을 때가 세 번째 기회였다. 그 상황들 속에서 롯이 신앙적인 행동을 보여주었다면, 아브라함이 위기를 극복하도록 도울 수 있었을 뿐 아니라 자신도 신앙적인 성취를 이룰 수 있었다.

하지만 그는 그렇게 하지 못했다. 아브라함이 애굽에서 사라와 관련해서 말도 안 되는 계획을 세웠을 때 그는 어떻게 했는가? 창 13장 1절을 보면 다시 가나안으로 돌아온 아브라함의 일행 중에 롯이 있었다. 이 기록은 그가 애굽에 함께 내려갔었다는 사실을 증명한다. 롯은 애굽 체류 중에 숙부의 잘못에 대해서 한마디도 하지 않고 침묵했다. 하나님과 사라 역시 침묵했지만, 롯의 침묵과는 성격이 달랐다. 하나님은 당연히 기분이 상하실 수밖에 없었고, 사라는 당시의 가부장적인 문화 속에서 이러니저러니 주장을 할 수 있는 형편이 아니었다. 더구나 자기 때문에 문제가 생긴 거라는데, 거기다 대고 뭐라고 할 수 있었을까? 남편의 행동이 떳떳하다 해도 그저 무언의 항의를 하는 것 외에 다른 방법이 없었다.

그러나 롯은 입장이 다르지 않았던가? 큰 소리를 내도 문제가 될 것이 없었다. 애굽에서 하나님을 기억하고 그분의 뜻을 따르라고 아브라함에게 조언했더라면 어떤 일이 일어났을까? 어쩌면 족장의 역사가 거기서 바뀌지는 않았을까? 믿음의 조상의 명단 속에 롯도 함께 들어가는 일이 생겼을 수도 있다. 아브라함과 자리를 바꿔서 롯이 일등이 되거나 하지는 않았겠지만, 그의 위상이 많이 달라졌을 것만은 틀림없어 보인다. 그가 입을 다물었던 까닭은 무엇일까? 롯은 다른 꿈을 꾸기 시작했던 것 같다. 혹시나 재물이 많아지는 것을 보고 입을 다물었던 것은 아니었을까.

가나안으로 귀환했을 때, 아브라함이 소유한 것들의 명단이 있었다. 거기에서 롯의 등수가 재물보다 뒤처졌던 것은, 그가 집안에서 인정을 받지 못했었음을 반영할 수도 있다. 나중에 아브라함과 헤어지면서 정착지를 선택해야 했을 때, 그가 보여준 결정은 이런 주장에 쐐기를 박아준다. 어쩌면 소돔과 고모라의 심판은 그에게 주어졌던 신앙적 성취의 마지막 기회였다. 소돔은 뒤집어졌지만, 그것이 그에게는 회복의 계기가 될 수 있었다. 그러나 기회는 역시 기회였을 뿐이다. 그는 술에 취해서 딸들과 관계를 맺고 헷갈리는 후손들을 낳았다. 롯이 아브라함에게 돌아가서 같은 길을 걸었다면, 그리고 언약속으로 다시 들어갔다면, 그 또한 구원사를 담지한 사람 중의 하나가 되었을 것이다.

하지만 그는 아브라함에게 돌아가지 않았다. 롯은 몰락한 소돔의 후예로서 모압과 암몬의 조상으로 자리매김하는 것으로 인생을 마무리했다. 모압과 암몬은 수적으로는 결코 이스라엘에 뒤지지 않았지만, 성경의 시각에서는 정말 별로인 족속들이었다. 역사 속에서 항상 이스라엘을 괴롭히는 대적으로 나타나며, 긍정적인 평가를 받지 못했다. 물론 모압 족속의 여인 한 사람이 다윗의 할머니가 된 경우가 있긴 하다. 집단이 나쁘다고 해서 각 개인도 다 나쁘다고는 말할 수 없으니, 이것은 논외로 쳐야 할 것이다. 결론을 내리자면, 롯은 신앙적으로도 성공하지 못했다.


## 롯은 슬프다

롯은 슬프다. 둘 다 가지고 싶어 했으나 결국 둘 다 이루지 못했다. 하나님을 믿기는 했지만, 그분이 삶의 목적은 아니었다. 하나님은 단지 그를 풍요로움으로 인도하는 길잡이요, 도움을 주는 존재에 불과했다. 안타깝게도, 그러면 이룰 수 있는 것이 없다. 하나님의 뜻을 이루는 데는 궁극적인 관심이 없고, 실질적으로는 자신의 뜻을 먼저 생각하는 사람에게 어찌 하나님이 손을 얹으시겠는가.

오늘날 많은 사람들이 둘 다 이루고 싶어 한다. 이것은 불가능한 것인가? 둘 중 반드시 한 가지만 선택해야 하는 문제인가? 그렇지는 않다. 재물은 나쁘고 하나님은 좋으니, 가난하게 살면서 하나님을 잘 믿자는 이야기는 논리적이지 않다. 말했듯이 하나님은 부자 아브라함도, 거지 나사로도 다 그분의 백성으로 거두신다. 문제는 일차적 관심사가 무엇인가 하는 데 있다. 내 인생의 모든 것이 다 하나님으로부터 비롯될 때만 우리의 성취는 의미가 있다. 하나님이 주신 것이라면, 부도 가난도 다 좋다. 건강도 아픔도 다 괜찮다. 그러나 하나님 밖으로 나가서 얻는 결과는 크든지 작든지 다 안 괜찮다. 그건 나쁜 것이다.

오늘날 미국에서 좋은 설교자의 한 사람으로 인정받는 조셉 마테라(Joseph Mattera) 목사는 이렇게 말했다. "세속적인 교인의 특징 가운데 하나는 하나님이 그 사람의 '삶의 일부'로서만 계시는 것이다." 롯은 실패했다. 그러나 우리는 실패하지 않을 수 있다. 그가 원했던 일이 우리 삶에서 얼마든지 가능하다는 말이다. 정말로 그리되기를 원한다면 생각 외로 방법은 단순하다. 롯이 아니라, 아브라함의 삶의 원칙을 따르면 된다. 그의 원칙은 신약에서도 발견된다. "너희는 먼저 그의 나라와 그의 의를 구하라 그리하면 이 모든 것을 너희에게 더하시리라"(마 6:33).

이 말씀은 음식과 옷의 문제를 놓고 걱정하지 말라는 뜻을 넘어선다. 오히려 그런 행동의 목적이 무엇인지를 분명히 하라고 요구하는 말씀이다. 옷과 음식이 필요하다면, 왜 그런지를 알아야 한다는 것이다. 아브라함의 풍요로움은 하나님의 뜻을 추구하는 과정에서 얻어진 것이다. 그리 살다 보니 필요한 것을 하나님이 채워주셨단 거다. 결국 지금 내가 붙들고 있는 것이 무엇인지가 관건이다. 나는 지금 무엇을 위해서 살고 있는가.

## 이야기 속으로 들어가 보자

2016년 2월 19일 이탈리아의 지성 움베르토 에코(Umberto Eco)가
세상을 떠났다. 이 사람은 중세를 암흑의 시대가 아니라, 빛의 시대
로 재해석한 것으로 유명했다. 에코(Eco)가 이런 철학적 바탕 위에서
중세를 그린 『장미의 이름』(Il nome della rosa)은 40개국에서 번역되었
으며, 4천만 부 이상 팔렸다. 이만한 문학적 영향력을 가졌던 작가는
금세기를 통틀어 결코 흔하지 않다. 그 에코(Eco)가 이런 말을 남겼
다. "우리의 생각 자체는 독창적이지 않을 수 있지만, 거기서 이야기
를 만들어냄으로써 얼마든지 그것을 독창적으로 만들 수 있다."

예컨대 사랑 이야기는 아주 흔해빠진 것이지만, 개인의 삶을 파고
들어 그 사람만의 사랑 이야기를 써내면 손발의 오그라듦이 사라진
다. 성경을 이해하는 것도 마찬가지다. 이를테면 창 19장에서 겉으
로 드러난 롯 이야기는 너무나 평범하다. 아버지를 일찍 여의고 고생
하면서 자란 사람이 부자가 되고 싶어 일탈까지 서슴지 않고 애썼지
만 종래는 파국을 맞았다. 요즘 방송 드라마에서도 쉬이 발견할 수

있는 특별하지 않은 줄거리에 불과하다.

그러나 이것을 파고들어서 그 안에 감추어진 속살을 끄집어내면 내용이 달라진다. 그동안 이야기 속에 파묻혀 있던 롯의 진짜 이야기가 있을 수 있다. 한 번 문장의 거죽을 뚫고 그 안으로 들어가서 속에 있는 이야기가 무엇인지 파 보고 싶어진다. 롯이 싸매어 두었던 속의 생각은 과연 무엇인가?

## 롯의 행동, '파국'

함께 나눈 식사는 평범했지만, 롯은 하나님의 천사를 집에 머물게 하는 친절로 대접을 연장하고 있다. 대충 밥상을 정리하고 나니 이미 밤이 되었던 까닭이다. 그는 소돔의 험한 환경을 잘 알고 있던 터라, 밤에 노숙하겠다는 천사들을 그대로 내보낼 수가 없어서 극구 만류한 것으로 보인다. 권유를 이기지 못한 천사들이 롯의 집에서 묵기로 하고 잘 준비를 하는데, 롯이 염려했던 일이 실제로 발생하고 말았다. 성안의 거주민들이 찾아와서 손님을 내어놓으라고 롯을 겁박한 것이다. 이유는 『토셉타』(Tosefta)에서 소개했던 것처럼, 자기들의 재물에 손해가 날까 봐 손님들을 조사하려는 것이었다.

롯은 이런 일을 전에도 겪었거나 또는 다른 사람이 당한 일을 전해 들어서, 성안의 분위기를 익히 알고 있었던 것 같다. 그래서 자신의 지위를 믿고 손님들을 집 안으로 들였던 것인데, 이런 사달이 났다. 그러니 실제로는 소돔 사람들이 롯을 얼마나 우습게 본 것인가. 따지고 보면 롯도 큰일을 당한 것이지만, 손님으로 성에 찾아온 하나님의 천사들도 황당하기는 마찬가지였을 것이다. 이미 그 성 주민의 악함이야 익히 알고 있던 것인데, 그들이 악행을 실제로 연출해주기까지 하니 모든 것이 사실로 증명되었다. 문제는 이제 발생했다. 누가 이것을 해결할 것인가.

롯의 입장에서는 자신이 집의 주인이니 당연히 나서야 한다고 생각했을 성싶다. 그가 나섰다. 롯이 순순히 손님들을 폭도들에게 내어줬다면 더는 그에게 어려움은 없었을 것이다. 하지만 그는 손님들을 버리는 한심한 인간이 아니었다. 오히려 그들을 보호하려는 기특한 생각을 가졌다. 비록 재물이 좋아서 소돔에 살긴 해도, 그가 속까지 곪아 터진 악인은 아니었음을 보여주는 부분이다. 당시 중동의 관습상, 집안에 들어온 손님들의 안전은 무조건 집주인의 책임이었다. 주인은 그들을 보호할 책임이 있었기 때문에, 만일 손님이 화를 당하면 집주인의 명예는 땅바닥에 떨어진다. 그런 이유로 머리가 아파진 롯이 이 문제를 해결하기 위해서 생각다 못해 고육지책을 내어놓는다. 손님들이 성폭행당하고 방문의 목적에 대해서 심문받는 것을 피하게 하려고 혼인하지 않은 그의 딸 둘을 내놓은 것이다.

인생에는 이해가 가지 않는 일들이 가끔 있다. 우리가 지금 보고 있는 롯의 결정이 바로 그런 종류의 것이다. 정말 받아들이기 어렵고, 공포마저 느껴진다. 손님을 지키는 것은 당시 관습상 어쩔 수 없이 해야만 하는 중요한 일이긴 했다. 아무리 그렇다고 해도, 롯이 딸들을 마치 그래도 되는 물건처럼 밖으로 내치려던 결정은 용납하기 힘들다. 단순히 롯이 위기를 맞아서 자기 가족의 희생을 담보로 손님들의 안전을 지키려고 했다고 치자. 그의 결정이 비록 타인의 이익을 우선시하는 이타적인 것이었다 하더라도, 딸들을 향한 그의 판단도 이타적이며 윤리적 것인지는 의문이다. 어느 한쪽에 대한 윤리적 책임이 다른 쪽에는 다른 잣대로 적용된다면, 그것은 '의로움'이 갖는 평등성을 위배한 것이기 때문이다.

질문 하나를 해보자. 이 상황에서 나그네를 내어 주는 것과 딸들을 포기하는 것 가운데 어떤 결정이 더 선한 것인가? 대답은 간단하다. 둘 다 악한 결정이다. 그 악한 결정 중에서 그는 후자를 선택했다. 그가 그렇게 판단한 이유가 무엇일까? 물론 롯에게 물어보지 않았으니 확실히 알 수는 없다. 그러나 어느 쪽을 선택하든지 어차피 악한 결정이 되는 상황이라면, 그가 자기에게 보다 더 이익이 되는 쪽을 선택했을 것으로 보는 게 맞다. 여기서 롯이 딸들의 희생을 선택한 진짜 속마음이 보인다. 조금 잔인한 이야기인지는 모르겠지만, 롯이 이 상황에서 제일 관심을 두었던 것은 손님이나 딸들의 안전이 아닐 수도 있다. 아마도 그것들 보다는 자신의 명예를 지키는 것이 더 중요했던 것 같다. 손님을 소돔 사람들에게 내어주면 주인인 자신의 명예가 땅에 떨어진다. 또한 딸들을 내어 보내면 천륜을 어기는 끔찍한 아버지가 된다. 지난한 고민 끝에 그는 끔찍한 아버지가 되는 상황을 감수하기로 하고, 굳이 자신의 명예를 지키는 쪽을 선택했다.

이런 해석에 개연성이 있다면, 그가 이렇게까지 하면서 명예를 소중히 지켜야 하는 까닭은 도대체 무엇이란 말인가. 명예를 향한 그의 집착이 지금까지 쌓아온 평판과 재물을 지키고 싶어 하는 마음과 연결되어 있어서 그렇다는 것 외에 다른 결론이 없다. 그까짓 것들이

대체 무엇이길래 그는 거기에 그렇게까지 집착했을까. 그런 상황을 실제로 마주치면 우리들도 그 비슷해질까? 인간은 정녕 속에 괴물을 하나 키우면서 사는 존재인가? 뭐라고 해야 할까. 좋은 마음으로 성경을 읽다가, 예기치 않게 인간의 적나라한 모습을 만나게 되면 몹시 괴롭다.

무엇이 이유이든지 간에, 우리는 롯을 아주 나쁜 놈으로 생각하기로 하자. 그와 나는 종류가 다른 인간이라고 우겨야 마음이 좀 편해질 듯 하다. 논리를 따지기 전에 아버지로서 그런 행동을 했다는 사실이 감정적으로 아주 끔찍하다. 감정과 윤리도 롯에 관해서 우리의 마음을 불편하게 하지만, 그 문을 지나 좀 더 깊이 들어가면 그것 못지않게 더 심각한 부분이 있다.

시각을 좀 바꾸어 보면, 그의 행동에는 윤리뿐만 아니라 신앙적인 문제도 같이 버무려져 있음을 알 수 있다. 그는 중동의 대접 문화 속에서 사는 사람이었으니, 내용이 안 좋긴 하지만 그의 동기 자체를 나무랄 수는 없다고 주장할 수도 있다. 끔찍하긴 해도 상황 자체는 이해가 간다면서 내재적으로 접근을 할 수도 있겠다. 그러나 결정의 적절성에 대한 설왕설래 이전에, 본질적으로 우리는 신앙적 기준에서 먼저 그를 판단할 수 있어야 한다. 왜냐하면 롯은 여전히 아브라함의 조카였고, 언약의 가계에 속해 있었으며, 하나님을 믿는 사람이었기 때문이다.

아브라함은 어땠는가? 그도 가나안의 문화 속에서 살았지만, 그것을 따라가지 않았다. 오히려 신앙적 행동으로 가나안의 관습에 부딪히면서 그것을 초월해서 극복하는 모습을 보여주었더랬다. 신앙은 문화적 관습이나 당위성을 뛰어넘어서 지켜야 할 절대적인 가치이다. 롯의 가장 큰 실수는, 절체절명의 위기에서 신앙적으로 사고하지 않고 당시 문화의 틀 안에서만 생각한 것이다. 그는 자신의 삶 위에 하나님의 역사가 우뚝 서 있는 것을 애써 무시했다. 하나님의 뜻을 살피는 대신에, 소돔 사람들과의 관계를 해치지 않는 범위 안에서 문제를 해결하려고 스스로 나섰다.

본문을 해석하면서 혹시 롯이 자기를 찾아온 존재가 하나님의 천사들이라는 것을 몰랐던 것은 아니냐고 생각할 수도 있겠다. 본문의 해석적 이해는 아브라함이나 롯, 둘 다 이 사건을 '신현'으로 받아들였음을 전제하고 있다. 그러니 롯이 손님의 정체를 몰랐다고 생각하기는 어렵다. 그런 전제를 인정하지 않고 본문을 읽는다 해도, 함께 나눈 대화라든지 범상치 않은 천사들의 외모가 존재감을 분명히 드러냈을 것으로 봐야 합리적이다. 위기의 상황에 놓인 롯은 먼저 천사들에게 해결책을 물었어야 했다. 하나님의 뜻을 가장 우선시했어야 했다. 자신의 속을 털어놓고, 삶의 외연이 깨지는 한이 있어도 하나님의 뜻이라면 마음으로부터 소돔을 버릴 수 있어야 했다. 그러나 그는 그렇게 하지 못했다. 그가 내린 결정의 선악 여부와 상관없이, 이것이 그가 가지고 있던 본질적인 문제였다.

롯이 문제 해결에 앞장섰던 이유가 현재의 삶이라는 틀을 깨부수기를 원치 않았기 때문은 아니었을까? 하나님의 천사들이 나서게 되면 판이 완전히 엎어진다고 생각했을 수도 있다. 그것은 그가 원하는 일이 아니었다. 결국 롯은 자기 생각대로 세상이 돌아가기를 바라는 지점에 정확히 서 있었다. 자신의 꿍꿍이가 살아있으면, 하나님이 나서는 것이 겁나게 마련이다.

어떤 상황에서도 신앙인이 버리지 말아야 할 자세가 있다. 그것은 모든 일 앞에서 자기 생각을 포기하고, 하나님의 뜻과 도우심을 먼저 구하는 것이다. 자신의 계획이 있으면 사람은 좀체 하나님에게 뭔가 요구하지 않는다. 믿는 구석이 있거나 자신이 생각하는 방향으로 일이 흘러가야 한다고 고집하면 하나님이 필요 없기 때문이다.

어떤 대학생 딸내미가 갑자기 아버지에게 결혼하겠다고 했단다. 어이가 없어진 아버지가 물었다. "너 그 사람 사랑하긴 하냐?" 딸 아이의 당찬 대답이 돌아왔다. "아빠, 그건 제 일이에요." 기가 찬 아버지가 다시 물었다. "그럼 그 사람은 널 사랑한다더냐?" 역시 어지러운 대답이 돌아왔다. "그건 그 사람 일이고요." 아버지는 결국 마지막 카드를 내밀었다. "돈은 있냐? 너희는 학생이라 돈도, 집도 없을 텐데." 그러자 최후의 '빡센' 일격이 돌아왔다. "그게 바로 아빠의 일이죠."

아이에게 돈을 구할 방법과 계획이 있다면 이렇게 아버지에게 돌직구를 날릴 필요가 없다. 혼자 알아서 하면 그만이다. 방법이 없다고 생각하니, 결혼 문제에 있어서 아버지에게 의견을 물은 것이다. 이건 '네 가지'가 없는 게 아니라 오히려 아주 기특한 행동이다. 롯은 이 아이만도 못했다. 롯의 경우에 실제로 구원은 차악을 선택한 그의 중재책략에서 나오지 않았다. 오히려 일을 지켜보던 하나님의 천사들에게서 왔다. 만일 우리가 삶의 틀을 유지하려 하면서, 문제를 해결하려고 나서면, 그런 결정은 또 다른 문제를 일으킬 수 있다. 롯의 방법은 문제를 해결하지 못했을 뿐 아니라, 딸들만 희생시켰을 가능성이 높았다. 왜냐하면 악인들은 거기서 멈추지 않았을 것이기 때문이다.

나중에 롯이 천사들에게 설득되어서 딸의 식구들에게 성을 함께 빠져나가자 했지만, 사위들은 이것을 농담으로 여겼다. 가족들조차 롯의 말을 들을 생각을 안 했다. 이유는 간단하다. 그가 이미 아버지로서 권위를 잃었기 때문이다. 사람의 판단은 대부분이 아주 악한 것과 조금 덜 악한 것 사이에서 하나를 선택하는 데 불과하다. 하나님은 우리 인생 전체를 알고 계신다. 우리보다 앞질러 가서 중요한 지점에 먼저 서 계신다. 그런 분을 믿지 않으면 도대체 누구를 믿겠는가. 판이 엎어지는 것을 두려워하지 말라. 그것이 무엇이든 하나님이 원하시면 그렇게 가는 것이 정답이라고 생각하라. 그럴 때 오히려 길이 열린다.

## 하나님의 행동, 'the Divine Shutter'

롯이 엄청난 희생을 각오하고 딸들을 내놓겠다는 제안을 했지만, 소돔 사람들은 그의 말을 들은 체도 하지 않았다. 악함의 본질은 무엇인가? 사람들이 흔히 잘못 생각하는 것이 있다. 제아무리 천하의 악당들이라 할지라도 당하는 사람들이 희생하고 참고 양보하면 그래도 양심이 있어서 그걸 받아들일 거라는 지극히 낙관적인 생각이 그것이다. 실제는 매우 다르다. 악당들은 선한 사람의 양보와 희생 앞에서 아주 차가운 모습을 보인다. 선한 양보를 전혀 인정하지 않는 것이다.

읽으면서 큰 깨달음을 얻은 책 가운데『권력을 경영하는 48 법칙』이 있다. 인간이 얼마나 '이익'이라는 것을 쫓아서 행동하는 이기적인 존재인지를 설명한 책이다. 읽어 내려가면서, 지금까지 정말 세상을 모르고 살아왔다는 통탄을 금할 수가 없었다. 세상에서 선한 사람들이 악한 자들과의 관계에서 당하고 사는 이유를 명확히 알 수 있게 되었다. 이 책이 말하는 것처럼, 악한 소돔 사람들은 롯이 자신을 희생했다고 해서 나쁜 짓을 그만두지 않았다. 애초에 그들의 목표는 롯의 딸들이 아니었다. 손님들이 목적이었기 때문에, 그들을 동성애로 성폭행하고 취조해서 성에 온 목적을 알아내어 죽이거나 내쫓을 때까지 만족하지 않을 것이 분명했다. 그들은 롯에게 "언제부터 네가 우리 상전이냐"고 을러대면서, 강제로 집안으로 밀고 들어가서 손님들을 끌어내려고 했다. 그야말로 그들이 롯에 대해서 가지고 있던 진짜 마음이 드러나는 순간이었다.

상황은 이제 급작스럽게 파국으로 치닫는다. 그들이 막 문을 부수려고 했다. 그런데 반전이 일어났다. 손님들이 놀랍게도 잽싸게 손을 내밀어 롯을 집안으로 끌어들이고 문을 닫은 것이다. 아! 그렇다. 과연 하나님의 천사는 인간보다 손이 빠르다. 이건 이소룡이나 이연걸이 와도 상대가 안 된다. 워낙 창졸 간에 벌어진 일이라 소돔의 악당들도 롯도 무슨 일이 일어났는지 체감하지 못할 정도였다. 롯이 정신을 차리고 보니 자신이 집 안에 서 있었다. 그 순간 롯은 어떤 생각을 했을까? 곧 문이 부서지고 악당들이 집안으로 들이닥칠 것이며, 결국 파국이 올 것이라는 끔찍한 상상을 하지 않았을까? 하지만 그런 일은 일어나지 않았다. 문밖에서 곧장 집 안으로 쳐들어올 것 같던 무리가 갑자기 헤매기 시작했기 때문이다.

여기서 우리는 10절의 '닫는다'(싸가르/ꞏꞏꞏ)라는 동사에 주목할 필요가 있다. 하나님의 천사들이 롯의 집 문을 닫자, 그때부터 롯이나 그의 가족이 상상하고 생각했던 것과 전혀 다른 양상으로 일이 전개되었다. 이런 반전의 이유가 무엇일까? 창세기 기자는 하나님의 '닫음'(shutter)이 답이라고 말한다.

창세기에 등장하는 인물들 가운데 재난을 가장 확실하게 겪은 사람은 노아였다. 묵상의 첫머리에 등장했던 움베르토 에코(Umberto Eco)가 풍자를 섞어서 썼던 책이 하나 있다. 제목은 『세상의 바보들에게 웃으면서 화내는 방법』이다. 이 책에 있는 짧은 글을 하나 소개하자. "노아에게 '요즘 어떻게 지내십니까?'라고 물으면, 노아는 '좋은 재해 보험이 하나 있는데 알고 계세요?'라고 웃으면서 대답할 것이다." 어려움을 겪는 사람에게 뻔한 질문을 해대는 바보들이 가끔 있다. 그런 사람들에게 대놓고 화를 낼 수는 없으니, 저렇게 돌려서 입을 막는 것도 지혜로운 일이다.

하여간 물어볼 필요조차 없이, 노아는 희대의 홍수를 겪은 사람이었다. 노아가 방주를 완성하고 그 속으로 들어가자, 홍수가 왕창 터졌다. 궁창에 나 있는 창문들이 열려서 그 위의 물들이 다 쏟아져 내리고, 깊음의 샘들이 터져서 물이 역류하는 현상마저 생겼다. 그런데도 방주에 타고 있던 노아와 짐승들은 멀쩡했다. 때로는 짐승들이 사람보다 윗길인 건가? 노아를 제외한 모든 사람이 심판받았지만, 짐승들은 몇 마리라도 살아남았으니 말이다. 각설하고, 노아가 물이 넘실대는 물세상에서도 해를 입지 않았던 이유는 무엇이었을까? 창세기 기자는 하나님이 방주의 문을 '닫으셨기' 때문이라고 설명한다. 창 7:16을 보면, 방주의 문은 노아가 닫은 것이 아니었다. 밖에서 하나님이 닫으셨다. 놀랍게도 이때 사용된 '닫는다'는 히브리 동사가 롯 이야기에서 사용된 '싸가르'(סגר)와 동일하다.

구약에서 '하나님이 닫으셨다'는 것은 하나님의 놀랍고도 완전한 보호를 의미한다. 인간이 위기를 겪을 때 하나님이 문을 닫으시는 현상을 전문용어로 '거룩한 닫음'(Divine Shutter)이라고 부른다. 의미야 뭐 너무나 분명하다. 하나님이 문을 닫으시면 세상의 그 어떤 것도 그 안에 있는 사람들을 해칠 수 없다는 거다. 하나님이 방주의 문을 닫으시자, 물이 노아를 해치지 못했다. 하나님이 롯의 집 문을 닫으시자, 그 안은 확실하게 안전한 장소가 되었다.

아는 목사님 한 분이 교회를 지은 지 얼마 안 돼서 화재를 겪었다. 기계실에서 처음 불이 붙기 시작했는데, 놀랍게도 전체로 번지지 않고 그냥 거기서 끝났다. 기계실을 막고 있던 '셔터'(shutter)가 방화벽 역할을 했기 때문이었다. 사람이 만든 '셔터'도 이런 정도라면, 하나님이 만드신 것이야 오죽하겠는가. 우리는 대부분의 경우 하나님이 문을 여신다고 생각한다. 그러나 알아야 할 것이 있다. 하나님은 위기의 때에 해결의 문을 여시기도 하지만, 우리를 보호하시기 위해서 문을 닫기도 하신다. 하나님이 닫으시면 열 자가 없다.

# 산베림, '하나님의 공격'

기왕에 말을 꺼냈으니 좀 더 진도를 나가 보자. 빅터 해밀튼(V. Hamilton)은 "하나님의 닫으심은 단순히 '수비'만을 뜻하는 것이 아니며, 적극적인 공격도 그 안에 포함된다"라고 말했다. 하나님의 구원 행동은 단순히 보호하고 막는 것만으로 끝나지 않으며, 악당들과 싸워서 물리치시는 것으로도 나타난다는 말이다.

밖에 있던 소돔의 무리에게 생긴 현상이 그것을 말해준다. 본문 4절을 보니 참 많이도 모였다. 소돔의 거주민들이 노소를 불문하고 원근에서 다 모였다고 했다. 11절로 가면 이 무리가 죄다 소경처럼 앞을 보지 못하는 신세가 되었다. 문을 부수려 했던 것으로 보아, 그들은 바로 롯의 집 문 앞에 서 있었을 것이다. 그런데도 그들은 지척에 있는 문을 찾지 못하고 헤매기 시작했다. 이유는 하나님이 그들의 눈을 어둡게 하셨기 때문이다. "때가 밤이니(5절 '오늘 밤에'), 어두운 건 당연한 것 아니냐"고 말하지 말라. 밤이라면 그들이 횃불을 들고 왔을 것이니, 자연적인 어두움이 그들의 앞을 막지는 못했을 것이다. 그들이 겪은 어두움은 자연적인 것이 아니라, 신적인 사건이었다. 하나님이 그들의 눈을 때려서 보지 못하게 되었던 것이다.

왕하 6:18을 보면, 같은 현상이 다른 사건에도 일어났음을 알 수 있다. 이스라엘을 괴롭히던 아람 왕이 정보가 자꾸 새나가는 이유를 찾았는데, 정탐꾼 때문이 아니라 '엘리사'라는 걸출한 선지자가 있어서 그렇단 것을 알게 되었다. 괘씸한 엘리사를 치기 위해서 도단으로 군대를 보냈는데, 그만 하나님이 그들의 눈을 어둡게 만드셨다. 그 결과로 모든 군사가 오히려 엘리사에게 놀림을 당하고 비참하게 돌아가야만 했다.

이렇게 '눈이 어두워지는 현상'을 히브리어로는 '산베림'(סַנְוֵרִים)이라고 표현한다. 이것은 눈이 영구히 망가지는 것이 아니라, 일시적으로 보지 못하게 되는 상태가 되는 것을 뜻한다. 이런 역사가 소돔 사람들에게도 일어났다. 창세기 기자는 본문에서 "히쿠 바산베림"(הִכּוּ בַּסַּנְוֵרִים/strike with sudden blindness)이라는 표현을 사용했다. 하나님께서 '일시적 눈멈'(blindness)을 그들의 눈에 발라 버렸다는 것이다. 이것이 하나님의 공격이 아니고 무엇이겠는가.


## 나는 그 '셔터' 안에 있는가


살아가면서 때로는 천둥벌거숭이처럼 세상에 내던져졌다고 생각할 때가 있다. 세상의 공격을 막을 수 없을 뿐 아니라, 그 악한 힘을 어찌해볼 수도 없음을 처절하게 느낄 때가 있다는 말이다. 롯이 아마 그렇게 느끼지 않았을까 싶다. 오죽하면 말도 안 되는 행동을 하면서 그것이 문제 해결의 방법이라고 우기기까지 했을까.

그러나 상황에 반전이 생겼고, 악몽 같던 문제가 해결되었다. 그가 자기 세상의 틀 안에서 움직였을 때는 구원이 없었다. 반면에 하나님의 천사들이 움직이자 그 세상을 넘어서는 구원이 찾아왔다. 하나님은 롯을 보호하기 위해서 문을 닫으시고 그들이 더는 움직일 수 없도록 소돔 사람들의 눈을 치셨다. 역사는 거기서 멈추지 않았다. 하나님이 그 지역의 기본적인 틀을 완전히 바꿔 버리신 것이다. 생각해 보자. 창세기 속 부족하고 별난 인간인 롯을 그리 보호하셨다면, 나 같은 사람도 그저 버려두시지 않을 것이라는 배짱이 슬며시 생긴다. 힘든 상황이 되면 분명히 믿어야 할 것이 있다. 하나님이 우리 인생의 문 옆에 서 계신다는 사실이 그것이다.

영국의 인류학자 중에 던바(Dunbar)라는 사람이 있다. 그가 말한 법칙(Dunbar's number)이 많은 관심을 끌었다. 아무리 발이 넓고 사람을 사귀는 재주가 뛰어난 사람이 조직을 만들어도, 진정으로 사회적인 관계를 맺을 수 있는 최대한의 숫자는 150명에 불과하다는 것이다. 조금 잘난 척을 섞어 말하면, '상호교류적인 지식의 공유를 통해 효율적으로 구성될 수 있는 조직의 최대 규모가 그 정도'란 얘기다. 하긴 온라인상에서 유명한 '셀럽'의 추종자가 아무리 수십만 명이어도, 매번 답글을 달아주는 사람은 150명 내외라니 정말 그런가 싶다. 구글(Google)이 이걸 본떠서 『150의 법칙』(150 feet from food rule)을 만들었다. 말하자면 직원들이 서 있는 150 피트(약 46m) 이내에 반드시 음식이 있어야 한다는 법칙이 그것이다. 이 회사의 본사에는 25개의 카페테리아, 푸드트럭, 스낵바가 있고, 직원들은 무료로 그것들을 이용한다. 어떤 사람은 이게 좋아서 그 회사에 들어갔다더라.

이 정보를 접하면서 나는 문득 좀 심각해졌다. 사람들은 인생에서 몇 걸음만 움직이면 먹을 것이 있다는 것은 당연하게 생각하는데, 삶 안에 하나님이 계신다는 것은 과연 알고 있을까? 나는 집 안 냉장고에 음식이 있다는 것은 확실히 믿는다. 그런데 그 냉장고 옆에 서 계시는 하나님에 대해서는 별로 생각하지 않고 살았다. 하나님과 냉장고는 함께 비교할 수 있는 표현 자체가 없다. 평소에는 그저 냉장고 옆만 지키시던 하나님이 내가 위기에 처하면, 내 삶을 지키기 위해서 문을 닫으신다. 아무도 내 집 안으로 쳐들어오지 못한다. 내게 해를 끼치려는 존재가 있으면 어둠을 그 눈에 발라서 앞을 보지 못하게 하신다. 나는 그 '셔터'의 존재에 대해서 과연 알고 있기는 한 건가?

---

**창세기 19장 26-29절**

"롯의 아내는 뒤를 돌아보았으므로 소금 기둥이 되었더라…"

---

## 엎었다

창세기 14장이 가지고 있는 정보에 의하면, 주전 2천 년경에 요단 강 남부 평야에 동맹을 맺은 다섯 개의 도시가 있었다. 소돔, 고모라, 아드마, 스보임 그리고 나중에 소알로 불린 벨라가 이들 도시의 이름이다(2절). 이들이 자리하고 있던 땅은 요단 강과 근접해 있었으니 물이 넉넉했다. 롯이 아브라함과 떨어질 때 바라보면서 하나님의 동산 같다고 넋을 빼앗겼던 지역이다.

성경을 유심히 읽어보면 원래 들판에 있던 다섯 개의 동맹 도시들 모두가 하나님의 심판 사정권 안에 들어 있었던 것 같다. 하나님의 천사들이 롯에게 피신을 권유하면서 "들판에 머물지 말고 건넛산까지 가라"고 한 것을 보면(창 19:17), 하나님의 애초 계획은 요단 들판에 있는 도시들을 다 쓸어버리는 것이었음이 분명하다. 그 계획 앞에서 롯이 애원한다. 자기는 체력이 달려서 들판을 넘어 산까지는 도저히 갈 수가 없다는 것이다. 그 말은 곧 소돔과 고모라를 제외한 들판의 다른 도시들은 제발 살려달라는 말과 같다. 혹시 그게 불가능하다면 자기가 소알까지는 갈 수 있을 것 같으니, 제발 거기라도 좀 남겨 달라고 간구했다. 롯이 자신의 안위를 생각해서 그리 이야기한 것인지, 아니면 아브라함이 소돔의 의인들을 구해 달라고 했듯이 그 또한 들판에 흩어져 살던 의인들의 목숨을 구명했던 것인지는 불분명하다. 하지만 결론적으로는 롯이 소알 주변에 있는 몇 도시들을 구원한 셈이 되었다.

하나님이 크루즈 미사일의 방향을 바꾸어서 동네를 몇 개 정도나 더 살리셨는지는 알 수가 없다. 다만 소알과 주변을 제외한 들판의 다른 도시들은 원래 정해진 대로 뒤집어졌을 것이다. "그 성들과 온 들과 성에 거주하는 모든 백성과 땅에 난 것을 다 엎어 멸하셨더라" (창 19:25). 어찌 됐든 무엇보다 확실한 것은 이 난리 속에서 소돔과 고모라가 심판을 받았다는 사실이다. 이들 두 도시는, 이름 자체가 심판과 깊은 관련이 있어 보인다. 어원이 아주 확실한 것은 아니지만, '소돔'(סדם / 히브리 발음은 '스돔')은 '불타다'(burning)는 뜻이고, 고모라(עמרה / 히브리어로는 '아모라'로 읽음)는 '묻힘' 또는 '침몰'이라는 의미를 가졌다고 봐도 무방하다. 이러한 이름들은 아마도 심판이 행해진 다음에 붙여진 것으로 보인다. 그 이전의 이름이 뭐냐고 혹시 물으신다면, 그건 모른다. 성경이 말을 하지 않으니 알 수가 없다.

심판이 시작되자, 하늘에서 유황과 불이 비같이 내렸다. 주후 1세기의 유대 역사학자인 요세푸스(Flavius Josephus)는 "자기 눈으로 멸망한 다섯 성읍의 흔적을 볼 수 있다"고 그의 책에서 언급했다. 불과(?) 2천 년 전에 사람들이 도시의 유적을 볼 수 있었다면, 오늘날 우리는 하다못해 그 흔적이 남긴 자취 정도라도 볼 수 있지 않을까? 학자들 사이에 하도 의견이 분분해서 소돔과 고모라의 정확한 위치는 알 수 없다. 그렇긴 하지만 사해 남단이 불로 황폐해진 흔적만큼은 역력하다. 거기가 어딘지 확실하게 집어서 말할 수는 없어도, 그 어간에 난리가 났던 흔적이 있는 건 분명하다는 말이다.

소돔과 고모라에 대한 고고학적 탐사는 1920년 프랑스 고고학자들이 사해 북동쪽의 고대 유적지 '툴레일랏 엘 가술'(Tulaylāt al Ghassūl)을 발견하면서 시작되었다고 볼 수 있다. 그 후 1924년에 저명한 고고학자인 올브라이트(William Foxwell Albright)를 위시하여 미국의 고고학 발굴팀이 소돔과 고모라 발굴에 본격적으로 손을 댔다. 그를 비롯한 발굴팀은 사해 남단에 주전 2,000년 전에 도시들이 있었던 흔적이 '약여'(躍如)하다는 '괄목'(刮目)할 만한 결론을 내렸다. 그 후에도 오랜 세월 동안 계속해서 사해 남단의 발굴이 진행되었다.

그에 대한 여러 가지 결과가 이미 학계에 보고되었는데, 내용을 정리해서 두 가지만 말해보자. 첫째로 말할 수 있는 것은 소돔과 고모라의 흔적으로 유력한 '밥 에드 드흐라'(Bab edh-Dhra)의 발굴이다. 고고학자들은 그곳에서 무려 4천 년 된 탄소 알갱이들을 발견했다고 보고했다. 특히 공동묘지가 집중적으로 발굴되었는데, 이 공동묘지는 지금까지 발굴된 중동의 청동기 시대 무덤군들 가운데서 가장 컸다. 학자들이 조사해보니, 매장을 위해서 시신들이 이곳으로 유입되던 것이 주전 2,000년 경에 갑자기 멈췄다고 한다. 공동묘지의 매장이 돌연 중지되었다는 것은, 주변에 있던 도시들이 갑작스레 멸망했다는 것을 뜻한다.

두 번째로 언급할 수 있는 것이, '누메이라'(Numeira)의 발굴이다. 누메이라는 '밥 에드 드흐라' 바로 옆에 붙어있는 옛날 도시인데, 역시 이곳에서도 불에 탄 흔적이 발굴되었으며 도시의 존재가 갑자기 사라진 단절의 흔적 역시 발견되었다. 이런 발굴 결과에 근거해서, 많은 학자는 두 도시의 잔해가 청동기 시대에 사해 남단에 존재했던 소돔과 고모라의 유적이라고 생각한다. 거기 있는 흔적이 어떻게 생겼는지 확인하고 싶어서, 내셔널 지오그래픽(National Geographic)에서 만든 동영상을 눈이 뚫어지도록 열심히 봤다. 이 단체는 실증주의적 경향 때문인지 기독교에 대해서 다소 부정적이라고 할 수 있는데, 놀랍게도 이들이 만든 영상조차 학자들의 입을 빌려서 이곳을 소돔과 고모라의 유적으로 확신한다고 주장했다.

소돔과 고모라가 멸망한 물리적 원인은 지진으로 보인다. 지질학자들의 의견을 빌리면, 요단 계곡에서부터 아프리카 모잠비크까지의 땅 밑에는 하나로 연결되는 3,700마일(약 5,955km)짜리 큰 지진대(great rift valley)가 있는데, 소돔과 고모라는 바로 이 지진대 위에 떡하니 서 있었다고 한다. 그래서인지 소돔에 지진이 난 것은 이상할 것이 없단다. 관심이 가는 것은 소돔에 지진이 일어나자, 이것이 사해 남단 지하에 가득 묻혀있던 가스와 석유를 건드려서 연쇄적인 대폭발을 일으켰다는 이론이다. 이런 설명을 받아들인다면, 하나님이 모든 과정을 계산에 넣으시고 자연재해와 연결된 심판의 방아쇠를 당기셨다는 것으로 이해해도 큰 문제가 없을 듯하다. 이게 마음에 안 들면, 하나님이 지진과 상관없는 초월적 방법을 사용해서 그 도시들을 심판했다고 생각하자. 누가 뭐라든 하나님의 심판을 받아서 그 도시들이 폭삭 무너졌다는 사실이 핵심이니 말이다.

솔직히 말해서 4천 년 전에 일어난 소돔의 심판을 소위 과학적으로(?) 파헤치는 것이 무슨 의미가 있을까 싶다. 이보다 중요한 것은 옛날 고리짝에 있었던 소돔의 심판과 그때로부터 4천 년이 지난 다음에 존재하는 나의 삶과의 직선적인 연결이다. '소돔'과 '나' 사이에 놓여있는 4천 년의 세월을 잇는 매개체는 역시 본문 속의 문학적 요소이다. 소돔과 고모라의 심판에 대한 묘사에서 주목할만한 것은 '엎었다'(하파흐/הָפַךְ)는 동사 표현이다(25절). 여러 가지 이야기가 앞에 들러붙었지만 그건 다 소용없다. 창세기 기자는 심판에 관해 이런저런 설명을 하다가 마지막 부분에 가서 간단한 동사 하나로 내용을 간단하게 정리한다.

'엎었다'라는 히브리어는 그야말로 위아래의 위치가 거꾸로 가도록 '뒤집었다'(turn upside down)는 뜻이다. 따라서 이런 말이 의미하는 재난은 역시 지진으로 보이긴 하지만, 그 정체는 별로 중요하지 않다. 지진이든 뭐든 심판의 과학적 분석은 조금 뒤로 밀어놓고, 다른 차원에서 해석적 접근을 시도해야 하지 않겠는가. 이를테면 소돔이 겪은 물리적이고 아날로그적인 참화를 마음에 와 닿는 영적이고 (spiritual) 고백적인 사건으로 디지털화해 볼 필요가 있다는 말이다.

창세기 기자가 이 심판을 묘사할 때 사용한 '엎었다'는 표현을 신앙 고백적으로 받아들이면 마음에 들리는 음성이 있다. 하나님은 왜 소돔과 고모라를 엎으셨을까? 엎어 제치면 모든 것이 뒤집힌다. 그리고 뒤집히게 되면 망하는 것이 있다. 그러나 놀랍게도 뒤집혀서 오히려 살아나는 것도 있다. 소돔과 고모라는 당연히 망한 범주에 집어넣어야 할 이름이다. 거기 살던 모든 사람도 마찬가지다. 하지만 예외가 있었다. 거기에 거주하던 롯이라는 남자는 뒤집어짐 덕분에 소돔의 타락한 문화 밑에 처박혀 있던 삶을 위로 끄집어낼 수 있게 되었다. 엎어짐을 통해서 새로운 기회를 얻은 존재의 범주 안에 포함할 수 있는 사람이 한 명 있다는 말이다. 소돔이라는 롯의 외적인 환경은 벌을 받아서 역사 속의 시간이 끝났지만, 롯의 삶과 시간은 더 연장되었다. 삶의 거죽이 뒤집혔음에도 불구하고, 죽어있던 알맹이가 살아날 가능성이 그에게 주어졌다.

따져 보면 모든 사람의 인생에는 가히 지진에 비견될만한 엎어짐이 있다. 소돔과 고모라는 죄로 인해서 지진을 겪었지만, 우리네 인생에는 죄와 관계없는 지진도 흔하다. 욥이 부르짖었듯이 의인으로 살아도 고난이 있기 때문이다. 안타깝게도 이런 지진 때문에 번창했던 삶이 묻히는 경우가 있을 수 있다. 그러나 뒤집힘을 통해서 오히려 인생이 영원을 품는 차원의 것으로 변화하는 일도 숱하다.

존경했던 장영희 교수가 병마로 세상을 떠난 지도 좀 되었다. 그녀는 뛰어난 영문학자였다. 장 교수가 생전에 쓴 『문학의 숲을 거닐다』는 여전히 서가에서 자주 뽑아 읽곤 하는 책이다. 그녀는 생후 일년 만에 걸린 소아마비 때문에 평생 다리가 불편했다. 학자로서 왕성히 활동하던 시기에 유학시절 부터 그녀를 괴롭혔던 암의 재발을 겪었다. 이쯤 되면 세상을 향해서 절망을 토로해도 아무도 뭐랄 사람이 없다. 그런데도 그녀는 마지막 투병을 시작하면서 이런 말을 남겼다. "하나님이 우리를 넘어뜨리는 것은 다시 일으켜 세우기 위함이라고 나는 믿는다." 비록 병마 때문에 세상을 떠나기는 했지만, 어느 누가 감히 그녀의 삶을 무너졌다고 평가할 수 있겠는가. 그녀는 여전히 많은 사람의 가슴 속에 고난을 이겨내고 생명을 회복한 사람으로 남아 있다.

물질적으로 풍성해지고, 장수하고, 복을 받아야 고통을 이겨낸 인생이라고 평가하는 것은 조금 천박하지 않은가? 인생 백 년은 영원에 비교하면 한 '점'으로 평가받기에도 부족하다. 이 땅에 머무는 기간과 관계없이, 목적과 의미에서 가치를 보여주는 인생이야말로 높은 점수를 받을 만하다. 이런 전제를 가지고 보면, 어떤 사람에게는 엎어짐이 곧 변화를 배태(胚胎)하고, 생명을 품는 계기가 될 수 있다.

하나님은 때로 우리를 지진으로 엎으신다. 그것은 우리를 죽이려 함이 아니라, 오히려 살리려 함이다. 인생의 참된 의미와 목적을 깨닫게 하려 함이다. 어떤 시인은 봄이면 찾아오는 꽃샘추위를 '봄 다듬이'로 묘사했다. 봄을 다듬기 위해서는 이미 따뜻해진 시간에 다시 찾아오는 미운 추위가 반드시 필요하다는 이야기다. 하나님은 우리 삶의 껍데기를 뒤집어엎으심으로써, 우리의 속을 불러일으켜 세우신다. 지진으로 인해서 우리의 삶이 생명을 향해 융기(隆起)하기 시작하면, 절대로 그 시간을 그냥 흘려보내서는 안 된다. 하나님과 우리 사이에 있는 인계선이 끊어지지 않았는지 당겨보고 흔들어 봐야 한다. 혹시라도 그것이 망가져 있으면, 반드시 점검해서 수리해야 할 필요가 있다.

소돔의 원주민들에게는 이 인계선이 작동하지 않았다. 그들의 삶의 균형이 악한 쪽으로 크게 기울면서 한쪽으로 무게가 쏠린 탓에 그 선이 끊어졌던 까닭이다. 의인 열 명을 찾지 못하는 소돔의 실태가 바로 기울어진 각도의 크기를 보여준다. 하지만 롯은 달랐다. 그는 소돔에 살았음에도 불구하고 하나님과의 연결선이 살아 있었다. 물론 그것이 녹슬고 약해져 있긴 했지만, 잘 고치면 쓸 수 있을 정도의 강도는 남아 있었다.

개신교가 한국에 들어왔을 때, 한반도의 남단은 주로 호주 교회가 맡아서 선교했다. 호주 사람들은 미국 사람들처럼 미래의 발전 가능성을 따져서 치밀하게 교회를 세운 게 아니라, 그냥 선교사들이 걷다가 사람들이 있으면 크든 작든 교회를 세웠다. 그 결과로 세워진 지 백 년이 넘는 교회가 경상남도에만 150군데도 넘는다. 물론 그들이 다 명맥을 유지하는 것은 아니지만, 그게 다 호주 교회가 씨를 뿌려서 거둔 열매다.

몇 년 전에 호주 교회가 한국에서 선교를 한 지 120년이 되는 해를 기념하는 행사가 시드니에서 있었다. 거기에 통역과 대표단을 겸해서 참석했는데, 귀국하기 전에 시간이 조금 남아서 블루 마운틴(Mt. Blue)이라는 곳에 올라갔던 기억이 난다. 경치가 좋다 해서 시간을 내어 가봤는데, 솔직히 말하면 한국의 설악산보다 못했다. 이건 그냥 국내용 멘트이니 호주까지 소문을 내지는 말아달라. 산에 올라갔다가 내려오는데, 폭이 좁은 소로에서 빨강 신호등에 걸렸다. 그런데 아무리 기다려도 파란 불이 안 들어 오는 거다. 하염없이 기다리고 있자니 정말 인생이 뒤집어지는 느낌이었다. 거기 한참을 서 있는데,

꼴이 딱해 보였든지 지나던 사람이 한마디를 던졌다. 바닥에 그려진 흰 선 위에 바퀴가 놓여야 파란불이 들어온다는 것이다. 차량통행이 많지 않아서 그리 만든 모양이었다. 차가 건널목에 정지하더라도, 센서에 뭔가 닿아야만 신호등이 "아, 차가 왔구나. 불 켜자" 한다는 것이다. 그걸 몰랐다.

우리의 삶이 하나님이 그려 놓으신 흰 선 위에 얹혀 있으면, 뒤집힘은 반전의 기회가 될 수 있다. 이런 경우에는 '엎어짐'이 결코 끝이 아니다. 오히려 뒤집어짐은 새로운 시간으로 들어서는 문일 수도 있다. 삶이 뒤집히고 있다고 느끼면, 드디어 기회가 왔다고 생각하고 서둘러서 하나님과 연결된 인계선을 당겨 봐야 한다.


## 소금이 되라고 한 건 뭔가?


소돔과 고모라가 이렇게 되었다. 심판의 시간에 오히려 새로운 반전의 기회를 올라탄 롯의 일가는 소돔을 탈출했다. 롯은 과연 그 기회를 잘 살렸을까? 기회는 기회일 뿐, 결과까지 담보하지는 않는다. 기회가 주어졌을 때 롯은 새롭게 회복되어야 했지만, 결과가 그리 신통치 못했다. 그가 멋지게 반전에 성공했다면 앞서 했던 묵상의 기대가 채워졌겠지만, 현실은 그렇지 못했다. 롯은 오히려 이야기를 읽는 독자들의 기대를 무너뜨렸다. 이런 말은 여기서 얻는 메시지가 없다는 뜻이 절대 아니다. 오히려 성공보다 그의 실패가 주는 교훈이 훨씬 더 묵직하다.

롯과 두 딸의 실패는 이미 언급했으니 반복할 필요가 없겠다. 그러나 또 하나의 중요한 인물인 롯의 아내에 대해서는 좀 더 이야기해야 한다. 우리가 알다시피 그녀는 소돔을 탈출하다가 소금 기둥이 되었다. 사람이 도망가다가 넘어졌다든지, 아팠다든지 하는 일은 있을 수 있으니 신기할 것이 없다. 그러나 소금 기둥이 된 건 어떤가? 이건 매우 다르다. 상당히 생뚱맞다. 도대체 이 낯섦은 어찌 받아들여야 하는 건가.

본문을 읽을 때 흔히들 갖는 관심이 있다. 그녀가 도망치다 뒤를 돌아본 이유를 다들 궁금해한다. 하지만 이건 사실 별로 관심을 가져야 할 문제가 아닌 것 같다. 살아가면서 하나님의 명령을 불순종하는 건 그녀뿐만이 아니다. 사람들 모두가 흔히 그렇게 산다. 불행히도 롯의 아내의 불순종이 부각된 것은, 그녀가 결정적일 때 뒤돌아봐서 소금 기둥이 되었기 때문이다. 평소에 하나님의 속을 썩이며 살고 있다고 솔직하게 인정하는 사람들은 깊이 생각할 필요가 있다. 누구나 평소에 잘못을 저지를 수는 있다. 그러할지라도 결정적인 순간에는 하나님의 말씀을 들어야 한다.

롯의 아내가 평소에 어땠는지는 알 수 없다. 설사 좀 불순종하고 살았다 하더라도, 그때마다 벌을 받았던 건 아니다. 하나님은 잘 참으셨을 뿐 아니라 오히려 나중에는 위기에서 그녀를 건지시려고까지 하셨다. 그러니 여기까진 좋다. 그렇지만 정말로 하나님이 정색하고 말씀하실 때는 많이 달라야 한다. 그때는 무조건 말을 들어야 한다. 평상시에는 하나님 말씀을 잔소리로 들을 수도 있지만, 적어도 위기의 시간에는 하나님의 음성을 듣고 실행에 옮기기를 바란다. 결정적인 순간에라도 잘하면 적어도 소금 기둥이 되는 일은 면한다. 신앙 생활에도 눈치가 필요하다.

다시 소금 기둥 이야기로 가보자. 많은 기독교인이 성지순례를 하기 위해서 이스라엘에 간다. 보통 애굽을 들렀다가 이스라엘로 넘어가는 경로가 일반적이다. 이 경우에는 카이로에서 출발해서, 시나이 반도로 들어서게 된다. 그리로 접어들면 '시내 산'이라고 여겨지는 '모세의 산'(Zebel Musa)을 일단 찾는다. 그 후에 이스라엘 최남단에 있는 '에일랏'(Eilat)을 거쳐서, 90번 고속도로를 타고 170km 정도를 달리면 사해에 이른다. 사해 남단에 도착하면, 거기서 그 유명한 '소금 기둥'을 만나는 시간이 온다.

이 기둥이 대체 뭐길래 버스가 거기서 서는 걸까? 그게 바로 소위 롯의 아내가 둔갑했다는 유명한 기둥이다. 직접 이스라엘에 가서 맨 눈으로 그걸 본 분들이 어떤 생각을 했을지 궁금하다. "저게 정말 롯의 아내라고?" 또는 "뭐 그냥 소금이네, 소금"이라거나, 혹은 "주여, 두렵사오니"하는 생각들을 하지 않았을까 싶다. 이제 소금 기둥을 봤다 치고, 질문을 하나 던져보자. 롯의 아내가 변한 소금 기둥은 말하자면 소금인데, 이것이 좋은 건가 아니면 나쁜 건가? 지금까지 롯의 아내에 관한 설교를 무지하게 많이 들었는데, 그녀와 소금 기둥을 좋게 여기는 설교는 한 번도 듣지를 못했다. 롯의 아내 이야기 속의 소금은 나쁜 게 분명하다.

하지만 이렇게 생각하니 고민이 생긴다. 성경이 항상 소금을 좋지 않게 말하는 건 또 아니기 때문이다. 산상수훈(마 5-7장)을 보면, 주님께서 우리에게 "너희는 세상의 소금"이라고 말씀하셨다. 더 나아가서 이 땅에서 살 때 소금의 역할을 하라고까지 하셨다. 산상수훈의 관점에서 보자면 소금은 대단히 긍정적인 의미를 지녔다. 그런 연유로 한국의 여러 교회가 '소금'을 그 이름으로 삼지 않았던가. 이런 경우의 소금은 당연히 아주 좋은 것이다. 그렇다면 소금에는 좋은 것과 나쁜 것, 두 종류가 있단 건가?

이 문제를 풀기 위해서 성경에 언급된 두 사건의 소금을 한 자리에 모아본다. 이제 산상수훈 속의 소금과 롯의 아내가 변한 소금을 같은 그릇에 넣고 흔들어 보도록 하자. 그릇 안에서 이들이 뒤섞인다. 그러면 혼합된 소금을 뭐라고 말해야 좋은가? 섞인 소금은 좋은 건가 나쁜 건가? 둘은 서로 다른 사건에서 왔지만, 기본적으로는 같다. 화학적 구조로 설명해도, 염화나트륨(NaCl) 말고는 달리 표현할 길이 없다. 소금은 섞어 놓아도 소금일 뿐이다. 그래서 의문이 생긴다. 도대체 산상수훈에서 우리를 보고 소금이 되라고 한 건 뭐고, 롯 이야기 속에서 말 안 듣는 사람을 소금 기둥으로 만든 건 뭔지 말이다. 롯의 아내는 소금도 아주 덩어리가 되었으니 "세상의 소금이 되라"는 말씀을 미리 알아서 확실하게 실천했단 말인가? 그녀는 고대 가나안 세상의 소금이 되었으니 당대의 훌륭한 사람이라고 봐도 좋은가?

이제 차근히 대답을 생각해보자. 기본적으로 소금은 좋다 나쁘다 할 것이 없다. 가지고 있는 기본적인 짠 성분이 유익할 때가 있고 그렇지 못할 때도 있는 것뿐이다. 이스라엘 사람들은 소제를 드릴 때 소금을 반드시 제물과 섞어야 했다(레 2:13). 꿀(ש7/드바쉬는 꿀로 번역되기는 하지만 주로 벌꿀이 아닌 과즙을 의미함)이나 누룩은 제물을 부패시킬 가능성이 있으므로 제물에 뿌리지 못했지만, 소금은 그렇지 않았다. 왜냐하면 소금 안에 부패를 막고 생명을 유지하는 기능이 있기 때문이다. 그런 까닭으로 주님도 우리를 향해서 세상의 소금이 되라고 하신 것이다.

한편으로 롯의 아내 이야기에서는 소금이 심판의 상징이다. 하나님의 말을 듣지 않은 여인이 심판을 받고 그만 소금 기둥이 되었다. 소금이 심판의 상징으로 쓰인 경우는 성경의 다른 책에서도 발견할 수 있다. 신 29:23을 보면, "모압이 소금 땅이 되어서 아무것도 안 자랄 것이고, 마치 심판받은 소돔과 고모라 같을 것"이라는 말씀이 있다. 그뿐만이 아니다. 습 2:9에는 "모압과 암몬은 소돔과 고모라처럼 소금 구덩이가 되어 황폐할 것"이라는 기록도 있다. 소금이 땅을 황폐하게 하는 원인이라는 말이다.

소금기가 있는 땅은 곡식을 생산하지 못하는 죽은 땅이다. 우리나라의 경우를 보자. 바다를 막아 만든 서해안의 간척지는 사업이 시작된 지 사십 년이나 되었지만, 아직도 효과적으로 농사를 짓는 곳이 거의 없다. 그만큼 소금은 오염의 주원인이다. 아브라함 이야기에서 설명했듯이, 그의 일가가 하란으로 이주한 것도 결국은 메소포타미아 남부의 소금화 때문이었다. 이런 모습의 소금은 결코 긍정적이지 않다. 오히려 나쁘다.

성경 안에서 소금에 관한 대조적인 용례를 두 가지 살펴보았다. 세상의 소금이 되라는 말씀과 소금 기둥 이야기를 함께 종합해서 결론을 내리면, 소금의 기능은 원래 중립적이라고 할 수 있겠다. 이것이 맛을 내는 목적이나 부패를 막는 목적으로 쓰이면 좋은 것이지만, 땅을 오염시키는 원인이 되면 심각한 문제를 일으킨다. 주님의 말씀은 긍정적인 소금 기능에 관한 것이다. 그 선을 넘어가면 오해가 생긴다. 그리고 당연히 롯의 아내의 경우에는 소금의 부정적인 기능이 강조되었다. 결국은 소금 자체에 문제가 있는 것이 아니므로, 이것이 어떻게 쓰이는가 하는 것이 중요하다.

주님이 나를 '세상의 소금'이라고 부르셨다고 해서, 내가 하는 일이 항상 다 좋은 결과를 낳는 것이 아님을 명심해야 한다. 내가 받은 '소금 임명장'이 항상 나를 선하게 만들어주는 것이 아니란 걸 분명히 알아야 한다는 말이다. '나'라는 존재가 적절한 방법을 통해서 적당한 양으로 뿌려지면, 나 때문에 주변이 정화될 수 있다. 그러나 '나'를 아무 데나 과도하게 쌓아 놓고, 그 부피를 자랑하기 시작하면 사방이 오염된다. 이런 차원에서 롯의 아내가 크기와 관련한 표현일 수 있는 '소금 기둥'이 되었다는 것은 의미심장하다.

적절하게 사용된 작은 부피의 소금 가루는 음식을 보존하고 맛을 내는 제 역할을 다할 수 있다. 큰 부피를 자랑하는 소금 기둥은 뭉쳐서 겉모습을 자랑하긴 하는데, 오히려 주변을 오염시킬 뿐이다. 오늘날 우리가 하나님을 믿는 사람으로 사는 목적이 무엇인가? 세상을 정화하는 소금이 되는 것인가, 아니면 길옆에 서 있으면서 근처를 망가뜨리는 커다랗기만한 소금 기둥이 되는 것인가.

많은 사람이 무조건 기둥 같이 큰 것을 인생 안에서 만들기 위해서 애쓴다. 얼마 전에 김병걸이라는 유행가 작사가가 했던 말이 생각난다. "살아보니까 인생은 속도나 부피가 아니라 방향인 것 같다." 소금이라는 존재 자체는 원래 가치 지향적인 것이 아니다 싶다. 그것이 사용되는 과정에서 가치가 발생한다. 중요한 것은 소금의 짠맛이 유용하게 쓰이는가, 아니면 해를 끼치는가 하는 것이다. 다른 말로 바꾸면, 소금의 사용은 부피나 속도의 문제가 아니라, 방향의 문제라는 말 아닌가.

## 아브라함과 롯의 아내

롯의 아내만 소돔이 불벼락으로 무너지는 광경을 본 것은 아니었다. 사실은 아브라함도 불타는 소돔을 바라보았다. 단지 놀랍게도 그는 소금 기둥으로 변하지 않았다. 이상한 일이다. 불이 떨어지는 소돔의 마지막 장면을 두 사람이 보았는데, 한 사람은 심판을 받았고, 다른 한 사람은 멀쩡했다. 어떻게 이럴 수가 있을까? 이유가 있다. 두 사람의 행동은 같았지만 의미가 달랐다. 모든 일에 있어서 중요한 것은 행위 자체가 아니라 이유와 목적이다.

창세기 기자는 두 사람의 '같은' 행동에 '다른' 목적이 있었음을 나타내기 위해서 각기 다른 동사를 사용했다. 우선 롯의 아내가 쳐다본 행동은 '나바트'(נבט)라는 동사로 표현되었다(창 19:26). 한글 성경이나 영어 성경은 이 동사를 '돌아봤다'는 말로 번역했다. 소알을 향하여 도망가던 사람이 뒤에 있는 소돔을 보려면 몸을 돌리는 것이 당연하니 그리 번역하는 것이 자연스럽다. 그러나 동사 자체는 그냥 본 것을 의미할 뿐이다. 동사 본연의 뜻을 넘어서서 문맥을 살펴가며 해석을 하면, '봤다'는 사실보다 그녀가 몸을 '돌렸다'는 사실이 더 중요하다. 돌아보기를 원했던 이유는 알 수가 없다. 이미 소금이 된 그녀에게 물어볼 수도 없는 노릇이니, 아예 생각을 끄는 게 낫다. 이해의 핵심은 그녀가 돌아본 이유를 따져 묻는 데 있지 않다.

반면에 '돌렸다'는 사실에 집중하면, 해석의 길이 열린다. 롯의 아내가 돌아보지 말라는 하나님의 명령을 싫어했기 때문에 돌아본 것이 확실하기 때문이다. 하나님의 생각은 롯의 아내가 돌아보지 않아야 한다는 것이었지만, 그녀의 생각은 몸이 돌아서도록 만들었다. 이유가 무엇이든지 상관없이, 하나님의 생각과 그녀의 생각이 서로 대척점에 있었다는 사실이 중요하다. 그것 때문에 그녀는 소금 덩어리가 되었다.

반면에 아브라함의 경우에는 '샤캬프'(שקף)가 사용되었다. 이 말은 '내려다보다'(look down)라는 뉘앙스를 갖고 있긴 하지만, 역시 기본적으로 '보다'라는 뜻인 점에서 '나바트'와 차이가 없다. 다만 알아야 할 것은 이 단어가 창 18장에서 사용된 용례와 연결된다는 점이다. 창 18:16을 보면, "그 사람들이 거기서 일어나서 소돔으로 향하고" (바야쿠무 미샴 하아나쉼 봐야슈키푸 알 프네 스돔/וַיָּקֻמוּ מִשָּׁם הָאֲנָשִׁים וַיַּשְׁקִפוּ עַל־פְּנֵי סְדֹם)이라는 문장이 있다. 이 부분을 정확하게 사역하면 '그 사람들이 거기로부터 (떠나려고) 일어섰다. 그리고 소돔을 내려다보았다'가 된다. 여기서 내려다보았다는 동사가 바로 '샤캬프'(שקף)이다. 아마도 아브라함이 서 있던 곳이 조금 높았던 모양이니, 그가 내려다본 것을 나타내기 위해서 이 단어를 썼다고 생각할 수 있겠다.

여기서 중요한 것은 역시 아브라함의 눈을 지배한 그의 생각이다. 왜냐하면 그 생각이 시선을 만들어냈기 때문이다. 이 구절 속에서 아브라함의 시선은 하나님의 시선과 닮아있다. 롯의 아내의 생각이 하나님과 거꾸로였던 것에 반해서, 아브라함의 생각은 하나님의 생각과 같았다는 말이다. 아브라함의 생각 속에는 소돔에 대한 심판으로 인해서 멸망할 수 있는 소수의 의인을 향한 안타까움이 담겨있었다. 창 19:29의 '하나님이 아브라함을 생각하사 롯을 건지셨다'는 말과 아브라함이 소돔을 쳐다본 행동은 서로 연결된다. 심판의 와중에서 사람의 생명을 귀하게 여기는 아브라함의 생각을 하나님이 받으신 것을 보여주기 때문이다.

이런 이유로, 롯의 아내와 아브라함이 둘 다 소돔을 보았지만 결과가 달랐다. 내 생각을 따라서 시선을 돌리면, 나도 소금 기둥이 되는 심판을 받을 수 있다. 하지만 하나님의 뜻을 따라 내 눈을 돌리면, 나는 세상을 바꾸는 좋은 소금이 될 수 있다. 나는 바보가 아니니 어느 쪽이 나은지를 잘 안다. 행동으로 옮길 때도 바보가 아니기를 바랄 뿐이다.


## 나는 어떤 생각으로 바라보는가?


'눈은 마음의 창'이라는 말이 있다. 히브리 전통에서도 눈은 신체 값의 9할을 차지하는 중요한 기관이다. 유대인들이 잘 사용하는 표현에 따르면, 눈이 건강하다는 말은 눈의 임자가 좋은 사람이라는 뜻이고, 그 상태가 불량하다는 건 그가 악한 사람이라는 의미다. 따라서 세상을 내다보는 창이라고 할 수 있는 눈의 영적인 건강은 이루 말할 수 없이 중요하다.

요일 2:16을 읽어 보면, '안목의 정욕'(헤 에피투미아 톤 옵딸몬/ἡ ἐπιθυμία τῶν ὀφθαλμῶν)이라는 말이 나온다. 이 문장의 중심 용어인 '에피투미아' (ἐπιθυμία)는 단어 자체로는 '바람'(desire) 또는 '욕망'(lust)이라는 의미인데, 단어의 뉘앙스는 상당히 부정적이다. 여기서 '에피투미아'(ἐπιθυμία)를 해석적으로 이해하자면 '타락한 인류의 본성으로서의 욕심'을 뜻한다고 볼 수 있다. 더욱이 '눈'이 부정적인 문맥에서 사용될 때는 '타락 이후 인간의 본질을 드러내는 기관'(the agent of the fallen desire)이라는 뜻을 가진다. 이런 기관이 욕심을 가진다는 것은 무슨 뜻일까? '눈의 욕심'(안목의 정욕)은 인간이 에덴동산에서 나온 후에 사람들을 지배하고 있는 '하나님의 뜻과 반대되는' 생각을 의미한다. 우리의 눈은 성령의 지배를 받을 때야 비로소 이런 상태를 벗어나서 영적으로 건강해질 수 있다.

그런 면에서 아브라함은 아주 건강한 눈을 가지고 있었다. 그는 어떻게 영적인 시력을 잘 유지했을까? 아브라함은 가나안 이주 후에 늘 하나님과 깊이 사귀었다. 그러다 보니 생각이나 행동이 그분의 뜻과 점점 비슷해졌다. 창세기 기자가 그의 눈매가 하나님의 그것과 닮았다는 속내를 마구 털어서 기록한 데는 다 이유가 있어 보인다. 마치 호손(N. Hawthorne)이 쓴 '큰 바위 얼굴' 이야기와 흡사하다. 오늘날에는 하나님이 집으로 직접 찾아오시거나, 특정한 동네에 가서 살라고 대놓고 말씀하지 않으시니, 아브라함을 닮고 싶어도 쉽지가 않다. 어떻게 해야 나도 하나님과 교제한다고 자신 있게 말할 수 있을까?

생각해보면 교제라는 것이 무슨 특별한 것이 아니다. 이미 그분이 우리에게 남기신 말씀이 한 보따리가 있으니, 그 안에서 하나님을 만나면 된다. 성경을 과거의 책으로만 이해한다면 우리는 하나님과 교제할 방법을 잃는다. 그렇지만 현재에도 그분이 성경을 통해서 우리에게 말씀하신다고 믿으면 얼마든지 그 안에서 하나님의 손을 잡고 교제할 수 있다.

잘 알려진 역사학자 에드워드 헬릿 카(E. H. Carr)는 "역사란 과거와 현재의 끊임없는 대화"라는 말을 했다. 역사를 이해한다는 것은, 과거에 일어났던 일을 오늘의 시각으로 들여다봄으로써 그 사건을 재해석하는 작업이다. 성경을 읽고 이해한다는 것도 이런 면을 가지고 있다. 성경은 단순히 과거의 역사 서술에 멈춰있는 책이 아니다. 우리의 해석과 묵상을 통해서 과거의 사건들이 얼마든지 우리의 삶 속으로 들어와서 살아 춤출 수 있다. 더구나 성경을 만드신 하나님은 지금도 역사를 움직이고 계신다. 그리고 성경은 옆으로 젖혀두었다가 문득 생각나면 읽는 고색창연한 클래식이 아니다. 오늘날에도 확실하게 살아있는 '생물'이다. 말씀이 살아있으니 그것을 통한 대화도 가능하다.

하루에 석 장, 주일에는 다섯 장 읽으면 일 년에 일독한다는 식의 성경 읽기도 좋지만, 이제는 횟수나 양을 위주로 한 성경 읽기를 넘어서자고 감히 말하고 싶다. 정신없이 의무감으로 읽어 내려가는 성경 글귀에서도 하나님을 느낀다면 할 말은 없지만, 정작 우리에게 필요한 것은 글 속에 살아있는 하나님과의 깊은 대화이다. 그분과 이야기를 나누다 보면, 내 시선이 그분을 닮는다. 하나님이 보시는 시각으로 나도 조금씩 세상을 보게 되는 것이다. 아브라함의 눈이 내게도 필요하다.

## 창세기 22장 7-8절

"이삭이 그 아버지 아브라함에게 말하여 이르되 내 아버지여 하니 그가 이르되 내 아들아 내가 여기 있노라 이삭이 이르되 불과 나무는 있거니와 번제할 어린 양은 어디 있나이까 아브라함이 이르되 내 아들아 번제할 어린 양은 하나님이 자기를 위하여 친히 준비하시리라 하고 두 사람이 함께 나아가서…"

# 이삭, 생명, 그리고 예수님

유대인들은 역사 속에서 하나님의 구원 행동을 믿는다. 그들은 아무리 악한 상황 속에 놓여있다 하더라도, 종래는 하나님이 그들을 구원하실 것이라는 확실한 믿음을 가지고 있다. 어떻게 유대인들은 그것을 확신하게 되었을까? 그 출발점은 무엇일까?

성경 전체를 통틀어서 생각할 때, 구원 전승에 있어서 부피가 가장 큰 나무라고 말할 수 있는 부분은 역시 출애굽 사건이다. 애굽에서 오랜 시간을 노예로 살던 이스라엘은 하나님의 강력한 한 방으로 노예 상태를 벗어나서 자유민이 되었으며, 가나안에 들어가서 나라까지 세웠다. 출애굽을 통해서 이스라엘 사람들은 하나님의 구원 행동이 무엇인지 이론이 아니라 실제로 알게 되었다. 이 사건 이후에 살던 사람들은 출애굽이라는 큰 나무가 드리워주는 그늘 밑에서 하나님의 구원과 생명에 대한 믿음을 키웠다. 그런 까닭에 예언서나 시편은 이 사건을 반복해서 다루었다. 예언자나 시인들은 당 시대에 이스라엘이 겪는 고난이 아무리 크다 해도 결국에는 하나님의 개입으로 극복되고 구원이 이뤄질 것을 선언했다.

이것은 대단히 정확한 인식이다. 구원을 보여주는 사건에 있어서,

크기로 따지자면 출애굽 만한 게 없다. 그런데 조금 시각을 바꿔서, 크기가 아닌 시간을 따져서 효시를 물으면 이야기가 달라진다. 왜냐하면 출애굽보다 훨씬 더 이전에 이미 하나님이 생명과 구원을 보여주신 사건이 있었기 때문이다. 유대인들이 생명 회복과 구원 사건의 출발점으로 삼는 사건은 바로 '아케다'(עֲקֵדָה/묶음/the binding)이다. '아케다'는 창 22장에 기록된 이삭의 번제와 관련된 사건에 유대인들이 붙인 '별칭'이다. 우리가 "이삭의 번제"라고 부르는 사건을 그들은 이렇게 달리 부른다. 하나님은 아브라함에게 외아들을 제물로 바치라는 명령을 내렸다. 아브라함은 하나님의 명령대로 외아들 이삭을 꽁꽁 '묶어서' 모리아 산에서 번제물로 드리려 했다. 물론 끝에 이르러서는 하나님의 구원 행동으로 이삭은 구원받았고 생명을 얻었다.

'아케다'는 몇 마디로 설명을 끝낼 수 있는 간단한 사건이 아니니, 조금 더 자세하게 살펴보도록 하자. 무려 25년이나 걸려서 아브라함이 우여곡절 끝에 아들 하나를 얻었다. 그는 이삭이 잘 커 주어서 행복했을 것이다. 그러던 어느 날, 하나님은 갑자기 말도 안 되는 명령을 아브라함에게 내리셨다. 외아들 이삭을 하나님이 지시하는 곳에 가서 번제로 바치라는 것이었다.

우리는 창 12장에서 이미 하나님이 아브라함에게 상식을 뛰어넘는 명령을 하셨던 사실을 기억한다. 한 가지 놀라운 것은, 창 12장의 '부르심'과 창 22장의 '아케다'는 구조에 있어서 비슷한 면을 가지고 있다는 사실이다. '하나님은 무조건 명령하시고, 아브라함은 갈 곳을 모르는 상태에서 말없이 길을 떠난다'는 같은 도식이 두 개의 이야기 속에서 나타난다. 결론도 흡사하다. 아브라함이 순종하니, 하나님은 마지막에 가서 언약을 이행하신다는 것이다.

이리 보니 정말 이야기의 흐름이 닮았다. 그런데 구조는 비슷하지만, 충격의 강도가 좀 다르다. 두 번째 사건이 주는 고통이 앞서 겪었던 것보다 훨씬 더 무겁다. 세월이 25년이나 흘렀으면 아무리 황당했던 일도 기억에서 가물가물해지기 마련이다. 이런 참에 하나님이 다시 예측하기 힘든 괴상한 명령을 들고 아브라함에게 나서신 것이라면 어떤가. 아무리 과거에 비슷한 경험이 있었다 하더라도, 같은 종류의 사건을 새롭게 겪으면 누구나 힘들 수밖에 없다.

아브라함은 당연히 헷갈리는 상황을 맞았다. 더구나 이번 일은 혼자서 순종한다고 되는 것이 아니었다. 그의 아들도 함께 고통을 겪어야 했다. 이삭은 자다가 갑자기 날벼락을 맞은 것과 다름이 없게 되었다. 그는 진짜로 황당했을 것이다. 이상한 일이 시작되었는데, 집안의 2인자인 그가 아는 것이 없었다. 마치 소풍 가듯이 아버지와 길을 나서는데, 목적이 번제를 드리러 가는 것이란다. 제사를 드리러 가는 것 같긴 한데, 아무리 살펴봐도 제물이 보이지 않는 것이 자못 괴이쩍었다.

그동안 이삭은 아버지와 많은 대화를 나누며 살아왔다. 그랬던 아버지가 이번 일에 있어서는 별말이 없었다. 원래 불길한 예감은 틀리는 경우가 없다는 속설이 있지 않은가. 나중에 산꼭대기에 단둘이 남았을 때, 결국은 자신이 제물이라는 사실을 확인한 이삭이 얼마나 놀랐을까. 흥미롭게도 성경은 이삭의 놀람에 별로 집중하지 않는다. 큰 곤란 없이 '연로한' 아브라함이 '연소한' 아들을 묶어서 제단 위에 올려놓았다는 사실만 담담하게 설명한다. 이것이 어찌 가능한 일이었을지 궁금하다.

이삭이 모리아 산에 쫓아갔을 때 그의 나이는 과연 몇 살이었을까? 유대인들의 계산법을 따르면, '아케다' 당시에 그는 37살이었다고 한다. 『브레쉬트 라바』(בְּרֵאשִׁית רַבָּה/주후 4-6세기경에 쓰인 랍비들의 창세기 주석)의 설명을 따르면 그렇다는 거다. 그들의 나이 계산은 우선 사라의 향년으로부터 시작한다. 그녀는 127세에 세상을 떠났다(창 23:1). 그 숫자에서 이삭을 낳았을 때의 나이인 90을 빼면 37이 되는데, 이게 소위 이삭이 모리아에 갔을 때의 나이를 말해주는 숫자란다. 이런 계산이 성립될 수 있으려면, 한 가지 전제가 필요하다. 이삭이 모리아 산에 끌려간 해에 사라가 죽었다면, 이런 방식의 계산이 가능하다. 말인즉슨 랍비들은 사라의 죽음을 자연사로 이해하지 않은 것이다.

『브레쉬트 라바』의 설명을 조금 더 들어보자. 아브라함이 이삭을 데리고 죽음의 여행을 떠나자, 아무것도 모르는 사라에게 사탄이 인자한 할아버지로 분장하고 나타났다. 사탄이 "네 남편과 아들이 어디 갔는지 알고 있는가?"라고 묻자, 사라가 "둘이 아마도 마실 간 모양"이라고 편안하게 대답했다. 그러자 사탄은 "하나님이 이삭을 번제로 바치라고 해서 아브라함이 사라에게는 아무 말도 하지 않고 길을 떠났다"고 일러바친다. 사라는 그 이야기를 듣고서 너무나 큰 충격을 받은 나머지, 고통스러워하다가 심장이 터져 죽는다. 생소한 이야기지만 이것이 랍비들의 나이 계산에 따른 부연 설명이다. 그들은 어디서 이런 해석에 착안했을까?

영어에 '쥬이시 마더'(Jewish mother)라는 표현이 있다. 한 마디로 아이들을 극성맞게 돌보고 학교의 모든 행사까지 끼어드는 열심 있는 유대인 엄마, 또는 비슷한 성정을 지닌 여성을 의미하는 단어다. 흔히 아들의 문제에 관해서는 아버지보다 어머니가 더 극성맞다. 도대체 모자지간의 독특한 정서의 연결을 무슨 논리로 설명할 수 있을까. 그런 정서에서 생기는 치맛바람 현상은 동서고금을 막론하고 비슷하다.

이렇게 생각하면, 창 22장은 많이 이상하다. 거기 '아케다'에 어머니인 사라의 자리가 비어있는 것이다. 그녀는 이삭의 실종 앞에서 아무런 말을 하지 않는다. 창세기 주석을 쓴 랍비들은 아들이 '사라'지는 엄청난 사건 앞에서 엄마인 '사라' 또한 '사라'지는 데는 이유가 있다고 보았다. 그들은 창세기 기자가 기록하지 않은 뭔가가 있다고 생각하고, 그녀의 침묵의 원인을 돌연한 사망으로 해석했다. 물론 이런 해석이 맞니 어쩌니 하며 토론할 필요는 없다. 사라의 사망 이유가 성경에 적시되어 있지는 않지만, 개연성이 있어 보인다고 생각하면 그만이다.

이러한 해석을 따르자면, 나이를 서른일곱이나 먹은(장가들기 3년 전이다/창 25:20) 아들이 아버지를 따라간다. 이 정도 나이가 든 아들이라면, 말이 없는 아버지를 쫓아가면서 질문이 없을 수 없다. 도대체 이 여행은 출발할 때부터 의문투성이였기 때문이다. 실제로 아버지는 모든 것을 알고 있는데, 아들은 극히 일부분만 안다. 여행 중에 궁금함을 참지 못한 아들이 아버지에게 묻는다. "불과 나무는 있는데 번제할 어린 양은 어디 있습니까?"(7절) 드디어 올 것이 왔다. 아버지는 고통스러웠겠지만 대답을 피하지는 않는다. "내 아들아 번제할 어린 양은 하나님이 자기를 위하여 친히 준비하시리라"(엘로힘 이르에 로 하쎄 르올라 브니/אֱלֹהִים יִרְאֶה־לוֹ הַשֶּׂה לְעֹלָה בְּנִי/8절).

그의 대답을 이렇게 옮기긴 했지만, 번역을 위한 해석이 정확한지 알 수가 없다는 게 트릭(trick)이다. 해석의 모호함은 문장 구성의 모호함에서 온다. 이 구절에 대한 첫 번째 해석은, 문장 맨 끄트머리에 있는 "내 아들아"(브니)를 호격(vocative)으로 보고 그냥 아버지가 아들을 부른 것으로 이해하는 것이다. 한글 성경은 이렇게 이해한 나머지, '내 아들'을 원문과는 반대로 가장 앞자리에 놓았다. 이 경우는 이미 번역된 것처럼 "내 아들아, 번제로 드릴 양은 하나님이 자신을 위해서 준비하실 것이다"라고 읽으면 된다. 어쩌면 아브라함의 기대를 담아 반영한 해석일 수 있다. 아들을 바쳐야 하는 기가 막힌 상황 속에서 혹시 하나님이 제물을 준비하실 수도 있다는 그의 막연한 믿음이 번역에 담겨있다고 보면 어떨까.

두 번째 해석은 '내 아들'과 '번제를 위한 양'을 동격(apposition)으로 읽는 것이다. 왜냐하면 히브리 원문에는 '번제를 위한 양'(하쎄 르올라/הַשֶּׂה לְעֹלָה)과 '내 아들'(브니/בְּנִי)이 서로 옆에 붙어 있기 때문이다. 문장 전체에서 '엘로힘 이르에 로'는 해석이 어렵지 않다. '이르에'(יִרְאֶה)는 우리가 잘 아는 '이레'(창 22:14)와 같은 말이니, '하나님이 그 자신을 위해서 준비할 것이다'라는 뜻으로 이해할 수 있다. 문제는 '하쎄 르올라 브니'의 번역이다. '번제를 위한 양'(하쎄 르올라/הַשֶּׂה לְעֹלָה)을 하나님이 준비하실 제물로 보는 것은 당연한데, '내 아들'(브니/בְּנִי)이 바로 뒤에 붙어 있어서 둘을 얼마든지 동격으로 볼 수 있다는 점이 마음에 걸린다. 이렇게 읽으면, "하나님이 번제를 위한 어린 양으로 내 아들을 준비하실 것이다"라는 말로 읽을 수 있기 때문이다. 두 가지 해석을 보고 있노라니, 어떤 것이 정확한 것인지를 묻고 싶어진다. 대답은 문장론적으로 볼 때 "둘 다 맞다"이다.

빅터 해밀튼(V. Hamilton)은 이 부분을 두고서 심지어 "아브라함이 두 가지로 알아들을 수 있는 모호한 말로 자신의 심중을 피력한 것 같다"고까지 주장한다. 이런 의심은 상당 부분 합리적이다. 이렇게 본다면, 제물에 관해서 묻는 아들에게 "네가 알아서 생각하라"고 말한 것일 수도 있겠다. 그때까지 아들은 아버지와 37년을 같이 살았다. 그 세월 동안 아브라함의 아들로 살았으니, 그의 화법을 모를 리가 없다. 이리 본다면 이삭은 모든 것을 이해하고 받아들인 채로 모리아 산으로 갔을 수도 있다. 그런 까닭으로 힘세고 젊은 이삭이 힘없는 노년의 아버지 아브라함에게 반항하지 않았던 것은 아닐까.

그 과정이 무엇이었든지, 아들은 이제 번제단 위에 올려졌다. 온몸이 결박당한 이삭은 아버지가 그를 향해서 칼을 치켜들었을 때 심리적으로 죽었다. 하나님이 사주하고, 그 결과로 아버지가 아들에게 칼을 들었다는 사실이 그에게 죽음이 아니면 무엇인가. 이야기가 이것으로 끝났으면 비극이지만 그렇진 않았다. 이삭은 죽음의 자리에서 다시 생명을 회복했다. 하나님이 개입하셔서 숫양을 대신 제물로 받으시고 그를 구원하셨다. 그래서 '아케다'는 생명과 구원의 상징적인 사건으로서, 하나님이 이스라엘을 건지신 행동의 효시가 된 것이다.

# 타작 마당과 생명

후기 유대주의(Rabbinc Judaism)의 신앙은 모리아 산을 예루살렘 성전 터와 같은 장소로 받아들인다. 또한 모리아 산에서 아브라함이 번제를 드렸던 장소는 그 산에 있던 타작 마당이었다고 확신한다. 이렇게 보면 모리아의 타작 마당이 예루살렘 성전 자리가 되었다고 할수 있다. 이와 관련한 성경의 증거가 있는지 살펴볼 필요가 있다.

하나님이 인구 조사와 관련해서 죄를 지은 다윗에게, "여부스(예루살렘) 사람 '오르난의 타작 마당'에서 제사를 지내라"고 말씀하셨다(대상 21:18). 이 말씀의 저변을 훑어보면, 오르난의 타작 마당이 바로 아브라함이 제사를 드렸던 모리아 산이고, 다윗은 여기에 예루살렘 성전을 짓기로 작정했으며, 솔로몬이 그것을 실행했다는 정보가 흘러나온다. 고대의 타작 마당과 성소는 깊은 관련이 있어 보인다.

타작 마당의 의미를 더 확실히 알아보기 위해서 이강근 박사의 말을 들어보자. 예루살렘에 있는 이스라엘 박물관(Israel museum)에 들어가면 초입에 거대한 광야의 사진이 붙어있다. 그가 이것을 처음 봤을 때 박물관의 여러 가지 유물 가운데서 하필이면 광야의 사진이 제일 먼저 사람들을 맞이하는 이유를 알 수가 없었다고 한다. 그러나 사진 속의 광야가 평범한 장소가 아니라 사실은 고대 가나안의 타작 마당 흔적인 것을 알고 나서는 이해를 할 수 있었다고 한다.

고대 이스라엘 사람들은 추수한 곡식을 타작 마당에서 정리한 후에 하나님께 감사의 제사를 드렸다. 이와 유관하게 해석하면, 고대의 타작 마당은 제사를 드리던 성소였다고 말할 수 있다. 유대인들은 이런 전승 속에서 아브라함이 이삭을 바치려 했던 모리아 산의 한구석이 타작 마당이었다고 믿는다.

한편으로 다윗이 블레셋 땅에서 법궤를 옮겨간 장소는 오르난의 타작 마당이었다. 오르난(אָרְנָן)은 대상 21장에 나오는 예루살렘 타작 마당의 소유주였다. 그는 삼하 24장에서는 다른 이름인 아라우나(אֲרַוְנָה/히브리어 발음으로는 '아라브나')로 소개되고 있기도 하다. 두 사람은 서로 다른 인물이 아니다. 두 책이 말하는 사건이 동일한 것일 뿐 아니라, 이름도 모음의 차이가 있을 뿐이며 같은 자음을 가지고 있다. 이런 사실들로 인해서 오르난이 곧 아라우나라고 보는데 이견이 없다. 그는 자신이 갖고 있던 타작 마당을 다윗에게 팔았으며, 다윗은 그곳을 성소로 여겼음이 분명하다. 이런 사실을 종합하면, 비록 삼하 6장에 적시되어 있지 않다고 하더라도, 다윗이 법궤를 옮긴 장소는 오르난의 타작 마당에 마련된 회막이었을 것이다. 이 견해는 오늘날 학문적 해석에서도 문제없이 지지를 받고 있다. 그러면 솔로몬은 어디에 성전을 세웠을까? 유대 전승은 모리아 – 오르난의 타작 마당 – 예루살렘 성전이 모두 같은 '자리'라고 믿으니, 더 설명할 필요가 없겠다.

아브라함, 이삭 그리고 다윗과 솔로몬 모두가 '아케다'가 있었던 동일한 장소에서 생명의 하나님께 구원을 감사하는 제사를 드렸다. 이러한 연유로 해서 유대인들은 지금도 신년 축제 기간에 양 뿔로 만든 양각 나팔을 분다. 히브리 유니온 대학(Hebrew Union College)에서 공부할 때, 학장이 수업 시간에 들어와서 직접 이 나팔을 불었던 기억이 있다. 양각 나팔은 그냥 숫양의 뿔에다가 구멍을 낸 것이니 불기가 여간 어렵지 않다. 그날도 그가 그 나팔을 불다가 그만 음 이탈을 내서 다들 웃었던 것이 생각난다.

　기독교는 이삭의 바쳐짐을 예수 그리스도의 십자가 사건의 구약적 유형(type)이라고 말한다. 두 사건은 희생의 죽음과 구원, 즉 생명의 부활이 그 안에 있다는 점에서 서로 동일한 성격을 가진다. 우리는 이삭 안에서 그리스도의 구원과 생명을 본다. 이삭은 구약에서 구원과 생명을 상징하는 사람이니, 그에게 있었던 생명이 오늘 우리 안에 있다. 따지고 보면 내 안에 있는 생명은 아주 긴 역사를 갖고 있다. 결코 가벼이 볼 것이 아니다.

---

**창세기 22장 4, 13-14절**

"…아브라함이 눈을 들어 살펴본즉 한 숫양이 뒤에 있는데 뿔이 수풀에 걸려 있는지라 아브라함이 가서 그 숫양을 가져다가 아들을 대신하여 번제로 드렸더라 아브라함이 그 땅 이름을 여호와 이레라 하였으므로 오늘날까지 사람들이 이르기를 여호와의 산에서 준비되리라 하더라"

---

## 3일 만에 고개를 들었다

　모리아를 향해서 가는 동안 아브라함의 마음 상태는 어떠했을까? 창 22장은 전체적으로 그가 아무런 반발 없이 하나님의 명령에 순종하는 것처럼 묘사한다. 과연 그는 심적인 격동 없이 이 불가능한 임무를 수행했던 것인가? 이야기의 겉만 읽으면 거기서 아브라함의 고통을 찾아내기가 쉽지 않다. 그러나 문장의 문법적인 요소를 분석하면서 깊이 들여다보면, 본문 속에 있는 아브라함의 고통이 살짝 눈에 잡힌다.

창 22:4를 상세히 읽어보자. "제삼일에 아브라함이 눈을 들어 그곳을 멀리 바라본지라"(바욤 하슐리쉬 바이싸 아브라함 엣트 에나브 바야르 엣트 하 마콤 메라호크/בַּיּוֹם הַשְּׁלִישִׁי וַיִּשָּׂא אַבְרָהָם אֶת־עֵינָיו וַיַּרְא אֶת־הַמָּקוֹם מֵרָחֹק). 이 구절이 어쩼단 말인가? 여기에 무슨 아브라함의 고통이 스며있다는 것인가? 일단 동사의 성격을 잘 살펴가면서 사역을 시도해 보기로 하자. "삼 일째 되는 날에 아브라함이 '비로소' 그의 눈을 들었다. 그리고 멀리 있는 그곳을 바라보았다."

어떤 차이가 있는가. 번역에 '비로소'라는 말이 들어갔다. 그 이유는 눈을 '들었다'(바이싸/וַיִּשָּׂא)는 동사의 성격 때문이다. 이것을 단순과거로 읽는다면, 진행되고 있는 행동이 아니라 과거의 일회적 행동으로 볼 수 있다. 그렇다면 아브라함은 사흘 동안 가끔 고개를 들고 위를 쳐다보기도 하면서 걸은 것이 아니라, 3일째 되는 날에야 마침내 고개를 처음 들었던 것으로 이해할 수 있다. 말하자면 사흘 길을 여행하는 동안 그가 고개를 든 것은 바로 이때가 최초였다는 것이다. 한번 생각해보라. 백 살이 넘고 수염이 허연 할아버지가 사흘 동안 아들이랑 같이 길을 걸으면서 한 번도 고개를 들지 않았다면 그 이유는 어디에 있을까. 그의 마음속에 있는 고통이 그를 그렇게 만들었다.

시선을 피하는 것은 뭔가 불편한 감정이 있을 때 일어나는 일이다. 아브라함은 하나님의 뜻에 순종해서 모리아로 갔다. 그러나 마음속은 엉망이었을 것이다. 하늘을 향해 시선을 맞추지 않았던 것은 당연했다. 겉으로 보기에는 별문제가 없어 보이지만, 실제로 그의 속은 부글부글 끓고 있었을 것이다. 적어도 모리아로 가던 사흘 길 내내

약으로 해결할 수 없는 무지막지한 두통이 그를 괴롭혔을 것이다. 그래야 사람 아니겠는가.

## 믿음의 도약(Leap of Faith)

하나님은 왜 이런 고통을 아브라함에게 주신 것일까? 이제는 생산의 소망이 없는 노인이 잘 자라 준 외아들을 번제로 바쳐야 한다면 그 고통은 상상을 초월할 수밖에 없다. 하나님이 이렇게까지 사람을 괴롭히면서 하시려고 했던 일은 과연 무엇이었을까? 짐작건대 하나님은 아브라함을 꼭 시험하고 싶으셨던 모양이다. 적어도 인류의 역사를 뒤집는 구원사의 시작을 맡기려면 이런 정도의 시험을 거쳐야 하는가?

창 22:1을 보면, 하나님이 아브라함을 시험하셨다고 기록되어 있다. 그렇긴 한데, 목적어가 없다. 하나님은 도대체 그의 무엇을 시험하신 것일까? 대답을 찾자면 어렵지는 않다. 해석적으로 보면 창 12장과 동일하게 하나님은 여기서도 아브라함의 믿음을 시험하셨다고 할 수 있기 때문이다. 창 12장과 비교해 볼 때 22장의 시험은 수준이 높다. 창 12장에서는 아브라함이 가나안으로 가기만 하면 복을 주시겠다고 약속하셨다. 쉬운 일은 아니지만, 이 일을 수행하면서 죽는 사람은 없었다. 더구나 그곳으로 가기만 하면 복도 받았다.

반면에 22장의 시험은 내용이 참으로 차갑다. 그냥 생때같은 아들을 무조건 바치라는 것이고, 또 그렇게 해도 반대급부를 주시겠다는 약속이 없다. 이쯤 되면 하나님은 1차 믿음의 시험을 통과한 아브라함에게 승진을 위해서 2차 시험을 내신 것일까? 더 힘든 시험을 치르게 함으로써 그를 단련하신 것인가? 이것도 가히 만족스러운 답변은 아니다. 하나님은 모든 것을 다 아신다 했는데, 아브라함이 이런 고강도의 시험을 너끈히 통과할 수 있는 믿음도 가졌음을 모르셨을 리가 없다. 뭔가 이것보다는 더 마음에 와 닿는 대답이 필요하다.

이쯤에서 바른 설명을 하자면, 우리는 '아케다'가 단순히 아브라함이 가졌던 믿음의 정도를 알아보기 위한 시험이라는 전제에서 벗어나야 한다. 책의 다른 부분에서 설명했듯이 '믿음(에무나/אֱמוּנָה)'은 관념적인 것이 아니다. 오히려 믿음은 행동과 더 깊은 관련이 있다. 행동이 없는 믿음은 죽은 것이나 다름없다. 그래서 '아케다'는 아브라함에게 믿음이 있는지를 확인하는 시험이 아니다. 오히려 그가 아주 훌륭한 믿음을 갖고 있음을 알고 계신 하나님께서, 아브라함에게 마음속에 웅크리고 있는 '믿음'을 끄집어내 실제 행동으로 증명해 보이라고 명령하신 것이다.

이 사건은 믿음의 유무나 정도를 시험한 것이 아니라, 믿음을 실천하라는 명령이요, 요구이다. 말인즉슨, "아브라함아, 나는 네가 외아들을 바칠만한 믿음을 가지고 있는 것을 잘 안다. 이제는 그 믿음을 내 눈앞에서 행동으로 펼쳐 보이기를 바란다"는 것이 하나님의 요구였다. 이렇게 이해하면, 하나님이 아브라함에게 막심한 고통을 주시면서까지 이런 일을 하신 동기를 이해할 수 있다. 실제의 삶에서 믿음은 사람의 생명까지 하나님에게 얹어놓는 행동을 실천하는 것이니 말이다.

하나님의 의도를 이해했다고 해서 마음이 편해지는 것은 아니다. 왜냐하면 하나님이 요구하신 믿음의 실천이 인간적인 관점에서는 너무나 비윤리적이고, 비이성적으로 보이기 때문이다. 아브라함 또한 하나님이 주신 명령의 파괴적인 성격을 너무나 잘 알았을 것이다. 그의 고민이 극심했던 이유가 여기에 있다. 그는 어떻게 하나님이 하신 명령의 부정적인 면을 극복하고 믿음의 성취를 이룰 수 있었을까? 이미 언급했듯이 아브라함이 갈등했다면, 그건 너무나 당연했다. 만일 명령에 순종하면 윤리적 측면에서 살인자가 될 것이고, 정신적인 면에서는 미치광이가 될 것이기 때문이었다. 그가 받은 명령은 아무리 살펴봐도 정상적인 것이 아니었다. 만일 이 시대에 아브라함처럼 행동하는 사람이 있다면, 그는 광신자라는 비판을 듣는 것은 물론이고, 살인자와 정신병자라는 비난을 받아 마땅하다. 그럼에도 불구하고 아브라함은 일반적이고 대중적인 평가의 기준을 훌쩍 뛰어넘어서 신앙의 영웅이라고 불리게 되었다. 어떻게 아브라함이 거기에 이르렀는지 아주 많이 궁금하다.

역시 결론부터 말해보자. 이것이 가능했던 이유는, 세상이 대중적으로 요구하는 윤리적 의무를 뛰어넘어서 그가 하나님과의 절대적인 관계 속으로 들어갔기 때문이다. 평범한 가치관의 단계를 뛰어넘어 특별한 '믿음'의 단계로 올라설 수 있으므로 이것이 가능했다는 말이다. 인간의 역사가 보여주는 일반적인 전통은 우리 각 사람에게 어떤 영향을 미칠까? 인간은 과거로부터 이어져 내려온 전통 속에서 산다. 이 전통이란 게 결코 만만치가 않다. 이것이 사람이 쉽게 벗어날 수 없는 커다란 문화 덩어리를 형성하고 있기 때문에 그러하다.

이렇게 만들어진 문화는 툭하면 자기 힘과 덩치를 믿고 사람들을 을러댄다. "괜히 나대다가 정 맞지 마. 너는 다수가 받아들이는 믿음이나 행위를 따라야 잘 살 수 있어"라는 말은 다분히 익숙하다. 누구나 살면서 들었던 경험이 있기 때문이다. 이런 소리를 들으면 두 가지로 반응할 수 있다. 우선은 괜히 잘난척해서 문제를 일으킬 필요가 없으니 일반적인 문화와 전통에 맞설 필요가 없다고 생각할 수 있다. 어려움 없이 안온하게 살려면 이 길을 선택하면 된다. 다른 한편으로는 머리를 치받으면서, "나는 나의 길을 가겠다"고 결단하고 행동할 수도 있다. 물론 사회적 동의가 포함된 가치를 넘어서겠다면서 항거하는 것이 말처럼 쉽지는 않다. 세상 문화의 큰 흐름에서 벗어나려는 사람은 결연하게 비난을 받을 각오를 해야 한다. 이런 결정을 선악의 문제로 말할 필요는 없다. 다만 신앙의 성취를 중히 여긴다면 심각하게 생각하는 게 맞다는 말일 뿐이다. 편히 살겠다고 판단하면, 이룰 수 있는 것이 없으며 앞으로 나갈 수도 없다. 그러나 세상의 대중적인 지혜와 판단의 기준을 넘어서는 결단의 용기가 있다면 결론이 달라진다.

키에르케고르(Kierkegaard)는 창 22장의 '아케다'를 독특하게 자신의 신학적 관심을 바탕으로 해석했다. 그 설명을 담고 있는 책이 『두려움과 떨림(공포와 전율)』(Fear and Trembling)이다. 책 속에 드러난 그의 생각을 인용해보자. "신앙인으로서 개인은 주변의 전통이나 대중적 생각에 지지 말고, 그것을 넘어서겠다는 결단으로 우뚝 서야 한다. 이런 결단을 할 수 있는 사람은 하나님 앞에 홀로 단독자로 설 수 있다."

신앙인은 세상이 이해할 수 없고 또한 평가할 수도 없는 믿음을 가진 사람이다. 아브라함은 주변의 대중적인 판단을 거부하고 오히려 하나님의 요구를 그 위에 둠으로써 이 고통을 돌파했다. 신앙의 핵심은 대중적이고 보편적 사고를 돌파하는 것에 놓여있다. 예수님도 마찬가지였다. 당시의 유대인들은 예수님에게 그들 종교의 보편적인 신앙 행위 속에 머물라고 강요했다. 하지만 예수님은 그렇게 하지 않으셨다. 오히려 그것을 뛰쳐 나와서 전혀 구원의 방법으로 보이지 않는 십자가를 선택하셨다. 자진해서 죽음을 향해서 돌진하신 것이다. 예수님은 그 결과로 죽음과 율법이 지배하는 대중적이고 보편적인 세상의 역사를 넘어서서 구원을 완성하셨다. 믿음은 이 길을 걷는 것이다. 사람들이 말하는 전통과 이성, 경험의 세계에 동의하지 않고, 하나님을 바라보면서 그분의 뜻이 세상의 뜻과 다르면 과감하게 그분을 선택하는 것이 바로 믿음이다.

　사람의 삶은 두 종류다. 하나는 욕 안 먹고 대충 다른 사람을 따라하는 보편적인 세계에 머무르는 삶이다. 또 다른 하나는 보편적인 전통과 문화를 넘어서서, 하나님에게 절대 순종하는 자세로 사는 삶이다. 보편적인 세상의 지혜는 하나님에게 아들을 번제로 바치는 것 따위는 도저히 있을 수 없는 일이라고 아브라함에게 말했다. 아무리 하나님의 말씀이라도 들을 것과 아닌 것이 있다고 말하는 것이 세상의 지혜이다. 그러나 그것을 뛰어넘는 지혜도 있다. 신앙적인 지혜가 그것이다. 이 지혜를 가지고 있는 사람은 "말씀하시면 그렇게 하겠습니다"라고 말할 줄 안다. 이렇게 말하는 것은 곧 내 판단과 지혜에 대한 체념이며, 경험적 합리성의 포기이고, 하나님의 지혜에의 동의이다.

아브라함은 "말씀하시니 하겠습니다"라고 말하면서 세상의 대중적인 윤리 기준을 넘어섰다. 보편적인 세상의 판단을 넘어서는 과정은 이미 언급한 것처럼 믿음으로만 가능하다. 키에르케고르에 의하면, 이 믿음은 고독한 결단을 요구하기 때문에 두려움과 떨림을 동반할 수밖에 없다. 그는 이런 신앙의 단계를 "믿음의 도약"(Leap of Faith)이라고 불렀다. 믿음을 통해서 삶이 한 단계 더 도약하면, 세상의 판단을 두려워하는 차원을 넘어서서 하나님과의 절대적인 관계를 형성하는 단계에 들어가게 된다. 제대로 믿기 위해서는 작든, 크든 믿음의 도약이 필요하다. 한번 높이 뛰어오르면 비로소 우리는 신앙의 제대로 된 단계로 진입한다. 그리고 거기서 하나님의 생명을 만난다.

## 순종인가, 광신인가

이쯤에서 던져야 하는 질문이 있다. 혹시 아브라함에게서 보이는 신앙적 행태가 광신은 아닌가 하는 의문이 그것이다. 아들을 죽이려는 시도를 믿음과 순종으로 덧칠하는 것은 과연 광신이 아닌지 의심해봄 직하다. 도대체 광신과 순종의 차이는 무엇인가? 많은 사람이 광신의 개념에 관해서 오해하는 것을 종종 본다. 광신은 신(神)이 아니라, 특정한 정보나 개념 같은걸 맹목적으로 믿는 것을 말한다. 정확하게 말하면, 어떤 신앙인이 하나님 아닌 자기의 정보를 믿는다면 그 사람이 바로 광신도다. 알베르토 토스카노(Albeto Toscano)라는 사람이 『광신 – 저주받은 개념의 계보학』이라는 책에서 한 말이 있다.

"광신은 관용과는 담을 쌓았고 소통은 불가능하며, 어떤 논쟁도 용납하지 않으면서 오직 상대편의 관점이나 생활 방식이 뿌리 뽑힐 때라야 비로소 안도하는…폭력적 신념에 사로잡혀 있는 상태이다."

토스카노(Toscano)는 오늘날 자본주의 사회에서 나타나는 온갖 병폐를 광신으로 설명한다. 그의 말을 빌리자면, 광신은 근본적으로 종교적 현상이 아니다. 차세대 좌파 이론가로 주목받는 유물론주의 철학자가 한 말이니, 이런 견해를 종교로부터 광신의 누명을 벗겨보려는 시도가 만들어낸 것으로 오해할 이유가 없다. 여기서 생기는 또 다른 질문 하나. "그렇다면 종교에는 아예 광신의 현상이 없다고 생각해도 좋다는 말인가?" 그건 아니다. 토스카노(Toscano)를 인용한 것은 단지 광신을 종교적 현상으로만 생각지는 말라는 이야기를 하고 싶었기 때문이다.

당연히 종교 안에도 광신은 있다. 종교적 광신은 어디서 오는가? 하나님의 말씀에 자기 생각을 더하는 데서 온다. 하나님의 말씀에다 자기 해석과 설명을 덧붙여 자기 복음을 쓰고 그것을 진리라고 말하면 광신이다. 광신은 파괴적 결과를 낳는다. 아주 과거의 십자군 전쟁이나, 조금 덜 과거의 제국주의 선교는 파괴적인 모습으로 그 결과가 나타났다. 광신에 다름 아니다.

이런 것들과 달리 순종은 생산적인 결과를 낳는다. 이것이 광신과 순종의 차이점이다. 광신이 아닌 순종의 예를 종교개혁에서 찾을 수 있다. 종교개혁은 기존 질서에 대한 반발이었지만, 생산적 갱신을 낳았다. 그 결과로 개혁된 신앙을 가진 사람들이 종교개혁 이후에 교회를 채웠다.

아브라함의 경우도 광신이 아니라 순종이었다. 만일 아브라함이 인신 제사를 드려야 하나님이 받으신다는 개인적인 신념이 있었다 치자. 그가 자신의 신념을 실행에 옮긴 것이라면, 그것은 광신이다. 그가 광신도였다면, 비록 하나님이 숫양을 들어 보이면서 더는 인신 제사를 진행하지 못하도록 말렸어도, 그는 아들을 죽였을 것이다. 그는 개인 신념과 상관없이 그냥 하나님의 말씀에 순종했기 때문에 모리아로 갔다. 그 결과는 생명의 회복과 구원이었다. 모든 이스라엘 사람들을 비롯해서, 우리까지도 이 사건에서 구원과 생명을 보게 되었다. 아브라함의 신앙은 광신과는 거리가 멀다. 그가 혹시라도 이런 말을 듣는다면 무지 섭섭해할 것이 분명하다.

## 누가 충성하는가?

'아케다'가 끝나고 난 뒤에, 아브라함, 이삭, 그리고 그것을 지켜본 모든 사람이 하나님이 하신 일에 대해서 알게 되었다. 모든 것이 완결된 후에 아브라함은 번제를 드렸던 장소에 이름을 붙였다. 우리가 너무나 잘 아는 '아도나이 이레'가 이런 과정 끝에 탄생했다(창 22:14). 정확하게 발음하면, '아도나이 이르에'(יְהוָה יִרְאֶה)라고 읽어야 하는 이 말은 문자적으로는 '하나님이 보신다'(YHWH sees)라는 의미를 지닌다.

주어인 '아도나이'에 붙은 '이르에' 동사의 원형은 '라아'(רָאָה/보다)이다. 사실 이 동사는 14절에서 두 번 사용되었다. 한글 성경을 보면,

앞의 용례는 '아도나이 이르에'로 옮겨서 히브리어를 그대로 음역했지만, 뒤에 있는 것은 '준비되리라'는 설명조의 말로 번역했다. 같은 동사인데도, 달리 번역된 두 개의 표현을 어찌 이해해야 할까. 문법적으로 좀 더 자세하게 설명해보자. 먼저 등장한 '이르에'(יִרְאֶה)는 능동태 미완료이고, 같은 절 맨 뒤에 나오는 '예라에'(יֵרָאֶה)는 같은 동사의 수동태 미완료이다. '아도나이 이르에'는 '하나님이 보신다'(the Lord sees)라는 의미이고, '아도나이 예라에'는 '하나님이 나타나신다'(the Lord is seen)라는 뜻이다.

물론 구절 후반부의 번역은 좀 더 생각해야 할 문제가 있긴 하다. '브하르 아도나이 예라에'(בְּהַר יְהוָה יֵרָאֶה)라는 표현에서 '산'(브하르/בְּהַר)을 아도나이와 붙여서 이해할 것인지 아니면 독립적으로 볼 것인지가 문제다. 전자의 경우는 '아도나이의 산에서 그(하나님)가 나타나신다'가 될 것이고, 후자의 경우는 '산에서, 아도나이가 나타나신다'가 될 것이다. 둘 다 가능한 번역인데, 분명한 것은 어떤 경우이든 '예라에'(יֵרָאֶה)를 '나타나신다'로 옮길 수 있다는 사실이다. 그렇다면 본문이 말하려고 하는 바는 자못 분명하다. 하나님께서 아브라함이 알지 못하던 전후의 사정과 해결책까지 '바라보고 준비하신다' 또는 '직접 나타나셔서 일을 해결하신다'는 것이 본문의 메시지다. 능동태와 수동태가 혼용되어 두 번 나타나는 것이야 무슨 상관이 있겠는가. 실제로 하나님은 우리의 삶을 바라보시기도 하고, 또 나타나시기도 하기 때문이다.

이런 이해의 탓인지 영어 성경과 한글 성경은 이 동사를 '준비하다'(provide)라는 해석적인 단어로 번역했으며, 유대인들은 단어의 원래 뜻을 더 살려서 '나타나다'(appear)로 그들의 영어 번역에 옮겼다. 무엇으로 어떻게 번역했든지 상관없이, 중요한 것은 하나님이 우리의 삶에 개입하셔서 우리의 문제를 직접 해결하신다는 사실이다. 하나님은 상황을 '보시고', 양을 '준비'하셨다. 하나님의 보심이 방관에 그치지 않고 해결로 연결된 덕분에 모든 문제가 풀렸다.

하나님이 이 사건의 주인공이 되셨던 탓인지, 아브라함은 장소를 이름함에 있어서 '자신이 믿었다든지' 또는 '충성했다'는 표현을 집어넣지 않았다. 이삭이 구원을 받은 사건에 자신의 역할이 아무것도 없었음을 자인한 것이다. 이 사건에서 도드라져 보이는 것, 또는 사람들의 마음속에 각인된 것은 아브라함의 순종이 아니라 하나님의 은혜이다.

'아도나이 이레'라는 표현 안에는 아브라함의 공로가 도무지 들어갈 틈이 보이지 않는다. 죽음이 생명으로 해결된 것은 하나님의 구원 행동 때문이었다. 이 사건을 들은 후세의 사람들도 하나님의 능력과 은혜를 강조하는 이름에 찬성했으며, 아브라함의 역할에 대해서는 말이 없다. 따지고 보면 이것이 하나님의 역사를 대하는 사람들의 올바른 자세이다.

우리는 흔히 아브라함이 믿음과 순종을 보였기 때문에 하나님이 일을 해결하신 것으로 생각하기 쉽다. 그러나 생명에 관한 한 해결은 오롯이 하나님의 몫이며, 그분만이 하실 수 있다. 거기에 아브라함의 몫은 없다. 아브라함이 믿음을 보였어도, 숫양은 없었을 수 있다. 중요한 것은 하나님의 생각이며, 행동이다. 때로는 우리가 하나님께 충성한다고 생각할 때가 많다. 과연 그런가? 사실은 하나님이 우리에게 충성하시는 것은 아닌가? 오늘도 하나님은 내 삶을 바라보시고, 생명을 주시기 위해서 나에게 나타나신다. 나는 그 하나님의 생명의 역사를 보고 있는가?

## 산의 건너편 능선을 기억하라

믿음의 도약을 통해서 하나님의 말씀을 있는 그대로 받아들이고 순종하면 어떤 일이 일어날까? 다시 4천 년 전, 아브라함의 시간으로 돌아가 보자. 사흘을 내리 걸은 아브라함과 이삭의 눈앞에 모리아 산이 나타났다. 둘은 말없이 산길을 따라서 올라갔을 것이다. 산이라는 것이 그렇다. 이쪽 능선에서 산을 타면 반대쪽의 능선은 보지 못한다. 그래서 사람들은 자기 능선에서 생기는 일, 곧 눈에 보이는 것만 현재 발생하는 사실로 받아들인다. 인간의 눈이 보는 범위 안에서 일어나는 일만이 사실이고 진실인가? 하나님이 행하시는 일의 놀라운 비밀이 여기에 있다. 구원의 역사는 우리가 보지 못하는 반대편 능선에서 주로 일어난다.

그날 아브라함과 이삭이 걷던 산길의 반대편 능선에서는 무슨 일이 있었을까? 같은 시간에 그 반대편 능선에서 긴 뿔을 가진 숫양 한 마리가 촐랑대며 산을 오르고 있었다. 생각해보면 어찌 그 산꼭대기에 시의적절하게 숫양이 나타날 수 있었을까 싶다. 우연이라고 말하고 싶은 사람도 있을 것이다. 하지만 도대체 산이라는 장소는 아무리 우연이라도 양이 나타날 만한 곳은 아니다. 백번 양보해서 우리를 탈출한 양의 내비게이션 기능이 오류를 일으킨 까닭에 그곳까지 이르게 되었다고 치자. 그런 일이 절묘한 시점에 맞춰 일어난 것은 연출자가 없이는 가능한 일이 아니다.

한 가지만 기억하자. 우리가 해결할 수 없는 고난 가운데 있으면, 하나님이 우리의 사각지대에서 일하신다. 산의 반대편 능선에서 나와 같은 속도로 숫양 한 마리가 올라가고 있음을 믿으라. 우리는 그 양을 꼭대기에서 만나게 될 것이다. 보이지 않지만, 반대편 능선에서 일어나는 일을 바라보는 것이 믿음이다. 원래 "믿음은 바라는 것들의 실상이요 보이지 않는 것들의 증거"가 아닌가(히 11:1). 믿음이 있으면 순종할 수 있다. 그리고 생명의 역사를 체험할 수 있다.

# 우리가 아는 같은 세상 이야기

**창 12-50장**

## _이삭과 야곱 이야기

# 리프카 도리(Rifka Dori)와 밧단아람(פַּדַּן אֲרָם)

미국에 있는 히브리 유니온 대학(Hebrew Union College)에서 공부할
때의 일이다. 현대 히브리어(이브리트/עברית) 강의를 들은 적이 있는데,
리프카 도리(Rifka Dori)라는 이스라엘 여성이 강의를 했다. 당시에는
학교 안의 모든 학생이 유대인이었으니, 다들 첫 유학생을 신기하게
생각했다. 성경 히브리어는 할 줄 알면서, 현대 히브리어를 못하는
이상한 학생이 왔다면서 학장이 그 강의를 들으라고 권해서 어쩔 수
가 없었다. 하루는 리프카 도리 교수의 초청으로 그녀의 집에서 열리
는 독서모임에 간 적이 있다. 가서 보니 랍비니 교수니 하는 사람들
이 음식을 먹고, 토론도 하기 위해서 모여 있었다. 그날의 토론 주제
는 '왜 아브라함은 며느리를 밧단아람에서 구했을까' 였다. 물론 토
론은 상당히 진지했다.

밧단아람(פַּדַּן אֲרָם)은 창세기에 나오는 지명이다. 아브라함이 며느릿
감을 구해오라면서 종에게 언급한 "내 고향, 내 족속"(창 24:4)에 해당
하는 지역이며, 나중에 야곱이 에서의 복수를 피해서 피신했던 장소
이기도 하다(창 28:2-7). 원래 '아람'은 사람의 이름이다. 셈의 다섯 아
들 가운데 하나가 아람이었는데(창 10:22), 홍수 이후에 그의 후손이
나뉘어서 각 지역으로 퍼져나갔다.

성경에 근거해서 이야기하자면, 아람의 후손이 퍼져 살던 지역을 소위 아람이라고 부른다. 이들 가운데 일부는 주전 11세기경부터 하란을 포함한 시리아 북부(오늘날 터키 동부)에 거주하면서 이스라엘을 괴롭히는 작은 나라로 등장했다. 그렇다고 해서 아람 사람들이 이스라엘과 적대적인 관계에 있던 아람왕국에만 살았던 것은 아니다. 아람 민족 다수는 훨씬 이전부터 메소포타미아 지역에 광대한 세력을 갖춘 나라를 만들었다. 지리적으로 보면, 밧단아람(밧단은 고유명사로서 지명; 아람은 평야를 의미)은 시리아 북부로부터 메소포타미아 남부의 '비옥한 반달 지대'(Crescent Fertile)에 이르는 넓은 지역을 아우르는 이름이다.

창 24:10을 보면 아브라함의 종이 이삭의 아냇감을 구하라는 명을 받들고 '메소포타미아'로 갔다는 기록이 있다. 그 지역이 '밧단아람'이다. 물론 메소포타미아(Μεσοποταμία/두 강 사이에 있는 땅)가 밧단아람을 직역한 단어는 아니다. 오히려 이 말은 히브리어 '아람 나하라임'(אֲרַם נַהֲרַיִם)을 직역한 것이다. 이 말의 의미 역시 두 강 사이에 있는 땅을 의미하니 의미상으로 두 명사는 정확하게 들어맞는다고 할 수 있다. 메소포타미아는 상당히 넓은 지역을 통칭하는 말이기 때문에, 아브라함의 종이 그 광활한 지역을 다 쏘다녔다고 볼 수는 없는 노릇이다. 그렇다면 그가 간 곳을 좁혀서 생각할 필요가 있다. 창세기 기자도 그걸 알았는지, 10절에서 아브라함의 종이 갔던 곳이 메소포타미아에 있는 '나홀의 성'이었다고 구체적으로 언급한다. '나홀의 성'은 하란을 가리키는 말이며, 나홀 일가가 거기 살았기 때문에 그리 불리기도 했다.

아브라함은 하란에서 머나먼 가나안으로 이주해서 오랜 세월을 거기서 살고 있었다. 그런 마당에 왜 그가 이곳까지 사람을 보내서 며느리를 구하려 했을지 궁금하다. 그날 모임에서 긴 토론 끝에 내린 결론은 '혈통과 문화의 보존' 때문에 아브라함이 그렇게 했다는 것이었다.

## 혈통 때문에?

정말로 혈통과 문화의 보존 때문에 아브라함이 그런 무리한 행동을 했던 것일까? 며느릿감을 구해 오라는 명령을 받든 종은 다시는 아브라함의 얼굴을 보지 못한 것으로 보인다. 종이 여행을 떠난 사이에 집안의 주인이 아브라함에서 이삭으로 바뀌었기 때문이다. 그뿐 아니라 아브라함 집안 전체가 헤브론에서 유대 광야 남쪽에 있는 네게브로 이사도 했다. 종이 밧단아람에 다녀오는 동안 가나안 본가에 많은 변화가 생겼다는 것은, 여행에 그만큼 오랜 시간이 소요되었다는 사실을 말해준다. 긴 시간이 걸릴 수 있다는 것을 알면서도 이 일을 감행한 것은 거기에 뭔가 중요한 이유가 있었기 때문이 아니겠는가.

'혈통의 보존'이 그럴 만큼 중요했던 일이라는 생각을 하는 사람들이 뜻밖에 많다. 유대인들이 혈통에 민감한 것은 사실이다. 복음서 가운데 유대인들의 냄새가 가장 짙은 마태복음이 예수님의 족보로 시작하는 것도 혈통을 중시하는 그들의 문화를 존중한 결과이다. 옛날만 그랬던 것이 아니다. 지금도 유대인들은 혈통 보존에 열심이다. '정통주의'(Orthodox)에 속한 유대인들은 부모가 다 유대인이어야 그 혈통을 인정한다. 조금 덜 보수적인 사람들도 부모 가운데서 어머니가 유대인이어야만 후손을 유대 혈통으로 받아들였다. 그러던 것이 요즘에 와서는 조금 달라졌다. 개방적인 유대인들은 부모 가운데 한 사람만 유대인이어도 괜찮다는 쪽으로 생각을 바꾸고 있다. 세월이 흐름에 따라서 색채가 엷어지고 있기는 하지만, 여전히 피의 보존은 유대인들에게 중요한 것으로 보인다. 그들의 혈통은 과연 그렇게 지켜야 할 만큼 원래 순수한 것인가?

유대인들 말고도 단일 혈통을 중시하는 민족이 또 있다. 한민족이 그와 비슷하다. 한국인들은 우리 민족이 한 가지 혈통이라고 믿고 싶어 한다. 인류학자들의 보고에 따르면, 그런 소망과는 달리 한국인은 단일한 혈통을 가진 민족이라고 말할 수 없다. 중앙아시아로부터 시작해서 일본까지 연결되는 몽골리안(Mongolian) 인종대에 속해있으니, 우리가 몽골리안으로 불려도 상관은 없다. 그러나 이름이 그렇다고 해서 피까지 완전히 그런 것은 아니다. 한민족의 유전자에는 북방계 몽골리안과 남방계 폴리네시안이 섞여 있으니, 우리는 말 그대로 혼혈민족이다.

유전학자들의 보고서를 보면, 유전학적으로 한국 사람들은 70-80%의 북방계 유전자와 20-30% 정도의 남방계 유전자를 함께 가지고 있다고 한다. 그렇다고 낙심할 것은 전혀 없다. 두 종류의 유전자만으로 구성된 민족도 지구에는 드물다 하니 우리가 별난 것만은 사실이다. 북방계는 몰라도 우리 안에 하와이나 피지를 비롯한 남태

평양에 흩어져 사는 폴리네시안의 피가 들어있다는 것은 상당히 이채롭다. 이런 형편이니 세상의 어느 민족이건 무슨 단일 혈통 어쩌고 하는 주장은 인종학적으로는 별 의미가 없는 수사에 불과하다.

이스라엘의 혈통은 어떤가? 아브라함의 집안이 하란에서 온 사람들로만 채워져 있었다고 보기는 어렵다. 아브라함에게서 이스마엘을 낳은 하갈은 애굽 사람이었다. 많은 해석자가 아브라함의 명을 받들어 하란까지 간 종을 다메섹 사람 엘리에셀로 생각한다. 유대인들의 창세기 주석 역시 종의 이름을 엘리에셀로 언급하고 있으니 더 말할 것이 없다(Breshit Rabbah 60:8). 인종적인 문제에 있어서 아브라함의 식솔들은 가나안과 메소포타미아 그리고 심지어는 애굽의 피까지 섞여 있던 용광로였다고 해도 과장이 아니다. 더구나 마태복음에 기록된 구원사 족보를 열면, 실제로 그 안에 가나안 원주민인 라합이나 모압 사람 룻의 이름이 있음을 볼 수 있다.

원래의 이스라엘 혈통은 어디서 비롯되었을까? 아브라함 때로부터 5백여 년 이상을 지난 후에 태어난 모세는 자신의 민족적 정체성을 아람 사람이라고 말했다. "내 조상은 방랑하는 아람 사람으로서"(신 26:5). 실제로 아브라함의 선조들은 메소포타미아에서 살았던 아람 족속이었다. 그렇지만 그들이 어떤 혈통을 어떻게 보존해왔는지는 알 수가 없다. 아브라함이 가나안으로 이주한 후에도, 그의 후손들은 혼인을 통해서 다른 족속들과 '피'를 섞었다. 그러므로 '순수'니 또는 '단일'이니 하는 가치를 그들의 혈통에 부여하는 것은 별 의미가 없어 보인다. 아브라함이 혈통에 가치를 두고 그것을 보존하려 했다고 주장하고 싶어도, 지키려 했던 혈통의 정체나 순수성이 불분명하다는 점이 발목을 잡는다.

유대인들이 역사 속에서 혈통을 중시한 것은 아마도 다른 이유에서였다고 보는 것이 옳다. 그들이 출애굽 해서 가나안에 왕국을 건설한 이후에 민족의 정체성을 확립하려는 정치적인 또는 문화적인 요구가 혈통의 강조로 나타났다고 보는 것이 옳다. 실제의 역사에 있어서는 그들이 지키고 싶었던 혈통의 뼈대인 지파 개념조차 가나안 정착 이후에 많이 흐트러졌다. 북 왕국이 무너진 후에 그곳 거주민들의 피가 앗수르 사람들과 섞였다고 해서, 유대 사람들이 북쪽 사람들을 천시했던 사실은 아주 유명하다. 그런데 이런 사실이 역설적으로 혼혈의 역사적인 증거가 된다. 정작 피가 섞이면서 오히려 민족의 하나됨과 유일함을 강조하려는 정치적인 요구가 높아진 것이 혈통 강조의 숨은 이유이다.

이런 현상은 명칭에서도 나타난다. 그들이 유대인이라는 이름을 사용한 것도 아주 옛날부터는 아니다. 남 왕국이 멸망한 후에 가나안에 살던 사람들이 스스로 '유대인'으로 부르기 시작한 것은 마카비 시대 이후였다. 민족적으로 존립의 위기에 처했을 때 자신들의 존재감을 드러내고 정체성을 확립하기 위해서, 이스라엘 사람이나 히브리 사람 같은 표현 대신에 '유대인'이라는 이름을 사용하기 시작한 것이다. 그들이 이런 호칭을 사용한 것은 이방인과 자신을 구별해서 민족적인 우월감을 드러내려는 시도에서 비롯되었다고 보는 것이 학자들의 일반적인 견해이다. 유대인의 호칭이 다분히 정치적이고 종교적인 것을 보면, 혈통을 중요시했던 것도 이와 같은 흐름이었다고 볼 수 있다. 따라서 혈통 자체의 보존을 위해서 아브라함이 며느릿감을 하란에서 구했다고 주장하는 것은 좋지만, 그것을 증명하기 위해서는 험한 지뢰밭을 지나야만 한다.

## 하나님 신앙 때문에?

어쨌든지 유대인들이 혈통을 중시하는 것은 맞다. 앞서 설명한 것처럼, 이 사실을 그들이 피의 성분에 관심이 있었다는 식으로 오해하면 곤란하다. 그들이 진정으로 소중하게 생각한 것은 피가 아니라, 그 뒤에 있는 유대 문화와 정신이었다. 유대인들이 모계의 혈통을 중시한 데는 까닭이 있다. 자녀를 유대인으로 키우는 것은 피의 성분이 아니라 교육과 양육이라는 것이다. 유대 문화를 가진 어머니가 기른 사람이면, 피가 어떻든지 그 사람이 유대 정신을 가질 수 있다는 생각이 거기 숨어있다. 역사 속에서 유대 문화와 정신의 보존의 예를 찾는 것은 어렵지 않다. 출애굽기에서 모세가 애굽의 왕궁에서 성장했지만, 동족의 고통을 잊지 않을 수 있었던 것은 친어머니의 공로가 컸다. 법적인 어머니였던 공주가 무엇을 그리 많이 가르쳤겠는가. 틈만 나면 유대 정신을 주입한 어머니 덕에 모세는 출애굽의 지도자가 될 수 있었다.

성경 이야기를 넘어서, 오늘날의 예도 한 번 들어보자. '카이펑 유대인'(Keifung Jews)이라고 불리는 중국의 유대인들이 있다. 그들의 중국 이주 역사는 12세기까지 거슬러 올라간다. 그들이 예배를 드리기 위해서 사용하던 17세기의 토라 사본(Keifung Torah)이 지금까지 보존

되어 있는데, 그 정밀함은 놀랍기까지 하다. 이미 혈통으로는 한족과 섞여서 동양인의 얼굴을 하고 있지만, 유대인들은 그들을 동족이라 며 껴안는데 주저함이 없었다. 아직 그들 속에 조금이지만 남아있는 유대교의 문화가 그들을 서로 동족으로 여기게 한 이유였다. 이처럼 그들의 정체성은 철저하게 민족의 문화에 기반을 두고 있었다. 그리 고 유대 문화의 배경은 무조건 종교였다.

과연 유대교를 떼어놓고서 그들의 문화를 논하는 것이 가능하기나 할 것인가? 이렇게 보면 피의 중요성은 문화를 지키려는 시도와 연결 이 되며, 그것은 곧 신앙을 보존하려는 것과 직결된다. 신앙은 그들에 게 생명이었다. 그러면 아브라함이 며느리를 하란에서 구하려 한 것 은 유대 문화와 그 뿌리인 신앙의 순수성을 지키려는 시도였다고 생 각해도 좋은가? 이런 주장도 군색하긴 마찬가지다. 하란은 신앙적으 로 뭔가를 얻을 수 있는 곳이 아니었다. 거기에 살고 있던 아브라함 의 친척들은 아브라함과는 다른 문화와 종교를 가진 사람들이었다. 그들이 달신을 하도 극성맞게 섬겼기 때문에 하나님은 아브라함에게 '네 본토, 친척, 아비 집'을 떠나라고까지 말씀하셨던 것을 기억하라. 하나님은 종교뿐 아니라 그들의 종교적 문화도 싫어하셨다.

그러니 신앙적인 이유 때문에 밧단아람을 떠난 아브라함이 신앙 을 지키기 위해서 거기서 며느리를 구하려 했다는 것은 별반 설득력 이 없다. 특히 리브가의 오라비 라반은 집안의 수호신으로 드라빔을 섬기던 사람이었다. 라반의 딸 라헬이 아버지를 골탕 먹이기 위해서 가나안으로 도망갈 때 드라빔을 훔쳤다. 수호신을 잃어버린 라반이 눈이 벌게져서 그것을 찾으러 야곱 일행을 쫓아왔던 기록이 창세기에 생생하다. 그만큼 하란의 문화는 아브라함의 것과는 이질적이었다. 그런 까닭으로 아브라함이 하나님 신앙과 종교적 문화를 지키기 위해서 종을 하란으로 보내어 며느릿감을 구하려 했던 것이란 주장은 무리가 있어 보인다. 물론 생각이야 해 볼 수 있다. 하지만 기왕 생각하는 김에 좀 더 깊이 하면 다른 대답이 나올 수도 있는 것 아닐까?

## 언약이 진짜 이유다

성경에서 진짜 이유를 찾아볼 수 있을 것 같다. 아브라함은 하나님이 구원사를 위해서 선택하신 사람이다. 그는 바울이 말한 것처럼 율법이 주어지기 이전의 사람이니, 행동으로 하나님께 잘 보여서 의인으로 인정받고 구원사를 열었던 것은 아니다. 그와 하나님과의 관계를 설명할 수 있는 말은 언약 외에는 없다. 창세기는 하나님이 아브라함을 선택하신 사건을 '언약'이라고 부른다. 언약은 아브라함 이야기에서 핵심 중의 핵심이다. 아브라함은 하나님과 맺은 언약을 철두철미하게 지키려고 애썼다. 그 언약의 내용은 두 가지로 압축된다. 첫째는 하나님이 그에게 후손을 주시겠다고 하셨다. 둘째는 그 후손에게 땅을 주시겠다고 하셨다.

아브라함이 하나님의 언약을 믿고, 그 내용을 지키기 위해서는 두 가지를 해야 했다. 우선은 가나안을 떠나지 않아야 했다. 그는 애굽에 한 번 내려갔다가 호되게 혼이 난 후에 다시는 가나안을 벗어나지 않았다. 그만 그랬던 것이 아니다. 그의 아들 이삭은 더 철저하게 가나안을 지켰다. 그 다음으로는 가나안을 벗어나지 않되 거기에 섞이지 않고 정체성을 지켜야 했다. 가나안에 살다 보면 그곳 사람들과 함께 생활해야 한다. 그도 사람이니 사랑에 빠질 수 있고, 혼사로 얽힐 수도 있다. 이렇게 되면 문제가 심각해진다. 땅을 주겠다는 하나님의 약속이 아브라함의 후손만을 위한 것이었기 때문이다. 이 약속은 가나안 사람들에게는 해당이 없었다. 가나안 사람이 아브라함의 가족 안에 들어오면 언약은 무효가 되는 것이다. 그런 까닭으로 아브라함은 지리적으로는 가나안에서 벗어나지 않아야 하며, 정체성에 있어서는 언약의 백성을 벗어나면 안 되었다.

이를 바탕으로 본문을 이해하면서 각도를 조금만 틀어서 생각하면 아브라함이 왜 힘든 여행을 계획했는지를 알 수 있다. 아브라함이 낸 숙제는 딱히 자기 족속에게 가서 며느릿감을 구하라는 것이라기보다는 '이 지방 가나안 족속의 딸 중에서는 며느리를 구하지 말라'는 것으로 보는 것이 정확하다. 그에게는 혈통과 문화보다는 언약이 중요했고, 가나안에서 살되 가나안 사람들과 섞이지 않고 언약 백성으로 살아가는 것이 중요했다. 본인만 그런 것이 아니라, 이삭과 후손들도 그렇게 살 수 있도록 해주어야만 했다. 그 아버지에 그 아들인지, 언약에 천착하는 모습은 아브라함에게서 끝나지 않았다. 이삭도 그러했으며, 나아가서 이삭의 대를 이은 야곱도 똑같았다. 에서는 가나안 여자를 얻어서 혼인했기 때문에 언약 밖으로 튕겨 나갔지만, 야곱은 아버지의 대를 이어 아내를 가나안 사람이 아닌 자신의 일족에게서 구했다.

가나안 원주민들과 혼인하지 말라는 이야기를 인종차별적인 것으로 받아들이면 곤란하다. 가나안 원주민들은 단지 언약과 상관없었을 뿐이다. 그들의 가치나 인격을 차별해도 좋다는 말이 아니다. 그 땅에서 함께 사는 사람들을 미워하면 아브라함이 어찌 거기 머물 수 있었겠는가. 아브라함은 '마므레' 같은 가나안 사람을 친구로 삼았고, 그의 땅을 오랫동안 빌려서 살았다. 마찬가지로 아브라함이 며느리를 하란에서 구한 것은 가나안 사람이 싫어서가 아니라, 언약 때문이었다. 만일 땅을 소유하기로 언약된 이삭이 가나안 여자를 얻으면, 언약을 지키지 못하는 것이 되기 때문이다. 그렇다고 해서 이삭이 밧단아람으로 가서 사는 것도 당연히 하나님의 뜻이 아니었다. 하란이 신앙을 지키기에 좋은 장소이거나 뭔가 가치가 있는 곳이어서 며느리를 거기서 구한 것이 아니었기 때문이다. 밧단아람으로 가서 살면, 그것 또한 언약의 땅인 가나안을 벗어나는 것이 아니던가.

아브라함이 종에게 했던 말처럼(8절), 며느릿감이 밧단아람을 떠나서 가나안으로 오지 않으려고 해도, 이삭을 그리로 가게 하거나, 거기서 살게 해서는 안 되는 것이었다. 이삭은 언약의 땅인 가나안을 떠나서 절대로 다른 곳으로 갈 수 없는 사람이었다. 그는 삶을 통틀어서 이 원칙을 지켰다. 아무리 기근이 심해도 블레셋 땅인 그랄로 몇 걸음 옮겨서 피신했을 뿐, 애굽행은 생각도 하지 않고 살았다. 이삭이 활동적이지 않은 사람이어서가 아니라, 그도 아버지처럼 언약의 사람이었기 때문이다. 결국 아브라함이 그 먼 곳까지 사람을 보내서 며느리를 구했던 까닭은 언약 때문이었다.

이삭의 신붓감은 같은 혈통이나 문화에 속한 사람 중에서 구하지 않았다. 단지 언약을 무효화시키지 않는 사람이라는 조건을 채우면 그걸로 족했다. 아브라함이 세상에서 아는 사람 중에, 가나안 사람이 아닌 족속은 그의 친족밖에 더 있었겠는가? 이 결혼은 아브라함과 이삭은 철저하게 하나님이 명령하신 대로 살았음을 보여준다. 언약은 그들에게 생명이었기 때문이다.


## 밧단아람으로 가자


아브라함과 이삭에게 밧단아람까지 가서 혼인할 사람을 구하는 것은 굉장히 어려운 일이었다. 하지만 그들은 그걸 했다. 사안이 중요하니만큼 아브라함은 신뢰하는 종에게 허벅지 밑에 손을 넣고 맹세하게 했다. 유대인들에게 맹세는 대단히 중요한 종교적 의미가 있다. 고대의 이스라엘 사람들은 맹세할 때 손을 들거나(창 14:22), 아니면 상징적인 물건을 세우거나, 손으로 뭔가를 붙들어서 증거로 삼았다. 후대에 내려와서는 토라 두루마리를 붙들고 맹세하기도 했다. 창 24:2에도 맹세의 예식이 나온다. 종이 아브라함의 허벅지 밑에 손을 넣고 맹세한 것이다.

하지만 한글 성경의 설명만으로는 이 부분을 이해하기가 쉽지 않다. '허벅지'는 무엇을 뜻할까? 번역하기가 모호해서 허벅지라고 표현했을 뿐이며, 실제로 허벅지(야레흐/יָרֵךְ)는 남자의 생식기를 의미한다. 본문의 맹세를 있는 그대로 설명하면, 아브라함의 종은 주인의 생식기 아래에 손을 넣고서 맹세한 것이다. 더 정확하게 말하면, 할례를 받은 부분에 손을 닿게 하고 맹세를 했다고 할 수 있다. 여기에는 의미가 있다. 이미 할례가 하나님과의 언약을 몸에 새긴 것이라는 점은 밝힌 바가 있다. 그러므로 종의 맹세는 아브라함의 신체 일부와 더불어 한 것이 아니라, '하나님의 언약'에 대해서 한 것이다. 그 순간에 그는 생명의 언약을 담보로 해서 하나님께 맹세했다. 그러고 나서 이 종은 맹세와 더불어 엄청난 재물과 함께 밧단아람으로 보내졌다. 종이 개인적인 욕심을 부렸다면 재물을 가지고 도망갈 수도 있었고, 또 일이 여의치 않아서 실패할 수도 있었다. 그러나 그는 하나님의 언약에 맹세한 대로 맡은 일을 다 해냈다. 언약의 무게가 느껴지는 이야기다.

학교에서 공부하고, 졸업한 후에 돈 벌며, 결혼해서 자식 기르고 사는데 별일이 다 있을 수 있다. 아니 요즘은 직장을 구해서 돈을 벌거나, 결혼을 하거나 또는 자식을 낳는 일들이 다 쉽지 않다고 해야 맞을 것이다. 문제는 이렇게 삶에 부대끼다 보면 하나님이 서 계시는 장소를 쉽게 잊어버린단 거다. 도대체 살면서 생기는 그 많은 일들 속에 하나님은 어디쯤 계시는 걸까? 살다가 힘들어질 때, 제일 쉽게 먼저 머리에서 지워지는 것이 하나님이라면 너무 심한 표현인가? 솔직히 말하면 머릿속에서 지우기에 하나님이 제일 만만할 수도 있다. 불신자가 하나님을 생각하지 않는 것이야 당연하지만, 신앙을 가진 내가 하나님을 옆으로 슬쩍 밀어 놓을 수 있다는 것이 고민스럽다.

아브라함과 종은 언약을 무겁게 여기고 하나님의 말씀을 지키기 위해서 목숨을 건 여행을 계획했다. 지금 우리도 하나님의 언약을 그리 무겁게 여기는 것인지 궁금하다. 내가 언약 속에서 산다고 말만 멋지게 할 건 아니다 싶다. 진정으로 언약을 귀중히 여기면 나는 매

시간 밧단아람을 향해서 갈 수 있어야 하지 않을까? 내 인생의 어느 시점에서 나는 밧단아람엘 다녀왔던 걸까? 아직 거기에 가 본 적이 없다면, 지체할 이유가 없다. 당장 그곳으로 떠날 수 있도록 차편을 마련해야 하지 않을까.

---

**창세기 24장 61-63절**

"…이삭이 저물 때에 들에 나가 묵상하다가…"

---

## 열정이 필요해

아브라함은 이민자였다. 그는 1세대 이민자로서 겪어야 하는 고생은 다 겪었다. 사랑하던 아내 사라가 죽어서 장례를 지내는데, 그녀를 안치할 땅 한 뙈기가 없었다. 그래서 가나안에서 오랜 세월을 지낸 후에야 세상을 떠난 사라를 위해서 헷 족속으로부터 막벨라 굴을 산다. 가나안으로 이사 온 이후에 처음으로 자신의 이름으로 등기한 땅을 마련한 것이다. 당장 눈앞에 닥친 장례를 위해서도 필요한 일이었지만, 후일을 도모한다는 뜻에서도 땅을 산 것은 매우 중요했다.

그럼에도 불구하고 땅을 사는 과정은 결코 쉽지 않았다. 요즘 말로 하면 '밀당'(밀고 당기기)을 한 끝에 울며 겨자 먹기로 시세보다 훨씬 비싼 값을 치르고 나서야 그 땅이 아브라함의 것이 되었다. 그 당시 가나안 사람들은 자신의 거주지에 다른 사람들이 들어와 사는 것에 대해서 까다롭게 제동을 걸지 않았던 것으로 보인다. 아브라함이 마므레의 숲을 사지 않고 오래 살 수 있었던 것이 이를 증명한다. 그가 헷족속인 에브론에게서 땅을 사려 했을 때도, 에브론은 그냥 땅 한 귀퉁이에 사라를 매장해도 좋다고 허락한다. 이 말은 땅을 굳이 팔려고 하지 않았다는 것이다. 그렇지만 아브라함에게 땅을 구입할 의사가 있다는 것을 확인한 에브론은 은 400세겔에 굴 뿐만 아니라 거기 딸린 밭과 나무까지 팔아넘긴다.

학자들의 연구에 의하면 이 가격은 터무니없이 비싼 것이었다. 예레미야가 아나돗에서 땅을 살 때 치른 돈이 17세겔에 불과했고(렘 32:9), 다윗이 아라우나의 타작 마당을 사면서 치른 값도 50세겔이었다(삼하 24:24). 더 큰 땅의 매매가는 오므리 왕이 사마리아 성 건축을 위하여 세멜에게서 산을 매입한 경우에서 볼 수 있는데, 그가 치른 전체 금액이 6,000세겔이었다(왕상 16:24). 아브라함이 땅을 매입한 시점은 이들의 거래 당시보다 훨씬 고대였으며, 그가 구입한 땅도 밭과 굴 정도의 작은 땅이었다. 이런 것을 감안하면 아브라함이 막벨라 굴을 사기 위해서 치렀던 돈은 자못 엄청난 것이었다.

물론 그의 행위를 신학적으로 해석하자면, 이 정도를 비싸다고 해서는 안 될지도 모른다. 자신의 후손이 언약에 따라 가나안 땅의 소유권을 가지려면 근거가 있어야 하니, 아브라함이 개인의 금전적 희생을 무릅쓰고서라도 그 땅을 산 것은 의미가 있었다고 할까. 이런 시각에서라면 이 비정상적인 거래가 이뤄진 이유를 얼마든지 이해할 수 있겠지만, 그건 결과를 놓고 보는 신학의 시각일 뿐이다. 좌우지간 그가 '빡센' 땅값을 내야 했다는 것이 여기서는 중요하다. 땅값이 여하했든지 아브라함이 가나안에서 이민 1세대로서 많은 고생을 겪었다는 것이 사실이기 때문이다. 땅 하나 사는 것도 그에게는 쉬운 일이 아니었을 정도로 이민 1대의 삶은 고달팠다.

한편 이삭은 어땠는가? 아버지와는 조금 달랐을까? 이삭은 가나안 땅에서 태어난 이민 2세였다. 가나안의 셈어(가나안어)가 모국어였으니, 아버지와는 비교하기 힘들 정도로 뛰어난 수준의 언어를 구사했을 것이다. 오늘날 미국에 살러 간 이민 1세대의 영어 발음과 그곳에서 태어난 자녀들의 발음이 다른 것을 생각해보면 쉽게 이해가 갈 것이다. 당시에 메소포타미아 즉 밧단아람은 아카디아어(Akkadian) 계열의 북부 셈어를 사용했다. 이른바 우리에게 알려진 대로 쐐기문자(cuneiform)를 사용하는 언어였다. 그와는 달리 가나안 지역은 중부 셈어에 들어가는 가나안어를 사용했으니, 같은 셈어라도 분명히 차이가 있었다.

가나안에서 태어난 이삭은 언어 문제에 있어서 아버지보다 자유로웠고, 또 그곳의 문화에도 훨씬 더 익숙했기 때문에 아브라함이 겪었던 고통을 또다시 경험할 일은 없었다. 그래서인지 이삭에 관한 기록을 살펴보면, 그가 부드러운 성품의 소유자였고, 겪은 일들도 다소 밋밋했다는 느낌을 받는다. 정말로 그는 사람 좋은 무골호인 스타일이었던가? 그렇게만 보는 것은 단견이다. 겉으로 드러난 것과는 달리 삶의 내용에 있어서 이삭은 결코 만만한 사람이 아니었다. 단지 가나안에 익숙했기 때문에 현지인들과의 관계에 있어서 불필요한 충돌이 적었을 뿐이다. 그의 속을 들여다보면 활화산 같은 뜨거움이 있었다. 언약을 향한 그의 신앙적 열정은 아버지의 그것에 비해 모자람이 없었다. 어디에 살든지, 또 어떻게 살든지, 신앙에는 열정이 필요하다. 이민 1세대냐 2세대냐는 상관이 없다. 그렇다면 이민자의 후예인 이삭의 열정은 무엇이었는가?

## 저물녘에 들판으로 나가다

창세기는 사건의 시점을 연대기적으로 묘사하지 않는다. 사건의 중요성을 기준으로 해서 나중에 일어난 일이 먼저 기록되기도 하고, 그 반대의 경우도 흔하다. 아브라함의 종이 명을 받들어 밧단아람으로 떠났는데, 그 전후로 해서 사라가 세상을 떠난 것으로 보인다. 말했다시피 창세기 본문이 명확한 시점을 밝히지 않았기 때문에, 사라가 여행 전에 별세한 것인지 아니면 그 후에 그리된 것인지 자세히는 모른다. 어쨌거나 여주인의 죽음은 아브라함의 집안에 커다란 변화를 일으켰을 것이다.

사라의 별세가 영향을 준 탓인지, 아브라함의 집안은 헤브론에서 네게브로 이주한다. 시점으로 볼 때 이주는 확실히 종이 하란으로 떠난 다음에 일어난 것으로 보인다. 종이 돌아온다 해도, 물어물어 새로운 집 주소를 찾아야 하는 상황이 되었다. 집안이 네게브로 이주할 때 즈음해서 아브라함의 모습이 창세기에서 사라진다. 창 25장에 이르면, 불세출의 영웅 아브라함이 드디어 세상을 떠난다. 창세기의 언급만으로는 그의 별세가 종의 귀환보다 시간상으로 앞서는지 아닌지 알 수 없다. 그러나 정황으로 보자면 종이 돌아왔을 때 아브라함은 이미 이 세상 사람이 아니었을 가능성이 높다. 분명한 것은 아브라함을 주인으로 모셨던 종이 돌아와서는 이삭을 주인으로 불렀다는 사실이다. 집안의 주인이 바뀌었으니, 이것보다 큰일이 어디 있겠는가. 결과적으로 이삭은 아버지의 시대를 물려받고 창세기의 전면에 언약의 주인공으로 등장한다.

그의 아버지는 엄청난 믿음의 거인이었다. 이런 유산을 아브라함으로부터 물려받은 이삭의 심리상태는 어떠했을까? 자세히는 알 수 없지만 상당히 버거웠을 것이다. 어머니가 세상을 떠나서 상실감이 크던 차에 아버지도 세상을 떠났다. 그는 졸지에 혼자가 되었다. 하란으로 떠난 종이 아직도 소식이 없었으니 혼인 여부도 분명하지 않아서 외로움이 더욱 컸을 수 있다. 아버지가 없으니 이제는 혼자서 집안의 일과 언약의 성취라는 숙제까지 책임져야 하는 상황이 되었다. 그러니 이삭은 어떻게 하면 믿음의 유산을 잘 지킬 수 있을지, 또 자기가 무엇을 해야 하는 건지 고민이 아주 많았을 것이다.

창 24:63은 이러한 그의 고민을 단편적으로 보여준다. "이삭이 저물 때에 들에 나가 묵상했다." 이 구절을 해석하면 핵심은 '묵상했다'는 동사이다. 이 표현은 히브리어 '쑤아흐'(נׂשוח)를 옮긴 것인데, 이 말은 성경에 딱 한 번만 나온다. 성경 전체를 통틀어 단 1회만 사용된 단어는 400개 정도가 있으며, 전문용어로는 이런 단어를 '하팍스 레고메논'(hapax legomenon)이라고 부른다. 본문의 '쑤아흐'가 바로 여기에 해당한다는 말이다. 이런 단어는 다른 용례가 없으니 그 뜻을 알기가 매우 어렵다. 그래도 학자들이 여기저기 뒤져가며 '쑤아흐'를 연구했다. 그 결과를 대략 두 가지로 정리할 수 있다.

첫째는, '씨아흐'(יַשׁ)의 변형으로 보는 견해이다. '씨아흐'는 시편 119:15, 23, 27 등에서 '말하다, 묵상하다'는 뜻으로 사용되었다. 칠십인역본(LXX)이나, 불가타역본(Vulgate)도 이러한 견해를 수용해서 번역했다. 둘째는, 사해 사본과의 비교를 통해서 '들에서 배회하거나 구덩이를 파고 누워서 쉬다'는 뜻으로 이해하는 것이다. 실제로 고대의 네게브 거주민들은 그 지역이 대단히 덥고 건조했던 탓에 흔히 들판에 구덩이를 파고 그곳에 들어가서 쉬기도 했다고 한다. 어떤 해석이 더 적절한 것인가? 단어의 뜻이 분명하지 않으니 정답을 말하기는 어렵다. 그냥 두 개를 다 했다고 생각하면 안 될까? 그는 들에서 묵상했을 수도 있고, 또는 여기저기 쏘다니며 배회하다가 구덩이를 파고 그 속에서 쉬었을 수도 있다.

그러나 이삭이 들에서 했을 어떤 구체적인 행동은 크게 중요하지 않아 보인다. 진짜로 의미를 찾아야 할 것은, '쑤아흐'의 뜻이 아니라, 그가 광야로 나갔고 거기에서 오랜 시간 동안 머물렀다는 사실이다. '네게브'는 애초에 애굽과 가나안의 경계를 가리키는 말이었으며, 단순히 남쪽 방위를 의미하기도 했다. 이 말에 정관사가 붙은 형태가 되면(한네게브/נֶּגֶבַ/hannegev) 이스라엘 남부의 사막 지역을 한정하는 고유명사로 쓰인다. 그러므로 창 24:62의 정관사가 붙은 표현은 이삭이 살았던 곳이 남부의 사막이었다는 사실을 말해준다.

사막은 사람이 장시간 체류하면서 무언가를 할 수 있는 장소가 아니다. 극심하게 덥고, 황량하며 더구나 물도 없다. 네게브 초입에 있는 브엘세바의 여름철 온도는 34도 정도이며, 가장 남쪽인 에일랏은 40도 정도이다. 습도 역시 지역에 따라 다르지만, 네게브 지역 평균

이 60% 정도 된다고 한다. 이삭은 브엘세바 보다 남쪽에 있는 브엘라해로이에서 네게브로 왔다고 했으니, 에일랏까지 간 것은 아니겠지만 남쪽 깊숙이 거주했을 것이다. 그쯤 되면 그곳이 어디든 상당히 더웠을 것이다. 한 가지 위로가 되는 것은 사막에서는 저녁이 되면 온도가 낮보다는 많이 내려간다는 사실이다. 그런 탓에 이삭은 저녁 무렵에 들판으로 나갔던 것으로 보인다. 이런 표현은 그가 실제로 네게브에 거주했음을 보여주는 사실적인 묘사가 아닐 수 없다.

이삭은 왜 이렇게 더운 곳에서 집 안에 있지 않고 굳이 바깥으로 나갔을까? 늘 그렇긴 하지만 한국의 지난여름은 유별났다. 지인의 말을 들어보니 "숨을 못 쉬겠다"고 하더라. 숨이 턱턱 막히는 더위 속에서도 바깥에 나가 돌아다니는 사람은 도대체 뭘까. 이유는 무엇인가 할 일이 있기 때문이다. 진정으로 할 일이 있는 사람은 여건을 고려하지 않는다. 이삭이 구덩이를 파고 들어가 앉아있기까지 하면서 사막의 더위와 한판 붙은 것 역시 그에게 할 일이 있었기 때문이라고 보면 어떨까.

이삭은 하나님의 약속 성취와 관련해서 한 가지 꼭 해야만 하는 것이 있었다. 이삭은 족장사에서 '연결고리' 같은 역할을 한 사람이었다. 한국 사람들의 야구 사랑은 유별나다. 모르긴 하지만 전 국민 가운데 특별히 선호하는 야구팀이 없는 사람은 거의 없을 것이다. 흔히 야구를 투수놀음이라고 하는데, 투수들 가운데 '미들맨'(middle man)으로 분류되는 이들이 있다. 이들의 역할은 선발에서 마무리로 가는 시합의 중간을 책임지는 것이다. 믿고 올린 선발 투수가 무너지면 게임이 어려워진다. 그렇지만 미들맨이 잘해주면 그 날은 이길 확률이 높아진다.

아브라함과 야곱은 족장사의 양강이다. 이를테면 거인의 풍모를 가지고 있는 존재들이다. 아브라함이 선발 투수였다면, 야곱은 마무리였다. 그 둘을 잇는 미들맨이 바로 이삭이다. 얼핏 보면 이삭은 창세기에 독자적인 이야기가 없을 정도로 존재감이 약하다. 그렇다고 해서 그가 연약한 인물이었다고 보는 것은 오해다. 이것이 오히려 그의 강점이었다. 그는 눈에 띄는 일은 하지 않았지만, 땅을 주시겠다는 하나님의 약속을 받아들여서 가나안을 지켰으며, 혼인을 통해서 후손을 얻어서 구원사를 전진시켰다. 그가 없었다면 야곱도 없었으며, 열두 족장도 이스라엘도 없었다. 그는 드러나지 않았지만 위대한 미들맨의 역할을 해냈다.

이삭은 들판에 나가서 종과 아내가 될 사람을 끈기를 가지고 기다렸다. 너무나 외로운 나머지 얼굴도 보지 못한 아내감이 보고 싶어서 그 더위에 밖에 나가 있었다고 보는 것은 적절한 이해가 아니다. 얼굴도 몰랐던 아내를 향한 이삭의 사랑은 나중에 만난 후에야 생겼으니, 그가 미리 설레발을 친 것은 결코 아니었다. "그를 맞이하여 아내로 삼고 사랑하였으니"(67절). 그가 사막의 더위 속에서 열정을 품고 기다린 것은 자연인 리브가가 아니라 언약의 도구인 아내였다고 하면 어떤가? 그는 가나안 사람과 결혼할 수 없었으며, 리브가 없이는 언약이 앞으로 나갈 수 없었기 때문이다. 혹독한 환경 속에서도 그를 사막으로 끌어낸 것은 하나님의 약속을 향한 성취의 열망이었다. 네게브의 열기가 이길 수 없을 정도로 그의 열정은 대단히 뜨거웠다. 이삭은 강렬한 뜨거움으로 약속의 성취를 기다렸다. 사막보다 더한 열정으로 사막을 태웠다.

## 신앙에도 열정이 필요하다

밖이 뜨겁다. 더우니 나가지 않을 것인가? 나가야 한다면 이유가 무엇인가? 바늘로 코끼리를 쓰러뜨릴 수 있는 방법이 세 가지가 있단다. 우스갯소리일 뿐이니 동물보호협회에 전화는 하지 말아달라. 첫 번째 방법은 한 번 찌르고는 코끼리가 쓰러질 때까지 기다리는 것이다. 코끼리도 나이 들면 언젠간 쓰러지지 않겠는가. 두 번째로는 코끼리가 수명이 다해서 숨이 넘어갈 때쯤에 한번 슬쩍 찌르는 것이다. 그리고 마지막 세 번째는 듣기에 좀 뭣하지만 쓰러질 때까지 찌르는 것이다. 뭔가 하려는 이야기가 세 번째와 연결된다는 촉이 오는가? 코끼리를 진짜 바늘로 찔러도 된다는 것은 절대 아니니 안심하시라. 단지 코끼리는 난공불락의 상황을 가리키는 상징일 뿐이다. 도저히 무너지지 않을 것 같은 삶의 환경을 이기는 방법은 악한 상황이 무너지고 바뀔 때까지 열정을 가지고 계속해서 싸우고 덤벼드는 것이다. 이런 뜨거움이 있으면 아무리 날이 뜨거워도 밖으로 나갈 수 있고, 일을 이뤄낼 수 있다.

세스 고딘(Seth Godin)이 그의 책 『이카루스』(Icarus)에서 꾀 많은 여우를 잡는 방법을 소개했다. 열매를 길에 뿌려놓고 여우가 그걸 먹으면, 주변에 담벼락을 세운다. 담벼락의 숫자를 늘리고, 나중에 지붕을 덮고 나서 문까지 단다. 상황에 익숙해진 여우가 열매를 먹으러 건물 안에 들어가면 그때 문을 닫으면 된다. 이걸 읽으면서 뜨끔했다. 우리도 혹시 이렇게 잡힌 건 아닌가 싶어서다.

이 세상은 사람들의 성격과 행위를 형성하는 데 힘과 세력을 가지고 있다. 사회 속의 집단, 문화적 관습, 규범, 제도, 전통들은 개인적인 행위의 틀을 결정하는 데 큰 힘을 행사한다. 자기들을 믿고 시키는 대로만 하면 상을 주고 풍요롭게 살게 해주겠다고 말하면서 우리를 조정하려 한다. 그런데 잘 들여다보면, 이런 것들이 오히려 우리 속에 있는 진정한 것들을 묶어 놓고 있다는 생각이 든다. 딱히 고딘의 말이 아니더라도, 사회의 시스템이 우리의 열정을 발휘할 수 없도록 끊임없이 훼방을 놓는 것은 일정 부분 사실이기 때문이다. 이런 생각에 동의한다면, 고딘의 말을 빌려서 그가 결론을 내릴 수 있도록 해보자. "세상은 인생이란 선물을 거저 주지 않는다. 그것을 진정으로 원하면 다른 방법으로 문을 열어야 한다."

고딘의 생각을 넘어서 신앙인은 어떤 방법으로 이 문을 열어야 할까? 너무나 평범한 말일는지 모르지만, 하나님의 뜻을 찾는 것이 무엇보다 가장 중요하다. 세상에서 살아가기 위해서 내게 주어진 일들이 많다. 그런데 그 모든 일은 무조건 필요한 것이니, 당연히 해야만 한다고 비판 없이 받아들이지 않으면 좋겠다. 하나님의 뜻을 분별하고 이것들이 믿는 이의 삶에 적합한 것인지 판단할 수 있는 신앙적 가치관을 만들 필요가 있다.

상황이 우리의 신앙의 내용을 결정하도록 허용해서야 되겠는가? 거꾸로 우리의 신앙과 하나님의 말씀이 세상의 가치를 판단하고, 움직일 수 있어야 제대로 된 것이다. 여기에 열정이 필요하다. 열정은 우리의 신앙적 기대가 현실의 막강한 힘을 이겨낼 수 있는 동력을 제공한다. 하나님의 뜻이 내 인생을 움직이는 원칙이라고 인정하는 사람이 곧 열정의 사람이다. 이삭은 그런 열정이 있었다. 우리의 삶에도 네게브는 있다. 우리는 때로 그 열기 때문에 당황할 수도 있지만, 결코 그 앞에서 움츠러들어서는 안 된다. 오히려 네게브를 태우는 열정으로 사막과 한판 맞장을 뜰 줄 알아야 한다.

## 열정이 있되

열정만 있으면 되는 건가? 열정이 소위 치트키(만능)는 아니다. 열정이 방향을 찾지 못하면, 오히려 파괴적일 수 있다. 우리 집에 한동안 여호와의 증인들이 무지 찾아 왔었다. 두 사람이 짝을 이뤄서 점잖은 영어로 쏼라대면서 내게 말을 걸곤 했다. 한국이건 미국이건 차이가 없는 열정이 그들에게 있다. 신분을 밝히고 목사라고 말한 후에야 그들의 방문이 멈췄다. 그들에게는 누구도 말릴 수 없는 열정이 있다. 그러나 그들의 방향에 동의하지 않기 때문에, 그 신앙을 받아들일 수 없다. 방향이 잘못된 열정은 정답이 아니다. 성경은 열정이 있는 다수의 사람을 '무리'라고 부른다. 반면에 열정과 동시에 방향성이 뚜렷하고, 삶에 구체적인 실천의 모습이 있는 사람들은 '제자'라고 부른다.

마 5장은 산상수훈을 여는 부분이다. 첫 절을 보면, "예수께서 무리를 보시고 산에 올라가 앉으시니, (그의)제자들이 나아왔다"는 말씀이 있다. 기적과 먹을 것을 기대하고 산 밑에까지 따라온 사람들을 마태는 '무리'(오클루스/ὄχλους)라고 지칭하고 있다. 하지만 산 위까지 열정을 가지고 올라와서 가르침을 구한 사람들은 '그의 제자'(마페타이 아우투/μαθηταὶ αὐτοῦ)라는 다른 이름으로 불렀다. 열정을 가져야 제자가 되는 길의 초입에 들어설 수 있다. 하지만 열정이 있어도, 주님의 말씀을 듣지 않거나 말씀대로 살려고 애쓰지 않는 사람은 제자라고 할 수 없다.

사도 바울은 롬 12장에서 일주일에 한 번씩 동물을 잡아서 죽은 제물을 올리는 제사 말고, 삶에서 하나님의 뜻대로 사는 순종과 헌신을 보여주는 산 제사를 드리라고 말한다. 그가 말하는 '영적인 예배'(로기켄 라트레이아/λογικὴν λατρείαν/말씀에 기초한 예배)는 곧 하나님의 뜻을 분별하는 일상의 삶이다. 하나님의 말씀은 내 삶을 얼마나 점령하고 있는가? 아직도 말씀에 굴복하지 않은 삶의 부분이 있다면, 그것 마저 채우기 위한 열정이 필요하다. 말씀으로 세상을 이겨라.

---

**창세기 25장 22절**

"그 아들들이 그의 태 속에서 서로 싸우는지라 그가 이르되 이럴 경우에는 내가 어찌할꼬 하고 가서 여호와께 묻자온대"

---

## 왜 기도하는가?

신자는 누구나 기도한다. 기도하는 이유는 무엇일까? 아마도 내가 원하는 것을 얻고 싶기 때문일 것이다. 그런 마음을 가지고 있는 사람이 많겠지만, 안타깝게도 응답을 바라는 것이 기도의 가장 주된 목적은 아니다. 물론 하나님은 우리가 필요로 하는 것을 채워주신다. 그러나 응답을 구하는 것은 기도의 부수적인 부분에 불과하다. 기도의 가장 중요한 목적은 하나님의 뜻대로 자신을 변화시키는 데 있다.

낡은 시계 몇 개가 책상 안에서 굴러다녔다. 대부분 배터리가 다 돼서 가질 않는다. 요즘 트렌드가 D.I.Y.(Do It Yourself)라고들 하니, 스스로 배터리를 갈아보자고 마음먹었다. 공구를 사서 직접 시계의 뚜껑을 따고서 똑같은 배터리를 끼워 넣으니 신기하게 시계가 재깍거리며 가기 시작했다. 그런데 새로운 동력원이 들어갔다고 해서, 시계에 힘이 넘친 나머지 바늘이 마구 돌아가는 경우가 있을까? 지금까지 배터리를 여러 개 갈았지만, 단 한 번도 바늘이 제멋대로 돌아가는 것을 보지 못했다. 시계는 힘이 있어도 시스템이 정해놓은 길로만 간다. 이런 현상을 우리가 기도할 때 생기는 일과 비교해서 설명할 수 있다.

우리도 간혹 멈춰 서서 움직이지 못할 때가 있다. 이럴 때 기도하면 하나님의 파워가 흘러들어와서 우리를 움직이게 한다. 그 기도가 올바른 것이면, 하나님의 힘이 우리를 조절하는 역사가 일어난다. 하나님의 힘을 내가 원하는 방향으로 쓰기 위해서 기도하는 것이 아니다. 기도의 역사가 일어나면, 시곗바늘이 정해진 길로 움직이듯이, 내 삶도 하나님이 섭리하시는 대로 움직여야 한다. 기도는 하나님이 생각하시는 것이 내 삶 안에서 이루어지도록 하는 통로이다. 기도가 무엇인지 알고 제대로 기도하면 우리는 하나님의 뜻을 구현하면서 인생을 살 수 있다.

내가 원하는 응답을 받는 기도에만 매달려서 설혹 무언가를 얻는 데 성공한다 하더라도, 자신이 변화되지 않으면 그 기도는 의미가 없다. 우리가 교회에 가는 이유는 응답받는 데 있지 않다. 나 자신의 변화가 진정한 신앙의 이유이며, 기도가 이것을 가능하게 만든다. 사람은 흔히 자기 기준으로 생각하기 마련이다. 가령 술을 좋아하는 사람에게 길을 물으면 이런 대답이 돌아온다. "저쪽 코너에 맥줏집이 있거든요. 거기서 오른쪽으로 돌면 막걸릿집이 보입니다. 거기서 삼백 미터 직진하시면 됩니다." 교회 다니는 사람에게 길을 물으면 같은 길인데도 다른 대답이 나온다. "저쪽 코너에 교회 보이시죠? 거기서 오른쪽으로 돌면, 2층에 다른 교회가 보입니다. 거기서 삼백 미터 정도만 직진하시면 됩니다." 신자든 불신자든, 내가 원하는 기준에서 답을 요구하는 것은 샤머니즘이다. 이것은 기독교의 기도가 아니다. 우리의 기도는 오히려 하나님의 뜻이 우리를 움직이게 하는 데 있다.

# 리브가의 기도

이삭은 나이 마흔이 되어서 리브가와 결혼했다. 아버지를 닮아선지 이십 년 동안을 무자하다가, 육십 줄에 들어서서야 아이들을 낳았다 (26절). 아주 힘들게 오랜 시간이 걸려서 임신했는데, 그러고 나니 다른 문제가 생겼다. 리브가가 쌍둥이를 가졌는데, 두 녀석이 뱃 속에서 싸웠다(라차츠/יִתְרֹצֲצוּ). 여기서 사용된 '라차츠'(רָצַץ)는 단순히 서로 발길질을 하는 정도를 나타내지 않는다. 서로 학대하고(abuse), 짓밟았다(crush)는 것이 훨씬 더 정확한 표현이다. 두 아이는 어머니의 뱃속에서 서로를 무너뜨리기 위해서 전쟁을 했다.

에서는 '붉다'는 의미가 이름 속에 담겨있다. 그의 후손인 에돔이라는 명칭 역시 붉은색과 관련이 있다. 그는 태어나면서 몸에 수많은 털을 수북이 가지고 태어났는데, 그 털의 색깔이 붉었다. 한편 야곱은 두 가지 의미를 이름 안에 지니고 있다. 첫째는 '움켜잡다'는 뜻이고, 둘째는 '보호한다'는 뜻이다. 전자의 의미를 차용하면, 그의 이름은 상당히 투쟁적이다. 태어날 때 이미 에서의 발꿈치를 잡고 태어났으니 그럴 만도 하다. 이름의 의미들을 놓고 보면, 리브가의 뱃속에서 털보와 독한 놈이 험한 싸움을 했다. 쌍둥이의 움직임이 정상적인 것이 아니었으므로, 리브가는 상당히 놀랐다. 그녀가 할 수 있는 일이 달리 없었기에, 하나님께 기도했다.

## 리드로쉬 엣 아도나이(לִדְרֹשׁ אֶת־יְהוָה)

리브가가 아도나이에게 가서 물었다(리드로쉬 엣 아도나이/לִדְרֹשׁ אֶת־יְהוָה). 여기서 '묻자온대'로 번역된 '다라쉬'(דָּרַשׁ)는 번역된 대로 '묻는다'는 뜻을 가진 동사인데, 함축된 의미는 '해석하다'이다. '다라쉬'가 명사형으로 쓰인 것이 '미드라쉬'(מִדְרָשׁ)이다. 유대교의 랍비들이 성경을 해석해서 기록한 주석집을 일컫는 명사이다. 리브가가 하나님께 '다라쉬'했다는 뜻은 자신에게 생긴 일을 해석해 달라고 요구한 것과 다름없다. 그녀의 기도는 하나님에게 자신의 의견을 말한 것이 아니라, 생긴 일에 관해서 하나님의 설명을 듣는 것이었다.

많은 사람이 기도의 시간을 '말하기'로 채우고 있다. 그러나 리브가는 반대의 기도를 드렸다. 하나님의 해석을 듣기 위해 기도한 것이다. 어떤 집사님이 똑똑한 앵무새를 길렀다. 오른발을 잡아당기면 주기도문을 암송하고, 왼발을 당기면 사도신경을 줄줄 외웠다. 목사님이 심방을 가자 앵무새 자랑이 시작되었다. 한참 설명을 들은 목사님이 "두 발을 동시에 잡아당기면 어떻게 되느냐"고 물었다. 그러자 듣고 있던 앵무새가 한마디 했단다. "넘어지지, 이 바보야."

우리가 의미 없이 말로 채우면서 하는 기도를 마치 '앵무새가 말하듯 한다'고들 표현한다. 루이 에블리(Louis Evely)가 쓴 『사람에게 비는 하나님』을 읽어보면, 하나님의 소원이 우리에게 말씀 좀 해보시는 것임을 알게 된다. 불완전한 인간이 하나님께 할 말이 이리 많은데, 완전하신 하나님은 한심한 우리를 보면 어떠실까. 기도는 들으려고 애쓰는 것이다.


## 라마 제 아노키 (לָמָּה זֶּה אָנֹכִי)


뱃속의 싸움을 감당하지 못한 리브가가 한탄의 소리를 내뱉는다. "내가 어찌할꼬"(22절). 한탄은 대단히 정직한 기도이다. 시편 가운데 대부분이 개인탄식시(individual lament)라는 사실은 탄식이 곧 기도임을 말해준다. 시편 기자들은 자신이 당하는 고통을 있는 그대로 한탄과 탄식으로 표현했다. 그러나 이 시들이 다 탄식으로 끝나지는 않는다는 것이 중요하다. 이 시들 가운데서 탄식은 하나님의 구원으로 반전되며, 반전의 결론 안에 시인들의 신앙 고백이 있다. 그래서 "내가 어찌할꼬"라는 리브가의 한탄은 기도이다.

"라마 제 아노키"는 기본적으로 동사가 없는 명사 문장이다. '라마'(מָה?)는, 의문대명사인 "what, how, why" 중 어떤 것으로 옮겨도 무방하다. 선택은 문맥에 따라 하면 된다. '제'(זֶה)는 그저 '이것' 또는 '저것'을 가리키는 지시 대명사이다. '아노키'(אָנֹכִי)는 '나'를 말하는 일인칭 단수 대명사인데, '강조형'이다. 문장을 조합해서 직역하면, "WHAT, HOW, WHY + THIS + I"가 된다. 무슨 뜻인가? 의문대명사로 무엇을 선택하건, 결국은 "어떻게 이런 일이 내게 생겼지?" 또는 "내가 이 일을 어찌 대처해야 하는가?" 혹은 "내가 무엇을 해야 하는가?" 정도의 의미가 될 것이다.

이런 단어들의 뜻을 뭉뚱그려 종합하면, 리브가는 "이렇게 또는 저렇게 해주세요"라는 요구를 한 것이 아니다. 먼저 하나님의 해석을 듣기를 원하면서, 한탄할 수밖에 없는 상황을 아뢰고, 동시에 자신이 앞으로 어떻게 행동해야 하는지를 물은 것이라고 할 수 있다. 말하자면 자신의 이해와 변화를 하나님께 동시에 구하고 있다.

구약의 사람들은 궁금하면 제사장에게 가서 하나님의 뜻을 물었다. 제사장은 '우림과 둠밈'(빛과 진실?)이라는 '제비뽑기 도구'(?)를 사용해서 하나님의 뜻을 밝혔다. 이 과정을 보면 하나님은 참으로 과묵하시다. 말씀이 별반 길지 않다. 특히 우림과 둠밈의 경우에는 YES 아니면 NO 로만 대답하셨다. 쉽게 말하면 OX로 질문에 응하신 것이다. 문제는 하나님이 말씀하신 다음에 생긴다. 내가 '아니다'라고 생각하는데, 하나님이 만일 "그렇다"고 하시면 어떻게 할 것인가?

기도는 내가 원하는 대답을 듣는 것이 아니라, 하나님의 생각을 듣는 것이라 했다. 들음은 나의 반응으로 이어진다. 그러면 하나님이 원하시는 일 앞에서 나의 대답은 무엇인가? 하나님의 생각과 내 것이 다르면 내가 변화해야 한다. 이런 변화가 곧 기도의 결과이다. 리브가는 다른 어떤 것보다도, 자신이 해야 할 바를 묻고 있다. 내가 힘드니 이놈들이 싸우지 않게 해달라는 것이 아니라, 자신이 어떻게 해야 하는지를 하나님께 묻고 있다. 우리의 기도는 어떠한가? 내가 어떻게 해야 하는지를 하나님께 묻는가? 아니면 내 뜻을 받아들여 달라고 요구하는가? 제대로 된 기도를 하고 싶으면, 요구할 것이 아니라 그분의 뜻을 물어야 한다. 리브가는 하나님께 "내가 어떻게 하기를 원하십니까?"라고 물었다. 그리고 하나님의 뜻을 듣고 나서, 후일에 에서가 아닌 야곱을 도왔다. 편애로 보이던 그녀의 행동에는 과연 이유가 있었다.


## 하나님이 그녀에게 말씀하셨다 (וַיֹּאמֶר יְהוָה לָהּ)

이제 하나님이 리브가에게 말씀하신다(바요매르 아도나이 라흐/וַיֹּאמֶר יְהוָה לָהּ). 리브가가 기도하자 하나님이 대답하신 것이다. 사람이 하나님에게 말을 건네면, 하나님은 절대로 그것을 무시하시지 않는다. 대학원에서 공부하던 시절에 편지를 보내면 반드시 답장하던 교수님이 있었다. 관심에 감사를 표하는 나에게, '그것이 내가 학교에 있는 이유'(That's what I am here for)라던 그분의 대답을 잊지 못한다. 짧은 탓에 기억하기 좋아서 그런 건진 몰라도 20여 년이 지난 지금까지도 이 영어 문장을 정확하게 기억한다.

사람도 그럴진대, 하나님은 어떠하시겠는가. 하나님은 계약으로 인간과 관계를 맺으신 후에 성실한 모습을 보여주셨다. 우리의 어떤 말도 흘려듣지 않으시고 기억하시며 대답하신다. 구약의 역사를 살펴보면, 하나님은 사람에게 말씀하시기를 멈춘 적이 없다. 리브가 역시 예외가 아니었다. 하나님은 그녀에게 무엇을 말씀하셨는가? 말씀의 내용은 싸움의 해결이 아니었다. 이러 저러하면 두 아이가 복중에서 싸움을 멈출 것이라고 말씀하시지 않았다. 하나님은 그저 앞으로 이루실 언약의 성취에 관한 것을 말씀하셨다. 형이 동생을 섬길 것이고, 아우인 야곱이 언약의 성취를 이루게 되리라는 것이 전부다. 아이들이 자신의 뱃속에서 아웅다웅하는 것이 염려되어서 하나님을 찾아간 리브가는 이 일이 거대한 구원사의 한 부분이라는 사실을 알게 되었다. 이를테면 그녀의 상황이 해결되었다기보다는, 하나님의 역사에 대한 이해를 새롭게 한 것이 기도의 결과였다.

만일 그녀의 기도가 태에서 일어난 어려움의 해결만을 간구한 것이었다면, 하나님의 대답은 듣기에 실망스럽기 그지없었을 것이다. 리브가의 기도는 좀 달랐다. 그녀는 하나님에게서 이 일에 대한 설명을 듣기를 원했으며, 자신이 이 일을 어찌 받아들여야 하는지를 물었다고 했다. 하나님은 그 싸움이 단순한 아이들 놀음이 아니라, 언약이 뻗어 나갈 방향에 관한 것임을 말씀하셨다. 리브가가 제대로 들었다면 이것보다 더 정확한 대답이 또 있겠는가?

하나님은 우리가 기도할 때 언약과 관련해서 우리의 삶이 어떻게 흘러갈 것인지를 말씀하신다. 그분에게서 집이나 땅값, 또는 사업의 결과만을 들으려 한다면 하나님은 엉뚱한 대답을 하실 수밖에 없다. 하나님이 관심을 가지고 계신 것은 나를 통한 언약의 성취이다. 하나님은 늘 기도하는 자에게 대답하신다. 그리고 대답은 하나님의 계획을 담고 있다. 내가 어찌해야 하는지는 그 계획에 대한 반응이다. 나의 반응은 무엇인가.

## 왜 기도해야 하는가?

하나님은 두 아이의 삶을 미리 결정하셨다. 그런데도 왜 리브가는 기도해야 했는가? 하나님의 책임과 우리의 책임은 무엇인가? 롬 11장에서 사도바울은 믿는 사람들의 책임에 대해서 언급하고 있다. 은총론에 근거한 예정론에 따르면, 하나님은 구원의 문제와 언약의 대상을 예정해 놓으셨다. 그리고 세상의 모든 일은 그분이 섭리를 통해서 관장하신다. 이러한 이해를 단편적으로 받아들이면, 사람이 역사의 흐름 속에 관여할 필요도 없고, 가능성 또한 없다는 생각이 들 수도 있다. 하지만 성경에 드러난 하나님의 생각은 분명하다. 하나님의 선택과 섭리가 무엇이든지, 사람은 주어진 책임을 다해야 한다는 것이 하나님의 뜻이다. 모든 것이 정해져 있다고 해서 농땡이를 치면 안 된다는 것이다.

하나님의 선택하시는 '책임'과 우리가 최선을 다해야 하는 '책임'은 서로 부딪히는 별개의 것이 아니며 늘 함께 병립한다. 이 둘은 성경 안에서 충돌하지 않는다. 믿는 신자들만 이래야 하는 것이 아니다. 심지어 구원받지 못하는 사람조차도 하나님의 구원사가 이 땅에서 이루어질 수 있도록 협조적으로 살아야 한다는 것이 하나님의 뜻이다. "우와!! 뭐 이런 경우가 다 있느냐"고 말하고 싶을 것이다. 그러나 이것이 세상을 창조하신 하나님의 생각이며 원칙이라면, 만들어진 피조물은 거기에 대고 항의할 수 없다.

예정론을 벗어나서 알미니아니즘(Arminianism)이 말하는 구원론으로 가도 결론은 마찬가지다. 오히려 이쪽을 선택하면, 인간의 책임이 더 도드라진다. 구원의 문제에 예정이라는 건 없다고 생각하기 때문에, 사람들이 더욱 열심히 책임을 다해야 언약이 성취되는 것이다. 둘 중의 뭐가 옳은 것이냐는 해묵은 종류의 질문은 사양이다. 이게 결판이 났다면 장로교나 감리교(성결교도 입장이 같다) 둘 중의 한 교단은 벌써 세상에 없어야 한다. 둘 다 멀쩡히 잘 있으니, 그냥 서로가 다른가 보다 하고 넘어가면 된다. 누구든 마음에 닿는 교리를 선택해서 받아들이면 그만이다.

실제로 예를 들자면, 미국의 침례교단 안에는 캘빈주의자와 웨슬리안들이 다 포함되어 있다. 따라서 우리 같이 평범한 사람들은 세상에서 살 때, 하나님 걱정이나 염려일랑은 하지 말고, 내 진리가 마치 하나님의 진리인 양 열 올리지 말고, 겸손하게 열심히 기도하고 책임 있게 살면 된다.

어떤 사람이 사업이 잘못돼서 집 잃고 차까지 팔아야 하는 형편으로 몰리자, 최후 수단으로 복권 당첨을 위해서 기도했다. 하나님에게서 당첨 여부에 관한 말씀이 없자, 왜 대답이 없으시냐고 항의했단다. 그러자 하나님이 가라사대, "아무리 그래도 최소한 복권은 우선 사야 할 거 아니냐. 그것마저 사달란 말이냐" 라고 하셨다고 한다. 복권 당첨 같은 것을 위해서 기도하라는 것이 아니라, 모든 일에는 최소한 우리의 책임과 실천이 필요하단 말이다. 하나님은 모든 것을 알고 계시지만, 우리가 기도를 통해서 하나님의 사역에 참여하기를 원하신다. 그것이 우리가 정해진 판 안에서도 기도해야 하는 이유이다.

> **창세기 25장 27-34절**
> "그 아이들이 장성하매 에서는 익숙한 사냥꾼이었으므로 들사람이 되고
> 야곱은 조용한 사람이었으므로 장막에 거주하니…"

## 두 아들은 계속해서 싸웠다

리브가의 복 중에서 서로를 짓눌러 가면서 싸웠던 두 아들이 태어났다. 그들은 장성해서 성인이 된 후에도 싸움을 멈추지 않았다. 태중에서는 둘이 발로 차더니, 태어날 때는 꽉 움켜쥐거나 잡혀서 태어났으며, 성장해서는 먹을 것을 두고 싸웠다. 창 25장은 다 성장한 그들이 벌이는 '죽 전쟁'을 기록하고 있다.

먹거리는 누구에게나 중요한데, 특히 이스라엘 사람들에게는 더 예민한 사안이었다. 훨씬 후대의 일이기는 하지만, 그들은 먹을 것으

로 자신들이 선민임을 표현했다. 타민족이 맛나게 먹는 것을 먹지 않음으로써, 자신들만이 하나님이 선택한 별난 족속임을 드러낸 것이다. 음식과 신앙이 연결되는 것은 동서고금을 막론하고 어디서나 발견할 수 있는 일이다.

물론 에서와 야곱이 벌인 죽 전쟁은 시간상으로 음식법과 멀리 떨어져 있다. 설혹 관계가 있다손 쳐도 곡식으로 만든 '죽'은 금기에 해당하는 음식이 아니었다. 그런 까닭으로 이 부분을 읽으면서 음식 자체를 놓고 분석할 일은 없어 보인다. 사실 이 싸움은 음식 자체보다는, 그것으로 대변되는 가치관의 싸움이었다고 할 수 있다. 말하자면 '음식(죽)을 먹기 위해서는 무슨 짓이라도 할 수 있다'든지, 또는 '더 중요한 것을 위해서는 음식(죽)을 타인이 먹도록 내어줄 수도 있다'는 것이 음식 뒤에 숨은 그들의 가치관이었다. 이들 형제의 생각을 좀 더 자세히 들여다보도록 하자.


## 에서의 모호함과 계산

에서는 성인이 되어서 들사람(사냥꾼)이 되었다. 그는 대단히 활발하고 남성적인 힘이 넘치는 사람이었다. 하루는 에서가 사냥에서 돌아와서 지쳤다. 음식을 얻으려는 방편으로 보자면, 사냥은 효율성이 떨어졌다. 미국의 원주민(Native American)들이 활을 들고 사냥을 하러 다니다가, 곡식을 심을만한 땅이 발견되면 아무리 손바닥만 해도 거기에 농사를 지었던 이유가 있다. 그만큼 사냥은 힘든 일이다. 그날에서는 별 소득이 없었던 모양이다. 집에 돌아온 그가 너무나 배가 고팠던지 야곱이 요리한 죽을 먹겠다고 나섰다.

야곱이 만든 '죽'(민 하아돔 하아돔/מן הָאָדֹם הָאָדֹם)은 정체가 확실하지 않다. 음식 이름 속에 '아돔'이라는 단어가 두 번 반복되었기 때문이다. 여러 가지 설명이 있지만, 앞엣것은 붉은색을 나타내고, 뒤엣것은 수프(soup)나 스튜(stew) 같은 종류의 음식을 의미한다고 보는 것이 제일 낫다. 한글 성경은 이 말을 '죽'으로 번역했는데, 앞에 '붉은' 이라는 형용사를 집어넣는다면 괜찮은 표현이라고 할 만하다. 이 죽이 빛깔이나 냄새가 괜찮았던 모양이었다. 에서를 뒤덮고 있던 털이 붉은색이었으니, 그가 그것 때문에 죽을 좋아한 것인지는 잘 모르겠다. 하여간 그는 죽을 요구했는데, 그렇다고 해서 야곱이 순순히 음식을 내줄 리가 만무했다.

야곱은 붉은 죽을 제공하기에 앞서서 먼저 장자권을 양도하라고 말한다. 흥미로운 것은 두 사람의 말이 죄다 명령형이라는 사실이다. 그들의 말 안에는 '부탁한다'거나 '제발' 따위의 표현은 없다. 둘이 이전부터 사이가 안 좋았음을 증명하는 말본새라고 할 수 있다. 서로 겸손하게 부탁하거나 말을 듣기 좋게 해야 싸움이 생기지 않는데, 그런 점잖음은 애당초 그들의 표현 속에 없다. 놀라운 것은 이 살벌한 대화 속에서도 에서가 야곱의 제의에 쉽게 동의한 것이다. 에서의 의중은 모호하다. 흔히 모호함은 계산에서 비롯된다. 에서의 계산은 무엇이었을까?

에서는 장자권 싸움에 있어서 진짜로 관심하는 것이 따로 있었다. 이 사건이 있고 난 뒤에 이삭이 늙어서 세상을 떠날 것처럼 보이자

(실제로는 훨씬 더 오래 살았다), 장자의 축복과 관련된 사안이 수면 위로 떠올랐다. 이삭이 에서에게 장자의 축복을 하려 한 것이다(창 27:1-4). 이 부분을 읽는 사람들은 아리송하다. 장자권이 에서에게서 야곱으로 넘어간 지 벌써 오래인데, 아버지가 그에게 장자의 축복을 주려고 한 것이 이해되지 않기 때문이다.

고대 가나안에서 장자권의 이동은 현실적으로 아버지의 '축복'으로 공식화된다. 당시에는 집안 대장의 축복이 없으면 자기들끼리 그저 명분만 주고받는 것이니 껍데기에 불과한 것이고, 축복이 있어야 명분과 실리 두 가지를 명실상부하게 챙길 수 있단 거다. 축복과 돈이 따르지 않는 장자의 명분은 살아가는 데 있어서 실질적으로 별 의미가 없다는 이야기다. 에서가 창 27:36에서 한 말을 보면, 장자의 명분과 실제의 복은 서로 구별되는 것으로 이해할 수 있다. "전에는 나의 장자의 명분을 빼앗고 이제는 내 복을 빼앗았나이다".

따라서 에서는 장자의 명분이 야곱에게 넘어갔다 하더라도, 아버지의 축복만 받을 수 있다면 실질적으로 장자가 누리는 물질적인 복은 자신의 것으로 남겨둘 수 있다고 판단한 것으로 보인다. 에서의 머릿속에서는 자신이 명분만 준 것이고, 복의 권한까지 준 것은 아니라고 생각했다. 이런 계산이 있었기 때문에 그는 야곱의 제안에 별 고민 없이 동의했던 것 같다. 에서가 죽을 먹기 위해 야곱의 제안에 응했던 것은 사실이지만, 속으로는 "웃기지 마라"였을 수 있다.

속으로 아무리 웃기지 말라 했던들, 에서의 행동이 상당히 가벼워 보이는 것만은 어쩔 수 없다. "에서가 먹으며 마시고 일어나 갔으니 에서가 장자의 명분을 가볍게 여김이었더라"(창 25:34). 에서가 가볍게 생각한 이유를 "흥, '그까이꺼' 거짓말로 준다고 하면 되지"라고 작정했기 때문이라고 생각할 수는 없다. 그건 최소한 거짓말은 아니었다. 왜냐하면 에서가 아버지 이삭과 주고받은 이야기를 들어보면, 장자의 명분이 야곱에게 넘어갔다는 사실을 집안사람들이 다 알고 있는 것으로 보이기 때문이다(창 27:36).

물론 우리로서는 이삭이 그 사실을 받아들였는지 아닌지는 알 수가 없다. 그는 야곱보다는 에서를 좋아했으며, 에서를 축복하려고 마음먹었던 것으로 보이기 때문이다. 하여간 고대 가나안에서 장자가 바뀌는 것은 흔하지 않지만 가능한 일이긴 했다. 성경 밖에서는 주전 15세기의 누지(Nuzi) 문서에 장자가 바뀐 이야기가 나온다. 성경 안에도 이런 모습이 있다. 구약의 중요한 모티브 가운데 하나는 장자가 아닌 '차자의 권력 계승'이다. 르우벤은 야곱의 장자였지만, 성적으로 불량했기 때문에 그 권리를 박탈당했다. 통일 이스라엘의 왕이 된 다윗은 이새의 막내였으며, 그를 이어 왕이 된 솔로몬은 왕위 계승자 서열에서 눈에 띄지도 않던 존재였다. 그렇기 때문에 에서가 장자의 명분을 넘긴 것은 얼토당토않은 일이 아니라, 얼마든지 있을 수 있는 일이었다. 이렇게 본다면 에서가 장자권의 명분을 주겠다고 야곱에게 말한 것은 문제가 없어 보인다. 정작 문제는 그 후에 '복'을 포기하지 않고, 아버지의 축복을 받아서 물질적인 권리를 행사하려고 했다는 데 있었다. 그가 이렇듯 가볍게 행동한 이유는 장자의 명분과 복을 서로 분리해서 생각했기 때문인 것만은 확실해 보인다.

장자권에 관한 한 그의 관심은 명분보다는 실질적인 재물의 소유에 있었던 것은 아닐까? 당시에 장자는 다른 아들들보다 재산을 두

배나 많이 물려받았다. 그리고 가부장으로서 집안을 다스리는 모든 인사권을 가진다. 에서는 장자의 명분을 넘긴 후에도 아버지 이삭에게 자신에게 장자가 받을 복을 빌어달라고 강요한다(창 27:34). 그가 아버지에게 장자권 이양을 공식화하지 말아 달라고 말하는 대신에, 복만을 요구한 것은 이색적이다. 실제로 그는 아버지에게 "장자의 명분이 남아 있지 않은가?"라고 묻지 않았다. 그 명분이 이미 날아갔다는 것을 에서도 인정했다는 말이다. 그는 단지 "자기에게 빌어줄 또 다른 복이 남아 있지 않은가?" 만을 물었다(창 26:36).

이런 것들을 보면, 에서의 마지노선은 분명해 보인다. 장자의 명분을 야곱에게 줄 수는 있어도, 복만큼은 양보할 수 없다는 것이었다. 에서는 야곱에게 '장자의 명분'을 넘길 때는 별문제 없이 스스로 그것을 포기했다. 그러나 '장자의 복'을 공식적으로 넘길 때는 달랐다. 울고불고 난리를 치면서 자신이 복을 받지 못한 것을 안달했다. 이것만 봐도 그의 관심이 어디 있었는지 알 수 있다.

에서는 처음부터 언약에는 큰 관심이 없었다. 그의 행동이 이런 사실을 입증한다. 이스라엘 문화 속에서 사냥꾼은 존중받지 못한 직업이었다. 이스라엘 사람들은 사냥을 열등한 것으로 생각하고 경멸했다. 그런데도 그는 아무런 거리낌 없이 가업과 문화를 넘어서는 직업을 선택했다. 그뿐만이 아니라, 그는 결혼도 마음대로 했다. 창 26:34를 보면, 에서는 가나안에 살던 헷 족속의 딸들과 결혼했다. 이 결혼은 이삭과 리브가에게 두통거리가 되었다. "그들이 이삭과 리브가의 마음에 근심이 되었더라"(창 26:35).

이삭과 리브가의 염려는 인간성이나 효도에 관한 것이 아니었다.

언약의 기준에서 보면, 에서는 결코 가나안 여자들과 혼인할 수 없었다. 에서가 이방인과 결혼한 것은 땅을 기업으로 주시겠다는 하나님의 말씀을 정면으로 위배하는 행동이었기 때문이다. 에서가 보여준 일련의 모습들은 그가 언약과 관련한 장자의 명분에는 별로 관심이 없었음을 보여준다. 에서는 언약보다는 물질에 관심이 더 컸다. 하나님이 자신을 통해서 이루실 일보다는 가나안에서 풍요롭게 잘 사는 문제에 관심이 컸다. 잘 사는 것은 좋은 일이다. 문제는 잘 살되, 하나님과 함께 잘 살아야 한다. 에서의 경우는 목적이 다르니, 장자에 대한 접근도 달랐다.

## 이쉬 탐 (אִישׁ תָּם)

창세기 전반에 걸쳐서 야곱이 주는 인상은 그리 긍정적이지 않다. 그는 일반적으로 '약았다, 꼼수가 많다'는 평가를 받는다. 야곱은 정말로 부정적인 모습만 잔뜩 갖고 있었는가? 창세기를 잘 읽으면, 뜻밖에도 그가 그렇지만은 않았다는 사실을 발견한다. 여러 경우에서 야곱은 상당히 진지하고 이성적이며, 언약에 대단히 깊은 애정과 책임을 갖고 있었던 모습을 보여준다.

에서가 밖에서 활동하는 사냥꾼이었던 반면에 야곱은 '조용하다'고 했다(27절). 야곱에 대한 평가가 정확한지를 알기 위해서는 '조용하다'는 말을 살펴볼 필요가 있다. '조용한'이라고 번역된 히브리 말 '탐'(תָּם)은 쉽게 이해하기 힘든 단어이다. 늘 하는 말이지만, '번역'은 잘못하면 '반역'이 된다. 여기서 야곱의 성품을 '조용하다'로 옮긴 것은 반역에 해당한다. 에서의 활발한 성격과 대조적으로 비쳐질 수 있는 야곱의 모습을 찾다 보니, 학자들이 '팀'이라는 아랍어에서 의미를 가져오는 무리수를 두었다.

물론 아랍어가 남부 셈어이기 때문에 같은 언어군에 속하니 때로는 비교할 수도 있다. 그러나 히브리어의 의미를 바깥 언어에서 찾는 것은 항상 어려움을 수반한다. 예를 들어서 미쉘 다후드(Mitchell Dahood)가 『앵커-예일 구약 주석』(The Anchor-Yale Bible commentaries) 시리즈의 하나로 쓴 시편 주석을 생각해보자. 처음에는 시편의 어려운 단어 이해를 위해서 히브리어 바깥의 언어에서 용례를 가져온 것이 관심을 끌었지만, 나중에는 정확도의 문제 때문에 학자들이 관심을 거두었다. '탐'의 번역도 이런 경우라고 할 수 있다. '조용하다'는 의미를 가진 아랍어 '팀'을 끌어와서 대입하면, 야곱이 조용하고 주로 집 안에 있는 사람이 된다. 이럴 경우에 에서와의 비교에는 성공하지만, 그 의미는 완전히 달라질 수밖에 없다.

히브리어에는 분명히 '탐'(תָּם)이라는 말이 있다. 따라서 단어의 뜻을 찾기 위해서 굳이 다른 언어에서 의미를 끌어올 필요가 없다. 히브리어의 뜻은 그 자체로 '온전함, 흠 없음'을 뜻한다. 야곱이 '이쉬탐'(אִישׁ תָּם)이라는 말은, 그가 '평화롭고 조용한 사람'이라는 뜻이 아니라, '온전한 사람'이었다는 의미이다. 야곱은 결코 얌전하고 조신한 사람이 아니었다. 그는 복중에서부터 시끄러웠으며, 오기를 가지고 험한 일들을 극복하면서 인생을 살았다. 어찌 그를 조용한 사람이라고 말할 수 있는가.

구약에서 '온전하다'고 하는 것은 성품에 대한 표현이 아니다. 성격은 어쩌면 에서가 더 호방하고 멋있었을 수도 있다. 나중에 야곱을 스스럼없이 용서한 것을 보면 그는 결코 쪼잔한 사람은 아니었다. 반면에 야곱의 성품은 썩 좋지는 못했다. 에서를 만날 때도 고민이 심각했으니 여유의 폭이 넓지 않았다. 오히려 악착같은 데다가 목적의 성취를 위해서는 어떤 방법도 불사하는 스타일이었다. 그러나 언약은 그런 것과는 상관이 없다. 성품이 부족한 사람도 그 나름대로 최선을 다해서 하나님을 사랑하면 되는 것이다. 그런 까닭으로 해서 성경은 하나님이 보시기에 언약에 성실하고 의로운 사람을 '온전하다'고 했다.

'탐'은 욥 1:8에서 욥의 온전함을 나타낼 때도 사용되었다. 하나님이 선택하시고, 그 선택에 성실하게 반응해서 사는 사람이 곧 온전하다는 평가를 받는다. 그러므로 야곱은 언약적 측면에서 보자면, 에서와는 다른 사람이었다. 야곱은 언약의 귀중함을 알았다. 그가 아브라함 집안의 적자로서 이스라엘의 조상이 될만한 모습과 행동거지를 갖췄다는 게 성경의 시각이라고 할 수 있다.

야곱이 보인 행동들을 보면 실제로 성경의 관점과 부합하는 모습들이 있다. 장자의 복을 훔친 후에 그가 밧단아람으로 피신한 것도 무조건 부정적으로만 볼 것이 아니다. 그가 장자의 권한을 가지려 했던 이유를 단순히 아버지의 재산에 관한 욕심에서 찾는 것은 옳지 않다. 또한 집안의 가부장이 되어서 모든 권한을 휘두르고 싶어서 그리했다고 생각하는 것도 곤란하다.

오히려 그는 장자의 복을 받은 것 때문에 아버지의 물질을 다 잃었다. 그가 밧단아람으로 급작스럽게 피신하는 바람에 이삭의 재산을 물려받을 수 없었던 것이다. 그의 재산은 후에 그의 노력으로 형성한 것이며, 장자의 복과는 무관했다. 야곱이 이런 일들의 가능성을 예견하지 못했을까? 정확히는 아니어도 파란이 일 것이라는 사실 정도는 알았을 것이다. 그럼에도 불구하고 야곱은 하나님의 언약과 관련해서 성실한 사람이었으니, 언약을 지키려면 장자가 되는 것이 필요하다고 생각했음 직하다. 야곱은 장자의 복을 받는 대가로, 평온한 가나안에서의 삶을 포기하고 이민자의 삶을 선택했다. 언약을 위한 엄청난 희생이 아닐 수 없다.

창 34장에는 야곱 일행이 가나안으로 돌아간 다음에 맞은 위기가 기록되어 있다. 디나가 세겜에서 놀러 나갔다가 그만 동네의 실력자에게 보쌈을 당했다. 이방인에게 여동생을 뺏기게 생긴 야곱의 아들들이 흥분해서 세겜 사람들을 몰살한 사건이 일어났다. 야곱은 이 사건을 가족의 존망이 달린 사건이라고 인식하고서, 아들들을 나무랐으며 사건을 냉철하게 처리했다. 그 또한 감정적으로는 복수가 맞다고 생각했겠지만, 생존을 위해서는 주변의 족속들과 좋은 관계를 유지하는 것이 더 중요하다고 판단한 것이다. 야곱은 감정대로 일을 처리하는 것을 받아들이지 않고, 벧엘로 올라가서 하나님께 제사를 드렸다. 위기 상황 속에서 인간의 방법이 아니라 하나님을 의지해서 문제를 해결하는 진지한 신앙적인 모습이 돋보인다.

창 43장에서는 야곱 일가가 굶주림 때문에 겪은 시련을 찾아볼 수 있다. 요셉을 잃은 후에 다시 시므온과 베냐민을 잃을 수 있는 상황이 되었다. 야곱은 대단한 각오를 하고, 곡식을 얻기 위해서 아들들을 두 번째로 애굽에 보냈다. 배고픔 때문에 판단력을 잃고 아들들을 다시 애굽에 보낸 것이 아니었다. 굶주림을 이기고 언약을 지키기 위해서 베냐민을 향한 그의 편애를 포기할 줄 알았다. 그는 무엇이 중한지 아는 사람이었다. 물론 야곱은 부족하고 성품에 결함도 많았다. 그러나 언약의 귀중함을 알고 지키려는 모습을 평생 보여주었다. 하나님이 보실 때는 이런 그의 모습들이 모든 결점을 상쇄하고도 남았던 것이 아닐까.

## 음식인가, 언약인가

"너희는 말씀을 행하는 자가 되고, 듣기만 하여 자신을 속이는 자가 되지 말라. 거울에 자신을 비춰보고 잊어버리는 자는 실천하지 않는 자이다. 말씀에 자신을 비춰보고 실천하는 사람은 행하는 일에 복을 받을 것이다"(약 1:22-23). '이쉬 탐'이 되는 것이 행동이 '백 퍼' 완벽해야 한다는 것을 의미하지는 않을 터이다. '온전함'은 행동의 완벽함이 아니라 삶의 방향성을 가리키는 말이다 싶다. 성품이나 행동이 완전하지 못하더라도, 걸어가는 방향이 하나님의 언약에서 벗어나지 않으면 된다. 맛있어 보이는 음식과 언약 앞에서 후자를 선택할 수 있는 신앙적 결기가 있으면, 행동의 부족함은 얼마든지 채워질 것이다.

칼 마르크스(Karl Marx)는 "진리는 가변적"이라고 말했다. "진리는 고정된 것이 아니라 상황과 여건에 따라서 변한다"는 것이다. 말하자면 배고픈 사람에게는 먹을 것이 진리이다. 그리고 이것이 해결되면 또 다른 진리를 찾아 나설 수 있다. 결국 역사는 진화하며, 진리는 고정적일 수 없다는 것 아니겠는가? 에서는 마르크스를 몰랐지만, 그의 기본적인 입장은 이와 흡사하다. 그는 배고픔 앞에서 죽 한 그릇의 진리보다 앞서는 것은 없다고 판단했다. 그래서 자신에게 가장 중요한 권한인 '장자의 명분'을 포기할 수 있다고 생각했다.

경주에서 일어났던 지진 이야기를 나중에 잘 아는 목사님 한 분에게서 들었다. "꽝"하는 소리와 함께 주변이 아수라장으로 변했단다. 식당에서 지인들과 식사를 마치고 나오다 이 일을 당했는데, 사람들이 주차장에서 먼저 빠져나가려고 북새통을 이뤘단다. 미국에서 오래전부터 알던 권사님은 LA 대지진 때 병원에 입원해 있다가 병실 침대가 이쪽 벽에서 저쪽 벽으로 몇 번 왕복하는 것을 경험하고는 트라우마가 생겼다. 시편 기자는 "흔들리는 세상에서 하나님의 말씀만이 흔들리지 않는다"라고 고백했다. 우리 인생에서 무엇이 중요한가? 우리의 상황과 관계없이 언약과 말씀은 불변하다. 여기에 우리를 붙들어 매야 한다. 롤러코스터를 타본 적이 있는가? 안전벨트가 든든하면 아무리 고약한 커브를 돌아도 괜찮다. 우리 삶의 안전벨트는 언약이다.

# 이삭을 춤추게 하라

혹시 이삭이 춤추는 것을 상상해 본 적이 있는가? 켄 블랜차드(Ken Blanchard)가 2천년대를 휩쓴 그의 책 『칭찬은 고래도 춤추게 한다』(*Whale Done!*)에서 칭찬의 위력에 대해 말했듯이, 이삭을 칭찬하면 그의 춤을 볼 수도 있을 것 같다. 이삭은 창세기 속에서 아버지 아브라함이나 아들 야곱과 비교할 때 좀 밋밋해 보인다. 그러나 성경을 깊이 읽으면 그가 엄청난 장점을 갖고 있었음을 발견한다. 이삭에게는 두 사람보다 더 뛰어난 점도 있었다. 이삭은 아버지나 아들이 했던 종류의 실수를 좀처럼 하지 않았다. 삶이 드러나게 장대하지는 않지만, 잘못과 흠이 없는 삶을 살았다. 무엇보다 그는 대단한 순종의 사람이었다.

가나안 땅은 원래 척박하고 물이 없어서 농사짓기가 어렵다. 지중해안에 있는 작은 땅뙈기들과 이즈르엘 평야(갈릴리 남쪽, 사마리아 북부) 정도에나 곡식을 좀 심을 수 있었을까. 나머지 땅은 그렇지 못했다. 이삭은 그랄로 가기 전에 네게브에서 살았는데, 이곳은 그야말로 사막이다. 그러니 흉년이 왔을 때, 그 정도가 엄청났을 것이다. 창 26장은 이삭이 그곳에서 기근을 맞은 이야기를 담고 있다. 흉년을 좀처럼 견딜 수 없었던 그는 피신하기로 했다. 이삭은 어디로 옮겨 갔는가?

원래 가나안 사람들은 기근이 오거나 전쟁이 일어나면, 전통적으로 애굽으로 피신했다.

약 3,500년 전의 애굽 국경 수비대가 남긴 기록을 보면, 기근 때문에 가나안의 베두인족이 국경을 통과한 내용이 있다. 그런 관습을 따라서 아브라함도, 심지어 예수님도 환란을 피해서 애굽으로 내려가지 않았던가. 주후 1세기의 유대 역사가인 요세푸스(Josephus)의 말을 빌리면, 예수님 당시에 애굽에 살던 유대인 디아스포라(diaspora)의 인구가 백만 명이었다고 하니 가나안과 그 땅의 관계를 알 수 있을 듯 하다.

이리 보면 당연히 이삭에게도 애굽행이 고려의 대상이었을 것 같다. 그런데도 그는 그리로 내빼지 않았다. 이유는 딱 한 가지다. 하나님이 가지 말라고 하셨기 때문이다. 창 26:2를 보면, 하나님은 이삭에게 두 가지를 말씀하셨다. 첫째는, 언약과 관련해서 가나안을 떠나지 말라는 것이고, 둘째는 그렇게만 한다면 언약을 갱신하겠다는 것이었다. 이삭은 이 말씀을 듣고 그대로 행동으로 옮겼다.

그러나 네게브에서는 더 이상 살 수 없었으니 피신을 해야만 했다. 애굽으로 갈 수 없다면, 어느 곳이 대안이었을까? 그는 분명히 고민했을 것이다. 그때 그의 머리를 번개처럼 스치는 생각이 있었다. '아, 그렇지. 우리 아버지가 그랄에서 우물을 판 적이 있었지'(창 26:15). 그리로 가면 적어도 물이 있을 거라는 판단이 이삭을 그랄로 가게 했다.

사실 그랄도 가나안 남부 지역에 있었기 때문에 비가 거의 없을뿐더러 척박했다. 브엘세바 또는 가자 등과 함께 그랄은 남부의 대표적인 성읍이었다. 고고학자들이 그랄의 텔(tel)을 파보니, 청동기와 철기 시대의 거주지가 나왔다고 한다. 아브라함과 이삭은 청동기 중기 때의 사람이니, 그때 존재했던 주거지의 흔적이 거기 있는 것이 당연하겠다. 지금도 그런 편이지만, 그 옛날에도 그 땅은 척박하고 살기 힘들었다고 한다. 그러니 이삭이 그랄로 간 것은 아주 척박한 동네에서, 쪼금 덜 척박한 곳으로 옮긴 것에 불과했다. 별 차이가 없는 땅으로 간 것이니, 이삭은 힘든 결단을 한 것이다. 신앙은 가끔 사람들로 하여금 이렇게 희한한 결정을 하게 만든다. 이삭에게는 이유가 있었으니, 그의 한심한 이주가 오히려 보기 좋다.

## 이상한 일이 생겼다

이삭은 그랄 거주민이 되었다. 그곳의 삶을 시작한 이삭에게 흔치 않은 이상한 일이 일어났다. 이상한 일은 두 가지다. 첫째는 그가 농사를 지었다는 것이고, 둘째는 백 배의 수확을 거두었다는 것이다. 우선 이삭은 원래 농사를 짓던 사람이 아니었다. 그의 집안은 대대로 목축업을 했다. 그랬던 그가 네게브에서 그랄로 온 후에 농업으로 전직했다. 한국에서 귀농한 사람들 가운데 많은 이들이 1-2년 만에 도로 보따리를 싼다. 이유는 하나다. 농사가 너무 어렵단 거다. 곡식은 심어놓으면 저절로 자란다고 누가 그랬던가. 그런 일은 절대로 없다. 잠 못 자면서 물 대줘야 하고, 잡초도 솎아줘야 하며, 거름도 줘야 한다. 놀랍게도 이삭은 그걸 해낸 모양이다. "이삭은 그 땅에서 씨를 뿌렸고, 같은 해에 백 배의 곡식을 만났다"(바이즈라 이츠하크 바아레츠 하후. 바 임므짜 바샤나 하히 메아 쉐아림/וַיִּזְרַע יִצְחָק בָּאָרֶץ הַהִוא וַיִּמְצָא בַּשָּׁנָה הַהִוא מֵאָה שְׁעָרִים/창 26:12).

이 문장 가운데서 눈에 들어오는 것은 두 개의 동사이다. 하나는 '뿌렸다'(וַיִּזְרַע)는 것이고, 다른 하나는 '만났다'(וַיִּמְצָא 또는 '거두었다')이다. '뿌렸다'와 '거두었다'는 두 말 사이에 온갖 일이 다 일어났다고 보면 된다. 농사의 모든 수고가 이 말들 중간에 숨어있는 것이다. 그렇다 고 해서 이런 수고가 곧 성공을 담보하지는 않는 법이다. 전업은 결 코 쉽지 않다. 오히려 실패하는게 다반사다. 그런데 그는 성공했다. 이상한 일이 생긴 것이다.

더 놀라운 것은 전업이 거둔 성공의 내용이다. 그는 '백 배의 곡식' 을 만났다고 한다. 이 정도면 얻은 곡식의 총량은 얼마나 될까? '백 배'라는 이미지 때문에 '양' 또한 엄청났을 것이라고 착각할 수 있다. 하지만 이삭이 얻은 곡식의 양은 결코 많지 않았을 것이다. 왜냐하면 '백 배'라는 말은 곡식의 양이 아니라, 비교의 결과이기 때문이다. 말 하자면 백 배는 이전 해에 거두었던 곡식과 비교한 수치에 다름 아 니다. 전해에 이삭은 얼마나 거두었던가. 그가 성공한 것이 아주 첫 해인지 아니면 둘째 해인지 우리는 알 길이 없다. 만일 이 양이 네게 브에서의 수확과 비교한 것이라면, 말이 백 배이지 그 양은 아주 형 편 무인지경이었을 것이다. 또는 그랄로 이주한 후에 한두 해쯤은 혹 시 실패했다고 가정한다면, 그랄에서 성공하기 전에 얻었던 곡식과 의 비교일 것이다.

그렇다면 이 또한 아무리 백 배라 해도 대단히 작은 양이었을 것 이다. 결국 '백 배'는 그의 삶이 달라지고 있음을 보여주는 상징일 뿐이다. 어떻게 그렇게 본 것처럼 이야기하는 건지 묻고 싶은가? 창 26:13을 그 근거로 제시할 수 있다. 이삭은 백 배를 얻은 딱 그해에 왕창 부자가 된 것이 결코 아니었다. 오히려 '거부가 될 때까지 그는 과정을 거쳐서 커졌다'(바엘레흐 할로흐 브가델/יֵּלֶךְ הָלוֹךְ וְגָדֵל)라고 해야 옳다. 굳이 이 부분을 나름대로 사역하자면, '그는 거부가 되는 날까지, 그 길을 걷고 또 걸었다'가 될 것이다. 더욱이 이 부분은 문법상 '강조형'까지 사용하고 있다.

창세기 기자의 의도는 이삭은 이주하자마자 갑자기 백 배를 거두어 부자가 된 것이 아님을 보여주는데 있다. 그는 천천히 과정을 밟아서 거부가 되기에 이르렀다. 그리고 그랄에서의 모든 과정 속에 하나님이 이삭과 함께 하셨다는 것이 가장 중요한 핵심이다. 어느 날 졸부가 되는 것을 언약의 성취라고 할 수는 없다. 그보다는 삶의 여정 가운데서 하나님의 존재를 깨닫고, 그분 때문에 내가 '달라짐'을 아는 것이 언약의 성취이다.

가진 것이 없거나, 또는 백 배의 수확이 있거나 하는 것은 부수적인 요소일 뿐이다. 우리를 인도하시는 하나님과 함께 인생의 과정을 밟는 것이 중요하다. 땅거지 이삭은 점점 잘되더니 마침내 거부가 되었다. '거지'나 '거부'는 여기서 중요하지 않다. 그 과정을 만드신 분을 인식하고, 당사자가 변화하는 것이 핵심이다. 이상하기도 하지만, 그 이상함의 이유도 알게 되었다.

# 나그네 거부

이삭은 요즘으로 치면 재벌이 된 셈이었다. 재벌은 아무래도 가진 것이 많지 않겠는가? 이삭도 실제 재벌처럼 많이 가졌을까? 고대 가나안 부자의 핵심 조건은 땅과 물이다. 그런데 이삭은 그 둘을 다 가지지 못했다. 15절을 보면, 그랄 사람들이 시기해서 그의 우물을 다 메워버렸다. 물이 사라진 것이다. 그뿐인가, 16절에서는 그랄의 왕 아비멜렉이 이삭더러 "이 땅을 떠나라"고 말한다. 이삭은 과연 부자가 맞는가? 무슨 이런 부자가 다 있는가? 그가 거부라면, 그 정체는 도대체 무엇이란 말인가? 한 마디로 그는 부자이되, 나그네였다. 그랄에서 풍족함을 얻었지만, 영속적인 것은 아니었다. 크게 이루었어도 하루아침에 다 놓고 떠나야 했다.

이삭의 거부가 된 사건의 실체를 보니, 크게 가슴을 치는 것이 있다. 이삭의 나그네 삶에서 모든 인생의 본질을 본다. 이 땅에서 무엇을 하며, 어떻게 살고, 무엇을 이루었든지 우리는 다 나그네. 거부여도 나그네이고, 어렵게 살아도 나그네. 히브리 유니온 대학 (Hebrew Union College)에서 공부할 때, 유대인 신학생들이 마치 교가처럼 부르던 노래가 있었다. 1965년도인가, 유명한 록 밴드 버즈(Byrds)가 불러서 히트한 'To everything, there is a season'이라는 노래였다. 이 노래는 전도서 3장을 가사로 삼았다. '범사에 기한이 있고 천하 만사가 다 때가 있나니 날 때가 있고 죽을 때가 있으며 심을 때가 있고 심은 것을 뽑을 때가 있으며 죽일 때가 있고 치료할 때가 있으며 헐 때가 있고 세울 때가 있으며.'

이 글 속에서 전도서 기자는 인생의 본질을 정확하게 꿰뚫어 봤다. 모든 일에는 기한이 있다. 나그네는 이 땅에 영원히 머물지 않는다. 하는 일에도 한계가 있고, 삶의 기간도 유한하다. 인생이 그러하다면, 나그네 거부가 이 땅에서 잘 사는 방법은 무엇일까? 그것은 어떻게 살든지 '하나님과 함께 걸어가는 것'이다. 이삭이 거부라고 불렸다면, 그 진정한 의미는 그가 하나님과 함께 살았다는 데서 찾아야 한다. 무엇이든 나 혼자 한다면 상황에 따라 흔들리다 끝나겠지만, 하나님이 함께하시면 흔들림과 상관없이 인생 자체가 풍성하다. 우리는 돈이 많아서가 아니라, 하나님과 함께 살아서 부자이다.

창 26장 말씀의 핵심은 하나님을 잘 믿어야 부자가 된다는 것이 아니다. 오히려 우리가 나그네임을 깨달으라는 것이 가르침의 중요한 내용이다. 어떻게 살든지, 모든 사람은 이 땅에서 나그네이다. 그러나 하나님과 함께 걷는 인생은 나그네의 부침을 넘어선다. 백 배의 수확은 얼마든지 사라질 수 있다. 하나님은 그 수확이 없는 자리에도 우리와 함께 계신다. 그분과 함께 걸어가는 사람이 진정한 인생 부자 아니런가.

# 골짜기에서 숫양을 만나다

이삭은 겉으로는 별 특징이 없는 사람처럼 보이지만, 안을 들여다보면 신앙적인 고집과 똘끼(?)가 가득했다. 아비멜렉이 그랄을 떠나라고 하자, 그가 보인 반응은 독특했다. 웬만한 사람들 같으면 더러워서라도 북쪽으로 올라가 버리거나 아니면 남쪽이 바로 애굽으로 통하는 길이었으니 그리로 갈 만도 했다. 하지만 이삭은 그랄을 사수했다. 그곳을 떠나지 않고 '그랄 골짜기'로 거주지를 옮겼다. 그곳도 그랄이니 사람들이 쫓아올만 했는데, 그렇질 않았다. 이유는 그가 워낙 미친 짓을 했기 때문이다. 흔히 사람들은 상식에서 벗어난 행태를 보이는 돌아이 같은 사람에게는 간섭하지 않는다.

이삭이 그랄 골짜기로 간 것이 왜 비정상이었을까? 그랄 골짜기(나할 그라르/נַחַל גְּרָר)는 정확하게 말하자면 건천(wadi)이었다. 히브리어 '나할'(נַחַל)은 강이란 뜻도 가지고 있지만, 가나안에서는 주로 건천이라는 뜻으로 받아들여졌다. 왜냐하면 그 땅에는 강이라고 할만한 것이 별로 없었기 때문이다. 고고학자들은 오늘날의 '와디 루헤이베'(Wadi Ruheibeh)가 바로 창 25장의 그랄 골짜기였을 것으로 믿는다. 건천은 우기에는 비가 와서 급류로 변하지만, 평소에는 모래밭이다. 마 7장을 보면, 예수님이 말씀하시기를 "지혜로운 사람은 반석 위에 집을 짓지만, 어리석은 자는 모래 위에 짓는다"고 하셨다. 여기서 모래는 바로 건천을 뜻한다. 그러니 큰물이 나고, 바람이 부는 우기가 되면 이곳에 지은 집은 뒤집힐 수밖에 없다. 이렇게 보면 이삭이 그리로 간 것은 어리석음을 넘어서 아주 정신 나간 짓이었다고 할 수 있다. 적어도 '4차원'이 아니면 할 수 없는 행동이었다.

이삭이 건천으로 거주지를 옮긴 까닭은 무엇이었을까? 4차원들은 나름대로 행동에 이유가 분명하다. 단지 다른 이들이 이해할 수 없을 뿐이다. 사실 이삭이 더 이상 방해받지 않고 갈 수 있는 그 동네의 남은 땅이 그랄 골짜기밖에 없기도 했지만, 그가 그리로 간 것은 딱히 그런 이유에서만은 아니었다. 그랄 전체가 마른 땅이었으므로, 이삭이 특별히 건천에 샘이 있을 것으로 예단했다고 보기는 어렵다. 그래서 그가 내린 결정이 합리적인 것이었다기 보다는 믿음에 근거했던 것으로 봄이 어떨까.

그에게는 장소나 여건을 넘어서서, 어디를 가든지 하나님이 그와 함께 계신다는 확신이 있었던 것으로 보인다. 성경에 나오는 믿음의 사람들은 대부분 '4차원'이었다. 그들은 믿음 때문에 여건을 따지지 않는 독특한 결정들을 내리곤 했다. 이삭도 그랬는데, 그는 결국 와디에서 우물을 세 개나 팠다. 이런 일은 어찌 생각하면 하나님이 마치 땅속에 샘물을 심으신 것처럼 보인다. 그렇지 않고서야 어떻게 그런 땅에서 샘을 세 개씩이나 판단 말인가. 무슨 비과학적인 이야기냐고 비웃을 사람도 있을 수 있겠다. 과학은 좋은 것이긴 하지만, 이 세상과 삶을 통째로 설명할 수 있는 방법은 아니다.

믿음은 기본적으로 과학을 넘어서는 힘이 있다. 이삭은 이런 일에 아주 익숙한 사람이었다. 그가 어렸을 때 새벽잠을 깨운 아버지 아브라함과 함께 며칠을 걸어서 모리아 산에 간 적이 있었다. 영문도 모른 채로 제단 위에 놓인 그는 칼을 든 아버지의 굳은 얼굴을 봐야 했다. 놀랍게도 그 순간 숫양 한 마리가 거기 나타났다. 그 바보 같은 숫양이 제단에 눕기를 원했기에 이삭은 거기서 일어날 수 있었다. 하필 그 순간에 제단 주변에서 숫양이 대가리를 들이밀며 자기를 좀 봐달라고 한 사건은 합리적으로 설명이 안 되는 일이다.

그런 이유로 해서 이삭에게 그랄 골짜기는 또 다른 모리아였다. 그리 보자면 샘물은 숫양이었다. 그는 위기가 가득한 골짜기에서 다시 숫양을 만난 것이다. 그뿐인가? 네게브에서 그랄로 이주한 후에 농사꾼으로 전업하자 하나님이 주신 백 배의 수확이 그를 찾아왔다. 짐콜린스가 쓴 『좋은 기업을 넘어 위대한 기업으로』(*Good to Great*)라는 책을 가지고 설명하자면, 이삭은 위대한 CEO였다. 인생을 통틀어서 백 배의 성장을 경험한 사람이 흔하겠는가. 이런 경험들이 쌓여서 만들어진 믿음이 그를 와디로 가게 했다.

본문은 그가 찾은 우물을 '샘의 근원'(브에르 마임 하임/מַיִם חַיִּים בְּאֵר)이라고 부른다. '마임 하임'(מַיִם חַיִּים)은 살아있는 물이라는 뜻이니, 우물(브에르)에 붙이면 '멈추지 않고 솟아 흐르는 샘물'이라는 말이 된다. 말하자면 이삭이 발견한 샘은 다른 곳에서 흘러와서 그냥 고여있는 것이 아니라, 그 자리에서 물이 솟아나는 샘(flowing water)였다. 또 다른 숫양의 존재를 믿고 와디로 들어간 이삭에게 하나님이 큰 선물을 주셨다. 하나님도 이쯤 되면 4차원이시다. 말하자면 그분의 생각은 우리 위에 있다는 뜻이다. 그분과 함께 사는 것은, 이 땅에서 4차원으로 사는 것이다. 그리고 4차원으로 살기 위한 필요충분조건은 믿음이다.

## 두 개의 우물: 에섹과 싯나

중국 고전인 『회남자』에서 온 '새옹지마'라는 고사성어는 모르는 사람이 없다. 이와 흡사한 일이 이삭에게 일어났다. 샘을 찾은 기쁨도 잠시, 그랄 사람들이 몰려와서 우물을 뺏는다. 레이더라도 설치해 놨던 건지, 우물을 찾으면 와서 시비를 걸고 물을 뺏었다. 이삭은 어떻게 반응했는가? 첫 번째 우물의 이름을 '다툼'(에섹/עֵשֶׂק)이라고 짓고는 줘 버린다. 두 번째도 같은 일을 당했는데, 역시 우물에다 '대적'(싯트나/שִׂטְנָה)라는 이름을 준 후에, 그것도 그랄 사람들에게 넘겨주고 만다. 이삭이 군자여서 그랬을까? 하지만 두 번째 우물 이름에 담겨있는 그의 속내를 보면 그것도 아니다. 싯트나는 히브리어 어근이 S-T-N, 즉 '사탄'(שָׂטָן)과 같다. 단어가 고유명사이기 때문에 우리말로는 음역(transliterate)해서 그냥 '싯나'라고 옮겼지만, 실제로는 사탄이라는 뜻이 그 안에 담겨있다.

이삭이 우물을 향해 '사탄'이라고 부른 것은 어떤 의미가 있는가? 우리도 가끔 사람들이 힘들게 하면, 그 '사탄'이 왜 내게 이런 짓을 하느냐고 푸념할 때가 있지 않은가. 그런 의미로 생각하면 될 것이다. 흥미로운 것은 사탄은 참소하고 대적하는 자인데, 그가 대들자 이삭은 '대적' 자체를 거기서 버리고 말았다는 점이다. 그랄 사람들과 다투지 않은 것이다. 이건 또 뭔가? 그는 배알도 없는 사내였는가? 싸우기에 중과부적이었다면, 침이라도 뱉고 그곳을 떠났어야 했다. 그러나 그는 꾸역꾸역 그곳에서 우물을 하나 더 판다. 그 세 번째 우물마저 그랄 사람들에게 넘겨주고는 그때야 그랄을 떠나서 브엘세바로 간다(23절).

이삭에게 있어서 그의 상대는 그랄 사람들이 아니었다. 그가 마주 보았던 상대는 자신의 인생이었으며, 또한 하나님이었다. 그는 무엇보다도 자신의 삶에 하나님이 계신지를 확인하고 싶었던 것이다. 삼세 번이라 해야 할지, 세 번째로 판 땅에서도 물이 나오자 그는 확신을 가지고 그랄을 떠난다.

인생의 위기에서 어떤 사람이 내적 평화와 안정을 유지할 수 있을까? 결코 쉬운 일은 아니지만, 하나님이 자신과 함께한다고 확신하는 사람만이 그렇게 할 수 있다. 만일 어떤 사람이 전 세계 어느 은행을 가도 내밀기만 하면 당장 백만 불을 그냥 내주는 신용카드를 가지고 있다고 치자. 그러면 어딜 가든 뭐가 두렵겠는가? 물론 하나님은 돈도 아니고 신용카드도 아니다. 오히려 그 위에 계신 분이다. 그러니 그분을 신뢰하는 것이 마땅하다. 많은 사람이 인생을 살면서 받을 복의 결과만 생각한다. 그러나 정작 중요한 것은 하나님을 향한 믿음이다. 그리고 믿음의 실천이다. 이삭은 숫양에 이어서, 초보 농군으로서 백 배를 경험했다. 그리고 이제 와디에서 나올 수 없는 물까지 체험한다. 믿는 대로 행했더니 그리된 것이다.

# 인생에는 세 번째 우물이 있다

이삭과 같은 사람은 세 번씩 우물을 팔 수 있다. 만일 우물을 두 개 팠는데 다 잃어버렸다면 세 번째를 묵묵히 파면 된다. 신앙의 법칙이 란게 그렇다. 우리가 포기하면, 하나님도 포기하신다. 그러나 사람이 끈질겨지면, 하나님도 끈질겨지신다. 세 번째 우물을 발견한 이삭은 이름을 '넓은 곳' 또는 '번영의 장소'라는 뜻을 가지고 있는 '르호봇' (רְחֹבוֹת)으로 지었다. 이 동네는 브엘세바에서 남서쪽으로 약 19마일(약 30km) 정도 떨어져 있는데, 오늘날에도 촌락이 형성되어 있고 우물도 있다.

그러면 질문을 던져보자. 과연 그의 말대로 이삭이 세 번째 우물과 더불어 그곳에서 번성했던가(22절)? 본문 22절과 23절의 행간을 잘 읽어보면 앞서 간략하게 언급했듯이, 세 번째 우물도 잃어버렸다는 사실을 쉽게 알 수 있다. 두 개의 우물을 뺏은 사람들이 세 번째 우물 이라고 그대로 두었을 리가 없다. 또다시 충돌이 생겼을 것이고, 우물은 그랄 사람들 소유로 넘어갔을 것이다. 따져보면 르호봇은 넓어 봤자 와디 안에 있다. 골짜기는 기본적으로 협소하다. 그곳에서 커져봐야 얼마나 커지겠는가. 이삭에게 르호봇은 평생의 거주지가 아니었다. 22절에서 말하는 '이 땅'은 결코 르호봇일 수 없다. 르호봇이라는 이름은 하나님의 임재의 상징이었을 뿐이다. 그가 꿈꿨던 것은 더 넓은 땅, 가나안 전체였다.

이삭이 골짜기에서 판 것은 우물이 아니었다. 그는 거기서 하나님의 심장을 팠다. 그에게 언약을 지키겠다고 약속하시는 하나님의 마음을 판 것이다. 그 결과로 이삭은 하나님의 마음을 얻었고, 용기가 생겨서 브엘세바로 거주지를 옮겼다(23절). 하나님만 함께 계시면 기근이 문제가 아니다. 어디든 무슨 상관일까. 성경은 브엘세바에서도 그가 우물을 팠다고 말한다. 거기서도 물이 나오자, 이삭은 그 동네의 이름을 브엘세바(בְּאֵר שֶׁבַע)로 지었다 (33절). '브엘'(בְּאֵר/아주 정확히 발음하면, '쁘에르')은 '우물'이라는 뜻이고, '세바(שֶׁבַע)'는 '일곱'이라는 숫자를 의미하니, 브엘세바는 우물이 일곱 개나 있는, 또는 마른 땅의 완벽한 오아시스를 상징하는 이름이다. 이 소식을 들었는지 어쨌는지, 그랄의 왕인 아비멜렉이 그곳까지 이삭을 찾아온다. 그리고서 아버지 아브라함 때 생겼던 일과 똑같이 기시감(Déjà vu)마저 느껴지는 사건이 이삭에게 반복되었다. 그랄 거민과 이삭 사이에 불가침 조약이 맺어진 것이다. 내쫓을 때는 언제고, 이제 와서 조약을 맺자는 이유가 뭔지 묻는 이삭에게 아비멜렉이 대답한다. "하나님이 너와 함께 계심을 우리가 분명히 보았다(28절)". 이삭이 찾던 그것을. 이제 아비멜렉도 본 것이다.


## 와디 앞에 서서

살다 보면, 와디로 거주지를 옮겨야 할 때가 있다. 나름 잘 믿고, 성실하게 신앙생활을 하고, 하나님도 사랑하는데, 인생이 꼬여서 그런 상황이 된다. 다 포기하고 싶은 생각이 드는 건 당연하다. 그때 이삭이 내게 말을 걸어온다. "나도 그랬다." 그의 짧은 말 한마디가 심장을 건드린다. 다른 사람은 몰라도, 그랄 골짜기 같은 곳에 가서 미친 사람으로 산 적이 있던 그가 한 말이라면 들어볼 만하다 싶다.

조금 더 그에게 시간을 주자 말이 이어진다. "장소나 여건이 문제가 아니라, 네 심장 속에 하나님이 살아계신가 하는 것이 중요해." 어려움이 다가오면 힘든 일 자체가 먼저 눈에 들어오는 이유는 뭘까? 하나님은 그냥 저 멀찍이 서 계시는 것처럼 보인다. 고개를 숙여 아는 체를 하고 인사만 드릴 뿐, 나는 그분에게 뭐라 할 말이 없다.

와디에서 우물을 파서 농사를 지어야 하는 이삭의 심정이 어땠을까? 그는 농사의 달인이 아니었을뿐더러, 관정을 파는 전문가 또한 아니었다. 그에게 다시 인터뷰를 청해본다. 당시 그의 마음이 어땠는지를 듣고 싶은게다. 이삭은 지나가듯이 한 마디를 더 얹는다. "하나님만 삶에 계시면, 어디든지 상관없더라." 그리곤 일어나 가버린다. 하긴 그는 4천 년 전 사람이니 간다 해도 잡을 길이 없다.

오늘 내가 서 있는 와디 앞에서 나는 무엇을 봐야 하는가? 그러고 보니 골짜기의 모래밭 너머에 아까부터 하나님이 서 계셨더랬다. 자세히 보니, 그분이 손짓도 하신다. 내가 왜 지금껏 말을 나누지 않고 있었을까. 모래밭을 건너서 그분에게 이제 가까이 다가선다.

**창세기 28장 10-15절**

"…한 곳에 이르러는 해가 진지라 거기서 유숙하려고 그 곳의 한 돌을 가져다가 베개로 삼고 거기 누워 자더니 꿈에 본즉 사닥다리가 땅 위에 서 있는데 그 꼭대기가 하늘에 닿았고 또 본즉 하나님의 사자들이 그 위에서 오르락내리락 하고…"

# 지워질 수 없는 순간이 있다

누구에게나 지워질 수 없는 순간이 있다. 스물한 살 때, 아버지가 돌아가시던 날 밤에 내 방문을 열고 들어오신 그분이 잠자는 나를 한참 내려다보시고 나가시는 꿈을 생생하게 꾸었다. 40년이 지났는데도 방문을 닫으시던 아버지의 뒷모습을 잊을 수가 없다. 결혼하고 나서 아내를 통해서 우리 아이들을 세상에서 처음 만났다. 역시 평생을 머릿속에 남아있을 기억이다.

아주 작지만 오감에 관한 기억들도 있다. 초등학생 때 이모부가 가져온 햄버거 쪼가리에 묻어있던 토마토케첩을 맛본 것이 이상하리만큼 잊히질 않는다. 난생 처음 먹어보는 맛이 남긴 감각이 지금도 살아있다. 또 있다. 가난한 유학생으로 미국에 발을 디뎠으니, 유학 시절이 어찌 하수상하지 않았을까. 가슴 속이 터질 것 같으면, LA 남쪽에 있는 팔로스버디스에 가서 바다를 종일 바라봤던 기억이 난다. 이런 기억들은 지금껏 머릿속에 남아서 도망가질 않는다.

하지만 이런 기억의 색채가 짙은 것이 사실이라 해도, 이것들이 인생을 바꾼 것은 아니다. 삶을 송두리째 바꾼 기억은 오히려 작고 초라하지만 따로 있다. 고등학교 2학년 때 토요집회를 끝내고 교회에서 내려오던 골목길에서 산들바람을 만났다. 귓가를 스치던 바람이 속삭인 말이 이랬다. "목사가 되는 건 어떻겠니?" 이 작은 미풍을 만난 것이 내 인생을 결정지었다.

누구나 지우지 못하는 기억이 있다. 그러나 인생 이야기에 큰 영향을 주는 사건은 한두 개에 불과하다. 그 한두 개의 기억이 하나님과 관련된 것이라는 사실이 기이하다. 하기는 하나님이 인생을 잡고 계시니, 그분이 만드신 기억이 삶을 바꾸는 건 당연한 일이겠다. 야곱도 그랬다. 브엘세바에서 하란으로 가던 여행 중에 그는 지축이 흔들리는 경험을 했다. 그 여행이 워낙 힘든 것이었으니, 많은 기억이 그에게 남았을 것이다. 그러나 야곱의 삶을 바꾼 기억은 그 중의 딱 한 부분이었다고 감히 말하고 싶다. '벧엘'에서의 하룻밤이 그것이다. 그는 거기서 하나님을 만났다. 그리고 그 사건이 그를 바꿨다. 야곱의 인생은 벧엘 이전과 이후로 나뉜다. 하나님을 만나기 전과 후가 다르다는 말이다.

## 하나님의 몰래 카메라

야곱이 벧엘에서 하나님을 만난 사건은 마치 한 편의 몰래카메라 같다. 하나님은 야곱이 하란으로 가는 길목에 있는 벧엘을 무대로 정하시고, 천사들을 시켜서 그곳을 세팅하신다. 손수 시나리오를 짜시고, 소품으로 사다리까지 준비하셨다. 첨단 디지털 기술을 동원해서 야곱의 꿈과 그분의 사다리를 연결하는 블루투스(Bluetooth)도 챙기셨다. 이윽고 야곱이 그 안으로 들어오자 카메라가 돌아가기 시작했다. 하나님이 만드시는 작품을 늘 시청하는 팬으로서 한마디 하자면, 이 몰래카메라는 아주 성공적으로 보인다.

하나님은 인생 가운데서 우리를 만나기 위한 계획이 있으시다. 하나님과 야곱은 거기서 만날 약속을 미리 한 적이 없었다. 아니 정확하게는 야곱이 그것을 몰랐을 뿐이며, 하나님은 알고 계셨다. 이렇게 사건의 불균형한 뒷배경이 인간으로 하여금 예측할 수 없는 장소와 시간에 '신을 체험하는' 잊을 수 없는 순간을 만든다. 야곱의 입장에서 보자면, 이 만남은 그저 우연에 불과했다. 그가 하란으로 가다가 밤이 되어서 '한적한 곳에 이르렀다'(바이프가 바마콤/מָקוֹם בַּמָּקוֹם). 이 표현 안에는 여러 가지 정보가 담겨있다. 우선 장소에 관한 언급이다. 우연성을 드러내기 위해서 창세기 기자는 특정한 곳을 지칭하지 않는 '마콤'(장소)이라는 말로 야곱이 노숙한 곳을 표현한다. 나중에야 '루스' 또는 '벧엘'이라는 지명이 소개되지만, 야곱이 거기서 하루를 묵었을 때 그의 인식 속에서 그 장소는 그저 이름 없는 노변이었다.

그다음으로는 동사가 주는 정보가 있다. '이르러'(바이프가/יִפְגַּע)라는 동사는 그 장소를 '우연히 만났다'(strikes upon a certain place)는 의미를 강조한다. 야곱이 거기서 잘 계획을 가지고 그곳까지 간 것이 아님을 강조하는 것이다. 그냥 어쩌다 보니 그곳을 지나가게 되었고, 날이 저물어 자게 되었다. 그는 아무것도 알지 못한 채로 거기서 잠들었다. 야곱에게는 그 노변의 하룻밤이 '모름'과 '우연'으로 덮여있었지만, 하나님에게는 달랐다. 야곱을 하란으로 보내신 이는 하나님이셨다. 어깨가 축 처져서 북행길을 택한 야곱에게, 하나님은 그 여행에 가득히 차 있는 의미를 말씀하시고 싶어 했다. 그런 까닭으로 하나님은 모든 것을 준비하시고, 그 밤에 그를 만나셨다.

인생에서 우리가 반드시 알아야 하는 것이 있다. 하나님은 '나'를 위한 계획을 가지고 계시고, 그것을 실행하신다는 사실이다. 야곱은 인생의 절벽에서 하나님을 만났다. 가만히 보면 절벽 또한 하나님이 만드신 것이고, 그 절벽 끝에서 하나님을 만나는 것은 순리다 싶다. 하나님은 아무것도 없는 벌판에서, 또는 낭떠러지 위에서 우리를 만나기 위해서 오늘도 계획을 세우신다. 그리고 우리에게 확인하신다. "내가 너와 함께 하겠다." 이것을 들을 수 있다면, 그 기억이 어찌 인생을 뒤집어엎지 않겠는가.

창 28:10, 11에 사용된 동사들은 12, 13절에 있는 동사들과 시제가 다르다. 전자의 시제는 '과거'이다. 이 부분은 무대를 만드는 과정을 설명하고 있다. 반면에 후자는 '현재' 시제를 가지고 있다. 지금 야곱이 눈앞에서 막 보는 상황을 중계하는 것을 보여주는 동사의 활용기법이다. 야곱이 루스에 이르러 잠을 자게 된 상황은 하나의 무대로써 필요한 장치였다. 아무리 무대가 기막히게 만들어졌다 해도, 그가 꿈에서 하나님을 만나지 못했다면 무대는 아무런 소용이 없다. 연극이 없는 무대가 왜 필요하단 말인가.

과거의 모든 역사는 하나님을 만남으로 의미가 생긴다. 하나님을 만나지 못하면, 어떤 역사든지 그저 평범한 기억 중의 하나가 되어서 창고 속으로 들어가 잊히는 것이다. 그래서 어떻게 만나도 좋다. 하나님을 만나고 경험하는 것은 진실로 중요하다. 그것이 없으면 인생은 일장춘몽에 불과하다. 대부분의 기억은 가끔 필요할 때 꺼내보는 낡은 필름 그 이상도 이하도 아니다. 그것을 넘어서는 특별한 기억이 우리에게는 꼭 필요하다.

기도를 맺을 때마다 "나를 살려주신 예수님의 이름으로 기도합니다"를 반드시 넣어서 마무리하던 장로님이 있었다. 분명히 주님 때문에 뭔가 살아난 기억이 있는 것이다. 그게 뭐냐고 물을라치면 도리질을 하면서 말을 안 하지만, 분명히 주님과 만난 생생한 기억이 있는 건 맞단다.

소설가 김승옥은 1941년에 태어난 한국 문단의 천재이다. 그가 쓴 『무진기행』은 지금도 문단에서 잊히지 않는 명작이다. 이 분은 처음에는 도시화와 인간 소외에 관심해서 글을 많이 썼다. 그러던 와중에 1981년에 하나님을 만났고 그만 절필했다. 후에는 대학에서 가르치다가 뇌졸중이 와서 아주 한참 고생을 했다. 회복이 되고 나서 24년 만에 다시 책을 내어놓아서 화제가 됐다. 책의 제목은 『내가 만난 하나님』이다. 복잡한 이야기는 그만해도 좋다. 글이 생명인 소설가가 절필할 정도면 굉장한 경험을 인생에서 한 것이다. 목사가 설교를 그만두는 것과 같은 종류의 사건이다. 그는 그 이유를 하나님과의 만남에서 찾는다. 하나님을 만난 것이 삶을 바꾼다. 지금 이 시간에도 누군가를 향해서 몰래카메라가 돌고 있다. 그 속에서 하나님을 만나는 사람은 인생이 달라진다. 야곱이 그랬듯이, 또 다른 어느 누군가도 그러할 것이다.

# 술람을 통한 일방통행

야곱이 잠들자 몰래카메라를 준비하던 천사들이 바빠졌다. 야곱이 루스에 도착해서 잠들면, 즉시 하나님의 사다리와 야곱의 꿈을 연결해야 했기 때문이다. 며칠 전에 가전제품 매장에 가서 블루투스(Bluetooth) 마우스를 하나 샀다. 1년 전만 해도 '꼬다리'가 있어서 그걸 컴퓨터에 가져다 꽂아야 케이블 없이도 작동했는데, 이젠 그게 없어졌다. 그냥 마우스에 있는 단추만 누르면 바로 컴퓨터와 연결된다. 세상 참 좋아졌다. 이제 천사들이 그 단추를 눌렀다고 하면 될까. 야곱의 꿈과 하나님의 사다리가 연결되었다.

야곱이 꿈을 꿨는데, 사다리가 눈에 들어왔다. 조금 자세히 보니 천사들이 그 사다리 주변에서 위아래로 오르락내리락하고 있었다. 눈을 더 올려서 쳐다보니, 사다리 꼭대기 위에 누군가 서 있다. 하나님이 거기 계셨던 거다. 놀란 야곱이 아무 말도 못 하는데, 하나님이 먼저 그에게 말씀하셨다. "나는 네 조상의 하나님이다. 네가 누워있는 땅을 너와 후손에게 주겠다. 모든 사람이 너와 후손을 통해서 복을 받을 것이다. 그리고 나는 네가 어디로 가든지 너와 함께 하겠다"(13-15절).

루스의 야곱은 도망자였고, 노변에서 자야 하는 노숙자였는데, 하나님은 한심한 그에게 말씀을 걸어 오셨다. 하나님은 사람을 위해서 계획을 세우시고, 그것을 실행하셔서 그를 만나신다. 그리고 하나님이 그에게 어떻게 하실 것인지를 반드시 '말씀'하신다. 야곱의 경우는 말씀의 내용도 기가 막히게 좋지만, 무엇보다도 하나님이 '걸뱅

이' 같은 그에게 말씀하셨다는 것이 감격스럽다.

야곱이 본 사다리(쑬람/סֻלָּם)는 쌍방통행이 가능한 널따란 폭을 가진 것이 아니다. 이 단어가 지칭하는 사다리는 폭이 좁아서 일방통행만 가능하다. 천사들이 부딪히지 않고 오르락내리락했던 것은 그들이 날개를 가지고 있었기 때문이다. 이 사다리의 폭이 그리 좁았다는 것의 의미는 무엇인가? 하나님의 말씀은 기본적으로 일방통행이라는 것이다. 창 12장과 22장에서 아브라함에게 나타나신 하나님도 아주 일방적이셨던 것을 기억하면 된다.

하나님이 사람을 위해서 가지고 계신 계획은 기본적으로 선한 것이기 때문에, 그것이 전달되는 방식은 명령의 형식을 지닌다. 은혜는 기본적으로 일방통행인 모양이다. 하나님이 말씀하시니 사람은 그것을 듣는 것이 중요하다. 내가 말씀을 접하면, 삶에 변화가 일어난다. 꼼수로 가득 찬 욕심쟁이 야곱이 언약의 계승자로 변한 것은 사다리 위에서 그에게 일방적으로 쏟아지는 은혜를 삶 전체에 뒤집어썼기 때문이다. 그 후에 하나님은 사다리 위에서 말씀하신 내용을 성실하게 지키셨다. 일생동안 야곱과 함께하신 것이다. 벧엘에서나 하란 그리고 가나안에 돌아간 후에도 쭉 그를 지키셨다.

야곱에게 주셨던 말씀의 파편이 튀어서 내 삶에 들어온다면, 나는 어떻게 해야 할까? 나도 벧엘 비슷한 기억쯤은 하나 정도 삶에 담고 살아야 믿는 사람으로 행세할 수 있지 않겠는가? 나를 바꾼 잊을 수 없는 기억은 무엇인가? 벧엘이 없어도 고민할 것은 없다. 만들면 되는 것이다. 물론 하나님이 지금 준비하고 계신다.

**창세기 29장 31-35절**

"여호와께서 레아가 사랑 받지 못함을 보시고 그의 태를 여셨으나 라헬은 자녀가
없었더라 레아가 임신하여 아들을 낳고 그 이름을 르우벤이라 하여 이르되 여호와께서
나의 괴로움을 돌보셨으니 이제는 내 남편이 나를 사랑하리로다 하였더라…"

# 하나님은 이런 사람을 사랑하신다

야곱은 오랫동안 라반의 집에 얹혀서 살게 된다. 그가 처음에 하란
으로 왔을 때는 이렇게 긴 시간을 거기서 체류할 것이라고 생각하지
않았을 것이다. 그런 그를 거기에 잡아둔 것이 무엇이었던가? 바로
'사랑'이었다. 라헬을 보고 첫눈에 반한 야곱이 그만 결혼을 결심하
면서 7년을 거기에 베팅했다. 하지만 그 결혼이 이상해지면서 다시
사랑을 이루기 위해서 7년을 더 투자하는 바람에 기간이 14년으로
늘어났다. 야곱은 라헬을 사랑했다. 어쩌면 이 고약한 인간이 사람에
게 진실로 진지했던 것은 라헬이 처음이었을지도 모른다. 그러니 라
헬은 행복했을 것이라고 치고, 한편으로 레아는 어땠을지 자못 신경
이 쓰인다.

그녀는 동생에게 얹혀서 간신히 야곱에게 시집 왔다. 안 그래도 서
러움이 가득했을 텐데, 남편과 감정적인 교류마저 없었으니 무지 고
통스러웠을 것이다. "여호와께서 레아가 사랑 받지 못함을 보시고"
(31절). 여기서 '사랑받지 못했다'는 것은 구체적으로 어떤 상태인가?
여기에 해당하는 히브리 말 '쓰누아'(שְׂנוּאָה)는 '싸네'(שָׂנֵא) 동사의 수동
태인데, 단순히 '사랑받지 못했다'는 뜻을 넘어서서 '미움을 받았다'

(to be hated)는 의미가 있다. 대부분의 학자는 이 단어의 뜻을 면밀하게 검토하지 않는다. 다만 단어의 뜻과 문장요소의 중요성을 주장하는 몇 사람이 여기에 관심을 보일 뿐이다.

해밀튼(V. Hamilton)은 이 말이 그저 '사랑'이 결여된 상태를 나타낸다고 말하기도 했지만, '무감정'의 상태란 것이 가능한 것인지는 의문이다. 또한 나훔 싸르나(N. Saran)는 좋아하는 정도나 순서에 있어서 뒤로 밀린 것을 나타낸다고 주장하기도 했지만, 이것이 사람을 향한 애정이고 보면 두 여자를 동시에 사랑하되 1등이나 2등의 순서를 정했다는 것도 마뜩잖다. 사랑은 하나인 거고 그걸로 끝이지, 거기에 어찌 등수가 있을 수 있겠는가 말이다. 그래서 이 부분을 해석할 때는, 단어의 원래 의미를 따라서 '미움을 받았다'로 보는 것이 낫다. 야곱은 속아서 사랑하지 않는 레아와 결혼했다고는 하지만, 미워하기까지 했다면 너무 나갔다 싶다. 남편에게 미움받으며 사는 아내의 고통을 쉽게 짐작할 수 있을까?

사람의 감정이란 게 주관적이니 왜 야곱이 라헬을 보고 사랑에 빠졌는지를 묻는 것처럼 무망한 일은 없다. 그래도 라헬에게 객관적으로 사람의 시선을 끌 만한 아름다움이 있었는지는 궁금해진다. 그녀의 이름인 라헬(רָחֵל)은 '암양'이라는 뜻인데, 모습도 이름처럼 아름다웠나 보다. "몸매(토아르/תֹּאַר)와 용모(마르애/מַרְאֶה)가 예뻤다"(창 29:17). 사람들이 보기에는 사랑을 받을만한 외적인 조건은 갖추었다는 것이다.

한편 레아(לֵאָה)는 어땠을까? 레아라는 이름은 '암소'라는 뜻이니, 이름으로는 라헬에게 꿀릴 것이 없어 보인다. 그렇다면 몸매나 얼굴이 부족했던 것인가. 그녀는 '시력이 약하다'고 한글 성경에 표현되었다. "베에네이 레아 라코트"(רַכּוֹת לֵאָה עֵינֵי/창 29:17). "레아의 눈이 '라코트' 했다"는 건데, 이 부분을 단순히 '시력이 약하다'고 번역한 것은 문제가 있어 보인다. 이 번역을 그대로 차용하면 레아가 못생겼다고 오해할 수도 있기 때문이다. '라코트'(רַכּוֹת)라는 히브리 말은 '부드럽다', '젊어 보인다', 또는 '젖어있다'는 의미이다. 그녀는 촉촉이 젖어있는 눈매를 하고 있었거나, 부드러운 인상을 가지고 있는, 또는 젊어 보이는 얼굴의 여성이었다. 돌려 말할 필요가 없다. 그녀 또한 예뻤다는 말이다. 생각해보면 유전자가 같은데 생긴 게 다를 수는 없다. 고모인 리브가(동시에 시어머니)가 하도 예뻐서 블레셋 왕인 아비멜렉이 탐냈던 것을 기억하면, 그 피가 어디 가겠는가. 두 사람 다 외모가 아름다웠다.

라쉬(Rashi/랍비 슐로모 이츠하키 RAbbi SHlomo Itzhaki의 약자/중세 프랑스의 유대 주석가)는 이 부분을 아주 독특하게 해석했다. 라반과 아브라함은 서로 두 딸과 두 아들을 낳아서 길렀다. 두 사람은 아이들이 장성하면 큰놈은 큰놈끼리, 작은놈은 작은놈끼리 혼인시키기로 약속했다고 한다. 그런데 이 약속이 이뤄진 후에 문제가 생겼단다. 야곱은 대단히 성실했지만, 에서가 아주 엉망이어서 레아가 늘 울었다는 것이다. 레아가 울면서 하나님께 신랑을 바꿔 달라고 간청했고, 하나님이 기도에 응답해서 신랑을 야곱으로 바꿔주셨다고 한다. 레아가 늘 울곤 해서 그녀의 눈이 젖은 듯이 부드럽게 보였단 것이다. 무슨 해석이 이러냐고 물을 건 없다. '라코트'의 뜻을 가지고 주석을 한 것이니 레아가 예뻤단 것으로 받아들이면 된다. 지금까지 사람들은 성경을 읽으면서 막연히 레아가 못생겼을 것으로 생각해왔다. 그런 편견을 깰 기회가 왔다.

이쯤 되면 야곱의 감정은 용모와는 관계가 없어 보인다. 그가 라헬을 사랑한 데는 달리 이유가 없다는 것이 정답이다. 사랑은 감기처럼 그냥 찾아온다. 야곱은 단순히 눈에 콩깍지가 씌워서 사랑에 빠진 것이다. 이것까지는 아주 좋다. 문제는 사랑은 관두고서라도 야곱이 레아를 미워한 까닭이다. 라쉬(Rashi)가 말한 것처럼, 형수가 될 뻔 했던 사람이라서 그랬던 것인가. 자기가 에서 때문에 여기까지 도망왔는데, 그의 사람이라고 생각하니 미운 감정이 이입되어서 그러했을 수도 있겠다. 아니면 혼사에 불쑥 끼어들어서 자기를 무임금으로 7년이나 더 일하게 해서 그런 것일 수도 있다. 어쨌거나 그는 계산에 밝은 사람이었으니 말이다.

분명한 것은 레아가 슬펐다는 사실이다. 그녀의 자존감은 결혼 때문에 낮아질 대로 낮아졌다. 스스로 생각할 때 별로 능력도 없고, 주변의 상황도 안 도와주는 것 같았으며, 또한 기댈 곳도 없었다. 이런 사람은 대체 어떻게 살아야 하는가? 주어진 삶을 숙명으로 생각하고 그저 비참하게 살면 되는가? 성경은 절대로 그렇지 않다고 말한다. 하나님은 이런 사람을 반드시 도와주신다.

## 보신다

하나님이 레아가 미움받는 것을 보셨다. 이미 창 22장을 묵상하면서, '아도나이 이레'의 의미를 살펴보았듯이 '라아'(רָאָה) 동사는 원래 '보다'는 뜻이지만, 하나님이 준비하시고 도움을 주신다는 의미 또한 담고 있다. 하나님이 레아의 상태를 보셨다는 것은, 그녀를 위해서 무언가 준비하시고 행동으로 옮기신다는 것을 뜻한다. 하나님이 레아의 태를 여시고 아들 '르우벤'(רְאוּבֵן)을 주셨다. 첫 번째로 주신 아들의 이름은 '보다'라는 말과 '하나님'이라는 단어가 결합한 형태이다. 어떻게 번역하든지, 하나님이 보시고 아들을 주셨다는 것으로 받아들이면 정확하다.

아브라함의 가계에서 자손은 언약과 대단히 밀접한 관계가 있다. 아브라함은 달랑 아들 하나를 두었고, 이삭은 그저 둘을 두었을 뿐이다. 야곱이 얼마나 아들을 기다렸을까? 그 아들이 레아를 통해서 세상에 나왔다. 이 사건은 레아가 언약에 있어서 라헬보다 더 앞서고 있다는 사실을 보여준다. 야곱 집안의 역사를 살펴보면 레아는 세상을 떠나는 날까지 언약에 있어서 이러한 '리드'(lead)를 라헬에게 뺏기지 않았다.

## 들으신다

스코어가 1:0인데, 레아가 한 골을 더 넣는다. 둘째 아들을 낳고서는 이름을 '시므온'(שִׁמְעוֹן)이라고 지었다. 하나님이 들으셔서(샤마/שָׁמַע) 주신 아들이라는 뜻이다. 하나님이 들으신 것은 무엇인가? 창 29:33을 보면, "하나님께서 내가 '미움받는 것'을 들으시고(샤마 아도나이 키

'스누아' 아노키/שׁמַע יְהוָה כִּי-שְׂנוּאָה אָנֹכִי) 시므온을 주셨다"고 기록되어있다. 참으로 놀라운 표현이다. 하나님이 '미움을 받는 것'을 들으셨단다.

미움에도 소리가 있는가? 본문은 사람의 감정이 내는 소리가 있다고 말한다. 사람들이 급할 때 징징대며 부르짖는 소리를 하나님이 들으신다는 건 흔한 이야기다. 반면에 기도 소리를 넘어서서 주변의 사람들이 만드는 '미워하는 감정이 내는 소리'도 들으신다는 것은 흔하지 않은 표현이다. 특별히 누가 나를 미워하면, 하나님은 미움이 갖는 특유의 소리를 들으신다. 하나님은 나보다 훨씬 더 객관적으로 그리고 넓게 내 삶을 아시겠단 사실을 문득 깨닫는다. 이유는 하나님이 내 주변의 감정이 내는 소리를 다 들으시기 때문이다. 항상 나 혼자라고 생각하고, 내 생각에만 빠져있으면 안 되겠다. 나를 굉장히 넓고 깊게 알고 있는 분이 계시기 때문이다.

야곱이 내면에 가졌던 '감정의 소리'를 들으신 하나님이, 그 소리를 통해서 레아를 이해하시고 시므온을 주셨다. 이것이 하나님이 일하시는 방법이다. 하나님은 '변환의 천재'이시다. 레아가 받은 '미움'을 그녀의 '아들'로 바꾸어 주셨다. 이 말씀을 우리 삶에 대입하면, 하나님이 인생의 부정적인 측면을 얼마든지 긍정적인 것으로 바꾸어 주신다는 이야기가 된다. 긍정적인 소리를 들으면 기분이 좋은 건 당연하다. 그런데 이 구절은 나쁜 소리를 들어도 기뻐하라고 말한다. 하나님이 좋은 것으로 바꿔 주시니 그래도 된단다.

# 미래의 소망을 갖게 하신다

여기서 레아가 한 골을 더 넣었다. 이번에는 셋째 아들 '레위'(חיֵ)를 주셨다. '라바'(חֵהֹ/attach) 동사는 서로 '달라붙다', '연결되다'는 의미가 있는데, 우리 성경은 이것을 '연합하다'라는 말로 옮겼다. 레아가 종래에 남편과 한 팀이 될 것이라는 기대를 한 아름 담아 붙인 이름이다.

야곱의 심사는 이해하기가 힘들다. 사랑은 하지 않으면서도 레아를 통해서 계속 아이를 낳는다. 사랑은 라헬에게 주고, 고생은 레아에게 시켰다. 하여간 야곱의 심리 상태가 썩 정상은 아니다. 어쨌든지 본문을 보면, 현재의 야곱은 레아에게 애정이 없다. 그러나 그녀는 소망을 버리지 않는다. 남편이 앞으로 자기를 라헬보다 더 사랑해서 둘이 진정한 남편과 아내처럼 연합해서 살 것이라고 소망했다. 그녀가 가졌던 소망의 구체적인 내용은 무엇일까?

히브리 문장에서 '라바' 동사와 전치사인 '엘'(חֵא)이 결합하면, 동등하지 않은 관계의 연합을 의미한다. 하나는 '갑'이고 또 다른 하나는 '을'인데, 이 둘이 연결되어서 하나가 된다는 뜻이다. 동등하지 않은 갑을관계에 애정이 생기고 하나가 되면 누가 더 좋아질까? 당연히 을의 입장이 좋아진다. 특히 을이 여자이면 머지않아서 갑과 을의 관계가 바뀔 수 있다. '인명재처'라는 말을 들어 봤는가? '남편의 운명은 아내에게 달려 있다'는 뜻이다. '진인사대처명'은 어떤가? '최선을 다한 후 아내의 명령을 기다린다'는 의미다. 그러면 '남존여비'의 뜻은 무엇이라고 생각하는가? '남자가 존재하는 이유는 여자의 비위를 맞추기 위한 것'이 그 의미이다. 애정이 생겨서 하나가 되면 나타나는 자연스러운 결과다. 하나님이 사람이 미움받는 것을 지켜보시고 들으시면, 그 다음에는 입장을 세워주시고, 올려주신다. 우리가 동등하지 않은 관계나 불평등한 상황 때문에 고통을 받는다면, 우리의 위치를 높여주시는 것이다. 인생에 엘리베이터가 하나 생기는 셈이라고나 할까.

## 찬양하게 하신다

아들 낳기 싸움에 있어서 전반전이 끝나 가는데, 점수 차이가 더 벌어졌다. 4:0이다. 레아가 넷째 아들인 '유다'(יהודה/히브리 발음으로는 '여후다')를 낳은 까닭이다. 이름의 정확한 의미는 '하나님이 찬양 받으시다'(May God be praised)이다. '유다'를 낳은 상황은 특기할 만하다. 레아는 한탄과 눈물 그리고 아픔 가운데서 앞선 세 아들을 출산했다. 그런 연유로 해서 세 아들의 이름에는 고통과 연민이 절절히 배어있다.

그러나 유다를 낳는 상황에서는 이런 한숨이 사라지고 없다. 그녀는 넷째 아들을 기쁨과 노래 가운데서 낳았다. 유다를 출산한 실제 상황이 너무 기쁘고 좋아서 하나님을 찬양할 만했기에 이름을 이리 지은 것이던가? 놀라운 것은 현실에서 유다를 낳은 후에 레아의 출산이 끝났다는 사실이다. 이 말은 곧 야곱이 더는 레아를 돌아보지 않는 상황이 되었다는 의미이다. 남편과의 좋은 관계를 기대했던 그녀에게 오히려 더 악화된 상황이 찾아왔다. 아들을 넷이나 낳았는데 오히려 야곱은 발을 끊었다(우쉬! 나쁜 놈이다).

그러면 이런 상황에서 찬양이 나올 수 있는지를 물어야 한다. 그녀는 현실에 대해서 불평하지 않고 하나님을 찬양했다. 이것이 진짜 찬양의 모습이다. 무언가를 주시니 찬양하는 것을 넘어서서, 주신 것만으로도 감사하고, 또 더 주시지 않아도 감사하고, 앞으로 뭔가 나를 위해서 다시 하시면 좋고, 아니어도 좋아서 찬양한다. 레아에게 있어서 현재 상황은 찬양의 조건이 아니다. 그저 하나님이 계신 것이 기뻤을 뿐이다.

기억할 것이 있다. 레아가 이런 찬양을 드리자, 하나님은 나중에 다시 레아의 태를 여시고, 잇사갈, 스불론, 디나까지 주셨다. 아주 뒤로 가면 유다는 12지파 중에서 우두머리 지파(leading tribe)가 되어서 가나안의 중요한 땅을 차지한다. 그 지파에서 다윗이 나오고, 예수님이 오셨다. 레아가 보인 찬양의 힘이 아닐까 싶다. 나의 현재가 찬양을 멈추는 이유가 되어서는 안 된다. 그것과 상관없이 찬양할 수 있어야 한다.

## 내 이야기를 만들라

레아와 네 아들의 이름에 얽힌 이야기가 자못 흥미롭다. 아들들이 가진 이름을 생각하면 그녀가 살았던 방법이 그려진다. 그런데 솔직히 레아가 내게 무슨 상관이란 말인가? 이것이 나의 이야기가 될 때야 의미가 있는 것 아닌가? 그래서 레아의 이야기가 아니라, 나의 이야기가 필요하다. 못났다고 자책하는, 자존감 없는 나를 하나님이 사랑하신다. 나를 보시고, 들으시고, 올려주시고, 그리고 찬양하게 하신다. 이 말들 사이에 각자의 이야기를 끼워 넣으라. 이 스토리가 나의 것이 될 때 나는 하나님과 관계있는 사람이다.

---

**창세기 32장 24-28절**

"…그가 이르되 네 이름을 다시는 야곱이라 부를 것이 아니요 이스라엘이라 부를 것이니 이는 네가 하나님과 및 사람들과 겨루어 이겼음이니라"

---

## 악마는 디테일(detail)에 숨어있다

큰일을 하는 데 있어서 힘든 것은 무엇인가? 커다란 일을 하기로 하는 것도 쉽지는 않겠지만, 이를 악물 정도로 힘들지는 않다. 정작 힘든 것은 각론에서 세부적인 사항을 정리하는 것이다. 오죽하면 협상을 많이 해본 전문가들이 "악마는 디테일(detail)에 숨어있다"는 말을 하겠는가. 큰일을 하는 중에 작은 일이 방해하는 역설이 생기지 않으려면, 이것부터 잘 정리해야 한다. 야곱에게 큰일이 가나안으로 돌아가는 것이었다면, 작은 일은 에서를 만나서 구원(舊怨)을 해결하는 것이었다. 가나안 귀환이라는 큰일 앞에서 작은 일 때문에 두려움이 생긴 야곱은 고민한다. 이 일을 잘 해결하지 못하면 그의 귀환 과정은 에서와의 지난한 싸움이 될 가능성이 농후했다. 그는 어떻게 이것을 해결했는가?

# 지나치면서 본다 at 마하나임

야곱의 머릿속에 가장 먼저 떠오른 생각은 무엇이었을까? '벧엘에서 만났던 사다리 위의 하나님이 지금도 나와 함께 계실까?', '이제는 하란에서 돌아갈 때가 되었으니, 가라고 하신 그분이 아직 그대로이면 좋겠다.' 이런 생각들이 아니었을까 싶다. 야곱은 가나안으로 들어와서 이 하나님을 다시 만났을지 궁금하다.

야곱이 가나안 초입에 이르렀을 때 하나님의 사자들과 조우했다. 하나님을 직접 만난 것은 아니지만, 부하들을 보았으니 하나님의 존재를 확인한 것이 틀림없다. "보라 이는 하나님의 군대(마하네/מַחֲנֶה) 로구나"(창 32:1, 2). 여기서 군대로 번역된 '마하네'는 원래는 '진지'(camp)라는 뜻을 가지고 있다. 지나가던 길에 사자를 보고 고개를 돌리자, 거기에 사자들이 그득한 커다란 진지가 있었다. 야곱이 놀란 나머지 동네 이름을 '마하나임'(מַחֲנָיִם)이라고 지었다. 히브리어에는 '쌍수'(dual)라는 것이 있다. 입술이나 눈처럼 두 개가 짝을 지어 있는 것은 복수로 표현하지 않고 쌍수로 나타낸다. 마하나임은 쌍수다. 그렇다면 야곱이 본 진지는 하나가 아니었다. 똑같은 크기를 가진 하나님의 진지가 두 개나 있었다.

그가 마하나임에서 확인한 것은 하나님이 가나안에도 계신다는 사실이었다. 여기서 문득 떠오른 의문 하나가 있다. 야곱이 하나님의 진지를 봤다면 왜 거기서 도움을 청하지 않았을까? "에서를 만나야 하는데 그의 완력과 군사력이 무서워서 걱정이다", "하나님이 나더러 돌아가라 했으니 이 문제를 해결해주시면 좋겠다"고 상담을 해야 했지 않았을까 하는 생각이 든다. 아마도 아직은 고통으로부터 거리가 멀었기 때문이 아닐까 싶다. 그는 걱정은 했지만 그것이 절절하지는 않았던 듯하다.

그가 두려움 때문에 정말로 밥도 못 먹고 힘들어한 것은 형에게 사람을 보낸 후가 아닐까 싶다. 그제야 두려움이 현실적으로 다가왔다고 보면 딱이다. 생각해보면 우리도 별반 다르지 않다. 평소에는 하나님을 절실하게 찾지 않는다. 현재의 삶에 고통이 날카로운 살을 쑤셔 박아야 비로소 눈물에다 콧물까지 비벼가며 "도와달라"고 부르짖는 것이 사람이다. 야곱은 마하나임에서 하나님의 존재를 확인하지만, 그냥 스쳐 지나갔을 뿐이다. 눈으로 보았지만, 하나님과의 직접적인 접촉은 없었다.


## 몸을 부딪혀가며 만난다 at 브니엘

'보는 것'은 문제를 해결해주지 않는다. 두려움을 해결하기 위해서는 한 걸음 더 나가서 하나님을 직접 경험하는 것이 필요하다. 야곱은 마하나임에서 '아, 계시는구나'라고 확신했다. 확신은 좋은 것이지만, 그것을 느끼는 것만으로는 충분하지 않다. 하나님과 격렬하게 맞부딪쳐서 땀을 흘리고, 그분의 호흡을 느껴봐야 한다. 야곱에게 이런 충돌의 사건이 일어난 곳이 '브니엘'(פְּנִיאֵל)이었다. 누구든지 삶의 각론에서 일어나는 문제를 하나님의 능력으로 해결하고 싶다면, '하나님의 진지를 보는 곳'(마하나임/מַחֲנָיִם)에서 '하나님의 얼굴을 대면하는 곳'(브니엘/פְּנִיאֵל)으로 나가야 한다. 마하나임이 구경하는 곳이라면, 브니엘은 대면해서 체험하는 곳이다. 야곱은 브니엘에서 하나님과 씨름해서 구원을 경험했다.

야곱은 브니엘에서 가족들을 먼저 도강하게 하고 자신은 홀로 남았다(24절). 홀로 남았다는 것은 '사람이 도움이 되지 않는다'는 인식에 도달한 사람이 취하는 행동이다. 주변의 사람들이 도움이 되고 위로가 된다면, 야곱은 그들을 먼저 떠나 보내지 않았을 것이다. 야곱은 사람이 아니라, 하나님을 만나야 에서를 넘어서 가나안으로 갈 수 있다고 생각했다.

삶의 문제를 신앙적으로 해결하려 할 때 그 출발점은 모든 인간적인 가능성을 뒤로하는 것이다. 스스로 생각해내는 꼼수나, 다른 인간적인 전략의 가능성을 다 뒤로 한 채 하나님만이 도움이시라고 고백할 때 비로소 문제 해결의 길이 보인다. 하나님 앞에 홀로 서야 한다. 거기서 하나님을 만나고 싶으면 다른 수단의 가능성을 과감하게 제거하고 홀로 남아야 한다.

야곱이 홀로 남자 신기한 일이 벌어진다. 하나님과 야곱이 씨름하는 일이 벌어진 것이다. 창세기 기자는 24절 하반절의 주어를 하나님이라고 명기한다. "어떤 사람이 날이 새도록 야곱과 씨름하다가". 여기서 '어떤 사람'은 28절을 보면 곧 하나님임을 알 수 있다. 창세기 기자는 야곱을 만나서 씨름한 사건의 주도권을 야곱이 아닌 하나님이 쥐고 계심을 분명히 한다. 창 32:1에서 하나님의 사자와 야곱의 만남을 표현할 때도, 주어는 야곱이 아닌 '하나님의 사자'였다. 하나님과 사람 사이에 일어나는 모든 일은 하나님이 일으키실 뿐 아니라, 그분이 끝까지 잡고 가신다. 사람이 야곱처럼 혼자 남는 결단을 하면 하나님이 직접 만나러 오시는 것이다.

## 네가 성공했다

얻어맞으면서도 부여잡은 손을 놓지 않자 하나님은 마침내 야곱에게 복을 주신다. 과연 야곱은 그의 이름처럼 '붙잡는' 일에는 선수였던 모양이다. 하나님은 그를 향해서 새로운 삶을 선언하신다. "네 이름을 야곱이라 부르지 말고, 이스라엘이라 부르라. 네가 하나님 및 사람과 싸워 이겼다"(28절). 이 부분은 정확한 해석이 필요하다. 많은 사람이 '하나님과 싸워 이겼다'는 말을 물리적인 승리로 이해하는 경향을 보인다. 이것은 가능한 해석이 아니다. 사람이 어찌 하나님을 물리적인 힘으로 이길 수 있겠는가? 하나님은 당연히 힘이 세다. 야곱도 다리를 한 방 얻어맞고 나서는 엉덩이뼈와 허벅지뼈가 서로 어긋났다. 이런 펀치를 갖고 계신 하나님을 싸워서 이긴다는 것은 어불성설이다.

여기서 '야곱이 이겼다'(야콜/לֹכָיַ)라는 것은 끈기와 뜨거움으로 하나님을 감동시켰다는 것을 의미한다. 하나님이 힘이 없어서 밤새도록 야곱에게 붙들려 있었던 것이 아니다. 지독한 열정으로 달라붙는 그를 지켜보시다 마침내 "감동이다"라고 말씀하시며 하나님께서 그의 손을 들어주셨다는 의미이다. 그래서 이 구절에서 '야콜'(יכל)이라는 단어를 '이겼다'고 옮길 것이 아니라, '성공했다'(succeed)로 번역하는 것이 더 나아 보인다. 야곱이 문제를 놓고 하나님께 끈질기게 달라붙은 일이 마침내 성공적으로 마무리되었으니 축하한다는 의미로 읽는 것이 훨씬 자연스럽다는 말이다. 이러한 번역이 썩 괜찮다는 사실은 야곱이 얻은 새 이름을 통해서 더 분명히 알 수 있다. 알다시피 야곱이라는 이름은 '아카브'(עקב)에서 왔다. 이 말은 '붙잡다'라는 뜻과 '보호하다'라는 뜻을 동시에 갖고 있다. 어느 뜻을 야곱이라는 이름에 붙여야 할지는 잘 모른다. 그러나 무엇을 갖다 붙이든지 야곱이라는 이름에서는 사람의 한계가 갖는 냄새가 물씬 난다.

야곱은 지금까지 인간적인 방법으로 악착같이 살아왔다. 손에 붙든 것은 포기해본 적이 없으며, 아무리 악한 상황에서도 그의 꼼수는 살아 빛을 발했다. 또한 하나님이 늘 도와주시고 보호해주셔야만 하는 삶을 살아온 것도 사실이다. 하나님이 그의 손을 들어주지 않으셨다면, 아무리 악착같이 살았다 해도 그의 삶은 애초에 망가졌을 것이다. 하나님은 그런 야곱에게 씨름한 후에 '이스라엘'(ישראל)이라는 새로운 이름을 주셨다. '이스라엘'의 의미에 관해서는 여러 가지 설명이 복잡하게 따라붙는다. 다수의 사람이 28절과 연결해서 '하나님을 이겼다'는 뜻이라고 말하지만, 이것은 온당하지 않다. 하나님이 사람에게 져 본 적이 없을뿐더러, 기왕에 설명했듯이 '야콜'은 이긴 것이 아니라, 성공했다는 뜻이다.

아주 간명하게 정리하면, '이스라엘'의 가장 적절한 의미는 '하나님이 다스리신다'(God will rule)는 것이다. 이러한 해석을 받아들인다면, 지금까지 야곱으로 불리며 '인간적인 방법으로 형의 발꿈치를 잡거나, 하나님이 아이처럼 돌봐줘야 했던 약한 인간'이 이제는 나라를 형성하고, 하나님이 다스리시는 나라(하나님의 뜻을 구현하는 나라)를 만드는 지도자가 되는 것이다. 야곱의 새 이름이 후에 가나안에서 만들어진 나라의 국호가 된 것은 이런 연유에서다. 이스라엘은 과연 하나님이 다스리시는 신정국가였다.

## 내가 경험한 그분은

이제 막 가나안에 들어왔다 치자. 왜 이렇게 할 일이 많은지 모른다. 사람도 만나야 하고, 특히 나에게 부정적인 모습을 보이는 사람을 잘 설득해야 한다. 새롭게 시작할 사업도 손이 안 가는 곳이 없다. 도대체 이 많은 문제를 어찌 해결해야 할 것인가? 이때 야곱의 이야기가 귀를 간질인다. 네가 평소에 믿는 하나님은 어디에 계시냐는 질문이 그것이다. 그분은 과연 마하나임의 진지 안에 머물러 계신가? 아니면 나와 씨름을 하기 위해서 브니엘에 서 계신가? 지나가면서 하나님의 존재를 확인한 적은 제법 많다. 그러나 그분과 땀을 흘려가며 씨름한 적이 과연 있던가? 아무리 기억을 되살려도 아직 그런 경험은 없다. 적어도 하나님의 존재를 마하나임에서 확인했다면, 나는 이제 브니엘로 가야 한다. 그분을 구경만 해서야 어떻게 내 삶이 달라지겠는가. 거친 호흡을 내뱉어가며 막 씨름을 시작해야 한다. 이렇게 하나님을 만나는 사람만이 '성공'한다.

## 확실히 하나님 편에 서라

예전에 홍콩에 가면 만나곤 하던 분이 있었다. 그분이 수첩을 열어서 손님들의 방문 계획을 내게 보여주었다. 그곳이 워낙 유명한 관광지라서 사람들이 정말 많이 찾아온단다. 그들을 죄다 최고급으로 모실 수는 없어서, 어쩔 수 없이 등급을 구분한다고 했다. 이를테면 A급은 공항부터 시작해서 호텔과 일정을 모두 챙긴다. B급은 공항과 호텔에 관한 것만 살펴준다. 마지막으로 C급은 공항에서 얼굴을 보는 것까지만 한다. 사람이 워낙 많이 방문하면 그럴 수밖에 없겠다.

사람은 그렇다 치고, 주님이 내게 찾아오시면 내 수첩에 등재되어 있는 등급은 무엇인가? 신앙을 가지고 있다는 것은 하나님에게 "익스큐즈 미"(excuse me)를 하지 않는 것이다. 심리학 이론을 보면, 하나님이든 세상이든 어느 하나에 꽂혀있는 사람은 정신에 문제가 없단다. 오히려 중간에 어설프게 위치한 사람들에게 '신경증'이 찾아올 수 있다고 한다. 하나님이든 세상이든 편을 확실히 하라는 말이다. 신앙에 있어서 내 위치를 분명히 하는 것처럼 중요한 것이 또 있을까.

# 라헬의 무덤

야곱이 에서와 극적으로 해후한 후에 세겜에 자리를 잡았다. 세겜은 아브라함 때부터 족장사에 있어서 중요한 장소이지만, 야곱에게는 좋지 않은 기억이 있는 곳이기도 하다. 야곱이 애지중지하는 딸 디나가 놀러 나갔다가 그만 변을 당했다. 그곳에 거주하던 히위 족속 하몰의 아들 세겜 때문에 가슴 아픈 일이 생긴 것이다.

하몰(חֲמוֹר)은 당시 세겜 지역의 히위 족속(Hivites)이 세운 지도자(느씨/נָשִׂיא)였던 것 같다. '느씨'(נָשִׂיא)는 '세우다'는 뜻을 가진 '나싸'(נָשָׂא) 동사의 수동태형이다. 왕이라고 부르기는 좀 뭣하고, '사람들에 의해서 세워진 지도자' 정도로 이해하면 될 것 같다. 그의 아들이 세겜이었는데, 망나니 비슷했던 모양이다. 디나를 보고 한눈에 반한 나머지 보쌈을 해서 자기 침대에 누인다. "그를 보고 끌어들여 강간하여 욕되게 하고"(창 34:2). 원문인 '바이카흐 오타흐 바샤카브 오타흐 바여아네하'(וַיִּקַּח אֹתָהּ וַיִּשְׁכַּב אֹתָהּ וַיְעַנֶּהָ)에서 중요한 동사는 '샤카브'(שָׁכַב)이다. 이 말은 원래 '눕히다'(lie down)는 뜻이지만, 전치사 '엣'(אֶת)과 결합하면, '성관계를 맺는다'는 말로 옮길 수 있다.

문제는 '모욕했다' 또는 '억압했다'는 뜻을 가진 '아나'(עָנָה)가 함께 쓰였다는 점이다. 문장론적으로 설명하자면, 두 단어의 결합은 세겜이 디나를 강제로 성폭행했다는 의미를 갖게 하기에 충분하다. 이런 변이 생기자 야곱의 아들들이 복수하기 위해서 작전을 세운다. 결혼을 승낙하는 듯이 하면서, 조건으로 남자들에게 할례를 받도록 했다. 너무 좋아서 넋이 나간 하몰과 세겜이 이를 받아들이고 백성들과 함께 할례를 행했다. 그 결과로 전투력을 잃은 세겜과 백성들은 야곱의 아들들에게 죽임을 당했다.

복수했다고는 하지만, 야곱은 이 일로 가나안 정착이 난관에 부딪혔다고 판단했다. 감정적인 복수가 주변 사람들에게 적대감을 가지게 할 수 있었기 때문이다. 사면초가 비슷한 상황에 놓인 야곱은 벧엘로 일시 피신해서 하나님께 제사를 드린다. 신앙적으로 이 일을 정리한 후에 에브랏(베들레헴)에 이르렀는데 라헬에게 산기가 있었다. 그녀가 몸이 약했던 탓인지, 아니면 디나와 관련된 일로 충격을 받았기 때문인지 알 수는 없지만, 라헬은 난산 끝에 베냐민을 낳고 그만 세상을 떠난다.

문제는 다음에 발생한다. 야곱의 집안에는 이미 선산인(실제로는 동굴) 막벨라가 있었지만 라헬이 그곳으로 가지 못한 것이다. 왜 라헬은 전통적인 가족무덤인 그곳으로 가지 못하고, 베들레헴 길가에 묻히고 말았을까? 그들이 여행 중이어서 경황이 없었기 때문에 그랬던 것인가? 아니면 막벨라가 멀었던 것인가? 그런 이유는 온당치 않아 보인다.

베들레헴에서 막벨라까지는 그저 17마일(약 27km)에 불과한 거리다. 오늘날 자동차로는 20여 분이면 갈 수 있다. 심지어 창 50장을 보면, 요셉이 야곱의 유언을 따라 아버지의 유해를 애굽에서 막벨라로 옮겨 안장한 기록이 있다. 조상들과 본인은 물론이고, 사라와 레아까지도 들어가는 그 장소를 두고, 야곱은 왜 라헬을 위해서는 노변에 묘를 썼을까? 더구나 야곱은 그녀를 죽도록 사랑하지 않았던가. 가능한 대답은 하나밖에 없다. 라헬이 막벨라에 묻힐 만큼 신앙적인 정통성을 인정받지 못했기 때문이다. 우리는 막연히 라헬에 대해서 좋은 생각을 하고 있다. 이유는 혹시 그녀가 단지 예뻤고, 야곱의 사랑을 받았기 때문이 아닌가. 라헬이 남편의 사랑을 얻었다고 해서 하나님의 인정을 자동으로 받은 것은 아니었다. 그녀에게 긍정적인 모습이 있을 수 있지만, 신앙만큼은 우리가 기대하는 수준이 아니었다.

## 혹시 드라빔?

그녀에게 신앙적으로 문제가 있었던 흔적이 창세기에 남아있다. 상황이 어려워진 야곱이 하나님께 제사를 드리러 벧엘로 올라갔다는 것은 이미 언급했다. 그는 하나님께 예배하기 전에 가족 구성원 모두가 정결한 상태를 가지기를 원했다. "야곱에 이에 자기 집안 사람과 자기와 함께 한 모든 자에게 이르되 너희 중에 있는 이방 신상들을 버리고 자신을 정결하게 하고 너희들의 의복을 바꿔 입으라"(창 35:2). 이건 무슨 말인가? 야곱의 식솔들 가운데 이방 신상을 지닌 사람이 있었다는 말이다. 그는 이것을 심각하게 여기고, 이 문제를 해결해야 하나님께 제사를 드릴 수 있다고 생각했다. 이것은 후일에 만들어진 레위기의 정결법과 내용이 흡사하다. '속한(평범한) 상태'에 있는 사람들이 흠이 없으면 '정한 상태'가 되어서 하나님께 제사 드릴 수 있다는 것이 정결법의 중요 내용이다.

야곱은 제사 드리기 전에 이 정도의 정결함을 가족에게 요구했다. 사람들이 이방 신상과 금은 패물을 야곱에게 내어놓자, 그는 그것들을 세겜의 상수리나무 아래에 묻고 그제야 벧엘로 올라갔다. 하나님이 그런 야곱을 보시고, 주변의 족속들로부터 야곱의 집안을 지켜주셨다(창 35:5). 이 기사에서 관심이 가는 것은 '이방 신상'의 존재다. 도대체 어떻게 이방 신상이 야곱의 집안에 숨어있을 수 있었을까?

여기서 우리는 창 31장과 35장을 연관 지어 생각할 수 있다. 야곱의 식구들이 세겜에서 이방 신상을 소유한 일과, 그들이 하란에서 도망할 때 라헬이 라반의 '드라빔'을 훔친 것을 같은 선상에서 이해하는 것이다. 쉽게 말하면 라헬에게도 그런 문제가 있었다고 볼 수 있다. 그녀의 아버지 라반은 드라빔을 가족의 수호신으로 섬기는 사람이었다. 그녀에게 습관의 작은 부분이 남아 있었던 것인가?

드라빔(תְּרָפִים)은 메소포타미아에서 집안을 지키는 역할을 하는 우상이었다. 나무나 은으로 제작했는데, 혹자는 제사 드릴 때나 점을 칠 때 쓰는 기구라고 말하기도 한다. 그것도 아니면 장식용 인형일 텐데, 그걸 찾으러 라반이 야곱을 쫓아왔다는 건 좀 말이 되질 않는다. 라헬은 왜 이것을 훔쳤을까? 드라빔은 우상이긴 하지만, 단순히 섬김의 대상만은 아니다. 이것을 소유한 사람은 집안의 통솔권을 가지게 되고, 재산의 상속권도 가진다.

티그리스(Tigris) 강 동쪽 계곡에 있는 요르간 테페(Yorgan Tepe)에서 약 4천 개의 아카드어(Akkadian)로 기록된 토판 문서가 발견된 적이 있다. 그 문서가 이르기를, 그곳에서는 드라빔을 소유한 자가 상속권을 가진다고 했다. 라헬이 이것을 훔쳐와서 깔고 앉으므로 해서 우상을 경멸했든지 여부와는 상관없이, 그녀는 드라빔의 의미를 분명히 알았을 것이다. 하필이면 다른 값나가는 것들을 놔두고 이것을 훔친 이유가 거기 있다. 그녀는 라반의 재산 전부를 훔쳐 달아났다. 이러한 그녀의 시도는 야곱 집안의 상속권과도 끈이 닿아있다고 보인다. 요셉이 없을 때는 아마 상속권을 생각지 않았을 것이다. 그러나 요셉을 낳고 나서는 생각이 달라졌을 수 있다. 그녀는 원래 시기와 질투가 많았으니, 장자를 낳는 것은 빼앗겼어도, 재산만큼은 뺏기지 않겠다고 생각했을 수 있다. 레아가 아닌 라헬이 드라빔을 훔친 이유가 거기 있다고 보인다.

다른 말로 하면, 그녀는 요셉을 지키는 것이 하나님이 아니라 상속권이라고 생각한 것과도 같다. 이것은 하나님을 제대로 만나기 전의 야곱의 모습과 흡사하다. 라헬은 인생을 사는 데 있어서 하나님 아닌 세상의 가치관을 가지고 있었던 사람이다. 라헬의 이런 모습은 야곱과 대비된다. 야곱을 쫓아온 라반이 드라빔을 '나의 신'(엘로하이/אֱלֹהָי)이라고 부른 반면에, 야곱은 '당신의 신'(엘로헤하/אֱלֹהֶיךָ)이라고 부른다 (창 31:30, 32). 라반은 드라빔을 상속권과 통솔권의 증명서와 같은 것으로 생각했기 때문에 드라빔을 찾으러 허겁지겁 거기까지 왔다. 그러나 야곱은 전혀 달랐다. 그에게는 드라빔이 전혀 필요하지 않았다. 그의 삶을 주관하는 존재는 벧엘의 하나님이셨다. 그러나 라반과 라헬은 드라빔을 놓고 싸운다. 그것이 물질의 지배권을 가지고 있다고 생각하기 때문이 아니겠는가.

# 라헬의 가치관

우리가 세상에서 살면서 슬픈 것은 이별이 있기 때문이다. 잠깐의 이별이라는 확신이 있지만, 그 잠시의 이별은 우리를 슬프게 만든다. 베들레헴의 길가에서 숨을 거둔 라헬과 베냐민의 이별은 참으로 가슴 아프다. 라헬은 난산 끝에 두 번째 아들을 낳긴 했지만, 세상을 하직한다. 이 슬픈 이별을 눈앞에 두고 그녀는 귀하디귀한 둘째 아들에게 이름을 지어준다. 그녀가 남긴 이름은 '벤 오니'(בֶּן־אוֹנִי/고통, 슬픔, 불행의 아들)였다.

그녀의 심적인 상황만 보는 내재적인 접근을 하자면 작명을 이해하지 못할 바는 아니다. 그러나 외재적으로 이해하자면, 이런 이름을 아들에게 지어준 것은 충분히 당혹스럽다. 심하게 말하면 그녀 자신의 슬픔과 고통을 아이의 이름에 박아 넣은 것이기 때문이다. 이런 사실을 보면 라헬의 신앙적 가치관이 어떠했는지 조금은 판단할 수 있다. 핏덩이 같은 자식을 놔두고 세상을 떠나야 하는 것은 충분히 고통스럽다. 그렇지만 이름에 슬픔을 새겨넣는 것은 신앙적 자세가 아니다. 자신은 세상에서 이 아이를 책임질 수 없지만, 하나님과 남편에게 아이를 위탁하는 믿음을 가지는 것이 신앙의 사람이 보여주는 자세가 아니겠는가. 슬플 때 슬픔 편에 서지 않고 하나님 편에 서는 것이 신앙이기에 하는 말이다.

오랜 세월이 지나서 조금 깨닫는 것이지만, 우리의 힘만으로 자녀를 기를 수 있는 것은 아니다. 만일 그것이 가능하다고 생각하면 진실로 위험천만이다. 우리의 아이들을 책임지고 양육하는 분은 하나님이시다. 하나님이 일생을 책임지실 때, 그 사람은 비로소 형통한 삶을 살게 된다. 야곱은 이런 면에서 가치관이 달랐다.

그는 '벤 오니'라는 이름을 거절하고, '벤 야민'(בֶּן־יָמִין/히브리 발음으로는 빈야민)이라는 새 이름을 아들에게 주었다. '야민'(יָמִין)은 원래 '오른쪽'을 가리키는 말인데, '올바르다' 또는 '복이 있다'는 의미가 있다. 하나님이 주시는 복을 받는 훌륭한 아들이 될 것이라는 뜻을 이름에 담은 것이다. 물론 야곱도 몹시 슬펐을 것이다. 그러나 그는 슬픔을 넘어서는 믿음을 보인다. 하나님이 아이에게 복을 주실 것을 믿어 의심하지 않았다. 야곱은 단순한 세상의 편견 즉 '엄마가 없으면 아이가 잘 크기 어렵다'는 속설 편에 서지 않았다. 그는 하나님 편에 서서 아들을 그분에게 맡겼다. 그 아들은 참 잘 컸다.


## 우리의 삶 속에서


레아는 여섯 아들(르우벤, 시므온, 레위, 유다, 잇사갈, 스불론)과 딸 하나(디나)를 두었다. 모세의 조상인 레위를 낳았고 예수님과 다윗의 조상인 유다를 낳았다. 그뿐인가. 그가 평생 그렇게 사랑받기를 바랐던 야곱의 유언 속에 이름이 들어갔다(창 49:29-31). 그리고 집안의 무덤인 막벨라 굴에 안장되었다. 반면에 라헬은 생전에 야곱의 사랑은 받았지만, 마지막이 좋지 않았다. 난산 끝에 세상을 떠났고, 베냐민이 성장하는 것을 보지 못했다. 남편으로부터 큰 사랑을 받기는 했지만, 그의 유언 속에 이름이 등재되지 못했다. 그리고 결국 베들레헴의 길가에 쓸

쓸히 묻혔다.

하나님을 알고, 하나님을 믿고, 하나님을 예배도 하지만 실제로 나
의 삶을 다스리는 것은 무엇인가? 사도바울은 고린도 교회에 보내는
첫 번째 편지에서, "세상의 지혜는 어리석다"고 했다. 나를 다스리는
것이 세상의 가치관인가 아니면 하나님의 지혜인가. 내가 하나님을
선택하고, 하나님의 편에 서서, 하나님께 삶의 가치를 두는 사람이 될
수 있다면 바랄 것이 없다. 이런 사람을 책임지신다 했으니 말이다.

# 우리가 아는 같은 세상 이야기

**창 12-50장**

## _요셉 이야기

# 이삭, 에서 그리고 야곱

야곱이 벧엘을 떠나서 마침내 '기럇아르바의 마므레'(헤브론)에 이르렀다(창 35:27). 거기서 아버지 이삭과 야곱이 만났다. 얼마나 오랜만의 일이었을까. 두 사람이 만났다고 해서 야곱이 이삭이 살던 헤브론으로 이주했다고 말할 수는 없다. 야곱은 아마도 라헬을 에브랏에 묻은 후에 거기서 쭉 살았을 가능성이 높다. 이제는 이삭이 늙어서 살 날이 얼마 남지 않은 상태가 되었기 때문에 마지막으로 아버지를 만나기 위해서 헤브론으로 온 것으로 보는 것이 맞다. 에서 역시 같은 이유로 세일에서 온 것으로 봐야 한다(창 33:16).

형제가 도착한 후에 얼마나 오랫동안 아버지 이삭과 함께 시간을 보냈는지는 알 수 없다. 이삭은 180세에 세상을 떠났고, 에서와 야곱이 함께 나란히 아버지를 장례 지냈다. 흥미로운 것은 이삭의 삶의 여정이다. 그는 사십이 되어서야 리브가와 결혼했다(창 25:20). 그가 에서와 야곱을 낳은 것은 20년이 지난 60세 때의 일이었다(창 25:26). 그리고 에서가 결혼할 무렵에는 나이가 100세였다(에서가 40세에 결혼했으니 60 더하기 40은 100이다/창 26:34).

창 27장을 보면 이삭이 아들들을 축복한 기사가 나온다. 나이가 많고 눈이 어두웠다는 표현은 그가 노쇠했다는 것을 가리키며, 살 날이 얼마 남지 않았다는 것을 암시한다. 리브가가 야곱에게 음식을 주면서 "아버지가 죽기 전에"라는 표현을 한 것으로 보아서(10절), 아마 가족들은 이삭이 곧 세상을 떠날 것으로 판단했음 직하다. 그러나 창 35:28은 그 후에 이삭이 무려 80년이나 더 살았다고 말하고 있다. 이리 보면 이삭은 야곱이 하란으로 떠난 후에도 한참을 산 셈이다. 다만 이삭의 노년의 삶은 성경에 더는 언급되어있지 않아서 조금 아쉽다.

창세기 기자는 성경을 쓸 때 언약의 전승과 관련된 중요한 줄기만을 내용에 심었으니 이럴 수 있다. 분명한 것은 사람은 언제 죽을지 아무도 모른다는 사실이다. '골골 백 년'이라는 말도 있지 않은가. 힘이 없거나 늘 잔병치레를 해도 오래 살 수 있다는 말이다. 이삭은 앞을 잘 보지 못하면서도 오래 살았다. 사람의 수명은 하나님께 달려있으니, 자신의 수명에 대해서는 이래저래 말할 것이 아니다 싶다.

이삭이 세상을 떠난 후에는 야곱도 별 신통한 이야기를 만들어내지 못했다. 그 후로는 바야흐로 열두 아들의 시대가 되었다. 야곱이 낳은 열두 아들 가운데 중요하지 않은 사람이 없지만, 특히 요셉이 핵심 인물이다. 그가 야곱 일가를 애굽으로 이주시키는데 일등공신이어서다. 야곱이 낳은 형제들은 사이가 좋았을까? 배다른 형제들이 사이좋게 살면서 잘 지내는 동화처럼 좋은 일도 세상에 있긴 하지만, 요셉 형제들의 현실은 그렇지 못했던 듯하다.

더구나 야곱이 라헬의 소생인 요셉과 베냐민을 편애하는 바람에 나머지 세 여인의 소생들은 심하게 말하면 찬밥 수준이었다. 요셉은 자신이 아버지의 사랑을 받는다는 자신감이 있어서인지, 형들과 좋은 관계를 유지하기보다는 그들의 잘못을 아버지에게 고해바치는 데 더 열심이었다. "그가 그들의 잘못을 아버지에게 말하더라"(창 37:2).

요셉은 올곧은 성품을 타고나기는 했지만, 사람과의 관계를 맺는 일에는 서툴렀던 모양이다. 흔히 말하는 모범생의 조금 얄미운 모습을 그가 가지고 있었다고 보면 딱이다. 이런 참에 요셉이 꾸었던 곡식단과 별들의 꿈은 안 그래도 별로였던 형제들과의 안 좋은 관계를 더욱 악화시켰다. "그의 형제들은 시기하되"(창 37:11). 형들이 갖고 있던 안 좋은 감정은 일종의 시한폭탄 같은 것이었다.

요셉이 아버지의 심부름으로 형들이 양 떼를 치던 곳으로 파견되자 결국 그 폭탄이 터졌다. 아들들에게 양 떼를 맡겨서 세겜으로 보낸 야곱은 마음이 놓이질 않았나 보다. 하루는 요셉더러 형들에게 가보라고 일렀다. 요셉이 세겜을 거쳐서 도단까지 가서 형들을 만났다. 그의 입장에서는 반가웠을지 모르지만, 형들은 그렇지 못했다. '이 녀석이 우리의 동태를 살펴서 아버지에게 일러바치려고 왔다'고 생각하는 것이 당연했다. 이런 까닭으로 형들은 이 만남을 복수의 기회로 삼았다. 형들에게 붙잡혀서 옷이 벗겨지고 구덩이에 던져진 요셉은 어떤 심정이었을까? 이때부터 파란만장한 그의 이야기가 시작된다.


## 고기가 문제다

요셉의 처리를 두고 갑론을박하던 형들은 결국 르우벤과 유다의 이야기대로 그를 죽이지는 않았다. 그 대신에 그들은 은 20을 받고 이스마엘 상인들에게 동생을 팔아넘겼다. 요셉은 야곱이 가장 사랑한 아들이었으니, 그가 사라진 것은 당연히 설명이 필요했다. 형제들은 궁여지책 끝에 숫염소를 죽여서 요셉의 옷에 묻히고 야곱에게 가서는 "그가 사랑하던 아들이 짐승에게 잡아먹혔다"고 둘러댔다. 야곱의 오열은 깊었다. 마치 스올에 내려가는 것처럼 보이는 슬픔의 감정을 토해내며 울었다. 그리고 어떤 위로도 받지 않았다.

요셉의 형들이 그의 옷에 묻혔던 피에 관해서 이야기해 보자. 구약에서 짐승의 피는 속죄하는 데 필요한 것이었다. 하지만 요셉의 형들이 원했던 것은 '속죄'가 아니라 '속임'을 위한 피였다. 똑같은 것이라 해도, 어떻게 사용되는지가 중요하다. 피는 원래 죄를 사하고 목숨을 구하는 것이지만, 이 경우에는 육친을 속이는 도구로 쓰였다. 한 가지 궁금한 것이 있다. 형들이 구덩이에서 요셉을 꺼내서 팔아넘기고 나서, 숫염소가 흘린 피를 요셉의 옷에 발랐다. 그 후에 어떤 상황이 벌어졌을까? 형들은 피를 얻기 위해서 잡은 숫염소의 고기를 어떻게 했을까? 먹었을까 아니면 버렸을까?

레위기에 나오는 제사 제도가 확립된 이후에는 이스라엘 사람들은 개인이 함부로 짐승을 잡을 수 없었다. 그들이 합법적으로 먹을 수 있었던 고기는 화목제 후에 나누는 것 정도였다. 창세기의 상황은 율법이 이스라엘 사람들에게 주어지기 전의 것이니, 고기는 형들이 맘대로 했을 것으로 추정할 수 있다. 만일 그들이 먹었다면 거의 양아치 수준이다. 그나마 버렸다면, 조금이라도 양심이 살아있었다고 볼 수 있겠다.

사람이 순간적으로 잘못 판단할 수 있다. 또는 목숨이 걸린 상황에서는 자기도 모르게 거짓을 위한 피를 흘릴 수도 있다. 그게 사람이다. 문제는 그러고 나서 희희낙락하면서 고기를 삶아 먹는지 아닌지에 있다. 우리는 이런 상황에서라면 고기를 먹는 사람인가, 아니면 버리는 사람인가. 이 조금의 차이가 사람의 수준을 그래도 가른다. 물론 어느 쪽이든 나쁜 건 매일반이다. 그거야 사람이 그런 거니 어쩌겠는가. 하지만 거기서 조금이라도 더 나아지는 게 중요할 수도 있다. 그렇게 하려고 애쓰다 보면, 나중에는 거짓을 위한 피를 흘리는 일 따위는 아주 안 하게 될 수도 있기 때문이다. 소망이 너무 거창한가. 주여!

## 짐승이 악하거나 선할 수 있는가?

피 묻은 요셉의 옷을 본 야곱은 "악한 짐승이 그를 잡아먹었다"고 했다(창 37:33). 사람이 짐승의 편을 갈라서, 선한 것과 악한 것으로 나눌 수 있을까? 물론 '악한 짐승'은 수사적인 표현일 뿐이다. 아들을 해친 짐승이라면, 아비의 입장에서는 이보다 더한 수사를 붙였어도 하등 이상할 것이 없다. 그러나 '악한 짐승'이라는 표현을 본문에서 독립적으로 뜯어내서 살펴보자면, 다른 차원의 이야기를 만들 수도 있을 법하다. 과연 요셉을 찢어 먹었다고 가정되는 이 짐승은 악한 것일까? 숫염소는 형들이 거짓말을 만드는 과정에서 숨이 끊겼다. 이 경우에 짐승은 그냥 희생물이다. 그것의 피를 악용한 것은 사람이니, 사실은 사람이 악하지 짐승은 죄가 없다. 그렇다면 이 짐승은 그저 선하다고 할 수 있는가?

다른 한편으로 실제로 발생하지는 않았지만, 야곱의 생각 속에서 또 다른 짐승이 등장한다. 정체불명의 이 짐승은 요셉을 찢었다는 누명을 썼다. 야곱은 이 짐승을 악하다고 평가했다. 숫염소는 선하고, 이 가상의 짐승은 악하다고 말할 수 있는가? 짐승은 인간의 도덕적인 판단 기준으로 평가할 수 있는 존재가 아니다. 요셉과 관련되었다고 가정된 짐승이 말을 할 줄 안다면, 자기는 배고파서 먹었을 뿐이고 짐승은 먹어야 산다고 역시 가정 속에서 항변하지 않았을까? 실제로 짐승이 무엇인가 먹기 전에 도덕적인 가치 판단을 하고 나서 먹지는 않는 법이다. 다만 야곱의 상상 속에서 짐승이 죽인 대상이 요셉이었으니 야곱에게 이런 소리를 들은 것뿐이다.

논의의 핵심은 야곱이 그 짐승을 악하다고 생각한 부분이다. 객관적인 생각과 관계없이, 그의 주관적 판단이 그 짐승을 악하게 만들었다. 이유는 야곱을 슬프게 하고, 불이익을 주었기 때문이다. 그렇다면 객관적인 준거가 없는 상황에서, 내게 해를 끼치는 사람은 다 악한 것일까 하는 의문이 든다. 살다 보면 주변에 악한 짐승들이 참으로 많다. 그런데 생각해보니, '악한'이라는 수식어는 결국 내가 붙인 거다. 외재적으로 모든 것을 보지 않고 내 입장과 생각을 기준으로 판단하면, 나에게 해를 끼치는 놈은 무조건 나쁘고 악하다고 해야 한다. 내가 항상 고슴도치처럼 바늘을 있는 힘껏 세우고, 모든 불행의 원인이 바깥에 있다고 외친다면, 당연히 주변의 색깔은 모두 악해 보일 수밖에 없다.

야곱이 짐승을 악하다고 표현한 것은 그저 슬픈 심정을 드러낸 것으로 생각하고 넘어갈 수 있다. 그렇지만 사람의 표현은 생각에서 나오는 것이며, 생각은 지나온 삶의 결과가 아니던가. 이런 표현 하나로 그의 삶 전체를 평가하는 것이 부자연스러울 수 있지만, 말과 삶이 전혀 관계가 없다고 볼 수는 없는 노릇이다. 이런 야곱이 정신을 놓은 상태에서 툭 내뱉은 이 한 마디는 어쩌면 지난 삶의 축적에서 나온 것이다 싶다. 지금까지 그는 멍청한 '짱구'로 살았다기보다는 이악스럽고 치밀하게 자신의 이익을 추구하는 삶을 살았다. 주변에는 주로 그를 어렵게 하는 사람들이 많았다. 이런 상황에서 살아남기 위해 애쓰다 보니 주도적으로 먼저 남을 속이는 공격적 자세가 몸에 배었는지도 모르겠다. 그가 이런 인생을 살아왔다면, 누구든지 자신에게 불이익을 주는 존재는 다 '악한 짐승'일 수밖에 없겠다.

그러나 따지고 보면, 자식을 열두 명이나 기르면서 요셉을 편애한 것이나, 요셉의 시건방진 소리 앞에서 그를 야단치지 않은 것도 다 이런 비극을 만든 이유일 수 있다. 자신을 돌아보지 않으면, 바깥은 다 악하다. 악하다는 것은 어떤 기준에서 나오는 생각인가? 사람이 판단하면 주관적일 수밖에 없으니, 그 기준이 하나님의 시각에 있어야 하지 않을까 싶다. 문제는 사람들이 하나님의 뜻을 빙자하면서 거기에 자기 생각들을 슬쩍 파묻기도 한다는 것이다. 그래서 나 자신의 악함과 주변의 악함이 매일 싸우는 게 인생이다. 하나님이 보시기에 그 악함은 죄다 인간들의 주관적인 항변이 만든 것일 텐데도, 우리는 그러고 싸운다. 어느 쪽이든, 상대를 향해서 '악하다'고 보는 생각을 내려놓을 수 있어야 비로소 자유를 얻을 수 있다. 우리는 그 자유가 싫은 모양이다.


## 정리해보니

하나, 야곱은 속이는 자였다. 그러나 이제 그는 아들들에게 큰 속임을 당하는 자가 되었다. 인생은 돌고 돈다. 속이는 사람이 속기도 한다. 막살지는 말아야 최소한 나중에 큰소리라도 칠 수 있다. 다들 짐승이라면서 주변을 향해서 손가락질하기 전에 내가 먼저 짐승이었던 적은 없는지 생각해야 한다.

둘, 아! 그때는 DNA 검사가 없었다. 그러니 염소의 피와 사람의 피를 구별하지 못했겠다. 피의 색깔이 비슷하면 잠시는 속일 수 있겠지만 끝까지 속일 수는 없다. 모든 것을 알고 계시는 분이 언젠가는 '너와 나 사이에서' 반드시 판단하실 것이다.

셋, 요셉은 팔려가고, 형들은 속이고, 또 아비는 속고, 그리고 미디안 사람들은 노예를 샀다. 그러나 하나님은 묵묵히 멀리 일어날 일을 섭리하셨다. 사람들 가운데서 가장 웃기는 것은 미디안 사람들이다. 그들은 사건과 무관한 위치에 있었다곤 하지만, 결과적으로 악한 일이 생기도록 도운 것은 사실이다. 그러나 자기들은 그저 맡겨진 일을 했을 뿐, 악한 행동을 한 것은 아니라고 주장한다. 형들이 요셉을 팔았으니, 단지 그들은 샀다는 것이다. 이들은 악한가, 아니면 선한가, 또는 가치 중립적인가.

이보다 더 심각한 문제가 있다. 어떤 사람들은 자신의 이익을 위해서 미디안 상인 같은 존재를 이용한다. 형들이 그런 사람이었다. 하나님은 사람과는 완연히 다르다. 모든 것을 보시면서, 이런 사람들과 상황을 조절하신다. 생기는 일 전체를 더 큰 계획 안에 집어넣으신다. 여기까지는 누구나 다 안다. 힘든 것은, 시간이 오래 걸린다는 점이다. 이 시간을 견뎌낼 수 있다면, 하나님이 어떻게 처리하시는지 볼 수 있게 될 것이다.

넷, 사람들의 위로가 내게 도움이 되는지 아닌지는 나에게 달려있다. 내가 안 받을 수도 있고, 받을 수도 있다. 마음을 어떻게 해야 하는지는 철저히 본인 생각에 달려있다. 무너지는 마음을 잡는 것도, 팽개치는 것도 내 몫이다. 위로를 받아도 좋고, 아니어도 좋다. 그 결과를 자신이 수용할 수 있으면 그것으로 족하다.

---

**창세기 37장 36절, 39장 1절**
"그 미디안 사람들은 그를 애굽에서 바로의 신하 친위대장 보디발에게 팔았더라"
"요셉이 이끌려 애굽에 내려가매 바로의 신하 친위대장 애굽 사람 보디발이
그를 그리로 데려간 이스마엘 사람의 손에서 요셉을 사니라"

---

## 왜 중간에서 붕 뜨지?

요셉의 흔적을 눈으로 따라가다가 37장에서 멈춰 섰다. 맨 끝절에 야곱의 아들들이 요셉을 상인들에게 팔아먹은 이야기가 시선을 끈 까닭이다. 이야기가 진행되려면, 창 38장에 당연히 그다음 사연이

소개되어야 할 텐데, 엉뚱하게도 유다 이야기가 불쑥 등장한다. 그리고 요셉이 이집트로 팔려가는 이야기는 39장에 가서야 찾아볼 수 있다. 왜 이야기가 중간에 붕 떠버린 것일까? 이야기가 진행되다가 끊어진 것인가? 아니면 이렇게 이야기를 진행시킨 의도적이고 합당한 이유라도 있는 것인가? 한 번쯤은 깊이 생각해 볼 필요가 있겠다.

이 문제를 살펴봄에 있어서 성경을 하나의 '이야기'(narrative)로 읽는 알터(R. Alter)의 방법을 한번 빌려보자. 창세기 전체를 구성하는 여러 가지 모티브(motif) 가운데 하나는 '거짓말'이다. 아주 크게 이야기하자면, 인간은 삶 속에서 거짓말로 인생의 문제를 해결하려는 존재이고, 하나님은 그 거짓을 바로잡으시는 분이다. 하나님은 사람들이 잘못된 방향으로 걸어가면, 역사를 뚫고 들어 오셔서 '거룩한 틈입'(divine intervention)을 통해 인생을 고쳐주신다. 이런 관점으로 창 37장부터 39장을 읽으면 해결의 길이 보인다.


# 야곱 이야기

이 이야기를 하려면 야곱부터 시작해야 한다. 그는 거짓으로 점철된 인생을 살았던 사람이다. 어린 시절에 어머니와 합작해서 형인 에서와 아버지 이삭을 보기 좋게 속였다. 밧단아람으로 가서도 라반이 품삯을 주지 않자, 나름의 방법으로 자신의 소유가 될 양들의 수효를 불린다. 아카시아 나무 껍질을 대충 벗긴 막대기 앞에서 양들이 새끼를 배게 하면, 얼룩덜룩한 양이 태어나서 야곱의 소유가 되도록 했다는 이야기다. 과학적으로 전혀 근거가 없는 미신(sympathetic superstition)에 불과한 이야기지만, 그가 그렇게 믿고 그런 방법을 썼다는 사실이 야곱의 인간성을 보여준다고 할 수 있다. 거의 모두가 하얀 털을 가진 메소포타미아산(産) 양 떼 가운데 얼룩이나 덜룩이가 많이 생겼다면, 그건 하나님이 하신 일이다. 문제는 야곱이 그걸 자신이 꼼수를 쓴 결과라고 생각하는 데 있었다.

나중에 결혼하고 나서 가족과 함께 거기서 도망쳐 나와 가나안으로 가는 길에서도 이 습관은 변하지 않는다. 드라빔과 연관해서 라반을 속인 일화는 너무나 유명하지 않은가. 이런 야곱이 일생을 통해서 '초' 진지했던 대상이 하나 있다. 바로 라헬이었다. 꾀쟁이 야곱이 진지해지자, 이번에는 그걸 라반이 이용한다. 라반은 야곱을 속여서 레아까지 시집 보내고, 야곱의 노동력을 무임금으로 자그마치 14년 동안이나 사용하는 파렴치한 계약을 맺는 데 성공한다. 라반이 야곱의 외삼촌이었다는 사실이 자못 충격적이다.

이제 시나브로 시간이 흘러서 야곱은 열두 아들을 낳았다. 그중에 요셉이 있었다. 그는 자질은 좋았지만, 성격이 좀 그랬다. 요셉은 대단히 윤리적이고 자기관리가 철저한 훌륭한 모습을 가지고 있었던 반면에, 그런 사람들이 흔히 그렇듯이 좀 까탈스럽고 모난 데가 있었다 싶다. 인간적인 매력이 약간 떨어졌단 거다. 사내아이들은 자라면서 일탈도 하고 속도 썩인다. 그런데 범생이 요셉은 형들이 이럴 때마다 그들의 비위 사실을 부모에게 일러바친다.

결국 요셉은 형들에게 왕따를 당하게 되고, 마침내 부모의 편애와 자신의 잘난 척이 합쳐져서 형제들의 미움을 샀다. 그리고 종래에는 애굽으로 팔려가게 된다. 이 와중에서 야곱은 결정적으로 자신이 낳은 아들들에게 왕창 속는다. 요셉이 짐승에게 물려 죽었다는 소식에 그만 넋이 나가 버린다. 그리고 '스올'에 내려갈 생각까지 하게 되었다. 세상에나, 천하의 꾀쟁이 야곱이 아들들에게 혼이 거의 나갈 정도로 속은 것이다.

## 유다의 반전 이야기

그렇다면 요셉을 죽이지 않고 상인들에게 팔면서 아버지를 속이는 일에 가장 리더십을 발휘한 사람은 누구였을까? 바로 야곱의 아들 유다였다. 그는 희대의 천재인 아버지 야곱 위에서 놀면서 그를 멋들어지게 속이는 사람으로 창세기의 전면에 등장한다. 그리고 그의 속임수와 함께 37장이 끝난다. 이제 이야기가 38장으로 접어든다. 창 38장은 아버지를 속이는 데 앞장섰던 유다가 거꾸로 대판 속은 사건을 다루고 있다. 며느리 다말과 관련해서, 엄청난 망신을 당하면서 그녀에게 속은 것이다.

다말은 시아버지가 자신에게 약속한 대로 이행하지 않자, 유다를 속여서 남편 집안의 대를 잇는다. 그러나 결코 정상적인 방법은 아니었다. 오늘날의 시각으로 보면 패륜도 이런 패륜이 없다. 당시에는 '야밤'(יבם/duty as a brother in Law)이라고 불렸던 '시형제 결혼제도' (Levirate)가 있었다. 자손을 남기지 못하고 세상을 떠난 형의 아내와 동생이 결혼해서 자식을 낳아 형의 후손을 만들어 주는 법이다(신 25

장). 이런 법의 정신으로 본다 해도, 유다와 다말의 이야기는 상식적으로 용납되기 힘들었다. 이른바 또 속임수가 등장한 것이다. 거짓이 또 다른 거짓으로 이어진다.

## 요셉도 그랬던가?

이야기는 이제 창 39장으로 넘어가서, 요셉의 애굽 일대기를 그린다. 요셉은 그때까지는 타인을 속이지 않았다. 정직한 사람이었던 그는 오히려 거짓말하는 사람들을 만나서 호되게 고생하면서 살았다. 그런 모습은 가나안에서뿐만 아니라 애굽에서도 예외가 아니었다. 그를 거짓으로 고발한 보디발의 아내라든가, 은혜를 잊어버린 술 맡은 관원장 같은 사람들의 존재는 요셉에게 악몽이었다. 그래도 요셉은 흔들리지 않았는데, 놀랍게도 그런 그의 수준 있는 정직함은 딱 거기까지였다. 형들과 재회하는 과정에서 요셉 역시 거짓말을 하는 사람으로 변모한다. 그도 형들을 속이는 사람이 되었다. 좀 그렇다. 하얀 거짓말이라거나, 어쩔 수 없었다는 말은 변명이 될 수 없다. 이야기는 한 단락씩 정리되고 끊어지는데, 인간의 거짓말은 끝이 없다.

# 사람의 거짓말과 하나님의 치료

이렇게 보면 창세기는 그 깊은 곳에 사람들의 거짓말이 만든 역사를 담고 있는 책이라고 할 수 있다. 하나님은 이런 역사의 흐름이 완전히 망가지지 않도록 사람의 삶 안으로 뚫고 들어와서 그것을 만지신다. 그리고 고치신다. 역사는 인간의 힘 때문이 아니라, 하나님의 고침 때문에 제대로 굴러간다. 인간의 실수와 하나님의 고침이 만나서 창세기가 완성되었다.

결론을 내리자면, 창 37장에서 38장까지의 흐름은 이야기가 깨어진 것이거나, 편집자의 무모한 실수로 인한 결과가 아니다. '거짓'이라는 모티브(motif) 관점에서 이해하면, 이야기가 갑작스럽게 37장의 요셉으로부터 끊어져서 38장의 유다로 넘어간 것이라고 할 수 없다. 단순히 겉의 흐름으로 보자면 그럴 수도 있지만, 내용상으로는 이야기가 너무나 매끄럽게 흘러간다.

창 38장의 내용은 결코 돌출적인 사건을 다루고 있지 않다. 오히려 이야기 내부의 힘이 여러 에피소드(episode)를 흡입해서 하나의 큰 이야기(narrative)를 만들어낸 것으로 봐야 한다. 이른바 속임수로 서로가 물고, 물리는 거대한 이야기이다. 그래서 이 부분은 인간의 삶 저 밑에서 요동치는 거짓이라는 동인을 기초로 해서 전체 이야기를 의미 있게 만들어주는 연속성 있는 이야기의 한 부분이다. 사람들은 거짓말하고, 하나님은 고치신다.

# 왜 호칭이 다르지?

사족을 하나 달고 싶다. 창 37장과 39장에서 요셉을 사다가 애굽에 팔았던 사람들의 호칭 이야기가 그것이다. 창 37장에서 요셉을 샀던 이들은 미디안 사람들이었다. 반면에 39장에서는 이스마엘 사람들이 그를 애굽에 넘겼다. 이 두 그룹은 같은 부류인가? 아니면 이른바 다른 문서들이 편집된 흔적인가?

결론부터 말하면 전자가 정답이다. 미디안 사람과 이스마엘 사람들은 큰 의미에서 보면 같은 족속으로 보아도 무방하다. 일단 그들은 둘 다 아브라함의 자손이다. 알다시피 이스마엘은 아브라함이 하갈에게서 낳은 아들이며(창 16장), 독자적으로 커다란 후손을 이루었다. 미디안은 아브라함이 그두라에게서 낳은 아들이다(창 25장 1-2절). 므단과 미디안의 철자가 서로 엮이는 바람에 본문이 누구를 언급하는지 조금 헷갈리긴 하지만, 결국 누구여도 상관없다. 어차피 둘은 형제이기 때문이다.

실제로 미디안이라는 말은 후대에 이르러서는 가나안 지역을 떠돌며 사는 부족들의 느슨한 연합체를 가리키는 말이기도 했다. 성경 여기저기를 찾아보면, 미디안이라고 불리는 사람들이 시내 반도나, 가나안, 요단 계곡 그리고 모압 등지에까지 퍼져 살았다는 사실을 알 수 있다. 말하자면 그 동네에 사는 사람들 가운데 유대인이 아니면 대충 미디안 사람 또는 이스마엘 사람이라고 불렸던 거다. 경상도 방언으로 하자면, "'가'가 '가'라고" 말할 수 있겠고, 전라도 방언으로는, "'거시기'가 '거시기'라고" 할 수 있다. 너무 따져가면서 성경을 읽으면 배탈이 나기 쉽다. 자고로 편한 마음으로 말씀을 대할 일이다.

**창세기 40장 23절**

"술 맡은 관원장이 요셉을 기억하지 못하고 그를 잊었더라"

# 무시했다

요셉의 해몽으로 술 맡은 관원장은 관직을 회복하는 행운을 맞았다. 인생살이가 참 오묘하다. 그런 좋은 일이 있었다면, 응당 그 관원장은 요셉이 베풀었던 호의를 기억하고 도움을 주었어야 하는 것이 인지상정이다. 그러나 술 맡은 관원장은 복직하는 날로 감옥에서의 일을 모두 잊기로 했었나 보다. 그는 요셉에 관한 일을 기억하지 못했을 뿐 아니라 무시하고 잊었다. "벨로 자카르 싸르 하마슈킴 엣 요셉 바이슈카헤후"(וְלֹא־זָכַר שַׂר־הַמַּשְׁקִים אֶת־יוֹסֵף וַיִּשְׁכָּחֵהוּ/40:23).

이 문장이 기분 나쁜 것은 비슷한 내용을 강조하는 또 다른 동사가 문장 끝부분에 있다는 점이다. '기억하지 못했다'(벨로 자카르/וְלֹא־זָכַר)라는 부분도 상당히 별로인데, 마치 확인 사실하듯이 '무시했다', 또는 '잊다'라는 뜻을 가진 동사(바이슈카헤후/וַיִּשְׁכָּחֵהוּ)로 문장이 마무리되었다. 술 맡은 관원장은 기억력이 안 좋아서 단순히 요셉을 기억하지 못한 것이 아니었다. 아예 그의 존재를 무시하고 잊은 것으로 보인다. 이런 표현은 술 맡은 관원장의 행동이 다분히 의도적이라는 냄새를 풍긴다. 그렇다면 그 '기억 상실'에는 이유가 있는 것이 당연하다.


# 왜 그랬을까?

그의 기억 상실의 이유는 무엇일까? 우선 낙천적 관점으로 그를 이해하려고 들여다보면, 기억 상실의 이유가 그리 심각하지 않을 수 있다. 금수저들은 다 그렇다고 생각하면 그만이기 때문이다. 딱히 어떤 이유 없이 배부르게 살다 보니 그냥 잊은 것이라면, 봐주며 넘어갈 수 있겠다. 편하고 풍족하게 자란 사람들은 타인의 고통에 대해서 깊이 느끼기가 힘들 수도 있기 때문이다. 굶어보지 않은 사람이 어찌 굶주린 사람의 심정을 이해할 수 있겠는가 말이다.

글쎄, 정말로 구김 없이 자란 사람들은 다 그런가? 살다 보니 그렇지 않은 금수저들도 꽤 있더라. 풍족하게 자란 사람들이 따뜻한 마음을 가지는 경우도 많다. 편견을 가지지 않고 타인을 대하는 모습도 자주 보여준다(금수저니 흙수저니 하면서 계급을 나누려는 이야긴 절대 아니다). 그러니 소위 '일반화의 오류'는 위험하다. 무엇보다도 술 맡은 관원장이 그 자리에 올라서기까지의 삶을 모르니 뭐라 말하기가 힘들다. 그가 단순히 배부르게 살다 보니 그랬단 이야기는 설득력이 크지 않다.

현실적인 이유로 그랬다고 생각하는 건 어떨까? 롯 이야기를 하면서 소개했던 『권력을 운영하는 48가지 법칙』이라는 책의 내용을 다시 한번 털어보자. 사람들과 관계를 맺을 때, 내가 과거에 은혜를 베풀었으니 그것을 기억해서 지금 나를 좀 도와달라고 상대방에게 말하는 것은 별로 설득력이 없단다. 현재 시점에서 내가 그에게 뭔가 도움이 될만한 위치에 있다면, 상대방이 내가 이전에 베푼 은혜를 기억하고 나에게 호의를 베풀 수도 있다고 한다. 그렇지 않다면 과거에 받은 도움 같은 건 그저 흘러간 강물 같은 거란다. 상대방이 특별히 나쁜 사람이어서 이런 것이 아니라, 사람이 이런 존재라는 거다.

요셉이 감옥에서 꿈을 해석해 줄 때는 그가 도움을 줄 수 있는 '갑'이었지만, 이제는 술 맡은 관원장이 '갑'이다. 실제로 요셉은 감옥에 갇혀 있어서 아무런 힘을 행사할 수 없는 '을'에 불과한데, 관원장이 그를 굳이 기억할 필요가 없는 것이다. 요셉은 그에게 현실적으로 도움을 주는 존재가 아니었다.

심리적으로도 설명할 수 있다. 술 맡은 관원장이 요셉의 말 가운데서 자신이 '믿고 싶은 것'만을 믿었다고 보면 어떨까? 다른 사람을 감정적으로 미워하거나 나쁘다고 생각하면, 이른바 '눈'이 뒤집힌다. 그리고 애써서 객관적 사실을 무시하고, 자신이 믿고 싶은 것만을 믿는 경향을 보인다. 말하자면 저 사람은 싫으니 무조건 잘못되었다는 거다. 이런 성향을 가진 이를 가리켜서 흔히 '시나리오'(scenario)를 잘 쓰는 사람이라고 한다. 자기의 머릿속에서 쓴 시나리오를 그대로 '사실'이라고 믿고 행동하는 것이다. 이런 사람은 의외로 우리 주변에 많다.

술 맡은 관원장은 처음에는 요셉 때문에 조금 고민을 했을 수 있다. 요셉을 돕기 위해서 여러 방편을 생각했을 가능성도 있다. 문제는 요셉의 진정성을 그가 어찌 판단했을까 하는 데 있었다. 그가 듣기에 요셉은 애굽 고위 관료의 부인을 겁탈하려고 하다가 붙잡혀서 감옥에 왔다고 했다. 그가 볼 때 요셉은 선한 눈을 가지고 있는 사람이었지만, 주변의 증거나 말을 들어보면 내용이 아주 안 좋았다. 이런 부분 때문에 그는 심사숙고했을 것이다. 왕궁에서 근무했으니 당연히 보디발을 잘 알았을 것이고, 그를 통해서 요셉에 관해 한두 마디 얻어듣기도 했을 것이다. 술 맡은 관원장이 요셉을 감옥에서 나오도록 도와준다면, 보디발과의 관계 악화는 불을 보듯이 뻔했다.

그는 마침내 고민하다가 결정을 내린 것이 아닐까? 양심과 자신의 이익 사이에서 고민하다가 자기에게 좋은 쪽으로 생각하고 말았다는 것이다. 그가 '요셉은 나쁜 놈이며, 정직하지도 않다'고 믿으면 그게 사실이 된다. 이렇게 길을 정해놓고 요셉을 들여다보니 그가 좋아 보일 리 없다. 요셉은 천하에 나쁜 놈이라는 일종의 틀이 형성된 것이다. 술 맡은 관원장이 자기의 머릿속에 길을 내고서 그리로 걸어가면서 자신이 믿고 싶은 것을 믿었다고 보면, 그의 행동이 이해가 간다. 아무런 영문도 모른 채로 감옥에서 일각이 여삼추라며 기다릴 수밖에 없었던 요셉의 입장에서는 환장할 노릇일 수밖에 없다.

보다 해석적으로 이야기할 수도 있다. 요셉은 세 가지 고통스러운 일을 배경으로 해서 애굽의 총리가 되었다. 형들의 '배신', 보디발의 아내의 '거짓 고소', 그리고 술 맡은 관원장의 '의도 가득한 배신'이 그것들이다. '셋'은 완전 숫자이니, 요셉의 고통은 인간으로서는 견디기 힘든 철저한 고통이었다는 의미가 될 것이요. 또한 이제 고통은 완전히 끝났다는 의미가 될 수도 있겠다.

원래 '무저갱'(無底坑/바닥이 없는 굴)이 무서운 법이다. 계속 떨어지기만 한다면 그것처럼 큰 비극이 없다. 그러나 바닥에 닿았다면, 부딪혀서 아프기는 하겠지만 올라갈 일만 남은 것이다. 잊힌 사람으로 감옥에서 스러져가던 요셉은 반등에 성공했다. 그리고 총리가 되었다. 그러니 술 맡은 관원장의 배신은 커다란 틀에서 보면, 요셉의 성공을 위한 하나의 장치였다고 볼 수 있다. 그의 배신은 그야말로 배경에 불과했다.

## 삶의 반전

정확하게는, 술 맡은 관원장이 왜 요셉을 의도적으로 잊고 또 무시했는지는 잘 모른다. 우리는 다만 앞서 언급한 내용처럼 추측할 수 있을 뿐이다. 그 이유와는 별개로 요셉에게 중요한 것은 하나님의 역사였다. 하나님은 철저하게 고통당하고, 배신당한 요셉을 돌보셨다. 어떤 사람은 그를 미워해서 팔아먹고, 다른 사람은 자신의 욕심을 채우려다 그에게 고통을 주었다. 그리고 또 어떤 사람은 의도적으로 그를 배신하고 잊었다. 그러나 하나님은 그를 '잊지 않으셨다.' 삶의 반전은 하나님께 있다. 삶의 과정에서 누군가 나를 잊고 무시한다 한들 무슨 상관이랴. 그분의 존재가 위로가 된다.

---

**창세기 41장 9절**

"술 맡은 관원장이 바로에게 말하여 이르되 내가 오늘 내 죄를 기억하나이다"

---

# 이제 기억했다

드디어 술 맡은 관원장이 요셉을 기억한다. 기억이란 무엇일까? 경북과학기술원 박형주 교수는 "기억이 형성되고 변형되고 사라지는 것은 울창한 숲을 맨몸으로 걸어갈 때 생기는 상처들, 그리고 그 상처가 감염이나 치유에 의해 번지거나 아물어 흉터로 남는 현상과 비슷하다. 거의 모든 기억은 환경을 겪고 이를 그대로 저장하거나, 경험한 외부 환경 정보를 바탕으로 새로운 사고를 하거나, 기존 기억을 변형한다"고 말했다. 나름 이해하자면, 의도적이든 아니든 상관 없이, 사람이 경험한 일이 의식 저편에 잠겨있다가 어떤 일이 계기가 되면 의식의 전면에 떠오르게 된다는 말 아닐까.

어떤 뇌과학자는 인간의 의식을 무수한 갈고리로 설명하기도 했다. 사람이 겪는 많은 경험이 그 모습 그대로 의식에 고스란히 남는 것은 아니다. 대부분은 갈고리만을 남긴 채 의식 저편으로 가라앉는다. 그러다가 어떤 사건이 계기가 되면 그것이 갈고리에 걸리게 되고, 현재의 사건과 과거의 기억이 서로 연결되어 새로운 의식으로 전환된다고 볼 수 있다.

술 맡은 관원장에게는 요셉과의 기억이 의식 저편에 잠겨 있었다고 볼 수 있다. 왜 그게 그리로 기어들어갔는지는 이미 여러 가지 가능성을 들어가면서 장황하게 설명했다. 이제는 그걸 끄집어낸 이야기를 해야 할 차례다. 무엇이 이유였든지, 요셉에 관한 기억은 그의 머릿속에 갈고리로만 남아있었다. 거기에 바로의 꿈이 걸렸다. 결국 요셉의 존재가 술 맡은 그 인간의 의식 전면에 떠올랐다.

## 바로에게 말하다

술 맡은 관원장에게 감옥에 관한 이야기는 그야말로 흑역사였다. 누가 뭐라 해도 사람들에게 이런 창피한 소리를 하기가 힘들었을 것이다. 그러면 그는 어떻게 이 갈고리에 걸린 이야기를 바로에게 술술 꺼낼 수 있었을까? 가장 쉬워 보이는 상황을 유추해보자. 그 사람은 아마도 복권된 후에, 바로에게 이런 이야기를 해도 뒤탈이 나지 않을 정도로 다시 권력을 확보했을 수 있다. 원래 그 자리가 높은 관직이기도 했거니와, 설사 요셉이 해결사가 되지 못한다 해도 아무런 뒤탈이 나지 않을 정도로 그의 힘이 세졌다고 볼 수 있다.

바로가 간밤의 꿈자리가 너무 사나워서 아침에 모든 마술사를 불러 모았다. 신으로 취급받는 왕의 꿈을 해석하지 못하는 부끄러운 이야기를 하는 자리였다. 거기에 술 맡은 관원장의 자리가 있었으니, 그도 꽤 신뢰받는 사람 가운데 하나였다고 볼 수 있다. 거기다가 자신이 감옥에 갔던 이야기를 스스럼없이 꺼낼 정도였으면, 바로와의 앙금도 많이 씻겨진 상태가 됐던 것 같다. 더구나 마술사들이 바로에게 어떤 설명도 하지 못한 상태였기 때문에, 관원장이 말을 꺼낸 것이 그리 흠이 되는 상황도 아니었다.

또 요셉을 반드시 불러야 한다고 진언한 것이 아니라, 그냥 자신의 경험을 이야기한 것뿐이었다. 그러니 결정은 자연스레 왕의 몫이 되었고, 그는 잃을 것이 없었다. 개인의 이익이 예민하게 걸려있는 상황에서 높은 사람과 대화할 때 가장 쉽게 할 수 있는 이야기는 무엇일까? 내용과 상관없이 무조건 말하는 사람에게 손해가 없는 것이어야 한다. 술 맡은 관원장의 지능지수는 꽤 높아 보인다.

일단 술 맡은 관원장은 대단히 겸손하게 이야기를 꺼낸다. 왕에게 자신을 낮춰서 말하는 매너가 몸에 뱄다. '자신이 죄를 지었다'는 서두가 그런 표현에 속한다. 여기서 사용된 '죄'(하타/אטח)는 창 40:1에서 사용된 단어와 동일하다. 거기서도 술 맡은 관원장이 바로에게 죄를 지었다고 창세기 기자가 보도하고 있다. 이 단어는 놀랍게도 의도적인 범죄를 뜻하지 않는다. 일반적으로 의도하지 않은 돌발적인 실수를 통해서 정결하지 않은 상태가 되는 것을 의미하는 단어이다. 흥미로운 것은 창 41:9에서 이 단어가 복수로 사용되고 있다는 점이다.

바로에게 간함에 있어서 이 단어를 다시 선택하고, 이걸 복수로 표현한 술 맡은 관원장의 심리는 무엇일까? 우선 자신이 왕년에 잘못했던 죄가 결코 의도적이지 않았던 것임을 왕에게 고백하는 효과를 누리고 있다. 두 개의 죄 가운데 하나를 바로에게 지었다고 한다면, 또 다른 하나의 죄는 누구에게 지었을까? 요셉에게 지었다고 해석할 수 있다. 감옥에서 도움을 준 그 친구를 그만 잊은 것이 죄요, 그래서 바로에게 말하지 못한 것도 죄라는 것이다. 술 맡은 관원장이 그래도 요셉 때문에 마음에 걸리는 구석이 있긴 했나보다. 요셉을 잊은 것이 결코 자신이 의도한 바는 아니었다는 것을 애써서 밝히고 있으니 말이다. 그러나 이 말을 도대체 어째 믿어야 할지 모르겠다. 그 속을 누가 알겠는가. 사람은 정말 복잡한 존재다.

# 꽃길 전문가

사람은 난처한 상황에서는 누구나 열심히 짱구를 굴린다. 술 맡은 관원장도 그래 보인다. 그런데 짱구를 굴리는 사람이 미처 알지 못하는 게 있다. 그 모든 꼼수조차도 다 하나님의 손안에 있다는 사실이 그것이다. 바로가 꿈을 꾸지 않았다면 이 인간의 기억은 아마 영원히 되살아나지 않았을 것이다. 그런데 하나님이 바로의 잠 속에 희한한 꿈을 선물하셨다. 이게 다 하나님이 하신 일이다.

더 놀라운 것은 14절이다. 아무런 의미 없이 던지는 것처럼 보인 관원장의 미끼를 바로가 덥석 받아 물었다. 왕이 요셉을 부른 것은 상식적이지 않은 일이었다. 상담을 청해야 할 사람이 죄수인 데다가 하찮은 유대인이었다(그들은 목축업자들을 멸시했다). 더구나 요셉은 새파랗게 젊기까지 했다. 애굽의 바로가 이런 사람을 불러서 꿈의 해몽을 듣는 것은 기적에 가까운 일이었다. 하지만 그 일이 일어났다. 누구 작품이겠는가. 초강대국 임금인 바로도 하나님께 걸리면 그냥 아무 것도 아니었다. 그 일 이후로 요셉에게 남은 것은 꽃길이었다. 꿈을 멋지게 해몽한 그가 단 한 사람만이 그에게 명령할 수 있는 높은 지위를 꿰찬 것이다. 하나님은 때로는 꽃길 전문가이시다. 꽃길을 걷고 싶은 자, 고난 속에서도 하나님의 계획을 의지할지어다.

**창세기 41장 45-46절**

"그가 요셉의 이름을 사브낫바네아라 하고 또 온의 제사장 보디베라의 딸 아스낫을
그에게 주어 아내로 삼게 하니라 요셉이 나가 애굽 온 땅을 순찰하니라 요셉이
애굽 왕 바로 앞에 설 때에 삼십 세라 그가 바로 앞을 떠나 애굽 온 땅을 순찰하니"

# 겉모습

성경의 기록대로라면, 요셉을 둘러싼 환경은 종교적으로 볼 때 한심했다. 요셉뿐만 아니라 누구든지 그런 상황 속에 있었다면, 신앙을 지키는 일이 결코 쉽지 않았을 것이다. 요셉이 대단히 보수적이고 원칙에 충실한 '하시딤'(Hasidim) 스타일이었다면, 그는 아마 이런 상황을 결코 받아들이지 않았을 것 같다. 그러나 요셉은 뜻밖에도 이런 현실에 제법 잘 적응했다. 우리가 생각하는 것보다 요셉은 훨씬 더 유연하고 유화적인 사람이었던 모양이다. 말하자면 누가 "죽을래, 살래?"라고 물으면, 순교하는 것보다는 살아남아서 뭐든 하는 것이 더 낫다는 가치관 비슷한 걸 갖고 있었다. 이 문제는 선악 간의 문제가 아니니 물론 정답은 없다.

유대인들의 역사 속에 요셉의 이교적인 환경과 그 적응에 부담을 느끼는 사람들이 있었다. 아람어 번역 성경인 『탈굼 온켈로스』(*Targum Onqelos*)는 요셉이 이방종교 제사장의 딸과 결혼했다는 것을 말하고 싶지 않았다. 그런 까닭으로 '온의 제사장'이라는 말 대신에 '온의 지도자'라는 말을 썼다. "또 온의 제사장 보디베라의 딸 아스낫을 그에게 주어"(창 41:45). 워낙 탈굼은 유대교의 정신을 지키기 위해

서 해석적 번역을 했던 아람어 성경이니 새삼 이상할 건 없다. 좌우지간 탈굼의 번역은 후대의 유대교인들이 요셉의 이런 부분을 직시하기 힘들어 했다는 것을 보여준다.

사람들이 애써 무시하고 싶어 하는 일들이 역사 속에는 실제로 일어난다. 경건한 유대교 신앙을 지닌 사람들에게 요셉의 일들이 해석적인 문제를 일으킨 것은 사실이다. 그러나 아무리 머리가 아프다 해도 성경의 기록을 바꾸거나 무심하게 지나칠 수는 없는 일이다. 어떻게 하든지 해결의 접점을 찾아야 한다. 요셉은 애굽에서 새로운 직위, 이름 그리고 아내까지 얻었다. 이 세 가지 가운데 그가 거절한 것은 하나도 없었다. 요셉이 애굽에서 얻은 이름은 '사브낫바네아'였다. 당연히 애굽 이름으로 보이는데 그 뜻을 정확히 판별하기가 쉽지 않다. 그래도 알고 싶다면 다음의 몇 가지 의미 가운데 마음에 드는 걸 하나 고르면 된다. ① 좋은 말을 하고 살아남았다는 뜻. ② 신탁에 의하면 그는 살 것이라는 의미. ③ 그는 뭔가를 아는 사람이라는 뜻. ④ 생명의 지탱자라는 뜻이다. 네 가지 중에서 어떤 것이 마음에 드는가?

한편 요셉의 아내 이름은 '아스낫'인데, '네이쓰'(Neith) 신에게 속한 사람이라는 뜻으로 보인다. 그의 장인의 이름인 '보디베라'는 태양신 "레'(Re)가 선택한 사람'이라는 뜻을 가졌다. 보디베라는 태양의 도시라고 불렸던 '온'(Heliopolis)의 제사장이었으니, 이름이 직책과 아주 잘 어울렸다고 해야 할 것이다. 그의 이름은 요셉을 감옥에 가둔 '보디발'과 같은 것으로 보이지만, 둘이 동일 인물은 아니다.

요셉은 총리대신이라는 직책에 더해서 영향력 있는 사람의 딸과 결혼까지 했다. 이쯤 되면 요셉이 겉으로는 애굽의 문화와 종교에 상당히 유연하게 대처했으며 나름대로 잘 적응했다고 보아도 무방하다. 그는 외견상으로는 대단히 성실한 애굽 사람이었다고 할 수 있다. 이런 설명을 들으면, 해결의 접점은커녕 헷갈리는 마음이 더 크다. 요셉의 겉모습이 그러했다면, 그는 정말로 하나님 신앙을 떠난 사람이 되었다는 말인가? 그건 아닌 게 당연하니, 다른 면을 뒤져봐야 할 것이다.

## 속모습

뒤져볼 수 있는 요셉의 다른 부분은 속 생각이다. 과연 그의 속 모습은 어땠을까? 요셉이 속까지 전부 뒤집혀서 하나님을 떠난 사람이 되었을까? 그렇게 볼 수는 없다. 그가 하나님 신앙을 버렸다는 이야기가 창세기 안에 전혀 없고, 오히려 신앙으로 살았다는 기사가 그 안에 가득하다. 겉모습이 어쩌하든 요셉은 하나님을 잊은 적이 없다.

역설적으로 창 41:46에 기록된 그의 나이가 하나님의 역사를 보여준다고 이해하면 어떨까? 요셉이 총리대신이 된 나이는 서른이었다. 좀 뜬금없는 이야기를 해보자. 가수 김광석이 '서른 즈음에'라는 노래를 불렀다. 그의 목소리가 가진 음색하며, 곡조와 가사에 사람의 마음을 건드리는 감성이 있다. 그런데 아무리 생각해도 평범한 사람의 서른 즈음에는 그 노래의 가사와 비슷한 생각을 하는 것이 어려워 보인다. 유교에서는 서른을 '입지'라고 한다. 뜻을 세우는 나이란 거다. 객관적으로는 뜻만 세울 수 있어도 대단하다는 소리를 들을 수 있는 연령이 서른이라는 거다.

요셉은 이 젊디젊은 나이에 총리대신이 되어서 바로를 대신하여 그 넓은 애굽을 다스렸다. 인간적으로 볼 때 고대 사회에서 출신 성분이 빈약한 어떤 사람이 출세해서 나이 서른에 총리대신이 되었다는 것은 말처럼 쉬운 일이 아니다. 이런 입지전은 아무나 턱턱 써낼 수 있는 종류의 것이 아니다. 아무리 생각해도 사람의 힘 너머에 있는 초자연적인 그 무엇이 요셉을 도왔기 때문에 이런 역사가 가능했다.

누가 그를 도왔을까? 혹시 '답정너'(답은 정해져 있고 너는 대답만 하면 돼)라는 말이 익숙한가? 그냥 무조건 정답은 '하나님'이시다. 그가 서른에 이렇게 일어설 수 있었던 것은 하나님의 능력 때문이다. 또한 요셉이 대과 없이 총리의 일을 잘해나간 것도 하나님의 은혜. 실제로 이후 요셉의 행보를 보면, 하나님이 그를 철저하게 책임지셨음을 확실하게 알 수 있다. 고대의 농업 대국 애굽마저 흔든 거대한 기근의 쓰나미 앞에서 요셉은 하나님의 은총을 받은 사람답게 모든 난제를 능숙하게 처리했다. 하나님의 지혜와 능력으로 나라를 다스린 것이다. 요셉의 속 사람은 겉 사람과는 아주 달랐다. 겉으로는 애굽 문화에 적응한 것처럼 보였어도, 속으로는 철저히 하나님의 사람이었다. 단지 티를 내지 않았을 뿐이다.

# 두 가지

두 가지를 생각한다. 하나는 하나님만 함께 하시면, 나이 서른에도 총리가 될 수 있다는 사실이다. 그렇다면 거꾸로 모세처럼 80세에 총리를 하는 것도 가능하겠다. 나이나 개인의 여건은 별 의미가 없다. 하나님이 손을 잡아주시는 것만이 일을 이루는 데 필요한 충분조건이다.

또 다른 하나는 겉도 아주 중요하지 않은 건 아니지만, 속이 훨씬 더 중요하다는 사실이다. 뭔가를 이루기 위해서 겉으로 양보하는 것은 하나님도 이해하시는 모양이다. 그러나 그만큼 속은 더 분명해야 할 것이다. 어차피 하나님은 속지 않으시는 분이니 말이다. 두 가지를 모두 손에 잡을 수 없는 상황이고 죽기는 싫다면, 겉보다는 속을 선택해야 한다.

---

**창세기 42장 4절**

"야곱이 요셉의 아우 베냐민은 그의 형들과 함께 보내지 아니하였으니
이는 그의 생각에 재난이 그에게 미칠까 두려워함이었더라"

---

## 크토넷 파씸

야곱은 편애가 심했다. 열두 아들 가운데서 느지막이 얻은 두 아들인 요셉과 베냐민을 다른 자녀들보다 아꼈다. 아마 자신이 사랑했던

사람인 라헬이 낳은 아들들이기 때문에 더욱 그러했을까(창 49:26). 없지 않아 그런 구석도 있었을 것이다. 노년에 기쁨을 준 아이들이어서 그랬는지, 아니면 일생을 두고 사랑한 여인이 낳은 자식들이어서 그랬는지 알 수는 없지만, 이들을 향한 아버지의 사랑이 아주 컸던 것만은 사실이다.

야곱은 요셉을 특히 사랑했다. 창 37:3을 보면, '여러 아들들보다 그를 더 사랑했다'는 기록이 있을 정도였으니 더 말해서 무엇하랴. 이 사랑이 속에만 머물렀으면 참으로 좋았을 것을, 그만 야곱은 겉으로도 그것을 드러냈다. 3절 후반부를 보면, 부모가 요셉을 위해서 '채색옷'을 지어주었다고 했다. '채색옷'은 히브리어로 '크토넷 파씸' (כְּתֹנֶת פַּסִּים)이라고 한다.

올바르게 설명하자면, '채색옷'은 바른 '번역'이 아니라 '반역'이다. 이 옷은 우리 말이 주는 느낌처럼 알록달록한 색깔과는 원래 상관이 없다. 이것은 색깔보다는 오히려 형태에 특징이 있는 옷이었다. 일반적인 평상복을 '쿠토넷'(כְּתֹנֶת)이라고 부른 데 반해서, 소매가 길게 달려서 손바닥(파씸/פַּסִּים)까지 덮는 옷은 '크토넷 파씸'(כְּתֹנֶת פַּסִּים)이라고 달리 불렀다(단어의 원래 발음은 '쿠토넷'이지만, 연계형이 되면 강세가 없어지기 때문에 모음이 짧아져서 '크토넷'으로 다르게 읽는다). 그러니 '크토넷 파씸'은 소매가 아주 기다란 특별한 평상복이라고 해야 할 것이다.

고대 이스라엘 사람들은 몸에 먼저 입는 평상복(우리 신약성경에는 역시 '속옷'으로 반역되었다)과 그 위에 걸치는 겉옷을 흔히 함께 착용했다. 이런 복식 전통은 신약시대까지 이어져 내려왔던 것으로 보인다. "또 너를 고발하여 속옷(키톤/χιτών/평상복)을 가지고자 하는 자에게 겉옷까지도 가지게 하며"(마 5:40). 여기서 속옷이라고 번역된 '키톤'(χιτών)은 히브리어 '쿠토넷'을 헬라어로 음역한(transliterate) 말이다(창 37:3, 칠십인역). 두 단어의 발음이 비슷하지 않은가? 따라서 이 말은 누가 네게 평상복을 달라고 하면, 그것은 물론이요 그 위에 걸쳐 입는 겉옷까지도 내주라는 의미이다.

이 평상복은 일할 때든, 집에 있을 때든 흔하게 입는 옷이었는데, 생긴 것이 아주 단순했다. 세마포 천 두 장을 잇대어 자루처럼 만들고 거기에 목과 두 팔이 들어갈 수 있는 구멍을 만들면 그것이 '쿠토넷'(כֻּתֹּנֶת)이라고 불린 평상복이었다. 이리 보자면 당시 야곱의 다른 아들들은 이렇게 소매가 없거나 짧은 '쿠토넷'(כֻּתֹּנֶת)을 입고 살았을 것이다.

문제는 요셉이 입었던 평상복은 '파씸'이 붙은 특별한 것이었다는 데 있었다. 이렇게 소매가 긴 옷은 더운 지방에서 일하기에 적절한 옷이 아니다. 이런 옷을 입고 육체적인 노동을 할라치면 걸리적거리고 성가시지 않았을까? 그래서 크토넷 파씸은 왕정 시대에는 부자나 귀족들이 입었다고 보면 된다. 조금 과장해서 말하면 야곱은 요셉을 평민이 아니라 무슨 귀족처럼 키웠던 것 같다.

요셉을 향한 야곱의 사랑이 모든 사람에게 잘 받아들여졌다면 좋았을 텐데, 현실은 그렇지 못했다. 창 37:4를 보면 형제들이 크토넷 파씸을 입은 요셉을 '미워했다'고 언급되어 있다. 당연한 일이다. 자식이 많은 집안에서 부모가 하나를 편애하면 나머지 아이들에게는 그늘이 덮이게 마련이다. 이런 편애는 결국 야곱에게 쓰디쓴 결과를 가져다주었다. 귀한 옷을 입혀서 키운 요셉을 잃어버린 것이다. 크토넷 파씸에 피가 묻어서 야곱에게 돌아왔다. 그의 고통이 얼마나 심했을까.

## 올바른 처방이 필요해

요셉을 잃은 상처가 대단히 컸기 때문에, 그의 아픔은 트라우마가 되어서 뇌리에 새겨졌을 법하다. 일종의 보상심리랄까. 야곱의 슬픔은 후에 요셉 대신에 베냐민을 애지중지하는 것으로 나타났다. 가나안에 흉년이 들어서 애굽으로 곡식을 사러 가야 하는 형편이 되자, 다른 아들들은 다 험한 여행길에 보내면서도 베냐민은 동행시키지 않은 것이다.

어떤 일이든지 이유를 제대로 짚어내지 못하면 처방도 달라진다. 처방이 틀리면 반드시 대가를 치를 수밖에 없다. 야곱이 요셉을 잃었던 것은 도단까지 혼자 가야 했던 험한 여행과 짐승 때문이 아니었다. 야곱의 편애가 가장 주된 원인이었다. 이것이 원인이었다고 생각하고 야곱이 자신의 잘못을 고쳤다면, 이후에 베냐민을 곤란하게 만든 일 같은 것은 생기지 않았을 터이다. 야곱이 베냐민을 향한 편애를 거두어야 형제들 간의 문제가 없어진다. 그래야만 베냐민이 형들로부터 보호를 받을 수 있었다.

문제는 야곱이 그리 생각하지 않았다는 점이다. 야곱은 단지 물리적 위험으로부터 베냐민을 격리하면 된다고 판단했던 것 같다. 그래서 그를 애굽 여행에 동참시키지 않았다. 형들은 요셉의 일도 있고 해서 겉으로 다른 말을 하지 못했겠지만, 이 일을 속으로도 기꺼이 받아들였을지는 의문이다.

야곱이 판단을 잘못하게 된 것은 트라우마 때문이었던 것으로 보인다. 야곱이 자신의 삶을 돌아보고 잘못을 고쳤다면, 요셉을 잃은 사건을 넉넉히 소화하고 트라우마도 치료했을 것이다. 그럴 수만 있었다면 그가 편애라는 잘못된 습관을 고쳤을지도 모른다. 안타깝게도 야곱은 그렇게 하지 못했다. 이건 야곱이 나쁜 사람이라는 말이 아니다. 그의 행태는 같은 사람으로서 충분히 이해할 수 있는 일이다. 우리 말에 자식이 부모보다 먼저 세상을 떠나면, 부모는 가슴에 자식의 무덤을 쓴다는 말이 있다. 그만큼 자식을 잃는 것은 고통스러운 일이다. 이런 일로 생긴 트라우마의 극복은 생각처럼 쉬운 일이 아니다. 그러나 고통 이후에 똑같은 어려움을 겪지 않으려면 트라우마에 흔들려서는 안 된다는 것 또한 아주 분명하다. 감정적으로 쉽지 않은 일이지만 문제를 제대로 보고 이것을 넘어서야 인생이 한결 편해질 것이다.


# 이러든, 저러든


인생이 우리가 맘먹은 대로만 되어주면 얼마나 좋을까. 하지만 대부분의 경우에 우리는 삶의 통제권을 가지고 있지 않다. 신앙이 있지만, 부족한 모습 또한 있으므로 우리는 고민한다. 야곱의 인생도 완벽했다고 말할 수 없다. 그처럼 치열하게 살았던 인생도 어쩔 수 없는 한계를 내재하고 있다. 기실 야곱의 삶만 그런 것이 아니다. 누구의 삶이든 완전할 수 없다. 야곱이 그렇게밖에 할 수 없었던 것을 비난하면서 손가락질을 할 수 있는 사람은 아무도 없다. 내가 만일 야곱이라면 과연 베냐민을 이집트 여행에 포함시켰을까? 그거야말로 알 수 없는 일이다.

옳은 것이 무엇인지 안다고 해서, 사람들이 반드시 그렇게 행동하는 것은 아니다. 말로야 모르는 것이 없어도, 막상 현실에 부딪히면 실천이 쉽지 않다는 말이다. 살면서 정답을 말하기가 편치 않은 문제들은 숱하게 널려있다. 그렇다고 해서 그리 큰 걱정을 할 필요는 없어 보인다. 인생의 모든 문제가 반드시 즉답을 요구하는 것이 아닐뿐더러, 또 그리할 수도 없기 때문이다.

사람은 누구나 흔히 잘못 판단하고 길을 돌아간다. 그럼에도 불구하고 그 길의 끝을 해결책으로 연결하시는 분이 우리의 삶에 있다면, 과히 염려할 것은 없다. 야곱은 우기고 버티다가 결국 베냐민을 애굽으로 보내야 했지만, 그 길의 끝에서 온 가족이 요셉을 상봉하지 않았던가. 될 수 있으면 트라우마를 넘어서는 것이 좋겠다. 그러나 그렇지 못해서 그것을 안고 살면 또 그렇게 사는 것이다. 너무 걱정하는 내색은 하지 말 일이다. 어차피 앞일은 하나님만이 아신다.

---

**창세기 42장 11-13절**
"우리는 다 한 사람의 아들들로서 확실한 자들이니
당신의 종들은 정탐꾼이 아니니이다…"

---

우리가 아는 같은 세상 이야기

# 거짓말을 하고 있다

형제들은 서로 거짓말을 하고 있다. 거짓말을 하는 이유는 단 한 가지다. 상대방이 모를 것으로 생각하기 때문이다. 형들은 요셉의 의심을 피하고자 그 앞에서 출신을 밝힌다. 자신들을 '확실한 자들'로 소개하고 있다(11절).

'확실하다'는 말의 뜻은 무엇일까? 히브리어로 '나흐누 케님'(נַחְנוּ כֵּנִים)이라는 말의 의미는 복잡하지 않다. '나흐누'는 일인칭 복수 대명사이니 자신들을 가리키는 말이며, '케님'은 '정직한 자들'로 번역하면 될 듯하다. 형들은 요셉에게 그들이 반듯하며 정직한 사람들이라고 말한 것이다. 이 사람들은 과연 정직한가? 형들이 정직을 내세우면서 한 말이 이렇다. "막내 아들은 오늘 아버지와 함께 있고 또 하나는 없어졌나이다"(13절).

이 말을 정직하다고 하기에는 무언가 부족한 부분이 있다. 요셉이 이 말을 듣는 순간 눈에 불을 켜지 않았을까. 이 부분이 내심 걸렸는지, 탈굼(Targum)은 조미료를 조금 쳐서 예의 해석적인 번역을 시도하고 있다. 정직성이 보다 더 드러나게끔 말의 모서리를 다듬은 것이다. "막내아들은 아버지와 함께 있고, 또 하나는 우리를 떠났는데 그가 어떻게 되었는지 알지 못합니다."

원래 거짓은 진실과 함께 살짝 무쳤을 때 더욱 효과가 크다. 가짜 휘발유에 제일 많이 들어가는 재료가 진짜 휘발유라고 하던가. 가짜 휘발유를 만들어 본 적이 없어서 이 말의 진위는 잘 모르겠다. 그러나 의미는 충분히 와 닿는다. 진실이 묻은 가짜는 그럴듯해 보인다.

요셉은 결코 자의로 형들을 떠난 적이 없다. 형들이 그를 팔아 먹었다. 더구나 아버지 야곱은 아직도 진실을 모른다. 이런 사실만 빼면 나머지는 다 진짜다. 형들은 애굽의 총리대신이 가나안 목동들의 절절한 속 사정까지 알 수는 없다고 생각했음이 틀림없다. 그들이 이리 편하게 말한 까닭이 거기 있을성싶다.

## 요셉이 열받았다

요셉은 모든 형편을 속속들이 다 알고 있다. 형들이 정직하다고 떠들어댄 말을 받아들일 수 없는 게 당연하다. 그래서일까. 요셉 또한 자신의 정체를 숨기고 형들을 스파이로 몰아간다. 그의 심리 상태를 정확히 알 수는 없지만, 형들의 거짓말이 그의 분노에 불을 붙였을 가능성은 충분하다. 자신들의 떳떳함을 밝히기 위해서 없어진 형제의 이야기를 시시콜콜 털어놓는 형들의 오지랖까지는 이해한다 하더라도, 슬쩍 섞여 들어간 거짓말은 아주 괘씸하다. 요셉이 화가 나서 형들을 몰아붙인 것이 일정 부분 이해가 가는 까닭이 여기 있다.

요셉은 이전과는 많이 다른 모습을 보여준다. 화가 많이 나긴 했어도, 그 자리에서 과거의 사실을 있는 그대로 들이대는 정공법을 피하고 있다. 오히려 그 역시 거짓을 사용해서 형들에게 말도 안 되는 누명을 뒤집어씌우는 역공을 취했다. 따지고 보면 요셉이 거짓말로 공격한 것 역시 상대방이 아무것도 모르고 있기 때문이었다면 어떤가. 상대방의 거짓에 또 다른 거짓으로 대응하는 것은 정당한 일인지 궁금하다. 이런 건 눈감아줄 수 있다고 생각하는 사람도 있을 것 같다. 정도의 차이는 있을지언정, 사람은 비슷한 것인지도 모르겠다.

하여간 인간사는 참으로 아이러니하다. 형들은 나쁜 놈들이다. 요셉은 나쁜 인간들과 싸우면서 그들의 방법을 취했다. "괴물과 싸울 때는 괴물이 되지 않는 것이 중요하다"는 말을 어디선가 들은 기억이 난다. 릭 워렌(Rick Warren)이 했던 말을 살짝 바꿔서 해보자. "거짓말을 하면 세 사람이 다친다. 거짓말을 하는 나 자신, 거짓말의 대상, 그리고 그것을 듣는 사람들이다."

## 때로는 거짓말이 필요한가?

사람을 해치는 거짓말은 위력이 있다. 그러나 동시에 한계도 분명하다. 모든 것을 알고 계시는 분이 위에서 내려다보고 있으니 말이다. 거짓말이라는 게 산 넘고, 물 건너, 그리고 바다 건너서 언젠가는 당사자를 찾아온다. 모든 것이 백일하에 드러나는 때가 있다는 말이다. 인간이기에 살면서 어쩔 수 없이 양심을 속이는 경우가 있을 수 있다. 그게 인생이다. 그렇긴 하지만 너무 멀쩡한 얼굴로 사람을 험한 구석으로 몰아넣는 일은 하지 말아야 할 것이다. 정도를 넘어서면, 하나님이 화를 많이 내실 수도 있다. 그리되면 감당이 어렵지 않겠는가. 거짓말을 했으면 빨리빨리 해결하는 것도 지혜롭다. 완전하진 못해도 그렇게 살려고 조금이라도 애를 써야 하나님을 믿는 사람답다.

# 야곱은 무슨 생각이었을까?

돌아온 아들들의 행색을 본 야곱은 기겁했다. 곡식은 몇 자루 짊어지고 왔지만, 얼굴이 말이 아니다. 거기다 시므온은 함께 돌아오지 못했고, 다음에 애굽으로 다시 갈 때는 베냐민을 데리고 가야만 한다는 말을 듣자, 야곱은 엄청난 충격을 받는다. 또다시 스올 생각이 스멀스멀 올라올 지경이 된 것이다(42:38). 야곱은 고민했을 것이다. 시므온을 못 보게 된 것은 가슴 아프지만, 베냐민을 잃을 가능성이 큰 여행을 다시 계획할 수는 없었다. 그가 할 수 있는 일은 고통의 원인이 된 가뭄이 빨리 끝나기를 바라는 것뿐이었다.

그런데 야속하게도 그 땅의 기근이 끝나주지를 않는다. 소출이 없는데다, 사 온 곡식은 야금야금 없어지니 집안의 사람들이 다 굶어 죽게 생겼다. 코너에 몰린 야곱은 결심해야만 했을 것이다. 그는 아들들을 불러서 애굽에 한 번 더 다녀오라고 한다. 곡식을 사오라는 것이다. 창 43:2에서 야곱이 아들들에게 다시 애굽으로 가라고 말하는 부분은 슬프다 못해서 비장하기까지 하다. 사랑하는 요셉을 잃었던 야곱이, 집안의 배고픔 때문에 또다시 시므온을 잃었다. 아무리 편애가 심한 야곱이라 할지라도 깨물어서 아프지 않은 손가락이 있을 수 없다. 시므온으로 인한 마음 앓이가 식지 않았는데, 이제 먹을 것 때문에 베냐민도 내놔야 하는 상황이 되었다. 베냐민을 사지로 보내야 하는데, 배는 여전히 고프다. 먹는 일은 비감하리만큼 치사하다. 그러나 굶어 죽을 수는 없다.

야곱의 나이가 되면 인생이 어떻다는 것을 어느 정도는 알게 되는 것 같다. 어떻게 살든지 인생의 고난은 쉬이 멈추지 않는다. 이 땅에서 삶을 이어가는 사람은 누구나 고난과 함께 살아갈 생각을 해야만 한다. 창 43장의 기근은 창 41장에 닥쳐왔던 것이 멈추지 않아서 계속 쌓인 것이다. 기근이 이전보다 훨씬 더 악화되었다. 창 41:56, 57에서는 기근의 정도를 말해주는 형용사로 '하자크'(חָזָק)가 사용되었다. 이 단어는 이미 시작된 기근의 정도가 강했다는 것을 말해준다. '온 지면에 기근이 있으매'(키 하자크 하라아브 브콜 하아레츠/כִּי־חָזַק הָרָעָב בְּכָל־הָאָרֶץ).

농업 대국인 애굽조차 기근에 시달릴 정도가 되었으니, '온 땅'(브콜 하아레츠/בְּכָל־הָאָרֶץ)이라는 표현이 가히 과장된 것이 아니다 싶다. 애굽의 재채기에 가나안은 독감이 든 형국이라고 할 수 있다. 이 기근이 끝나지 않고 더 심해진 것이 창 43장의 기근이다. 기근이 계속되면 강도가 더 세지는 것은 당연하다. 그래서인지 창 43:1은 아예 주어와 형용사의 순서를 바꾼 데다가, 형용사도 '하자크' 대신에 '카베드'를 사용한다. "그 땅에 기근이 심하고"(베하라아브 카베드 바아레츠/וְהָרָעָב כָּבֵד בָּאָרֶץ). 문장을 보면 주어 '하라아브'가 맨 앞에 나온다. 히브리어 문장에서 일반적으로 동사가 먼저 나오는 것이 상례다. 그런 다음에야 주어가 나오는 것이다. 경우에 따라서 주어가 동사보다 먼저 나오면, 문장론적으로 의미가 발생한다. 이렇게 순서가 도치된 문장은 상황이 새로운 국면으로 전환된 것을 의미하거나 주어를 강조하는 뜻을 담고 있다. 거기에다 여기 사용된 '카베드'(בֵד)는 강도에 있어서 최강의 의미를 담고있다. 창 43장의 상황은 이전과 비교할 때 상당히 악하다는 것을 문장이 힘주어 강조한다.

인생은 늘 이런 식이다. 기근이 어서 끝나주면 좋겠지만, 이런 일들이 마음먹은 대로 움직여주지 않는다. 오히려 더 큰 기근이 오지 않으면 다행인 것이 삶이다. 더구나 오지 않았으면 하는 일은 더 빨리 찾아오는 법이다. 곡식은 언젠간 떨어질 수밖에 없고, 곡식이 남아 있을 때 가뭄이 끝나준다는 보장 같은 것은 아예 없다. 그렇기 때문에 '무조건 잘될 거야' 하는 식의 아무런 근거 없는 낙천주의는 더 큰 어려움을 부른다. 그렇다면 낙천주의를 배격한다며 계획을 세우면 모든 것이 달라질까? 그럴 수 있으면 좋겠지만, 훌륭한 계획을 세운다고 해서 우리 인생의 모든 문제들이 해결되는 것도 아니다.

모든 사람은 인생 앞에서 머리를 숙이고 겸손해야 한다. 우리 힘만으로 어쩔 수 없는 구석이 도처에 산재한 것이 인생이다. 전도서 기자가 말한 것처럼, '달음박질 잘하는 녀석이 달리기 시합에서 넘어질 수도 있는 것'이 인생임을 잊지 말아야 한다. 그냥 고난은 우리의 삶의 일부다. 그 고난 안에서 살아갈 방법을 찾는 것이 성경이 말하는 지혜이다. 편하게 잘 사는 방법을 가르쳐주는 지혜를 성경 안에서 찾으려면 시간이 오래 걸린다. 그 분량이 적어서 그만큼 찾아내기가 쉽지 않다. 오히려 고난에서 우리를 일으키는 지혜를 찾는 편이 훨씬 수월하다. 하나님이 우리에게 말씀하고 싶은 지혜가 이런 쪽이란 것이다.

야곱은 고난 속에서 어떠했던가? 과연 지혜를 가지고 그 길을 찾았던가? 야곱의 상황을 좀 더 깊이 짚어보면, 그들이 맨정신으로는 도저히 감당할 수 없는 배고픔에 직면했었음을 알 수 있다. 아마도 야곱은 버틸 수 있는 한, 최대한으로 버텨보려 했을 것이다. 기근이 멈추고 조금이라도 기댈 구석이 생겼다면, 그는 베냐민을 애굽으로 보낼 생각 따위는 결코 안 했을 수도 있다. 말했듯이 기근은 그렇게 만만하지 않았다. 하여서 애굽 여행이 다시 기획되었다.

애굽에 또 간다는 말은 무엇을 의미하는가? 혹시 야곱이 굶주림 때문에 기력이 쇠해서 판단을 잘못한 걸까? 아니면 베냐민을 데리고 가야 곡식을 살 수 있다는 것을 아들들이 혹시 잊어버렸을 수도 있다고 생각했을까? 그건 아니다 싶다. 실제로 14절에서 베냐민을 데리고 갈 것을 허락하고 있는 것을 보면, 야곱은 모든 상황을 장악하고 통제하고 있었다고 해야 한다. 일견 미친 것처럼 보이는 그의 판단은 실제적으로는 대단히 냉철하고 이성적인 것으로 보인다.

야곱은 집안사람들의 생사를 책임진 가장이었다. 아브라함으로부터 이어져 내려온 언약을 담지한 집안의 책임자로서, 그는 집안이 절멸하는 것을 막아야 했다. 이 엄중한 언약적 책임 앞에서 야곱은 예리하도록 차가워졌으며, 그의 정신도 오히려 맑아졌던 듯하다. 야곱은 아들 하나를 더 희생하고서라도 집안 전체를 살리는 것이 낫다는 결정을 내렸다. 그는 자신의 편애가 이 국면에서는 자리를 찾기 어렵다고 판단하고, 개인적인 사랑을 뒤로한다. 이것이 아니라면, 이 노인이 슬픔 가운데서도 여행 재개를 결정한 이유를 달리 찾기가 어렵다.

그는 나중에 바로를 만났을 때 자신이 '험한' 일생을 살았다고 고백했다. 그 고통의 대부분은 야곱이 짊어진 책임으로부터 온 것이었다. 그의 책임은 단순히 먹고 사는 문제에 관한 것이 아니었다. 그의 집안은 앞서 언급한 것처럼 언약의 테두리 안에 들어 있었다. 야곱은 언약 때문에라도 무너질 수 없었다. 언약의 성취를 바라보면서 걸어가는 모습은 곧 책임으로 나타난다. 이 일은 쉽지 않지만, 언약 안으로 들어선 사람들이 마다해서는 안 되는 것이기도 하다. 야곱은 책임을 다했다. 그의 삶의 언저리에 숱한 꼼수가 산재해 있었음에도, 그를 지지하는 이유가 여기에 있다.

## 책임의 무게

삶에서 때로는 미친 것처럼 보이는 결정을 해야 할 때가 있다. 가슴 아픈 판단을 해야만 하는 경우가 생길 수도 있다. 그렇기는 하지만 하나님과의 약속을 지키기 위해서라면 무엇이든지 해야 하는 것이 믿는 자의 삶이다. 그것이 책임의 무게를 아는 사람의 모습이다. 야곱은 그런 면에서 멋지다. 박수 쳐줄 만 하다. 앞을 비추는 빛이 아주 실낱같이 작고 흐릿할 때, 그는 길을 찾기 위해서 책임 있게 행동했다.

하나님을 위해서 희생을 무릅쓰는 사람은, 하나님이 책임지신다고 믿는다. 야곱은 언약을 위해서 베냐민을 내어놓을 줄 알았다. 아들을 내어놓는 것도, 또 내어놓지 않는 것도 다 부족하기는 매일반이었다.

이래도 저래도 모두 허술하고 완벽할 수 없는 결정을 내려야 하는 것이 우리의 삶이다. 그래도 너무 안타까워하지는 말자. 우리의 허당스러움이 채워지고 교정되는 시간은 반드시 있다. 야곱의 삶도 그랬다. 그는 어느 아들 하나도 잃지 않았으며, 나중에는 죽은 줄 알았던 요셉까지도 만날 수 있었다.

> **창세기 44장 7절**
> "그들이 그에게 대답하되 내 주여 어찌 이렇게 말씀하시나이까
> 당신의 종들이 이런 일은 결단코 아니하나이다"

## 이번에는 결백하다

요셉은 가나안으로 떠나는 형제들을 보면서 아쉬워했다. 그 아쉬움이 요셉으로 하여금 베냐민의 곡식 자루에 '은잔'을 넣도록 했다. 그렇게 해야 좀 더 형제들을 오래 볼 수 있었기 때문이다. 그를 섬기는 종들이 형제들을 뒤따라가서 붙잡고 따져 물었다. 요셉이 아끼던 은잔을 훔쳤다는 날벼락 같은 소리를 들은 형들은 결백을 주장했다. "당신의 종들이 이런 일은 결단코 아니 하나이다"(할릴라 라아바데하 메아 쏘트 카다바르 하제/זֶה כַּדָּבָר מֵעֲשׂוֹת לַעֲבָדֶיךָ חָלִילָה). 대다수의 영어 번역들은 이 문장의 '할릴라'를 'far be it'으로 옮긴다. 이럴 경우 전치사 '라메드'에 딸려 나오는 사람("당신의 종들", 즉 요셉의 형들)은 이런 일을 전혀 할 생각이 없다는 뜻이 된다. 그런데 해밀턴(V. Hamilton)은 '할릴'의 뜻에 보

다 더 천착한다. 이 말의 원래 뜻은 '신성모독'이다. 이 의미를 차용해서 번역하면 이렇게 된다. "May it be (reckoned) a desecration to your servants."

우리말로 한 번 더 옮기자면, "그것은 당신의 종들에게는 '신성모독'과 같은 말입니다"라는 의미가 된다. 과연 엄청난 표현이 아닐 수 없다. 이러한 번역이 적절하다면, 요셉의 형제들이 자신들의 결백에 감히 하나님까지 끌어들이고 있기 때문이다. 문장론적으로 조금 더 깊이 설명하자면, "할릴라 라아바데하 메 아쏘트 카다바르 하제"(חָלִילָה לַעֲבָדֶיךָ מֵעֲשׂוֹת כַּדָּבָר הַזֶּה)에서 나타나는 [할릴+라메드+멤]과 같은 문장 형식은 맹세의 전형적인 모습이라고 할 수 있다. 이를테면 형제들은 하나님께 맹세하는 형식을 빌려서 자신들의 무죄함을 주장한 것이다. 대단한 '근자감'(근거 없는 자신감)이다.


## 그러면 내 삶 전체도 결백한가?


각설하고, 이번 일은 형제들이 결백하다고 할 수 있다. 그들은 결코 은잔을 훔쳐서 베냐민의 자루에 그것을 욱여넣지 않았기 때문이다. 그렇다면 본문에 나타난 형들의 맹세를 어찌 받아들여야 할 것인가? 그냥 "그들에게 잘못이 없으니, 형제들은 이번 일에 있어서 억울했다"고 말하고 넘어갈 것인가? 과거는 과거일 뿐, 이번 일은 요셉의 계략 때문에 생긴 것으로 판단하고 끝내야 하는가? 그러기에는 못내 심정이 개운치 않다. 인생에 생기는 모든 일에 연좌제를 적용해야 하는 것은 아니지만, 이번 일의 원인으로 요셉만을 지목하는 것은 바르지 않기 때문이다.

요셉의 이야기는 창세기에서 커다란 부분을 차지하고 있으며, 그속에는 연속성이 있다. 이 사건은 결코 갈라파고스 섬처럼 고립된 것일 수 없다. "너희가 이같이 하니 '악하도다'"(창 44:5)라는 말로 대변되는 요셉의 '은잔 계략'은 아주 옛날에 있었던 '악한' 사건이 원인이되어 일어난 것이다. 지금 요셉의 형제들에게 일어나는 일이 단지 이번 사건에만 국한된 것이라고 본다면, 단견이다.

목회하면서 어쩌다 한 번 진실한 모습을 보이는 교인을 경험하는경우가 있다. 예배가 끝나면, 방으로 찾아와서 말씀에 은혜가 가득했노라며 자신의 잘못을 뉘우치는 것은 물론이고 눈물까지 글썽거린다. 이렇게 '가뭄에 콩 나듯이, 아주, 무지하게, 드물게' 진솔해지는사람을 대하면 갈등이 생기는 것이 당연하다. 그의 삶 전체를 알고있는데, 이 한 번의 진실한 모습이 갖는 의미를 어찌 이해하고 받아야 할 것인지 난처하기 때문이다. 실제로 눈물 흘린 것과는 전혀 다른 모습을 경험하기도 했으니, 이런 사람을 대하는 것은 누구에게라도 힘든 일이다.

얼바인(Irvine)에서 목회하는 한 중국인 목사님이 이런 교인 때문에고민이 심해서 하나님께 좀 데려가시라고 기도했단다. 물론 해서는안 될 기도이긴 하지만, 오죽하면 그랬을까. 기도를 들으신 하나님이대답하시기를, "그 인간이 여기 오면 나도 골치 아프니, 네가 좀 더데리고 있으라"고 하셨단다.

하나님은 인생의 기억을 끊어서 자기 편한 대로 간직하는 사람을 어떻게 생각하실까? 때로는 하나님이 독립적인 사건 하나에 관해서만 사람에게 물으실 수도 있다. 그러나 모든 경우가 그런 것은 절대로 아니다. 우리의 인생은 연결되어 있기 때문이다. 확실히 해결하지 못한 부분이 있다면, 하나님은 지금의 사건을 통해서 이전의 일을 돌아보게 하실 수도 있다. 이를테면 하나님의 질문이 딱 이번 사건 하나만을 의미하지 않을 때도 있다는 말이다.

요셉의 형제들은 베냐민의 자루에서 발견된 은잔을 놓고 무죄함을 주장할 것이 아니었다. 상당히 이상한 사건들이 그들에게 생긴 지 벌써 오래되지 않았던가. 이쯤 되면 자신들에게 생기는 일의 의미를 반추했어야 했다. 그들은 거기까지는 생각하지 못했던 듯 하다. 이번에는 그들이 결백하다 해도, 이 사건이 어디서 비롯되었는지 한번은 생각했어야 했다. 르우벤이 슬쩍 그런 이야기를 비치기도 했지만, 그들 모두가 거기 동의한 것은 아니었다.

지금 한 가지 모습이 결백하고 옳다고 해서, 이전에 해결하지 않고 의도적으로 고개를 돌렸던 나의 다른 모습까지 하나님이 잊어주시는 것은 아니다. 우리가 적절하게 하나님 앞에서 회개하고 뉘우치지 않으면, 이 일은 또 다른 질문을 통해서 우리 인생에 찾아올 것이다. 이번 일은 아니라면서, 아무리 신성모독을 부르짖어도 별 소용이 없다.

# 하나님과 함께 사는 인생

하나님과 함께 사는 인생은 얼마나 복된 것인가. 우리가 때로는 잘 못 살아도, 그분은 끊임없이 우리를 바른길로 인도하시려 애쓰신다. 그리고 최선을 다하신다. 요셉의 형들에게 일어난 '은잔 계략'은 심판과 단죄의 사건이 아니다. 오히려 그들에게 '복된 사건'이었다. 하나님은 이 일을 통해서 그들의 삶을 교정하기를 원하셨다. 하나님까지 맹세에 얹으면서 외칠 정도였으니, 요셉의 형제들은 대단한 사람들이었다. 하나님은 그런 한심한 사람들도 끌어안으시고 고치신다. 교정의 시간에 우리는 계면쩍고 황당할 수 있다. 그래도 망하는 길로 가는 것보다는 훨씬 낫다. 그분과 함께 사는 것이 복 있는 삶인 건 분명하다.

> **창세기 44장 12절**
> "그가 나이 많은 자에게서부터 시작하여 나이 적은 자에게까지 조사하매
> 그 잔이 베냐민의 자루에서 발견된지라"

# 나이 많은 것이 죄는 아닐진대

요셉의 형제들을 뒤따라온 종들이 자루를 검사했다. 형제들은 은잔을 훔친 적이 없으니 별문제는 없으리라고 생각은 했겠지만, 사람인지라 혹시나 하는 생각에 마음이 편하지 않았을 것이다. 공항에서

비행기를 타려면 보안검색을 하기 위해서 검색대에 물건을 올려놓아야 한다. 가방에 문제가 되는 것을 집어넣지 않았어도 마음이 조금은 불안할 수 있다.

살아보니 희한하게도 도깨비가 장난질 치는 것 같은 일이 인생에 다반사로 일어나는 것을 경험한다. 아마도 요셉의 형들의 심정이 그런 것 아니었을까 싶다. 이야기가 진행되어서 보안검색의 끝에 이르면, 훔치지 않은 은잔이 베냐민의 자루에서 발견되는 참극이 벌어진다. 눈을 씻고 봐도, 알 수 없는 일이 생겼다. 그런데 그거야 뭐 이미 수십 번을 읽고 듣고 해서 내용을 잘 아는 터다. 별로 신기할 것도 없다.

하지만 창 44:12의 내용만큼은 마치 처음 읽는 듯한 느낌이 든다. "나이 많은 자에게서부터 시작하여 나이 적은 자에게까지 조사하매". 이 구절은 문장을 읽는 눈에 충격을 준다. 아니 왜 나이 많은 사람부터 검색했을까? 막내 베냐민이 타깃이었을 터이니, 일부러 먼 길을 돌아서 시작했다고 짐작해볼 수도 있다. 아무리 그렇다 해도 처음부터 나이 많은 순서대로 검색했다는 표현은 마음을 불편하게 만든다.

이 구절을 놓고 한참을 끙끙대던 와중에, 무슨 요지경인지 갑자기 요 8:9가 떠올랐다. "그들이 이 말씀을 듣고 양심에 가책을 느껴 어른으로 시작하여 젊은이까지 하나씩 하나씩 나가고 오직 예수와 그 가운데 섰는 여자만 남았더라". 사람들이 음행하다가 현장에서 잡혀 온 여자를 어떻게 처리해야 할지 예수님께 물었다. 예수님이 말씀하시기를, "너희 중에 죄 없는 자가 먼저 돌로 치라"고 하셨다. 그

러자 놀라운 일이 벌어졌다. 나이 많은 사람으로부터 시작해서 젊은
이에 이르기까지 차례로 손에 들었던 살기등등한 돌을 내려놓고 집
으로 돌아간 것이다. 요한은 분명히 '어른으로 시작하여'라고 기록했
다. 분명히 나이순으로 현장을 떠났다는 말이다. 나이 많은 사람이라
고 해서 무조건 젊은이보다 더 큰 죄인은 아닐진대, 어찌해서 이 같
은 일이 벌어졌을까?

　묵상하자면 '나이 순서 운운'은 죄에 대한 것이라기보다는 어른의
책임과 관련된 말씀이라는 깨달음이 온다. 사람은 인생을 더 오래 살
면 살수록, 자신의 인격과 삶에 대해서 책임을 져야 한다. 자신의 나
이에 책임감을 느끼고 삶을 사는 사람을 가리켜서 '노인'이 아니라,
'어른'이라고 부른다. 요셉의 종들은 형제 무리 가운데서 책임이 무
거운 어른부터 조사했다. 이것은 결국 베냐민보다는 너희들이 더 책
임을 크게 느끼라는 압박이 아니었을까? 신약의 기사에서도 예수님
의 폐부를 찌르는 말씀을 듣고서, 연륜이 있고 철이 든 사람들이 가
책을 더 크게 느꼈을 것이 틀림없다. 살아온 삶의 세월이 오래면, 그
속에는 책임도 그만큼 더 클 수밖에 없다. 나이가 든다는 것은 바로
그런 것이다.

# 에필로그

시간이 화살같이 빠르게 지나서 어느덧 귀밑에 흰 터럭이 자리 잡은 나이가 되었다. 최근의 조사는 모르겠거니와 2011년 조사를 보니, 한국 사회에서 사람들이 스스로 노인이라고 느끼는 나이가 66.7세라고 한단다. 내가 사는 미국에서는 어떤지 모르겠다. 며칠 전에 읽었던 기사의 문장을 참고해보자. "얼마 전까지만 해도 대부분의 사람이 68세 정도를 노년으로 생각했었다. 그러나 최근에 나온 연구 결과를 보면 이전과는 양상이 상당히 다르다. 노년은 여든이 될 때까지는 시작되지 않는다는 것이다. '깜놀'이다!"(Not too long ago, a study revealed that most people define old age as 68. But a study that came out this week revealed a vastly different take: that old age really doesn't begin until 80. Whoa!).

지금부터 20년 이상을 더 살아야 노인 소리를 듣는다는 건가. 사실 한국 사회에서도 이젠 육십 정도야 청춘으로 쳐준다고 하니, 이런 일에는 '양의 동서'에 구별이 없는가 보다. 어쨌거나 예전에는 동양 전통에 따라 육십갑자를 지나면 노인이라고 칭했는데, 이제는 그 기준 수치가 더 위로 올라가고 있다. 그만큼 사람들이 오래 사는 모양이다. 사회가 고령화되면서 노인은 늘어나는데, 과연 그 숫자만큼 어른도 늘어나는 것인지는 잘 모르겠다.

　이전에는 이런 생각을 하지 않고 살았는데, 점점 나이 듦의 의미에 대해서 자꾸 생각하게 된다. 물리적으로 오래 산다고 해서 어른이 되는 것은 아니다. 어른은 그 나이에 걸맞은 인격과 성숙함이 수반될 때에 그리 불리는 것이다 싶다. 오늘 하루를 살아도, 내 나이에 맞는 표정과 함께 거리에 나서야 할 것이다. 인생을 추하게 마무리하지 않으려면, 적어도 자신의 나이에 부끄럽지 않아야 한다. 하나님이 오늘도 우리 모두의 시간을 지켜주시기를 간구한다.